AF401902

ESSAI D'HISTOIRE CRITIQUE

DE

L'INSTRUCTION PRIMAIRE

EN FRANCE, DE 1789 JUSQU'A NOS JOURS

PAR

EUGÈNE BROUARD

Inspecteur général honoraire de l'Instruction primaire
Ancien membre du Conseil supérieur de l'Instruction publique

PARIS

LIBRAIRIE HACHETTE ET Cⁱᵉ

79, BOULEVARD SAINT-GERMAIN, 79

1901

ESSAI D'HISTOIRE CRITIQUE

DE

L'INSTRUCTION PRIMAIRE

EN FRANCE

ESSAI D'HISTOIRE CRITIQUE

DE

L'INSTRUCTION PRIMAIRE

EN FRANCE, DE 1789 JUSQU'A NOS JOURS

PAR

EUGÈNE BROUARD

Inspecteur général honoraire de l'Instruction primaire
Ancien membre du Conseil supérieur de l'Instruction publique

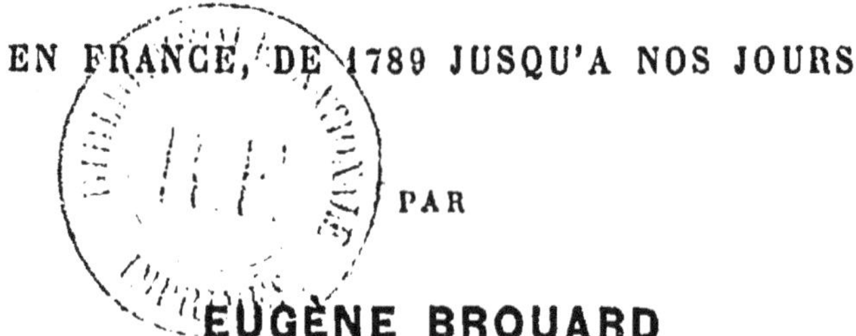

PARIS

LIBRAIRIE HACHETTE ET Cie

79, BOULEVARD SAINT-GERMAIN, 79

1901

AVANT-PROPOS

Nous présentons au public, plus spécialement à nos anciens collègues et collaborateurs, un *essai d'histoire critique sur l'instruction primaire* depuis 1789 jusqu'à nos jours.

Un doute s'est élevé dans notre esprit quand nous avons entrepris ce travail :

L'histoire de l'instruction primaire en France pendant la période que nous nous proposions d'embrasser était-elle encore à faire? Ne se trouvait-elle pas déjà faite et bien faite dans d'excellents ouvrages tels que :

La législation de l'enseignement primaire en France depuis 1789 jusqu'à nos jours par M. Gréard[1];

Dictionnaire de pédagogie et d'instruction primaire publié par M. Buisson[2].

Nous nous sommes senti rassuré par les considérations suivantes :

Les documents rassemblés par M. Gréard constituent de précieuses annales qui peuvent guider un historien, l'éclairer sur la situation et les besoins à une

1. Paris, Charles de Mourgues, 1874.
2. Paris, Hachette, 1882.

époque donnée, situation et besoins dont la législation est le reflet, sinon l'expression même. Mais ils ne sont pas l'histoire de l'instruction primaire à proprement parler. Il reste à celle-ci à mettre en œuvre ces matériaux, à vivifier ces textes en y joignant les faits qui les ont amenés et les résultats auxquels ils ont abouti, en remettant d'ailleurs en scène, autant que possible, les hautes personnalités dont ils ont marqué le passage et dont le souvenir doit être conservé.

Le dictionnaire de M. Buisson diffère essentiellement de l'ouvrage précédent. Il ne suit plus l'ordre du temps. Sans dédaigner, tant s'en faut, la législation et la réglementation, il s'attache particulièrement aux choses, à toutes les choses qui touchent à l'instruction primaire et aux personnes qui les ont maniées ou traitées avec un certain éclat. Mais choses et personnes viennent au fur et à mesure que les appelle l'ordre alphabétique, sans autre lien que la pensée générale de l'auteur qui est bien moins de faire une histoire suivie de l'instruction primaire que d'en rassembler les éléments et de mettre le lecteur à même de les trouver selon qu'il peut en avoir besoin ou s'y intéresser dans telles ou telles circonstances.

L'histoire de l'instruction primaire à proprement parler est donc encore à faire et nous avons pu nous y essayer. Mais, tout en nous référant souvent aux deux riches répertoires préparés en quelque sorte par MM. Gréard et Buisson, nous adoptons une marche différente, celle que commande le sujet lui-même, qui n'est autre que l'exposé du développement de notre instruction primaire à travers la période si tourmentée et malheureusement si intéressante de 1789 à nos jours.

On a beaucoup discuté sur la question de savoir où

en était chez nous l'instruction primaire au moment où commence cette période.

Les uns, se basant sur les cahiers du Tiers, déclarent qu'elle était nulle ou tout à fait insuffisante. Les autres, s'appuyant sur les archives communales, prétendent établir que, si elle n'était pas aussi intense que nous la concevons aujourd'hui, elle était du moins fort répandue et presque universelle, les paroisses ayant à peu près toutes une école de garçons et beaucoup possédant même une école de filles.

Ne rouvrons point le débat; les pièces du procès ont disparu ou ne sont point à notre disposition. Constatons seulement les faits suivants :

1° Les archives communales abondent en procès-verbaux d'élection et d'installation de maîtres d'école;

2° Le dimanche et les jours de fête, nos paysans emportaient à l'église un gros livre dans lequel ils suivaient les offices. Le soir, à la veillée, ils consultaient l'almanach sur les foires et marchés, sur les phases de la lune et sur les pronostics à en tirer. Souvent même, assis autour de l'âtre, ils écoutaient la lecture ici de quelques versets de la Bible, là de l'Épître ou de l'Évangile du jour, faite par l'un des enfants. Voilà ce qu'affirment ceux qui ont vécu avec les dernières générations d'avant la Révolution.

3° Les illettrés qui ont déshonoré nos premières statistiques étaient des fils, des petits-fils, des arrière-petits-fils de la Révolution, de l'Empire, de la Restauration ou de la première période du gouvernement de Juillet. C'est que les nombreux rapports, projets et décrets de la Révolution, faute de temps ou de ressources, étaient restés à l'état de lettre morte; que l'Empire avait à s'occuper d'autre chose que de l'instruction du peuple;

que la Restauration redoutait cette instruction, et que
le gouvernement de Juillet, plus libéral et plus osé,
n'a pas pu parachever l'œuvre qu'il avait courageuse-
ment entreprise. — L'ignorance ne serait donc point
un héritage des régimes qui ont précédé la Révolution.

Celle-ci nous a au moins légué des idées. C'est l'histoire du développement de ces idées et de leur réalisa-
tion à travers mille péripéties et mille obstacles, que
nous entreprenons.

On a dit : « Heureuses les nations qui n'ont point
d'histoire! » On pourrait en dire autant des institutions.
Notre instruction primaire ne saurait bénéficier de cet
adage, car aucune autre institution ne fut plus tourmentée, retournée, ballottée et plus d'une fois mise en
péril. Ce sont ses diverses phases que nous nous pro-
posons de retracer, ne fût-ce qu'afin que ceux qui jouissent aujourd'hui paisiblement de ses bienfaits, prennent
un plus grand soin de la conserver, et aussi afin qu'ils
gardent un souvenir reconnaissant aux hommes qui l'ont
suivie dans sa voie douloureuse et ont le plus contribué
à la faire ce qu'elle paraît être à cette heure : définitivement organisée et pleine d'avenir.

ESSAI D'HISTOIRE

DE

L'INSTRUCTION PRIMAIRE

CHAPITRE I

DE 1789 A 1833

I. La Révolution. — L'Empire. — Apparition de la méthode Lancastérienne. — II. La Restauration. — III. Le Gouvernement de Juillet.
— IV. Les Sociétés d'instruction primaire et les associations religieuses. — V. Les projets de loi qui ont précédé la loi de 1833.

I

Pendant notre grande Révolution [1], l'instruction primaire,
toujours projetée, toujours votée, sans cesse organisée ou
réorganisée, n'est pas néanmoins sortie du domaine de
l'idée, et son histoire est à peu près tout entière dans des
dispositions légales dont nous nous contentons de reproduire les principales :

Il sera créé et organisé une instruction publique commune à
tous les citoyens, *gratuite à l'égard des parties de l'enseignement indispensable à tous les hommes, et dont les établissements seront dis-*

1. Pour cette époque si stérile en résultats, mais si féconde en idées
et en projets, consulter notamment : 1° Le grand *Dictionnaire de pédagogie et d'instruction primaire* Buisson, articles : *Talleyrand-Péri-
gord, Condorcet, Lanthenas, Lakanal, Lepelletier de Saint-Fargeau,
Romme... Convention, Directoire, Conseils des Anciens et des Cinq-
Cents, Consulat,* etc;
2° *La Législation de l'instruction primaire en France depuis 1789
jusqu'à nos jours,* par M. Gréard tome I, de la page 1 à la page 44.

*tribués graduellement dans un rapport combiné avec la division du
royaume.*
(Loi des 3 et 4 septembre 1791.)

L'instruction primaire est tout entière dans les quelques
mots que nous soulignons. C'en est là l'idée de début, mais
l'idée mère, l'idée persistante qui va se retrouver plus ou
moins précisée et détaillée dans les dispositions subséquentes :

Les écoles primaires formeront le premier degré d'instruction.
On y enseignera les connaissances rigoureusement nécessaires à
tous les citoyens. Les personnes chargées de l'enseignement dans
ces écoles s'appelleront *instituteurs*... Il y aura une école primaire dans tous les lieux qui ont depuis quatre cents jusqu'à
quinze cents habitants... (Convention, décret du 22 frimaire an I,
12 décembre 1792).
A compter du 1er janvier 1793, le payement des professeurs et
instituteurs sera à la charge de la Nation... (it. décret du 4 germinal an I, 8 mars 1793.)
Il y a des écoles distribuées dans toute la République, à raison
de la population... (it. décret du 30 vendémiaire an II, 21 octobre 1793.)
Le minimum du traitement des instituteurs est fixé à 120 livres.
(it. décret du 7 brumaire an II, 28 octobre 1793).
Les citoyens ou citoyennes qui se borneront à enseigner à lire,
à écrire et les premières règles de l'arithmétique, seront salariés
par la République, à raison du nombre des élèves qui fréquente-
ront leur école... Annuellement pour chaque enfant ou élève,
l'instituteur recevra 20 livres, et l'institutrice 15 livres. (Décret du
29 frimaire an II, 19 décembre 1793.)
Il sera établi, à Paris, une école normale où seront appelés, de
toutes les parties de la République, des citoyens déjà instruits dans
les sciences utiles, pour apprendre, sous les professeurs les plus
habiles dans tous les genres, l'art d'enseigner. (9 brumaire an III,
30 octobre 1794.)
Les écoles primaires ont pour objet de donner aux enfants de
l'un et l'autre sexe l'instruction nécessaire à des hommes libres.
— Les écoles primaires seront distribuées sur le territoire de la
République à raison de la population; en conséquence, il sera
établi une école primaire par mille habitants. (Décret du 27 frimaire an III, 17 novembre 1794.)
Il sera établi dans chaque canton de la République une ou plu-

sicurs écoles primaires dont les arrondissements seront déterminés par les administrateurs de département. — Dans chaque école primaire on enseignera à lire, à écrire, à calculer, et les éléments de la morale républicaine. — Il sera fourni par la République, à chaque instituteur primaire, un local, tant pour lui servir de logement, que pour recevoir ses élèves pendant la durée des leçons. Il sera également fourni à chaque instituteur le jardin qui se trouverait attenant à ce local. — Les instituteurs primaires recevront de chacun de leurs élèves une rétribution annuelle qui sera fixée par l'administration de département. — Les administrations municipales surveilleront immédiatement les écoles primaires et y maintiendront l'exécution des lois ou des arrêtés des administrations supérieures. (Décret du 3 brumaire an IV, 24 octobre 1795.)

Chaque école primaire sera divisée en deux sections : une pour les garçons, l'autre pour les filles. En conséquence, il y aura un instituteur et une institutrice. Les filles apprendront à lire, à écrire, compter, les éléments de la morale républicaine; elles seront formées aux travaux manuels de différentes espèces utiles et communes. (Décret du 4 brumaire an IV, 25 octobre 1795.)

Ces dispositions sont à la fois des prescriptions et des déclarations de principes. Il n'est pas difficile d'y trouver les idées que reprendront nos législateurs au fur et à mesure que les circonstances le leur permettront, par exemple celles-ci : Gratuité de l'instruction primaire. — Définition de l'instruction primaire, son programme fondamental. — Le traitement des maîtres et maîtresses chargés de l'État. — Les écoles mises à la portée de toute agglomération de quelque importance. — Participation des filles à l'instruction primaire. — Intervention des départements, des communes, des familles pour l'entretien des écoles et des maîtres. — Surveillance immédiate des écoles confiée aux administrations municipales. — Idée et premier essai des écoles normales, etc., etc.

Mais, pour le moment, on se demande ce qu'il advenait de ces décrets se succédant avec tant de rapidité. On peut légitimement penser qu'ils n'étaient point exécutés et que les écoles, celles qui avaient pu rester debout, se soutenaient péniblement par leurs propres forces et suivant le degré de vitalité que leur faisaient les habitudes et les besoins des localités, c'est ce que constatent d'ailleurs les rapports du temps :

> A la veille de la Révolution, la nature de l'instruction publique exigeait quelques réformes, mais on ne peut pas nier que la méthode d'enseignement fût excellente... Le système d'instruction publique qui existe aujourd'hui est essentiellement mauvais... 1° Les écoles primaires n'existent presque nulle part... (Chaptal, rapport du 18 brumaire an IX.)

> Vous connaissez toutes les espèces d'entraves qui retardèrent l'exécution de la loi du 3 brumaire an IV. L'esprit de parti repoussa, dans la plupart des campagnes, les instituteurs primaires qui, privés des rétributions qu'ils devaient tirer de leurs élèves, se trouvèrent réduits au simple traitement qui leur était alloué par les administrations de département pour leur tenir lieu du logement et du jardin qu'on ne pouvait ou ne voulait pas leur livrer ; encore ce faible secours ne leur fut-il pas continué après la disparition du papier-monnaie (en 1796), et la plupart furent obligés de reprendre leurs travaux ruraux pour avoir leur subsistance... (Le tribun Jacquemont, 4 floréal an X.)

Cependant, le Directoire paraît avoir eu quelque confiance dans ces écoles dont l'existence est si problématique et fut, dans tous les cas, si précaire, puisque, par son arrêté du 17 brumaire an VI (17 novembre 1797) « pour faire prospérer l'instruction publique », il frappe d'une sorte d'ostracisme les illettrés et leur ferme la porte des administrations, « considérant, dit-il, qu'il était de son devoir de faire prospérer, par tous les moyens dont il peut disposer, les diverses institutions républicaines, et spécialement celles qui ont rapport à l'instruction publique ».

Il eût fallu autre chose qu'un arrêté comminatoire pour ressusciter ce qui n'était plus, pour raviver ce qui était encore, en rassembler les débris et en composer un service à l'épreuve du temps et des vicissitudes gouvernementales. Il eût fallu une loi qui, descendant des hauteurs spéculatives où s'étaient placés jusqu'alors les législateurs, se rapprochât davantage du réel et du possible, qui fût en rapport avec les besoins et les ressources, et qui, par suite, s'imposât pour ainsi dire d'elle-même aux populations et aux gouvernants.

Telle n'était pas malheureusement la loi du 11 floréal an X (1er mai 1802) qui fut l'adieu de la Révolution à l'instruction primaire et dans laquelle on sent comme de la lassitude et du découragement.

Au nom du peuple français, Bonaparte, premier consul, proclame loi de la République le décret suivant rendu par le Corps législatif le 11 floréal an X, conformément à la proposition faite par le Gouvernement le 30 germinal, communiquée au Tribunal le même jour.

TITRE Ier

DIVISION DE L'INSTRUCTION

Article premier. — L'instruction sera donnée :
1° Dans les écoles primaires établies par les communes.

. . . .

TITRE II

DES ÉCOLES PRIMAIRES

Art. 2. — Une école primaire pourra appartenir à plusieurs communes à la fois, suivant la population et les localités des communes.

Art. 3. — Les instituteurs seront choisis par les maires et les conseils municipaux. Leur traitement se composera : 1° du logement fourni par les communes ; 2° d'une rétribution fournie par les parents et déterminée par les Conseils municipaux.

Art. 4. — Les Conseils municipaux exempteront de la rétribution ceux des parents qui seraient hors d'état de la payer ; cette exemption ne pourra néanmoins excéder le cinquième des enfants reçus dans les écoles primaires.

Art. 5. — Les sous-préfets seront spécialement chargés de l'organisation des écoles primaires ; ils rendront compte de leur état une fois par mois aux préfets.

Sous le régime de cette loi qui était l'abandon pur et

simple de toutes les grandes idées de la Constituante et de la Convention sur l'instruction primaire, les écoles devinrent ce qu'elles purent (à trente années de distance, le rapport de M. Lorain nous montrera ce qu'elles devinrent en effet).

L'Empire ne s'en occupa que pour dire, dans le décret du 17 mars 1808, qui organisait l'Université :

Il sera pris par l'Université des mesures pour que l'art d'enseigner à lire, à écrire et les premières notions du calcul dans les écoles primaires ne soit exercé désormais que par des maîtres assez éclairés pour communiquer facilement et sûrement ces premières connaissances nécessaires à tous les hommes. (Art. 107.)

A cet effet, il sera établi auprès de chaque Académie et dans l'intérieur des collèges ou des lycées, une ou plusieurs classes normales destinées à former des maîtres pour les écoles primaires. On y exposera les méthodes les plus propres à perfectionner l'art de montrer à lire, à écrire et à chiffrer. (Art. 108.)

Les frères des Écoles Chrétiennes seront brevetés et encouragés par le grand maître qui visera leurs statuts intérieurs, les admettra au serment, leur prescrira un habit et fera surveiller leurs écoles. Les supérieurs de ces congrégations pourront être membres de l'Université. (Art. 109.)

Cet article ressuscitait une institution toute française et des plus populaires. Quoi qu'on puisse penser aujourd'hui des disciples de J.-B. de la Salle, on n'avait point encore oublié alors qu'ils avaient été les vrais fondateurs de l'instruction populaire dans notre pays et que, un siècle durant, ils avaient été à peu près les seuls instituteurs des ouvriers et des enfants pauvres des grandes villes. Là, on se souvenait de leurs services et leur rappel ne pouvait être que bien accueilli.

Mais un autre esprit, né des enthousiasmes et des espérances de la Révolution, soufflait dans les classes dirigeantes ; on y rêvait un enseignement populaire laïque, donné par un personnel laïque plus d'accord que ne pouvaient l'être des religieux avec les principes nouveaux. De là, devaient naître les luttes que nous allons bientôt voir se produire et qui sont, pour ainsi dire, le fond de l'histoire de notre instruction primaire pendant près d'un siècle.

Quoi qu'il en soit, après cet effort, l'Empire oublia les *petites écoles* et leur personnel. Ce n'est qu'au moment suprême (1815) que, sur les instances de Carnot[1], il consentit à s'en souvenir.

Considérant, est-il dit dans un de ses derniers actes, l'importance de l'éducation primaire pour l'amélioration du sort de la société;

Considérant que les méthodes jusqu'aujourd'hui usitées en France n'ont pas rempli le but qu'il est possible d'atteindre; désirant porter cette partie de nos institutions à la hauteur des lumières du siècle;

Sur le rapport de notre ministre de l'Intérieur, avons décrété ce qui suit :

ARTICLE PREMIER. — Notre ministre de l'Intérieur appellera près de lui les personnes qui méritent d'être consultées sur les meilleures méthodes d'éducation primaire. Il examinera ces méthodes, décidera et dirigera l'essai de celles qu'il jugera devoir être préférées.

ART. 2. — Il sera ouvert à Paris une *école d'essai* d'éducation primaire organisée de manière à pouvoir servir de modèle et à devenir *école normale* pour former des instituteurs primaires.

ART. 3. — Après qu'il aura été obtenu des résultats satisfaisants de l'*école d'essai*, notre ministre de l'Intérieur nous proposera les mesures propres à faire promptement jouir tous les départements des nouvelles méthodes qui auront été adoptées.

Il semble que les auteurs de ce décret mettent l'instruction primaire tout entière dans l'emploi de certaines méthodes et que l'idée d'en faire un grand service public ait péri avec les assemblées qui l'avaient conçue.

C'est que, à cette époque, pour les amis survivants de l'instruction primaire, il s'agissait de faire beaucoup pour ainsi dire avec rien, d'instruire et d'élever les masses à bon

---

1. Les écoles primaires ne comptaient alors que 737 369 garçons et Carnot signala leur insuffisance à l'Empereur en lui tenant ce noble langage :

« L'instruction primaire est le véritable moyen d'élever successivement à la dignité d'hommes tous les individus de l'espèce humaine. Elle doit finir par faire participer tous les individus des classes les moins fortunées au bienfait de la première éducation. »

marché, l'argent et les maîtres manquant à la fois. C'était le moment où, sous la protection de la *Société pour l'instructior élémentaire* et des hautes personnalités qui la composaient ou qu'elle comptait pour amis[1], la méthode d'enseignement mutuel dite *Lancastérienne* passait d'Angleterre en France et, dans nos grandes villes, à Paris surtout, se posait en face de la méthode simultanée qui, comme on sait, est celle des frères de la Doctrine chrétienne, celle du reste que copiaient plus ou moins maladroitement les instituteurs laïques d'alors. Deux enseignements, sous prétexte de méthodes, allaient se trouver en rivalité et ajouter à ces difficultés de la situation : pénurie de maîtres, insuffisance des écoles et absence de ressources dûment prévues et préparées[2].

II

Cependant, le problème était posé; l'opinion, le parti libéral, des besoins vivement sentis n'en permettaient point l'ajournement. Louis XVIII essaya de le résoudre par l'ordonnance du 29 février 1816.

Cette ordonnance[3], dans l'exposé des motifs, reproche aux anciens règlements de « s'être bornés à annoncer des dispositions subséquentes qui, jusqu'à ce jour, n'ont point été mises en vigueur ». Devait-elle être plus heureuse elle-même?... Elle a au moins fait avancer la question de quelques pas.

Elle créait au canton « un comité gratuit et de charité pour surveiller et encourager l'instruction primaire ». Le curé cantonal le présidait, le sous-préfet, le procureur du

1. Nommons parmi ceux-ci : Lazare Carnot, J.-B. Say, A. de Laborde, de Lasteyrie, Jomard, La Rochefoucault-Liancourt, Mérimée, de Gérando, abbé Gaultier, Cuvier, Boulay de la Meurthe, etc., dont l'histoire de l'instruction primaire doit précieusement conserver le souvenir.
2. Voir la note A à la fin du volume.
3. Élaborée par Cuvier, Rendu et de Gérando.

roi y avaient les premières places (les écoles protestantes
avaient leur comité particulier). Le curé et le maire du lieu
étaient les surveillants spéciaux de l'école. Le candidat instituteur, dûment pourvu d'un certificat de bonne conduite
émanant du curé et du maire de la commune, devait se présenter devant un inspecteur d'académie ou tel autre fonctionnaire de l'instruction publique que le recteur délégue-
rait, pour recevoir, s'il en était jugé digne, le brevet de
capacité du recteur. Les brevets de capacité étaient de trois
degrés : 3ᵉ, 2ᵉ et 1ᵉʳ degré, celui-ci étant le degré supérieur.
Moyennant l'un de ces titres, l'instituteur s'établissait dans
une commune avec une autorisation du recteur agréée par
le préfet. La commune traitait avec lui pour le montant de
la rétribution scolaire et l'admission des enfants hors d'état
de la payer. Le maire et le curé ou desservant présentaient
l'instituteur. En cas de désaccord entre ceux-ci, le comité
cantonal prononçait. — Le recteur et les inspecteurs d'académie, dans leurs tournées, donnaient « la plus grande attention » à l'instruction primaire; ils réunissaient les
comités cantonaux et se faisaient rendre compte des progrès de cette instruction; ils visitaient les écoles autant
qu'il leur était possible.

Suivaient des dispositions relatives aux droits des associations fondatrices d'écoles; aux pénalités dont la principale allait jusqu'au retrait du brevet; aux attributions de
la Commission de l'Instruction publique et aux rapports
qui devaient lui être adressés; aux associations religieuses ou charitables telles que celle des Écoles Chrétiennes,
admises à fournir des maîtres à des conditions convenues, etc., etc.

Le monarque faisait annuellement sur son trésor royal « un
fonds de cinquante mille francs » pour être employé, par
la Commission de l'Instruction publique, « soit à composer
ou à imprimer des ouvrages propres à l'instruction populaire, soit à établir temporairement des écoles modèles
dans les pays où les *bonnes méthodes* n'auraient point en-

core pénétré, soit à récompenser les maîtres qui se seraient distingués par l'emploi de ces méthodes ».

Quant à la direction à donner à l'instruction primaire, l'article 30 de l'ordonnance la définissait ainsi :

« La Commission de l'Instruction publique[1] veillera avec soin à ce que, dans toutes les écoles, l'instruction primaire soit fondée sur la religion, le respect pour les lois et l'amour dû au souverain. Elle fera des règlements généraux sur l'instruction primaire et indiquera les *méthodes* à suivre dans cette instruction et les ouvrages dont les maîtres devront faire usage. »

Cette recommandation dénote la grande préoccupation du temps : la Congrégation[2] dominait; elle entendait assurer la prédominance du clergé partout et surtout dans l'instruction primaire. L'Université l'inquiétait par en haut et par en bas; elle suspectait les tendances laïques de la *Société pour l'instruction élémentaire*, organe, dans la circonstance, du parti libéral.

Quoi qu'il en soit, cette ordonnance de 1816 réglemente plus qu'elle n'organise. Rien sur l'obligation et la gratuité sinon que « toute commune sera tenue de pourvoir à ce que les enfants qui l'habitent reçoivent l'instruction primaire, et à ce que les enfants indigents la reçoivent gratuitement »; et encore « que le maire fera dresser le tableau des enfants qui, ne recevant point ou n'ayant point reçu à domicile l'instruction primaire, *devront* être appelés aux écoles publiques d'*après la demande de leurs parents* ». En somme, les communes restent à peu près maîtresses d'organiser leurs écoles comme elles l'entendent et les parents demeurent libres d'y envoyer leurs enfants. Rien sur les filles sinon la défense de les réunir aux garçons pour rece-

---

1. Le Ministère de l'Instruction publique d'alors.

2. La congrégation de la Sainte Vierge qui, de la rue du Bac, envoyait ses missionnaires dans toute la France et dont les Jésuites rétablis par Pie VII en 1814, prirent bientôt la direction sous le nom bien connu de *paccanaristes* ou *pères de la foi*.

voir l'enseignement; il faudra qu'une instruction du 13 juin 1819 vienne réparer cet oubli en assimilant à peu près les écoles de filles aux écoles de garçons et les institutrices aux instituteurs. Rien sur les écoles normales. L'ordonnance royale du 26 novembre 1823 en créera une à Rouen, mais ce ne sera qu'un incident, une sorte d'école d'essai, et cette école sera d'ailleurs dirigée par les frères des Écoles Chrétiennes. Rien non plus sur les maisons d'écoles et sur leur mobilier, qui manquaient cependant à peu près partout et qui étaient les premiers instruments de travail à mettre à la disposition des maîtres et maîtresses.

Le titre V d'une autre ordonnance du 8 février 1824[1] (3) *concernant l'administration supérieure de l'instruction publique*, est consacré à l'instruction primaire, mais c'est pour la placer davantage sous l'autorité et la surveillance des évêques :

Pour les écoles dotées, soit par les communes, soit par des *associations* et dans lesquelles seront admis cinquante élèves gratuits, l'autorisation spéciale d'exercer sera délivrée aux candidats munis de brevet, par un Comité dont l'évêque diocésain ou l'un de ses délégués sera président. (Art. 8.)

Pour les écoles qui ne sont pas comprises dans cet article, l'autorisation spéciale d'enseigner sera délivrée par l'évêque diocésain aux candidats munis de brevets. Il surveillera ou fera surveiller ces écoles; il pourra révoquer les autorisations spéciales... (Art. 11.)

En lisant cette ordonnance, on se demande ce que deviennent les comités cantonaux et quelle part d'action il leur reste sur les écoles. L'ordonnance de 1828 les supprime définitivement en les remplaçant par des comités d'arrondissement. Celle-ci est une refonte des ordonnances précédentes dont elle laisse seulement subsister quelques dispositions. Il n'y s'agit que des écoles catholiques.

Mais l'on sent que M. de Vatimesnil, le ministre libéral

---

1. M. de Frayssinous, ministre.

d'alors, s'efforce d'atténuer la trop grande autorité accordée au clergé sur ces écoles par l'ordonnance de 1816 et surtout par celle de 1824, « considérant, dit-il, que la direction et la surveillance de l'enseignement primaire doivent être soumises à des règles qui concilient les *droits de l'autorité civile* avec les intérêts de la religion... »

Des comités d'arrondissement sont substitués aux comités cantonaux « trop rapprochés pour ne pas subir l'influence des préventions locales ». — Ils sont aussi présidés par les délégués de l'évêque ou par le curé de la ville, mais il y entre six notables dont deux à la nomination de l'évêque, deux à la nomination du préfet et deux à la nomination du recteur. (Art. 3.)— Le comité désignera un ou plusieurs inspecteurs gratuits qu'il chargera de surveiller l'instruction primaire et de lui faire connaître les résultats de cette surveillance. (Art. 8.) — Les brevets de capacité continueront d'être délivrés par le recteur. (Art. 9.) — A l'égard des frères des Écoles Chrétiennes, le recteur remet à chacun d'eux un brevet de capacité sur la vue de l'obédience délivrée par le supérieur ou le directeur de l'association... (Art. 10.)

L'ordonnance de 1816, dit le rapport, n'offrait pas aux instituteurs des garanties assez certaines de la stabilité de leur profession. Une décision du recteur suffisait pour leur enlever non seulement l'autorisation actuelle d'exercer, mais encore le brevet de capacité. Ce brevet forme leur titre : il établit leur aptitude et, par conséquent, il constitue véritablement leur état. N'est-il pas conforme à l'équité et à la raison de décider qu'ils ne pourront en être privés que par un arrêté du Conseil académique précédé d'une instruction qui sera faite par le comité de surveillance et dans laquelle l'inculpé sera entendu? Ne convient-il pas, en outre, d'ouvrir à ces instituteurs la voie du recours devant le Conseil Royal de l'Instruction publique? »

Les art. 16, 17, 18 et 19 de l'ordonnance consacrent ces dispositions. C'étaient, croyons-nous, les premières marques de bienveillant intérêt que les instituteurs recevaient des pouvoirs publics.

Notons pour mémoire et comme signe des préoccupations du temps, l'arrêté du 30 juin 1829, qui devait être, pour les écoles protestantes, ce que l'ordonnance du 21 avril 1828 était pour les écoles catholiques.

Notons encore l'ordonnance du 15 février 1830. Ce document est important parce qu'il met à nu la situation dans laquelle la Restauration allait laisser l'instruction primaire, et qu'il indique une fois de plus la poussée en avant exercée par le parti libéral et par l'opinion. L'exposé des motifs qui le précède mérite d'être cité en entier.

Charles...
Sur le rapport de notre ministre d'État du département des Affaires ecclésiastiques et de l'Instruction publique;

Nous étant fait rendre compte de la situation des écoles primaires dans le royaume, nous avons reconnu qu'un nombre considérable de communes étaient encore privées des moyens d'instruction que notre volonté est de mettre à la portée de tous nos sujets, et qu'il importait de prendre de nouvelles mesures afin de parvenir à ce but dans le plus bref délai possible;

Voulant améliorer en même temps le sort des instituteurs et leur assurer la récompense de leurs utiles fonctions;

Vu l'avis de notre Conseil royal de l'Instruction publique;

Vu l'avis du Comité de l'Intérieur de notre Conseil d'État;

Nous avons ordonné et ordonnons ce qui suit :

ARTICLE PREMIER. — Les mesures suivantes seront prises pour que toutes les communes du royaume soient immédiatement pourvues de moyens suffisants d'instruction primaire...

Ces moyens seraient :

Le classement des écoles communales basé sur les trois ordres de brevets;

La détermination, par le Conseil général, des émoluments divisés en traitements fixes et produits éventuels de chacune des trois classes d'écoles;

Des délibérations prochaines des Conseils municipaux sur les moyens de pourvoir à l'établissement et à l'entretien des écoles primaires dont ils auraient reconnu la nécessité; au besoin une imposition extraordinaire pourrait être votée; au besoin encore les Conseils généraux interviendraient.

Dans leurs délibérations, les Conseils municipaux arrêtaient :

1° Le montant des frais indispensables pour le premier établissement de l'école;

2° Le traitement fixe annuel propre à assurer le sort de l'instituteur, eu égard aux émoluments éventuels qu'il pourra obtenir des élèves payants;

3° Le vote des fonds destinés aux frais d'établissement de l'école, et ceux affectés au traitement fixe de l'instituteur, ce traitement étant fixé pour cinq ans;

4° La liste des enfants qui seraient admis gratuitement à l'école;

5° Enfin, le taux de la rétribution mensuelle à payer par les enfants qui ne seraient point admis aux leçons gratuites.

Une commune pauvre pouvait se réunir à une autre pour l'entretien d'une école en commun.

On songeait une fois de plus aux *écoles modèles préparatoires* destinées à former des instituteurs. L'art. 10 de l'ordonnance portait :

Il y aura au moins une de ces écoles par Académie.
Les Conseils généraux délibéreront, dans leur prochaine session, sur l'établissement et l'entretien d'une de ces écoles dans le département même, s'il y a lieu, ou sur la contribution du département aux dépenses de l'école commune, qui sera, autant que possible, placée au chef-lieu de l'Académie.

Enfin, l'État intervenait d'une manière sérieuse dans les dépenses de l'instruction primaire. Les articles 11 et 12 sont ainsi conçus :

Chaque année, il sera porté au budget de l'État une somme spécialement destinée à encourager l'instruction primaire, et pendant cinq ans, à partir de 1831, il sera prélevé, pour le même objet, le vingtième du produit de la rétribution universitaire établie par les articles 137 du décret du 17 mars 1808, 125 et suivants du décret du 17 septembre de la même année.

Les fonds ainsi formés seront employés par notre ministre des Affaires ecclésiastiques et de l'Instruction publique, d'après l'avis de notre Conseil royal :

1° A donner des secours aux communes qui se trouveraient dans l'impossibilité absolue de se procurer des moyens d'enseignement, et principalement à fonder des écoles préparatoires ;

2° A faire composer, imprimer et distribuer des livres élémentaires ;

3° A donner des encouragements et des récompenses aux instituteurs qui se seront distingués par leur aptitude, leur zèle et leur bonne conduite.

L'ordonnance se termine par un article (14) qui contenait en germe la future loi sur les pensions de retraite des instituteurs et qui nous paraît mériter d'être cité :

Notre ministre... nous proposera incessamment un règlement général pour assurer aux instituteurs primaires communaux, au moyen de retenues sur leurs traitements ou des autres ressources dont on pourra disposer, des pensions de retraite, lorsque l'âge où les infirmités les mettront dans la nécessité de renoncer à leurs fonctions, après les avoir exercées un certain nombre d'années.

III

Cette ordonnance, qui fut la dernière de la Restauration sur l'instruction primaire, avait sa valeur : les projets de loi ou les lois dont nous nous occuperons bientôt, lui emprunteront plus d'une disposition. Cependant, le gouvernement de Juillet crut utile de la compléter, de la laïciser encore en quelque sorte davantage, en modifiant les comités d'arrondissement substitués par l'ordonnance de 1828 aux comités cantonaux. Tel fut l'objet de l'ordonnance du 16 octobre 1830. On avait, dans ces temps, une très grande confiance dans les comités.

Considérant, dit l'ordonnance dont nous nous occupons, que l'institution des comités gratuits et de charité, chargés d'encourager et de surveiller les écoles primaires, est une des mesures les plus propres à hâter l'amélioration et les progrès de l'instruction élémentaire, et qu'il importe de donner à ces comités toute l'action dont ils ont besoin...

Cette fois, on les compose sur les anciens modèles, mais l'élément clérical cesse d'y dominer. Le délégué de l'évêque diocésain, les deux notables à sa nomination, disparaissent, et il ne reste que le curé cantonal. La présidence n'est plus dévolue au délégué de l'évêque ou au curé de la ville; elle revient au maire de la localité, au membre inscrit le premier sur le tableau, dans l'occasion au sous-préfet ou au procureur du roi. D'ailleurs « les dispositions concernant les attributions et les devoirs des comités seront prescrites par des règlements universitaires, de manière que tout y tende à favoriser *la propagation de l'instruction primaire dans toutes les communes du royaume, l'emploi des meilleures méthodes d'enseignement et le prompt établissement des écoles normales* ».

Nous soulignons ce dernier passage parce qu'il formule le programme général des amis de l'instruction primaire d'alors, celui dont ils vont poursuivre l'exécution dans les projets de loi qui ne tardent pas d'apparaître.

Un de ces projets[1], dans les recueils de documents relatifs à l'instruction primaire, se trouve à la suite de l'ordonnance du 16 octobre 1830 que nous venons d'analyser. Il est daté du 20 janvier 1831. Nous y retrouvons les comités, mais restreints aux justices de paix; l'élément ecclésiastique n'est point mentionné dans leur composition. « Ils prendront des mesures propres à assurer, dans toutes les écoles primaires de leur ressort, le maintien de l'ordre et des mœurs, les progrès de l'instruction et l'observation des règlements. — Ils vérifieront les titres des candidats qui aspireront aux fonctions d'instituteur communal. — Ils feront connaître au préfet, au recteur, et à toute autre autorité compétente, les besoins des écoles et des instituteurs. —

1. Projet présenté par M. Barthe, ministre de l'Instruction publique dans le cabinet Laffitte.

Toutes les délibérations des comités seront transmises au recteur. » Il pourra être établi des écoles libres. Les maîtres de ces écoles auront à remplir certaines obligations (à peu près celles qu'imposera plus tard la loi de 1850).

A défaut de fondations, donations ou legs, toute commune sera tenue de pourvoir, ou par elle-même, ou en se réunissant à une commune voisine, à ce que les enfants qui l'habitent reçoivent l'instruction primaire et à ce que les enfants indigents reçoivent gratuitement cette instruction.

Le brevet est de rigueur. Les instituteurs sont choisis par l'autorité municipale, sauf approbation du comité. Il sera fourni à tout instituteur communal :

1° Un local qui sera convenablement disposé tant pour servir de logement à l'instituteur que pour recevoir les élèves;

2° Un traitement fixe dont le minimum sera 200 francs. Moyennant ce traitement fixe, l'instituteur communal devra instruire tous les élèves que le conseil municipal aura désignés comme hors d'état de payer la rétribution. — Le département et l'État interviendront en cas d'insuffisance des ressources communales. — La rétribution mensuelle sera réglée tous les cinq ans par le conseil municipal. — Un versement du vingtième du traitement fixe sera fait en vue d'une pension de retraite. — Il pourra être établi dans chaque académie, après avis des conseils municipaux et des conseils généraux, une ou plusieurs écoles normales destinées à former des instituteurs primaires. — *Selon les ressources et les besoins, il pourra être établi des écoles primaires communales de filles.* En cas de fautes graves de l'instituteur, soit communal, soit privé, le comité pourra, selon les circonstances, et, après avoir entendu et dûment appelé l'instituteur inculpé, prononcer contre lui la peine de la réprimande ou de la censure; il pourra même retirer les certificats de bonnes vie et mœurs que l'instituteur avait précédemment obtenus. Dans ce dernier cas, l'instituteur aura la faculté de se pourvoir contre la décision du conseil académique...

Ces dispositions, souvent reproduites, montrent où se portaient les préoccupations de l'opinion, dans ces temps où, d'ordonnances en ordonnances, de projets en projets, on s'acheminait vers la grande loi de 1833.

Au point où nous en sommes arrivés, ces préoccupations qui se rencontrent partout peuvent se formuler de la manière suivante :

L'instruction mise à la portée de tous les enfants aisés ou pauvres, une instruction *primaire élémentaire* sans doute, mais non absolument *rudimentaire*, telle que l'avait définie sommairement le décret de 1808, une instruction susceptible de varier dans son uniformité, de s'étendre suivant les besoins ou les facultés de ceux qui seraient appelés à la recevoir ;

Des maîtres honorables et honorés, ayant fait leurs preuves de savoir et de bonne conduite, logés, rétribués, pourvus des instruments de travail nécessaires, surveillés et dirigés par des personnes compétentes, trouvant, dans l'occasion, des juges impartiaux, récompensés de leur zèle et de leurs efforts, voyant venir sans effroi les infirmités et la vieillesse ;

Pour les former, pour les préparer à la délicate mission d'instruire et d'élever, des sortes de séminaires dits *écoles modèles* ou *écoles normales ;* pour les aider et les guider, des livres de choix et appropriés, des méthodes et des procédés éprouvés ;

Le tout aux charges, soins et diligences des communes, des départements et de l'État.

On se préoccupe, en outre, de la part à faire à un parti puissant qui voulait bien de l'instruction primaire, mais qui ne la voulait que par lui et par les auxiliaires nombreux qu'il s'était créés dans les congrégations religieuses, tendant à échapper au droit commun, à devenir comme un État dans l'État et à vivre de privilèges ; de la part à faire aussi à l'industrie et à l'initiative privée, aux maîtres et maîtresses privés qu'on appellera plus tard instituteurs et institutrices libres.

Tels sont les vœux et les aspirations qui étaient pour ainsi dire dans l'air, qui se manifestaient avec une intensité toujours croissante et qu'il s'agissait de satisfaire dans la mesure du possible ; les questions qu'allait avoir à agiter, les problèmes qu'allait avoir à résoudre « une commission chargée de reviser les lois, décrets et ordonnances sur l'instruction publique, et de préparer un projet de loi pour l'organisation générale de l'enseignement », et qui fut nommée par ordonnance du 3 février 1831.

En attendant, une école normale est créée à Paris, ou plutôt à Versailles, et destinée : 1° à former des maîtres pour l'Académie de Paris ; 2° à éprouver ou vérifier les nouvelles méthodes d'enseignement applicables à l'instruction primaire. (Ord. du 11 mars 1831.) Les brevets délivrés aux instituteurs sur la vue des lettres d'obédience disparaissent : à l'avenir, nul ne pourra obtenir un brevet de capacité, à l'effet d'exercer les fonctions d'instituteur primaire, à quelque titre que ce soit, s'il n'a préalablement subi, dans les formes établies et devant qui de droit, les examens prescrits par les ordonnances. (Ord. du 18 avril de la même année.)

IV

Le courant d'idées qui se produisait alors sur l'instruction primaire et sur le rôle qu'elle avait à remplir, était dû en grande partie aux sociétés d'instruction primaire qui s'étaient organisées sur différents points de la France.

En première ligne se trouvait la *Société pour l'instruction élémentaire* qui, depuis sa fondation en 1815, comptait parmi ses membres les sommités littéraires, scientifiques, politiques et administratives du temps. Elle patronnait spécialement l'enseignement mutuel, mais, au fond, elle étendait sa sollicitude sur tout l'enseignement laïque. Sur son modèle s'étaient formées :

La *Société d'instruction primaire du Rhône*, fondée en 1828, au moment où, sous le ministère Martignac, le parti libéral put concevoir l'espérance de relever et de soutenir l'instruction primaire laïque;

La *Société pour l'encouragement de l'instruction primaire parmi les protestants de France*, reconnue par ordonnance du 15 juillet 1829 et qui, en avril 1880, put célébrer le cinquantième anniversaire de sa fondation;

La *Société établie à Angers, pour l'encouragement de l'enseignement mutuel élémentaire.* (Ord. du 3 décembre 1831.)

Mais pendant que le parti libéral travaillait ainsi à émanciper l'instruction primaire, la Congrégation s'occupait de propager les établissements qui lui étaient chers.

Les frères de Saint-Yon (les frères des Écoles Chrétiennes) s'étaient rapidement reconstitués après la Révolution. Protégés par le décret de 1808, ils avaient repris les écoles gratuites des grandes villes et les défendaient de leur mieux contre les nouvelles venues, contre les *écoles mutuelles* que le parti religieux était loin de favoriser. Des départements, des provinces entières tombaient entre les mains d'associations religieuses de dates plus récentes. L'art. 36 de l'ordonnance de 1816 portait : « Toute association religieuse ou charitable, telle que celle des Écoles Chrétiennes, pourra être admise à fournir, à des conditions convenues, des maîtres aux communes qui en demanderont, pourvu que cette association soit autorisée par nous et que les règlements et méthodes qu'elle emploie aient été approuvés par notre Commission de l'instruction publique. » L'article 37 ajoutait : « Ces associations, et spécialement leurs noviciats, pourront être soutenues, au besoin, soit par les départements où il sera jugé nécessaire d'en établir, soit sur les fonds de l'Instruction publique. »

Les amis de l'instruction primaire, mais de l'instruction primaire donnée dans un but spécial et exclusif, dans un intérêt religieux, s'empressèrent de profiter de ces dispositions. Dix associations notables furent fondées rien que de

1820 à 1830. Et ce fut, pour le moment, un véritable avantage pour les populations : sans elles et en dehors de leurs établissements, où était l'école primaire? Où étaient et qu'étaient les maîtres, sinon dans les villes, du moins dans les campagnes? Le rapport de M. Lorain ne le fera que trop connaître.

Mais là où le champ restait libre et la porte grande ouverte aux congrégations religieuses, là aussi où, du reste, elles pouvaient rendre et rendirent en effet d'immenses services, c'est dans l'enseignement des filles. Ici subsistait, pour plus d'un demi-siècle, une lacune que, dès l'origine, les législateurs avaient négligé de combler : les filles sont à peine mentionnées dans les lois et décrets sur l'instruction primaire que nous venons de passer en revue. Il n'y avait pas que les orateurs du Tribunat qui pensassent que l'instruction et l'éducation de la jeune fille est l'affaire de la famille[1]. Il semble d'ailleurs que, tacitement, on s'en rapportât de ce soin aux associations religieuses et que l'on crût pouvoir, sans danger, laisser la femme s'élever « sur les genoux de l'Église », comme dira un jour le fougueux évêque d'Orléans. Aussi, à partir du décret du 18 février 1809, qui plaçait les congrégations ou maisons hospitalières de femmes « sous la protection de Madame Mère », et qui réglait leurs conditions d'existence, les congrégations religieuses, hospitalières ou enseignantes (en fait c'est tout un) se multiplièrent à leur aise. En 1830, on en comptait déjà plus de 200 ayant des établissements plus ou moins importants sur toute la surface de la France, et ly tenant soit des écoles payantes, soit des écoles gratuites, ces dernières fournissant un *motif d'intérêt public* pour déroger à l'article 1er de la loi constitutionnelle du 19 février 1790.

---

1. Dans la discussion de la loi du 11 floréal an X, à ceux de ses collègues qui regrettaient que la loi ne contînt aucune disposition en faveur des filles, le tribun Chassan répondait que « c'est aux soins du ménage que doit être particulièrement habituée cette intéressante moitié de la société ».

C'est du reste vers elles que se tournèrent le plus grand nombre des libéralités faites par des personnes pieuses dans un but d'enseignement. Si l'on consulte les actes constituant ces libéralités, on y voit presque toujours intervenir soit comme légataire institué, soit comme bénéficiaire, une association religieuse à charge d'entretenir ou de desservir une ou plusieurs écoles gratuites pour les jeunes filles pauvres de la localité.

Telle était sans doute la cause, sinon de l'indifférence, du moins de la tiédeur de nos premiers législateurs à l'endroit des écoles de filles. Qui sait si plusieurs d'entre eux n'agissaient pas d'ailleurs par intérêt ou par calcul! Dans l'entourage de la royauté (il en sera un jour de même sous le second Empire), on était à l'avance gagné aux congrégations, ou bien on ne marchait que timidement dans une autre voie pour ne pas effaroucher des susceptibilités toujours en éveil. On sent cette dernière préoccupation, on peut bien dire cette précaution, dans toutes les ordonnances sur la matière, et plus particulièrement dans les considérants ou dans l'exposé des motifs par lesquels M. de Vatimesnil s'efforce de voiler au roi Charles X les dispositions libérales de l'ordonnance du 21 avril 1828. On pourra la retrouver dans les projets de loi qui sont comme les ballons d'essai de la loi de 1833, et peut-être dans cette loi elle-même.

Une autre lacune qui subsistera longtemps encore, ce sera le manque de sanction effective à l'instruction en général et à l'instruction primaire en particulier. Ce qu'on a appelé depuis *l'obligation*, semble ne pouvoir entrer dans nos mœurs. Le Directoire avait pris à cet égard une brillante attitude; mais son arrêté comminatoire du 17 brumaire an VI (17 novembre 1797) paraît n'avoir effrayé personne. On s'en tint ensuite aux encouragements en comptant d'ailleurs sur la présence des écoles et sur le zèle des maîtres, sur l'attrait qu'a par elle-même l'instruction primaire, sur les avantages qu'elle procure et sur les besoins

auxquels elle satisfait. Pourtant le projet du député Las Cases
(24 octobre 1831) essaie de revenir aux mesures de sévérité
proposées par le Directoire : « Dix ans après la promulgation de la présente loi, les individus âgés de 25 ans et au-
dessus qui ne justifieront pas qu'ils savent lire et écrire,
seront exclus des droits civiques; ils ne pourront, en conséquence, être jurés, électeurs, maires, adjoints, membres
des conseils municipaux, ni être admis comme témoins
dans les actes civils. Les secours publics accordés aux
familles indigentes ne seront plus délivrés qu'à la charge,
par les parents, de prouver que leurs enfants fréquentent
les écoles ou qu'ils savent lire et écrire. (Art. 9.) Les
emplois inférieurs dans les administrations ne seront accessibles qu'à quiconque possédera suffisamment les connaissances prescrites pour être instituteur communal. »
(Art. 13.)

V

Nous avons dit qu'il avait été nommé une commission
« chargée de reviser les lois, décrets et ordonnances sur
l'instruction publique, et de préparer un projet de loi pour
l'organisation générale de l'enseignement ». Un projet avait
été présenté antérieurement à la nomination de cette commission (20 janvier 1831)[1]. Deux autres lui sont postérieurs.
Nous ignorons jusqu'à quel point la commission a inspiré
ces projets et y a collaboré. Nous devons néanmoins nous
y arrêter quelques instants pour y relever des points communs, ou des différences soit entre eux, soit avec la loi de
1833 dont ils étaient les précurseurs, comme les ballons
d'essai, avons-nous dit. Pour plus de commodité, nous les
désignons sous les lettres A, B, C, la lettre A s'appliquant
au projet du 20 janvier 1831, la lettre B au projet proposé à

____

1. Projet Barthe.

la Chambre des députés par M. Emmanuel Las Cases, le 24 octobre de la même année[1], la lettre C au projet présenté à la même Chambre par MM. Salverte, Laurence, Taillandier etc., le 17 novembre 1832.

Le projet A débute par une définition :

L'enseignement primaire comprend : outre l'instruction morale et religieuse, la lecture, l'écriture, la langue française, le calcul, le système légal des poids et mesures, le dessin linéaire et l'arpentage. — *Le vœu des pères de familles sera toujours consulté et suivi en ce qui concerne la participation de leurs enfants à l'instruction religieuse.*

Le projet C en fait autant :

L'enseignement donné dans les écoles primaires comprend : la lecture, l'écriture, les éléments de la langue française et du calcul, des notions sur les droits et les devoirs sociaux et politiques.

La définition du projet A sera à peu près adoptée par la loi de 1833 ; celle du projet C semble présager la loi du 28 mars 1883 (loi sur l'obligation), en substituant en fait l'enseignement *moral et civique* à l'instruction *morale et religieuse.*

Le projet B suppose l'instruction primaire assez connue pour n'avoir pas besoin d'être définie. Il la place tout de suite sous la protection et la surveillance de l'administration municipale, par conséquent dans les attributions du Ministère de l'Intérieur. Il la proclame libre « à la charge, par les instituteurs, de remplir les formalités et de réunir les conditions voulues par la loi », et en déclarant les écoles ouvertes en tout temps à l'autorité municipale. Celle-ci a le droit « de régler l'entière administration des écoles communales ». Obligation du brevet, participation du département et de l'État, en cas de besoin, dans les dépenses des écoles, large part faite à la liberté ; établissement d'une

---

1. Le même jour qu'était présenté un autre projet élaboré par MM. de Montalivet et Cuvier.

caisse de retraite pour les instituteurs et d'une « classe normale dans chaque département »; sanctions de l'instruction primaire (nous les avons fait connaître pins haut); création d'écoles primaires dans les prisons, d'écoles à l'usage des militaires marins et enfants de troupe, d'écoles ambulantes dans les campagnes; cessation des fonctions des anciens comités de surveillance des écoles primaires dépendant de l'Université, telles sont les dispositions saillantes de ce projet Las Cases, qui ne manque ni de fermeté ni d'idées, mais dont la pensée dominante est évidemment de faire de l'instruction primaire une obligation, une charge et une œuvre municipale.

Le projet A établit non par canton, non par arrondissement, mais par justice de paix, un comité de protection et de surveillance qui sera le véritable organe des écoles. Il prévoit, lui aussi, l'insuffisance des ressources communales, des pensions de retraite, des écoles normales. Il pense au moins aux écoles de filles : « Selon les ressources et les besoins des communes, et sur la proposition des comités, il pourra être établi des écoles primaires communales de filles. » (Art. 15.)

Le projet C est le plus détaillé et le plus complet du temps. Il revient aux comités cantonaux. Il consacre tout son titre II aux écoles privées, tout son titre III aux écoles communales qu'il place sous la surveillance immédiate du maire et sous la direction du comité cantonal; son titre V aux écoles spéciales, aux écoles de filles qu'il laisse facultatives. Comme le projet A, il prévoit des écoles établies pour les militaires et dans les prisons, des écoles modèles qui, au fond, seront les écoles normales.

Tels sont comme les répertoires où M. Guizot et son collaborateur M. Cousin, fidèles à leur doctrine d'éclectisme, vont puiser pour la rédaction de la grande loi de 1833 à laquelle nous avons eu hâte d'arriver.

CHAPITRE II

LA LOI DE 1833

I

Nous devons donner dans son entier le texte de cette loi si importante.

Article premier. — L'instruction primaire est élémentaire ou supérieure.

L'instruction primaire élémentaire comprend nécessairement l'instruction morale et religieuse, la lecture, l'écriture, les éléments de la langue française et du calcul, le système légal des poids et mesures.

L'instruction primaire supérieure comprend nécessairement, en outre, les éléments de la géométrie et ses applications usuelles, spécialement le dessin linéaire et l'arpentage, les notions des sciences physiques et de l'histoire naturelle applicables aux usages de la vie, le chant, les éléments de l'histoire et de la géographie et surtout l'histoire et la géographie de la France.

Selon les besoins et les ressources des localités, l'instruction primaire pourra recevoir les développements qui seront jugés convenables.

Art. 2. — Le vœu des pères de famille sera toujours consulté et suivi en ce qui concerne la participation de leurs enfants à l'instruction religieuse.

Art. 3. — L'instruction primaire est privée ou publique.

TITRE II

DES ÉCOLES PRIMAIRES

Art. 4. — Tout individu âgé de 18 ans accomplis pourra exercer la profession d'instituteur primaire et diriger tout établissement quelconque d'instruction primaire, sans autres conditions que de présenter préalablement au maire de la commune où il voudra tenir école :

1° Un brevet de capacité obtenu, après examen, selon le degré de l'école qu'il veut établir;

2° Un certificat constatant que l'impétrant est digne, par sa moralité, de se livrer à l'enseignement. Ce certificat sera délivré, sur l'attestation de trois conseillers municipaux, par le maire de la commune ou de chacune des communes où il aura résidé depuis trois ans.

Art. 5. — Sont incapables de tenir école :

1° Les condamnés à des peines afflictives ou infamantes;

2° Les condamnés pour vol, escroquerie, banqueroute, abus de confiance ou attentat aux mœurs, et les individus qui auront été privés par jugement de tout ou partie des droits de famille mentionnés aux paragraphes 5 et 6 de l'art. 7 de la présente loi.

3° Les individus interdits en exécution de l'art. 42 du Code pénal.

Art. 6. — Quiconque aura ouvert une école primaire en contravention de l'art. 5 ou sans avoir satisfait aux conditions prescrites par l'art. 4 de la présente loi, sera poursuivi devant le tribunal correctionnel du lieu du délit et condamné à une amende de 50 à 200 francs; l'école sera fermée.

En cas de récidive, le délinquant sera condamné à un emprisonnement de quinze à trente jours et à une amende de 100 à 400 francs.

Art. 7. — Tout instituteur privé, sur la demande du comité mentionné dans l'art. 19 de la présente loi ou sur la poursuite d'office du ministère public, pourra être traduit, pour cause d'inconduite ou d'immoralité, devant le tribunal civil de l'arrondissement et être interdit de sa profession à temps ou à toujours.

Le tribunal entendra les parties et statuera sommairement en chambre du conseil. Il en sera de même sur l'appel qui devra être interjeté dans le délai de dix jours, à compter du jour de la signification du jugement et qui, en aucun cas, ne sera sus·pensif.

Le tout sans préjudice des poursuites qui pourraient avoir lieu pour crimes, délits ou contraventions prévus par les lois.

TITRE III

DES ÉCOLES PRIMAIRES PUBLIQUES

Art. 8. — Les écoles primaires publiques sont celles qu'entretiennent, en tout ou en partie, les communes, les départements ou l'État.

Art. 9. — Toute commune est tenue, soit par elle-même, soit en se réunissant à une commune voisine, d'entretenir au moins une école primaire élémentaire.

Dans le cas où les circonstances locales le permettraient, le Ministre de l'Instruction publique pourra, après avoir entendu le conseil municipal, autoriser, à titre d'écoles communales, des écoles plus particulièrement affectées à l'un des cultes reconnus par l'État.

Art. 10. — Les communes chefs-lieux de départements et celles dont la population excède 6000 âmes, devront avoir, en outre, une école primaire supérieure.

Art. 11. — Tout département sera tenu d'entretenir une école normale, soit par lui-même, soit en se réunissant à un ou plusieurs départements voisins.

Les conseils généraux délibéreront sur les moyens d'assurer l'entretien des écoles primaires. Ils délibéreront également sur la réunion de plusieurs départements pour l'entretien d'une seule école normale. Cette réunion devra être autorisée par ordonnance royale.

Art. 12. — Il sera fourni à tout instituteur communal :

1° Un local convenablement disposé tant pour lui servir d'habitation que pour recevoir les élèves;

2° Un traitement fixe qui ne pourra être moindre de 200 francs pour une école primaire élémentaire, et de 400 francs pour une école primaire supérieure.

Art. 13. — A défaut de fondations, donations ou legs qui assurent un local et un traitement conformément à l'art. précédent, le conseil municipal délibérera sur les moyens d'y pourvoir.

En cas d'insuffisance des revenus ordinaires pour l'établissement des écoles primaires communales élémentaires et supérieures, il y sera pourvu au moyen d'une imposition spéciale votée par le conseil municipal, ou, à défaut du vote de ce conseil, établie par ordonnance royale. Cette imposition, qui devra être autorisée chaque année par la loi des finances, ne pourra excéder trois centimes additionnels au principal des contributions foncière, personnelle et mobilière.

Lorsque des communes n'auront pu, soit isolément, soit par la réunion de plusieurs d'entre elles, procurer un local et assurer le traitement au moyen de cette contribution de trois centimes, il sera pourvu aux dépenses reconnues nécessaires à l'instruction primaire, et en cas d'insuffisance des fonds départementaux, par une imposition spéciale votée par le conseil général du département, ou, à défaut du vote de ce conseil, établie par ordonnance royale. Cette imposition qui devra être autorisée chaque année par la loi de finances, ne pourra excéder deux centimes additionnels au principal des contributions foncière, personnelle et mobilière.

Si les centimes ainsi imposés aux communes et aux départements ne suffisent pas aux besoins de l'instruction primaire, le Ministre de l'Instruction publique y pourvoira au moyen d'une subvention prélevée sur le crédit qui sera porté annuellement pour l'instruction primaire au budget de l'État.

Chaque année il sera annexé à la proposition du budget un rapport sur l'emploi des fonds alloués pour l'année précédente.

Art. 14. — En sus du traitement fixe, l'instituteur recevra une rétribution mensuelle dont le taux sera réglé par le conseil municipal et qui sera perçue dans la même forme et selon les mêmes règles que les contributions publiques directes.

Le rôle en sera recouvrable, mois par mois, sur un état des élèves certifié par l'instituteur, visé par le maire et rendu exécutoire par le sous-préfet.

Le recouvrement de la rétribution ne donnera lieu qu'au remboursement des frais par la commune, sans aucune remise au profit des agents de la perception.

Seront admis gratuitement dans l'école communale élémentaire, ceux des élèves de la commune ou des communes réunies que les conseils municipaux auront désignés comme ne pouvant payer aucune rétribution.

Dans les écoles primaires supérieures, un nombre de places gratuites, déterminé par le conseil municipal, pourra être réservé pour les enfants qui, après concours, auront été désignés par le comité d'instruction primaire, dans les familles qui seront hors d'état de payer la rétribution.

Art. 15. — Il sera établi dans chaque département une caisse d'épargne et de prévoyance en faveur des instituteurs primaires communaux.

Les statuts de ces caisses d'épargne seront déterminés par des ordonnances royales.

Cette caisse sera formée par une retenue annuelle d'un vingtième sur le traitement fixe de chaque instituteur communal. Le montant de la retenue sera placé au compte ouvert au trésor royal pour les caisses d'épargne et de prévoyance; les intérêts de ces fonds seront capitalisés tous les six mois. Le produit total de la retenue exercée sur chaque instituteur lui sera rendu à l'époque où il se retirera et, en cas de décès dans l'exercice de ses fonctions, à sa veuve ou à ses héritiers.

Dans aucun cas, il ne pourra être ajouté aucune subvention, sur les fonds de l'État, à cette caisse d'épargne et de prévoyance, mais elle pourra, dans les formes et selon les règles prescrites pour les établissements d'utilité publique, recevoir des dons et des legs dont l'emploi, à défaut de dispositions des donateurs ou des testateurs, sera réglé par le Conseil général.

ART. 16. — Nul ne pourra être nommé instituteur communal s'il ne remplit les conditions de capacité et de moralité prescrites par l'art. 4 de la présente loi, ou s'il se trouve dans un des cas prévus par l'art. 5.

TITRE IV

DES AUTORITÉS PRÉPOSÉES A L'INSTRUCTION PRIMAIRE

ART. 17. — Il y aura près de chaque école communale un comité local de surveillance composé du maire ou adjoint, président, du curé ou pasteur, et d'un ou plusieurs habitants notables désignés par le comité d'arrondissement.

Dans les communes dont la population est répartie entre différents cultes reconnus par l'État, le curé ou le plus ancien des curés et l'un des ministre de chacun des autres cultes, désigné par son consistoire, feront partie du comité communal de surveillance.

Plusieurs écoles de la même commune pourront être réunies sous la surveillance du même comité.

Lorsqu'en vertu de l'art. 9, plusieurs communes sont réunies pour entretenir une école, le comité d'arrondissement désignera, dans chaque commune, un ou plusieurs habitants notables pour faire partie du comité. Le maire de chacune des communes fera en outre partie du comité.

Sur le rapport du comité d'arrondissement, le Ministre de l'Instruction publique pourra dissoudre un comité local de surveillance et le remplacer par un comité spécial dans lequel personne ne sera compris de droit.

Art. 18. — Il sera formé dans chaque arrondissement de sous-préfecture un comité spécialement chargé de surveiller et d'encourager l'instruction primaire.

Le Ministre de l'Instruction publique pourra, suivant la population et les besoins des localités, établir dans le même arrondissement plusieurs comités dont il déterminera la circonscription par cantons isolés ou agglomérés.

Art. 19. — Sont membres des comités d'arrondissement :

Le maire du chef-lieu ou le plus ancien des maires du chef-lieu de la circonscription;

Le juge de paix ou le plus ancien des juges de paix de la circonscription;

Le curé ou le plus ancien des curés de la circonscription;

Un ministre de chacun des autres cultes reconnus par la loi, qui exercera dans la circonscription, et qui aura été désigné comme il est dit au second paragraphe de l'art. 17;

Un proviseur, principal de collège, professeur, régent, chef d'institution ou maître de pension désigné par le Ministre de l'Instruction publique, lorsqu'il existera des collèges, institutions ou pensions dans la circonscription du comité;

Un instituteur primaire résidant dans la circonscription du comité et désigné par le Ministre de l'Instruction publique;

Trois membres du conseil d'arrondissement ou habitants notables désignés par ledit conseil;

Les membres du Conseil général du département qui auront leur domicile dans la circonscription du comité.

Le préfet préside, de droit, tous les comités du département et le sous-préfet, tous ceux de l'arrondissement; le procureur du roi est membre de droit de tous les comités d'arrondissement.

Le comité choisit tous les ans son vice-président et son secrétaire; il peut prendre celui-ci hors de son sein. Le secrétaire, lorsqu'il est choisi hors du comité, en devient membre par sa nomination.

Art. 20. — Les comités s'assembleront au moins une fois par mois. Ils pourront être convoqués extraordinairement sur la demande d'un délégué du Ministre; ce délégué assistera à la délibération.

Les comités ne pourront délibérer s'il n'y a au moins cinq membres présents pour les comités d'arrondissement et trois pour les comités communaux; en cas de partage, le président aura voix prépondérante.

Les fonctions des notables qui font partie des comités dureront trois ans; ils seront indéfiniment rééligibles.

ART. 21. — Le comité communal a inspection sur les écoles publiques ou privées de la commune. Il veille à la salubrité des écoles et au maintien de la discipline, sans préjudice des attributions du maire en matière de police municipale.

Il s'assure qu'il a été pourvu à l'enseignement gratuit des enfants pauvres.

Il arrête un état des enfants qui ne reçoivent l'instruction primaire ni à domicile, ni dans les écoles publiques ou privées.

Il fait connaître au comité d'arrondissement les divers besoins de la commune, sous le rapport de l'instruction primaire.

En cas d'urgence, et sur la plainte du comité communal, le maire peut ordonner provisoirement que l'instituteur sera suspendu de ses fonctions, à la charge de rendre compte dans les vingt-quatre heures, au comité d'arrondissement, de cette suspension et des motifs qui l'ont déterminée.

Le conseil municipal présente au comité d'arrondissement les candidats pour les écoles publiques, après avoir préalablement pris avis du comité communal.

ART. 22. — Le comité d'arrondissement inspecte et, au besoin, fait inspecter par des délégués pris parmi ses membres ou hors de son sein, toutes les écoles primaires de son ressort. Lorsque les délégués ont été choisis par lui, hors de son sein, ils ont droit d'assister à ses séances avec voix délibérative.

Lorsqu'il le juge nécessaire, il réunit plusieurs écoles de la même commune sous la surveillance du même comité, ainsi qu'il a été prescrit à l'art. 17.

Il envoie chaque année, au préfet et au Ministre de l'Instruction publique, l'état de situation de toutes les écoles primaires du ressort.

Il donne son avis sur les secours et les encouragements à accorder à l'Instruction primaire.

Il provoque les réformes et les améliorations nécessaires.

Il nomme les instituteurs communaux sur la présentation du conseil municipal, procède à leur installation et reçoit leur serment.

Les instituteurs communaux doivent être institués par le Ministre de l'Instruction publique.

ART. 23. — En cas de négligence habituelle ou de faute grave de l'instituteur communal, le comité d'arrondissement, ou d'office, ou sur la plainte adressée par le comité communal, mande l'instituteur inculpé; après l'avoir entendu ou dûment appelé, il le réprimande ou le suspend pour un mois, avec ou sans privation de traitement, ou même le révoque de ses fonctions. L'instituteur frappé d'une révocation, pourra se pourvoir devant le Ministre de l'Instruction publique, en Conseil Royal. Ce pourvoi devra être formé dans le délai d'un mois, à partir de la notification de la décision du comité, de laquelle notification il sera dressé procès-verbal par le maire de la commune. Toutefois, la décision du comité est exécutoire par provision.

Pendant la suspension de l'instituteur, son traitement sera laissé à la disposition du conseil municipal.

ART. 24. — Les dispositions de l'art. 7 de la présente loi, relatives aux instituteurs privés, sont applicables aux instituteurs communaux.

ART. 25. — Il y aura dans chaque département une ou plusieurs commissions d'instruction primaire chargées d'examiner les aspirants aux brevets de capacité, soit pour l'instruction primaire élémentaire, soit pour l'instruction primaire supérieure, et qui délivreront lesdits brevets sous l'autorité du ministre. Ces commissions seront également chargées de faire les examens d'entrée et de sortie des élèves de l'école normale primaire.

Les membres de ces commissions seront nommés par le Ministre de l'Instruction publique.

Les examens auront lieu publiquement et à des époques déterminées par le Ministre de l'Instruction publique.

II

Cette loi du 28 juin 1833 n'est point parfaite et nous y constaterons bientôt des côtés faibles et des lacunes. Mais plus que les projets qui l'avaient précédée, elle est une œuvre de confiance, de conciliation, de liberté et de progrès.

On sait que M. Guizot espérait beaucoup des classes moyennes qui étaient en effet alors la force vive de la nation[1]. Il leur confie en quelque sorte les destinées de l'instruction primaire. Il cherche en elles, pour les écoles et pour les maîtres, des surveillants, mais aussi des tuteurs;

____
1. Voir la note A à la fin du volume.

les notables de la commune forment les comités locaux, et les notables du département les comités d'arrondissement, les uns plus rapprochés, représentants plus directs de la commune et de la famille, les autres plus indépendants et, par suite, plus impartiaux; car, avait dit, quelques années auparavant, M. de Vatimesnil, « s'il importe que l'autorité surveillante ne soit pas placée loin des personnes surveillées, il ne faut pas non plus qu'elle en soit assez rapprochée pour subir l'influence des préventions locales ».

Dans ces comités, l'élément clérical ne domine plus comme il en était depuis longtemps. Mais une juste part lui est faite : les ministres des différents cultes font partie du comité d'arrondissement, l'intérêt religieux est représenté d'une façon analogue.

La liberté de l'enseignement était inscrite dans la charte et allait ouvrir une lutte formidable entre l'Université et le clergé. Pour aller au-devant de cette lutte dans l'instruction primaire, l'art. 4 de la loi donne à tout individu pourvu de brevet la faculté de tenir une école libre ou privée, sous la seule condition de remplir quelques formalités et de se conformer aux lois.

Il y avait en même temps un réel progrès dans notre législation scolaire, gage de progrès sérieux dans notre instruction primaire elle-même. L'heure des tâtonnements, des hésitations, des marches contradictoires tantôt en avant tantôt en arrière, était passée. Avec ces vingt-cinq articles, on savait de quoi il s'agissait, où l'on allait, quel était le but vers lequel on tendait et qu'on se proposait d'atteindre. L'instruction primaire est définie, délimitée même, mais elle n'est plus renfermée dans des barrières étroites et quand même infranchissables : outre qu'elle compte deux degrés distincts, « selon les besoins et les ressources des localités, elle pourra recevoir les développements qui seront jugés convenables ». C'est, comme on l'a dit, le principe de la variété motivée substitué au principe abstrait de l'uniformité.

En ce qui concerne l'école, les obligations des communes, des départements et de l'État sont nettement marquées. La situation morale et matérielle des maîtres est définie et réglée. Une école normale les préparera; des autorités compétentes les surveilleront et les dirigeront de près et de loin; elles les jugeront en connaissance de cause après avoir entendu leur défense; à défaut d'une pension de retraite à laquelle sans doute on ne pourrait encore pratiquement songer, on les oblige à prévoir la vieillesse ou les mauvais jours, et à sacrifier quelque chose du présent à l'avenir.

Dans ces conditions, le personnel pouvait se faire; les écoles pouvaient se multiplier. Elles se multiplièrent en effet puisque de 1833 à 1848, l'instruction primaire acquit 20 936 écoles nouvelles, et que ses établissements reçurent en plus de l'ancienne fréquentation 1 594 511 élèves[1].

Nous avons parlé de côtés faibles et de lacunes existant dans la loi Guizot. En voici qui frappent tout d'abord :

Toute commune est tenue d'entretenir au moins une école primaire élémentaire. Dans le plus grand nombre des communes rurales, cette école sera unique; elle sera donc forcément mixte et, pour la tenir, il n'y aura que l'instituteur dont, du reste, la loi s'occupe exclusivement. La loi du 28 juin 1833 retarde donc ici sur l'ordonnance du 21 avril 1828 qui mentionne au moins les écoles de filles (art. 21), sur l'avant-projet du 20 janvier 1831 qui les rendait facultatives quand les communes avaient des ressources suffisantes (art. 15), sur le projet Salverte du 17 novembre 1832 qui reproduit la même disposition (art. 24).

Ce silence sur les écoles de filles favorisait celui qu'on entendait garder, sans doute pour éviter des orages, sur les associations religieuses.

Il n'y avait pas un grand inconvénient à se taire sur les associations d'hommes et à ne voir dans les sujets qu'elles fournissent que des individus atteints par l'art. 4 et tom-

1. Du Mesnil, *Dict. de pédagogie* Buisson.

bant ainsi sous le droit commun. Mais les congrégations de femmes tenaient ou allaient tenir une telle place dans l'éducation populaire, qu'il eût été bon de profiter de la circonstance pour prendre à leur égard telles dispositions légales qu'il appartenait.

Les écoles maternelles qui naissaient alors sous le nom de *salles d'asile*, auraient d'ores et déjà mérité d'attirer l'attention des législateurs.

Enfin la présentation des instituteurs par le conseil municipal, leur nomination par le comité d'arrondissement, leur institution par le Ministre, leur droit d'appel en Conseil Royal en cas de révocation, pouvaient causer et ont causé en effet de graves embarras pour leur déplacement; ils pouvaient quitter leur poste à leur gré pour courir après des postes plus avantageux, tandis que l'administration avait les mains liées à leur égard : devant elle, ils jouissaient d'une réelle inamovibilité. L'autorité supérieure se trouvait d'ailleurs dépouillée de son droit d'inspecter et de diriger par les prérogatives accordées aux comités. Ces omissions vont être bientôt regrettées, ces inconvénients bientôt sentis. Aussi allons-nous voir se succéder des ordonnances ou règlements destinés à y porter remède.

Quoi qu'il en soit, une loi qui marquait une étape si considérable dans la marche de notre instruction primaire, devait avoir pour préface un exposé aussi développé et aussi détaillé que possible de la situation, un exposé qui fût la justification surabondante des sacrifices demandés aux Chambres. M. Guizot ne fut pas sans y penser. Il consulta les pauvres statistiques que l'on possédait alors; il y vit figurer, pour l'année 1832 : 31 420 écoles de garçons ou mixtes, 10 672 écoles spéciales de filles, 32 520 écoles publiques et 9 572 écoles privées, ce qui faisait, paraît-il, 13 écoles par 10 000 habitants. Mais ces chiffres, en supposant qu'ils fussent exacts, ne donnaient point la situation morale de l'instruction primaire, celle qui intéresse le plus et qui était de nature à émouvoir le pays. Il voulut avoir

cette situation *de visu*, prise sur le fait par des hommes
ayant la mission spéciale de voir, d'entendre et de faire
connaître la situation vraie. Il députa à cet effet 500 inspecteurs dans les villes et dans les provinces. L'un d'eux,
M. Lorain, réunit les documents recueillis au cours de
« cette battue générale dans les écoles », et les publia avec
des notes sous le titre de *Tableau de l'instruction primaire
en France*. C'était, comme nous dirions aujourd'hui, la pho-
tographie même de l'instruction primaire, des maîtres qui
la donnaient, des milieux où siégeaient ces maîtres, de leurs
instruments de travail, de leurs moyens de gouvernement
et enfin des résultats qu'ils obtenaient. C'était la constatation d'un point de départ navrant, mais qu'il était bon de
mettre en relief. Malheureusement, ce « premier document
authentique que l'on puisse consulter sur l'état général de
l'instruction primaire en France » ne put être achevé qu'en
1837, alors que la loi de 1833 battait son plein, qu'elle com-
mençait à étendre ses bienfaits et que les labeurs du début
étaient presque déjà oubliés.

III

Ces labeurs furent grands et une autre volonté que celle
de M. Guizot eût pu en être accablée.

Il y avait pour ainsi dire à installer le nouvel organisme,
à en expliquer le mécanisme et à en éclairer le fonctionnement, à ménager la transition entre la législation ancienne
et la législation naissante.

Ce fut l'objet de l'ordonnance du 16 juillet 1833.

Les articles 3 et 13 de cette ordonnance visent l'un des
plus pressants besoins du moment :

« Les maires des communes qui ne possèdent point de
locaux convenablement disposés, tant pour servir d'habitation à leurs instituteurs communaux que pour recevoir
leurs élèves et qui ne pourraient en acheter ou en faire

construire immédiatement, s'occuperont sans délai de louer des bâtiments propres à cette destination... Pendant la durée du bail qui ne pourra excéder six années, les conseils municipaux prendront les mesures nécessaires pour se mettre en état d'acheter ou de faire construire des maisons d'école, soit avec leurs propres ressources, soit avec les secours qui pourraient leur être accordés par le département ou par l'État. Divers plans d'écoles primaires pour les communes rurales, accompagnés de devis estimatifs détaillés, seront dressés par les soins de notre Ministre de l'Instruction publique et déposés aux secrétariats des préfectures, des sous-préfectures, des mairies de chef-lieu de canton et des comités d'arrondissement ainsi qu'au secrétariat de chaque académie. »

La raison de cette ordonnance était le manque de locaux scolaires dans le plus grand nombre des localités rurales. Cela est si vrai qu'à dix, quinze et vingt ans de distance, l'école se tenait encore fort souvent dans ce qu'on appelait *la maison commune*, c'est-à-dire dans une salle délabrée, enfumée, à l'aire en terre battue, à peine éclairée, pourvue seulement de quelques tables et bancs de cabaret; heureux quand le maître, épicier ou receveur buraliste, ne la tenait pas dans son arrière-boutique ou dans sa boutique même !

Après ces premières préoccupations vint le souci de former un personnel nouveau et d'améliorer l'ancien s'il était possible. On devine ce que pouvait être ce dernier, et il semble qu'il n'y eût pas besoin des tristes constatations de M. Lorain pour le faire connaître avec toutes ses ignorances et ses sujétions. La dénomination d'*instituteurs* que Condorcet avait si heureusement introduite dans notre langue pédagogique, n'avait point suffi pour donner aux maîtres la valeur morale et intellectuelle que suppose ce beau titre. N'ayant qu'une situation matérielle précaire, pauvres ou besogneux, obligés pour vivre de cumuler les emplois les plus divers; peu instruits, peu estimés et trop souvent peu dignes de l'être; sans indépendance puisqu'ils étaient les hommes liges, disons les humbles serviteurs du curé et du maire; tracassés plutôt que surveillés et dirigés, nos premiers instituteurs n'avaient pu acquérir cette élévation d'esprit et de caractère que l'on veut trouver dans un éducateur de l'enfance et de la jeunesse. Ils étaient restés d'ailleurs comme figés dans les méthodes et les errements de l'antique *magister*, du vieux *maître d'école* qu'avaient connu Molière et La Fontaine, et dont Delille nous a tracé un portrait, hélas ! trop fidèle[1]. Ils durent pourtant occuper la plus grande place dans les cadres de 1833 et des années suivantes. Pour les relever eux et leurs successeurs, M. Guizot commença par relever les titres de capacité.

Ces titres furent de deux degrés, répondant à la division même de l'instruction primaire créée par la loi. Il y eut des commissions compétentes pour examiner les aspirants et deux programmes pour guider ces commissions, pour leur marquer la mesure du *brevet élémentaire* et du *brevet supérieur*. (Ord. du 19 juillet 1833.) Les anciens brevets conservèrent cependant leur valeur. (Décision du même jour.) On alla plus loin : le Conseil Royal, « vu les observations présentées sur la difficulté que l'on rencontrerait à pourvoir certaines communes d'instituteurs primaires, en exigeant rigoureusement des candidats les connaissances que demande le brevet de capacité pour l'instruction primaire élémentaire », fut d'avis que, pendant quelque temps encore, il convenait « de permettre la délivrance d'autorisations provisoires à des candidats présentés par certaines communes rurales, attendu que le nombre actuel des individus possédant les connaissances exigées par la nouvelle loi était loin de satisfaire aux besoins de toutes les communes. » (Décis. du 27 août 1833.)

Cette tolérance dura longtemps puisqu'on en retrouve les bénéficiaires encore en service plusieurs années après la

---

1. V. la note B à la fin du volume.

publication de la loi de 1850. Les connaissances exigées semblaient cependant des plus accessibles; le règlement du 19 juillet 1833 va les fixer ainsi :

L'aspirant au brevet de capacité pour l'instruction élémentaire devra satisfaire aux questions qui lui seront faites d'après le programme suivant :

Instruction morale et religieuse.	Catéchisme. Histoire sainte.	Ancien Testament. Nouveau Testament.
Lecture.	Imprimés. Manuscrits ou cahiers lithographiés.	Latins. Français.
Écriture.	Bâtarde. Ronde. Cursive. } en lettres	Ordinaires. Majuscules.
Éléments de la langue française.	Grammaire. Orthographe.	Analyse grammaticale Phrases dictées. Théorie. Pratique.
Éléments du calcul.	Théorie. Pratique.	Numération. Addition. Soustraction. Multiplication. Division. } Appliqués aux nombres entiers et aux fractions décimales.

Procédés pour l'enseignement de la lecture et de l'écriture.

Système légal des poids et mesures; conversion des anciennes mesures en nouvelles.

Premières notions de géographie et d'histoire. » (Art. 8.)

Par contre, l'examen pour le brevet supérieur était relativement fort élevé; les candidats devaient satisfaire aux questions qui leur seraient faites sur les matières suivantes (Art. 9) :

1° Tout ce qui est compris dans le programme pour l'instruction primaire élémentaire, et, en outre, pour l'instruction morale et religieuse, quelques développements.

Pour l'arithmétique, les proportions, les règles de trois et de société;

2° Notions de géométrie : angles, perpendiculaires, parallèles, surface des triangles, des polygones, du cercle; volumes des corps les plus simples.

Dessin linéaire.

Applications usuelles de la géométrie. { Arpentage. / Toisé. / Levé des plans.

Notions des sciences physiques et de l'histoire naturelle applicables aux usages de la vie et comprenant les définitions des machines les plus simples.

Éléments de la géographie et de l'histoire générales, de la géographie et de l'histoire de France.

Notions de la sphère.

Chant. { Musique. / Plain-chant. } Théorie. / Pratique.
Méthodes d'enseignement. { Simultané. / Mutuel.

On ne pouvait compter alors que sur les écoles normales pour inculquer ces connaissances (surtout les dernières) aux futurs instituteurs, et pour satisfaire ainsi au vœu ou aux prescriptions de la loi.

C'était le moment de s'occuper, d'une manière ferme, de ces établissements depuis si longtemps annoncés et toujours attendus.

IV

Tout département sera tenu d'entretenir une école normale primaire, soit par lui-même, soit en se réunissant à un ou plusieurs départements voisins.

Quand M. Guizot introduisit cette disposition dans sa loi, la cause des écoles normales était, depuis des années, gagnée dans l'opinion publique. Tous ceux qui avaient mis la main à l'instruction primaire avaient pensé, comme M. Guizot lui-même, que « l'instruction primaire est tout entière dans les écoles normales et que ses progrès se mesurent à ceux de ces établissements ». Pourtant, les plus osés, M. de Vatimesnil entre autres, avaient reculé devant une disposition législative qui rendît les écoles normales obligatoires. Ils ne les avaient mentionnées qu'avec une certaine timidité, les nommant à peine, les déguisant sous le nom d'*écoles modèles* où les maîtres se formeraient « aux bonnes méthodes ». D'où venaient donc ces hésitations et ces craintes? De ce que le parti conservateur ou rétrograde était là qui suspectait d'ores et déjà les écoles normales. Ce parti voyait en elles des concurrences aux séminaires, comme il voyait, dans les écoles mutuelles, une concurrence aux écoles des frères; l'enseignement laïque lui apparaissait dans le lointain comme un épouvantail, comme une cause d'abaissement et de ruine pour l'enseignement qui lui était cher : l'instituteur laïque, c'était, à courte échéance, l'*anti-curé* que signalera plus tard M. Thiers et dans lequel, aux jours de réaction, on montrera à la société affolée, la cause de ses ébranlements et de ses malaises. Voilà pourquoi les écoles normales « ne rencontraient que les méfiances et la mauvaise volonté des pouvoirs ».

Cependant, sous la pression de l'opinion et des besoins, un certain nombre d'entre elles avaient devancé la loi de 1833. Nous avons rappelé qu'une école normale avait été créée à Rouen par les frères des Écoles chrétiennes; qu'une avait été fondée à Paris, ou plutôt à Versailles, par ordonnances des 11 mars 1831 et 7 septembre de la même année. Plusieurs départements avaient pris à leur tour une initiative qu'autorisaient l'esprit ou la lettre des décrets et ordonnances. Le décret de 1808 avait dit : « Il sera établi auprès de chaque académie, et dans l'intérieur des collèges et des lycées, une ou plusieurs classes *normales* destinées à former des maîtres pour les écoles primaires. »

Le préfet du Bas-Rhin, M. Lezai-Marnésia, profita de cette disposition pour créer l'école normale de Strasbourg

1811), la première qui ait existé sur notre sol après l'essai infructueux tenté à Paris par la Convention. Conformément au décret de 1808, cette école ne fut d'abord qu'une annexe du lycée de Strasbourg; mais elle devint, en 1820, un établissement ayant son existence propre et indépendante. Ses succès et les services qu'elle rendit engagèrent nos départements de l'Est à imiter leurs voisins du Bas-Rhin. De là, les écoles normales gagnèrent le centre et, au moment où la loi de 1833 donnait à ces établissements une existence légale, 29 départements en étaient déjà pourvus. Le Conseil Royal pouvait en quelque sorte les étudier sur place à Orléans, à Bourges, à Chartres, à Versailles, etc., y apprécier la discipline, la marche des études et les résultats du règlement du 14 décembre 1832. Ce règlement mérite d'être cité dans son entier parce qu'il montre comment les écoles normales ont été comprises dès l'origine. Il ne sera pas d'ailleurs sans intérêt d'en pouvoir rapprocher les règlements qui, plus tard, le modifieront ou le transformeront suivant les idées ou les besoins du temps.

Le Conseil Royal de l'Instruction publique, sur le rapport du conseiller chargé des écoles primaires;

Vu les décrets et ordonnances concernant l'instruction primaire;

Voulant réunir et coordonner les principales dispositions d'après lesquelles les écoles normales actuellement existantes dans les diverses académies de l'Université ont été successivement organisées, conformément aux vœux des autorités locales et aux propositions des recteurs,

Arrête ce qui suit :

TITRE I

Article premier. — Dans toute école destinée à former des instituteurs primaires, l'enseignement comprend :

L'instruction morale et religieuse;

La lecture;

L'arithmétique, y compris le système légal des poids et mesures;

La grammaire française;

Le dessin linéaire, l'arpentage et les autres applications de la géométrie pratique;

Des notions de sciences physiques, applicables aux usages de la vie;

La musique et la gymnastique;

Les éléments de la géographie et de l'histoire de la France.

L'instruction religieuse est donnée aux élèves-maîtres, suivant les religions qu'ils professent, par les ministres des divers cultes reconnus par la loi.

ART. 2. — Le cours d'études est partagé en deux années.

Le programme des leçons est arrêté chaque année par le Conseil Royal, sur la proposition du recteur.

ART. 3. — Durant les six derniers mois du cours normal, les élèves-maîtres sont particulièrement exercés à la pratique des meilleures méthodes d'enseignement dans une ou plusieurs classes primaires annexées à l'École normale.

On les forme également à la rédaction des actes de l'état civil et des procès-verbaux.

On leur enseigne la greffe et la taille des arbres.

ART. 4. —Une bibliothèque à l'usage des élèves-maîtres est placée dans les bâtiments de l'Ecole normale. Une somme est consacrée tous les ans à l'acquisition des ouvrages que le Conseil Royal juge utiles à l'instruction des élèves-maîtres, ou en général à l'enseignement primaire.

Chaque année, le catalogue des livres est vérifié.

TITRE II

DU DIRECTEUR ET DES MAITRES-ADJOINTS

ART. 5. — L'École normale et les classes primaires qui y sont annexées sont confiées à un directeur que le Ministre de l'Instruction publique nomme sur la présentation du préfet du département et du recteur de l'Académie.

Le traitement du directeur est payé, en tout ou en partie, sur les fonds généraux affectés à l'instruction primaire.

ART. 6. — Le directeur est toujours chargé d'une partie importante du cours d'études.

ART. 7. — Les maîtres qu'il est nécessaire d'adjoindre au directeur pour diverses parties de l'enseignement sont choisis par le recteur, sur le rapport de la commission spéciale chargée de la surveillance de l'école, et sauf l'approbation du Ministre de l'Instruction publique.

TITRE III

DE L'ADMISSION DES ÉLÈVES-MAITRES

Art. 8. — Dans les écoles normales primaires, des bourses entières ou partielles peuvent être fondées par les départements, par les communes, par l'Université, par des donateurs particuliers, ou par des associations charitables.

Art. 9. — Les bourses fondées par l'Université sont toujours données au concours.

Il est facultatif pour les autres fondateurs de déterminer s'ils entendent que les bourses par eux fondées soient données par la voie du concours, ou à la suite d'examens individuels.

Art. 10. — Les formes et les conditions des examens et des concours sont réglées par le Conseil Royal pour chaque Académie, sur le rapport de la commission de surveillance et la proposition du recteur.

Art. 11. — Nul n'est admis comme élève-maître, soit interne, soit externe, s'il ne remplit les conditions suivantes; il doit :

1° Être âgé de 16 ans au moins;

2° Produire un certificat attestant sa bonne conduite, et, en outre, un certificat de médecin, constatant qu'il n'est sujet à aucune infirmité incompatible avec les fonctions d'instituteur, et qu'il a été vacciné ou qu'il a eu la petite vérole;

3° Prouver, par le résultat d'un examen ou d'un concours, qu'il sait lire et écrire correctement; qu'il possède les premières notions de la grammaire française et du calcul, et qu'il a une connaissance suffisante de la religion qu'il professe.

Les examinateurs et les juges ne se bornent pas à constater jusqu'à quel point les candidats possèdent les connaissances exigées; ils s'attachent aussi à connaître les dispositions des candidats, leur caractère, leur degré d'intelligence et d'aptitude.

Art. 12. — Nul n'est admis comme boursier, s'il ne prend l'engagement de servir pendant dix ans au moins dans l'instruction publique comme instituteur communal.

Les boursiers en âge de minorité doivent être autorisés par leur père, leur mère, ou leur tuteur à contracter cet engagement décennal.

Art. 13. — Les boursiers qui renoncent à leurs études avant la fin du cours, ou qui, sortis de l'école, ne remplissent pas l'engagement par eux contracté de servir pendant dix ans comme instituteurs communaux, sont tenus de rembourser le prix de la pension pour le temps de leur séjour à l'école, et sont considérés comme étrangers au service de l'instruction publique, ce qui les replace sous le droit commun quant à l'obligation du service militaire.

Art. 14. — Les boursiers qui n'obtiennent que des portions de bourse, doivent, outre les pièces exigées de tous les élèves-maîtres, déposer entre les mains du directeur un acte, par lequel ils s'obligent, ou, s'ils sont mineurs, leurs parents ou tuteurs s'obligent de payer la portion de bourse qui reste à leur charge.

Il en est de même pour la totalité de la pension, à l'égard des pensionnaires libres.

Art. 15. — Tous les élèves internes sont tenus d'apporter le trousseau prescrit par les règlements.

Art. 16. — Les instituteurs déjà en exercice peuvent être admis, dans le cours de l'année et particulièrement pendant le temps où vaquent les écoles primaires, à suivre comme externes les cours de l'Ecole normale, afin de se fortifier dans les connaissances qu'ils possèdent, ou d'apprendre à pratiquer les méthodes perfectionnées.

La Commission de surveillance examine s'il y a lieu d'accorder à quelques-uns de ces instituteurs des indemnités de séjour pour le temps pendant lequel ils auront suivi les cours de l'Ecole normale. Elle adresse à ce sujet un rapport au recteur et au préfet.

Des indemnités peuvent être accordées aux maîtres de l'École normale qui auront donné des leçons extraordinaires aux instituteurs admis à suivre les cours de l'école.

TITRE IV

DE LA COMMISSION DE SURVEILLANCE

Art. 17. — Une commission nommée par le Ministre de l'Instruction publique, sur la présentation du préfet du département et du recteur de l'Académie, est spécialement chargée de la surveillance de l'Ecole normale primaire, sous tous les rapports d'administration, d'enseignement et de discipline.

Art. 18. — Le directeur de l'école assiste aux séances de la commission avec voix délibérative, hors le cas où il s'agirait de statuer sur des questions intéressant la personne ou la gestion du directeur.

Art. 19. — La Commission de surveillance prend ou propose, selon les circonstances, des mesures qu'elle juge utiles pour le bien de l'école et pour le progrès des élèves-maîtres.

Art. 20. — La Commission de surveillance détermine, chaque année, d'après les besoins présumés de l'instruction primaire dans le département, quel est le nombre des élèves qui doivent être admis à contracter l'engagement décennal, et qui seuls peuvent obtenir des bourses entières ou partielles, conformément à l'art. 12.

Art. 21. — Elle examine, chaque année, le compte et le budget qui lui sont présentés par le directeur de l'école. Elle communique, dans un rapport particulier, les observations auxquelles ce compte et ce budget lui paraissent donner lieu; le tout est soumis à l'examen du conseil académique et à l'approbation du Conseil Royal.

Art. 22. — Le directeur tient un registre divisé en autant de colonnes qu'il y a d'objets d'enseignement, sur lequel il inscrit les notes relatives au travail des élèves. Il y inscrit aussi les notes sur le caractère et la conduite de chacun d'eux. Le registre est mis tous les mois sous les yeux de la Commission de surveillance.

Art. 23. — La Commission fait, au moins une fois par trimestre, la visite de l'école; elle examine les classes, interroge les élèves sur tous les objets de l'enseignement, et tient note de leurs réponses.

Chaque année, elle reçoit du directeur un rapport sur tout ce qui concerne les études et la discipline. Un double de ce rapport, visé par le recteur, qui y joint ses observations, est envoyé au ministre et communiqué au Conseil royal.

Art. 24. — A la fin de la première année, la Commission décide, d'après les rapports et les notes, quels élèves sont admis à passer en seconde année.

Les élèves non admis à suivre les cours de la seconde année ne peuvent plus être boursiers ni élèves internes.

A l'expiration de la seconde année, tous les élèves-maîtres subissent, devant la Commission, un dernier examen d'après lequel ils sont inscrits par ordre de mérite sur un tableau dont copie est adressée par le recteur de l'Académie au préfet et aux comités du département.

Les examens de sortie comprennent aussi une leçon d'épreuve qui puisse faire juger le degré de capacité des élèves pour l'enseignement.

Art. 25. — Les élèves-maîtres qui n'ont pas satisfait à ce dernier examen sont rayés du tableau de l'École normale.

Un certificat d'aptitude est délivré par la Commission à ceux qui ont répondu d'une manière satisfaisante. Il y est fait mention de la conduite que l'élève a tenue, et de la méthode d'enseignement dont il connaît le mieux la théorie et la pratique. Ce certificat est produit par les élèves-maîtres, lorsqu'ils se présentent pour obtenir le brevet de capacité.

ART. 26. — En cas de faute grave de la part d'un élève-maître, la Commission de surveillance peut prononcer la réprimande ou la censure, ou même l'exclusion provisoire ou définitive, sauf, dans ce dernier cas, l'approbation du préfet, s'il s'agit d'un boursier communal ou départemental, et l'approbation du recteur, s'il s'agit de tout autre élève-maître.

L'exclusion ne peut être prononcée sans que l'élève ait été entendu ou dûment appelé. Aussitôt que la décision est intervenue, le recteur en donne avis au Ministre de l'Instruction publique.

Tel fut le premier règlement des écoles normales. C'est sous le régime qu'il créait que, devenues enfin institution légale, elles purent se propager et achever de s'organiser. Le Conseil Royal, le principal organe, alors le vrai ministère de l'Instruction publique, surtout en ce qui concernait l'instruction primaire, n'eut plus qu'à les suivre, à y résoudre quelque difficultés de détail, et à constater les résultats qu'elles produisaient. Ces résultats furent lents, mais sûrs et bientôt appréciables. Les comités d'arrondissement, puis les inspecteurs primaires purent, dans la visite des écoles, constater une différence marquée entre les jeunes élèves-maîtres et leurs devanciers : une classe, une école brillaient-elles tout d'abord par l'ordre, la propreté, la bonne tenue du maître et des élèves ; les méthodes s'écartaient-elles de l'antique routine, les procédés étaient-ils rationnels et d'accord avec le but à atteindre ? Le maître lui-même était-il profondément pénétré du sentiment du devoir et de toutes les convenances de la profession ? Le visiteur reconnaissait de suite un maître issu des écoles normales.

A quelques exceptions près, l'ancien personnel restait ce qu'il était, et avec lui les écoles et les classes qu'il avait

conservées. En vain les écoles normales lui furent ouvertes
en vertu de l'article 16 : les vieux maîtres répugnaient à
venir se remettre sur les bancs pour y avouer leur ignorance et s'y faire enseigner les connaissances les plus élémentaires. Quant aux méthodes et aux procédés, leur pli
était pris, et, de retour dans le milieu, ils revenaient purement et simplement à leurs anciennes façons de gouverner
et d'enseigner : il faudra vingt ans aux écoles normales
pour régénérer notre instruction primaire; tel devait être le
fruit de la négligence ou de l'impuissance de nos gouvernements depuis la Révolution.

V

Après la loi de 1833, pendant que les conseils municipaux et les conseils généraux délibéraient pour son exécution, que les comités d'arrondissement, à peine installés,
s'essayaient à remplir le rôle qu'elle leur assignait, que le
Conseil Royal l'interprétait, aplanissait de son mieux les
difficultés qu'il prévoyait ou qui lui étaient incessamment
soumises, deux questions des plus importantes agitaient,
on peut bien dire tourmentaient la pensée du Ministre et de
ses collaborateurs : celles de l'inspection et des écoles de
filles. Sans l'inspection, la loi pouvait rester stérile comme
il était arrivé aux décrets de la Convention et aux ordonnances royales ; sans les écoles de filles, l'œuvre entreprise
demeurait incomplète et comme boiteuse. M. Guizot songea
d'abord à l'inspection.

Tout grand service, principalement s'il est nouveau, com-
plexe, en butte à des hostilités et à des mauvais vouloirs, a
besoin d'une surveillance et d'une direction toujours présentes : 1° pour s'organiser; 2° pour se maintenir contre les
défaillances ou les découragements. Tel était, et tel est toujours d'ailleurs le service de l'instruction primaire dans
notre pays.

Après la loi de 1833, un grand nombre d'écoles étaient à créer, à construire, à outiller. Il fallait réveiller les populations de leur engourdissement et de leur indifférence semi-séculaire à l'endroit de l'instruction et de l'éducation des enfants, surexciter les municipalités et obtenir d'elles des sacrifices auxquels elles n'étaient point accoutumées. L'ancien personnel était à réformer; le nouveau était à façonner, à suivre, à guider, et aussi à soutenir dans les luttes qui n'allaient pas manquer de s'ouvrir. Les écoles normales étaient maintenant dans la loi; une trentaine fonctionnaient déjà; mais il fallait en assurer le recrutement et continuer ensuite leur action sur les sujets qu'elles préparaient. Les comités locaux et les comités d'arrondissement étaient bien là, faisant sans doute preuve de zèle et de bonne volonté. Mais leurs services, tout gratuits, ne tarderaient pas à manquer ou à s'égarer, s'il n'y avait pas près d'eux des fonctionnaires salariés pour relier leurs efforts, pour les éclairer et les maintenir dans la voie tracée par l'autorité supérieure, interprète légitime des intentions du législateur et des besoins auxquels celui-ci avait entendu satisfaire. Ces fonctionnaires étaient indiqués à l'avance: c'étaient *les inspecteurs de l'instruction primaire.*

Avant de les créer définitivement, M. Guizot avait en quelque sorte essayé l'institution : nous l'avons vu charger 470 personnes dûment commissionnées de la grande enquête de 1833 et, depuis, il avait évidemment nommé des inspecteurs à proprement parler puisque nous trouvons, à la date du 19 septembre 1834, une décision du Conseil Royal portant que « les traitements des *inspecteurs des écoles primaires* sont passibles des retenues au profit du fonds de retraite ». Ces diverses épreuves avaient répondu à sa pensée et à ses espérances. En 1834, il obtint des Chambres un premier crédit qui lui permit de faire signer et de promulguer l'ordonnance du 26 février 1835 « établissant dans chaque département un inspecteur spécial de l'instruction primaire ». Aux termes de cette ordonnance,

« la surveillance de l'inspecteur s'exercera sur tous les établissements d'instruction primaire, y compris les salles d'asile et les classes d'adultes, et conformément aux instructions qui lui seront transmises par le recteur de l'Académie et le préfet du département, d'après les ordres du Ministre secrétaire d'État de l'Instruction publique. — Les inspecteurs de l'instruction primaire seront nommés par le Ministre de l'Instruction publique, le Conseil Royal entendu ».

Dès le lendemain (27 février 1835), un arrêté du Conseil Royal fixait, au moins dans leur généralité, les attributions du nouveau fonctionnaire. Il convoquait les comités d'arrondissement et conférait avec eux; il visitait les écoles; il portait son attention : 1° sur le matériel et la tenue générale de l'établissement; 2° sur le caractère moral de l'école; 3° sur l'enseignement et les méthodes. Il assistait aux leçons et interrogeait les élèves. Il examinait les livres. Il s'enquérait des écoles supérieures, visitait l'École normale, faisait nécessairement partie des commissions d'examen, donnait son avis motivé sur les secours et encouragements, etc. Enfin, au mois d'octobre de chaque année, il adressait au recteur et au préfet un rapport sur tout ce qui concernait l'instruction primaire dans le département. Son rapport, transmis au Ministre, était lu en Conseil Royal.

On le voit, par l'inspecteur, l'instruction primaire avait enfin son homme spécial, son magistrat à elle, chargé de veiller sur tous ses intérêts, d'assurer l'exécution de la loi et de faire sortir à celle-ci tous ses effets; contrôlant tout le service, ayant l'oreille du ministre, l'éclairant et agissant d'après ses instructions.

Soit que les premiers choix de M. Guizot aient été des plus heureux, soit que l'inspection répondît à un besoin vivement senti, l'institution fut partout accueillie avec faveur : dès l'origine, les inspecteurs se trouvèrent investis de la confiance publique et, à défaut d'autorité effective, ils jouirent d'une autorité morale considérable dont les circonstances pénibles par lesquelles ils ont passé avec l'instruction primaire elle-même, n'ont pu les faire déchoir. M. Guizot avait trouvé en eux la force qui avait manqué jusqu'alors aux gouvernements pour fonder définitivement l'instruction primaire, pour l'émanciper peu à peu des pouvoirs locaux et en faire de plus en plus un service d'État. Du reste, il ne négligea rien pour les rendre dignes du bon accueil qu'ils reçurent partout. La circulaire qu'il leur adressa, à leur entrée en fonctions, est un chef-d'œuvre de direction morale et administrative, dont l'inspection s'est inspirée à ses débuts et dont elle peut s'inspirer encore aujourd'hui[1].

Une fois créée, l'institution des inspecteurs primaires se développa. Bientôt les inspecteurs départementaux ne suffirent plus à la tâche. Une ordonnance de 1837 leur donna des auxiliaires, des *sous-inspecteurs* qui furent le plus souvent chargés de la visite des écoles pendant que l'inspecteur centralisait le service et administrait au chef-lieu du département. Cette mesure ne changea rien au fond des choses : l'inspection était créée et organisée, et c'est le point important que nous constatons en ce moment.

Une des parties les plus délicates et les plus laborieuses de la mission des inspecteurs et de leurs auxiliaires, fut la réforme du régime intérieur des écoles. Voici le statut ou règlement qu'ils eurent, sinon à faire exécuter, du moins à faire prévaloir.

Ce statut, élaboré par le Conseil Royal et qui datait du 25 avril 1834, mérite à son tour d'être conservé tel quel parce qu'il a été le prototype des règlements du genre qui sont venus postérieurement, et qu'il marque bien la marche que le Conseil Royal essayait d'imprimer à notre enseignement primaire naissant[2].

1. Voir l'*Inspection des écoles primaires*, par MM. Brouard et Defodon (Hachette).

2. Voir la note B' à la fin du volume.

TITRE PREMIER

DES ÉTUDES

Article premier. — Dans toute école primaire élémentaire, l'enseignement public comprend nécessairement :

L'instruction morale et religieuse; la lecture; l'écriture; les éléments du calcul; les éléments de la langue française; le système légal des poids et mesures;

Des notions de géographie et d'histoire et surtout de la géographie et de l'histoire de la France pourront en outre être données aux élèves les plus avancés;

Le dessin linéaire et le chant pourront également y être enseignés.

Art. 2. — Pour être admis dans une école élémentaire, il faudra être âgé de 6 ans au moins et de 13 ans au plus. Toutefois, dans les communes où il n'existerait point de salles d'asile ou premières écoles de l'enfance, le comité local pourra autoriser l'admission d'enfants âgés de moins de 6 ans. L'admission d'enfants âgés de plus de 13 ans pourra de même être autorisée dans les communes où il n'y aurait point de classes d'adultes.

Art. 3. — Toute école élémentaire sera partagée en trois divisions principales, à raison de l'âge des élèves et des objets d'enseignement dont ils seront occupés.

Art. 4. — Dans toutes les divisions, l'instruction morale et religieuse tiendra le premier rang. Des prières commenceront et termineront toutes les classes. Des versets de l'Écriture sainte seront appris tous les jours. Tous les samedis, l'évangile du dimanche suivant sera récité. Les dimanches et fêtes consacrées, les élèves seront conduits aux offices divins. Les livres de lecture courante, les exemples d'écriture, les discours et les exhortations de l'instituteur, tendront constamment à faire pénétrer dans l'âme des élèves les sentiments et les principes qui sont la sauvegarde des bonnes mœurs et qui sont propres à inspirer la crainte et l'amour de Dieu.

Lorsque les écoles seront fréquentées par des enfants appartenant à divers cultes reconnus par la loi, il sera pris des mesures particulières pour que tous les élèves puissent recevoir l'instruction religieuse que leurs parents voudront leur faire donner.

Art. 5. — Les enfants de l'âge de 6 à 8 ans formeront la première division. Indépendamment de lectures pieuses faites à haute voix, ils seront particulièrement exercés à la récitation des prières. On leur enseignera en même temps la lecture, l'écriture et es premières notions du calcul verbal.

ART. 6.— Les enfants de 6 à 10 ans formeront la deuxième division. L'instruction morale et religieuse consistera dans l'étude de l'histoire sainte, Ancien et Nouveau Testament. Les enfants continueront les exercices de la lecture, de l'écriture et du calcul verbal. On leur enseignera le calcul par écrit et la grammaire française.

ART. 7. — Une troisième division se composera des enfants de 10 ans et au-dessus, jusqu'à leur sortie de l'école. Ils étudieront spécialement la doctrine chrétienne. Ils continueront les exercices de lecture, d'écriture, de calcul et de langue française; ils recevront en outre des notions élémentaires de géographie et d'histoire générale, et surtout de la géographie et de l'histoire de la France; l'enseignement du chant et du dessin linéaire, lorsqu'il y aura lieu, sera donné de préférence dans cette division.

ART. 8. — Les diverses connaissances énumérées dans les précédents articles seront enseignées aux différentes divisions, d'une manière graduelle, conformément au tableau ci-après :

Instruction morale et religieuse. . .	Prières et lectures pieuses.	Histoire sainte.	Doctrine chrétienne.
Lecture	Cet exercice comprendra successivement l'alphabet et le syllabaire, la lecture courante, la lecture des manuscrits et du latin.		
Écriture.	Cet exercice aura lieu successivement sur l'ardoise, sur le tableau noir et sur le papier, en fin et en gros dans les trois genres d'écriture, bâtarde, ronde et cursive.		
Calcul.	Calcul verbal.	Numération écrite et les quatre premières règles de l'arithmétique.	Fractions ordinaires et fractions décimales. Système légal des poids et mesures.
Langue française. .	Prononciation correcte. Exercices de mémoire.	Grammaire française. Dictées pour l'orthographe.	Règles de la syntaxe, analyse grammaticale et logique. Compositions.
Géographie et histoire.			Géographie et histoire générale. Géographie et histoire de France.
Dessin linéaire. . .			Dessin linéaire.
Chant.			Chant.

Art. 9. — Les livres dont l'usage aura été autorisé pour les écoles primaires seront seuls admis dans les écoles. — Le maître veillera à ce que les élèves de la même division aient tous les mêmes livres.

Art. 10. — Les deuxième et troisième divisions composeront une fois par semaine; les places seront données dans le courant de la semaine, et les listes seront représentées chaque fois qu'un membre des comités ou un inspecteur viendra visiter l'école.

Art. 11. — Dans toute division, il y aura tous les jours, excepté le dimanche, deux classes de trois heures chacune; le matin de 8 heures à 11 heures; le soir, de 1 heure à 4 heures.

Art. 12. — Il y aura dans toute école au moins un grand tableau noir, sur lequel les élèves s'exerceront à écrire, à calculer ou à dessiner. — Sur une portion de mur appropriée à cet effet, ou sur des tableaux mobiles, seront tracées les mesures usuelles, la table de multiplication, la carte de France, la topographie du canton.

Art. 13. — Il y aura pour les écoles de chaque arrondissement une répartition de leçons et d'exercices qui sera faite par le Comité supérieur et soumise à l'approbation du Conseil Royal.

Art. 14. — Tous les élèves seront tenus de suivre toutes les parties de l'enseignement de leurs divisions respectives.

Art. 15. — Pour toutes les leçons d'instruction morale et religieuse, de langue française, d'arithmétique, de géométrie et d'histoire, les élèves de la 3e division feront des extraits qu'ils remettront à l'instituteur, et que celui-ci communiquera au comité local.

Art. 16. — Tous les samedis, les élèves réciteront ce qu'ils auront appris dans la semaine. Le maître se fera aider par un certain nombre d'élèves qu'il aura désignés et qui feront répéter chacun cinq ou six autres élèves.

Art. 17. — Tous les mois, l'instituteur remettra au comité local un résumé sur l'état de l'instruction donnée à l'école pendant le dernier mois.

Art. 18. — Il y aura, deux fois par an, un examen général en présence des membres du comité local, auquel le comité d'arrondissement pourra adjoindre un de ses membres ou un délégué. A la suite de cet examen, il sera dressé une liste où les noms de tous les élèves seront inscrits par ordre de mérite et qui restera affichée dans l'école. Le jugement des examinateurs, sur chaque école, sera communiqué au comité d'arrondissement. — Les mêmes examens serviront à déterminer quels sont ceux des élèves qui doivent passer dans une division supérieure et ceux qui doivent être retenus dans la même division. — Nul élève ne sera admis dans une division supérieure s'il n'a prouvé, par le résultat d'un examen subi devant le comité local, qu'il possède suffisamment tout ce qui s'est enseigné dans la division inférieure.

Art. 19. — D'après le résultat du second examen qui aura lieu à la fin de chaque année scolaire, il sera dressé une liste particulière des élèves qui termineront leurs cours d'études primaires, et il sera délivré à chacun d'eux un certificat sur lequel le jugement des examinateurs, pour chaque objet d'enseignement, sera indiqué par l'un de ces mots : *très bien, bien, assez bien* ou *mal.*

TITRE II

DE LA DISCIPLINE

Art. 20. — Nul élève ne sera admis, s'il ne justifie qu'il a eu la petite vérole ou qu'il a été vacciné.

Art. 21. — Les élèves admis recevront du président du comité communal une carte qui désignera l'école à laquelle ils appartiennent, et ils seront tenus de représenter cette carte en arrivant à l'école.

Art. 22. — Le comité local veillera à ce que l'instituteur ne reçoive pas un plus grand nombre d'enfants que n'en comportent les dimensions de la salle d'école, à raison d'environ huit décimètres de côté pour chaque élève.

Art. 23. — Le maître tiendra des listes journalières de présence qu'il déposera, tous les mois, au comité local à l'appui du résumé qu'il est tenu de fournir aux termes de l'art. 17.

Art. 24. — Si un élève manque de se rendre à la classe, le maître en prendra note et il en donnera avis aux parents le plus tôt qu'il sera possible.

Art. 25. — L'instituteur tiendra un registre où la conduite et le travail des élèves seront exactement notés, et qui sera communiqué au comité local, aux membres et aux délégués du comité d'arrondissement.

Art. 26. — La table du maître sera placée sur une estrade assez élevée pour qu'il puisse voir facilement tous les élèves.

Art. 27. — Les livres, les cahiers et les modèles qui resteront disposés à l'école devront être mis en place, et les plumes ou les crayons taillés avant l'entrée des élèves.

Art. 28. — Les récompenses seront un ou plusieurs bons points,

un billet de satisfaction, une place au banc d'honneur et des prix
à la fin de l'année, si la commune a alloué des fonds, ou s'il existe
d'autres ressources pour cet objet.

Art. 20. — Les élèves ne pourront jamais être frappés. Les
seules punitions dont l'emploi est autorisé sont les suivantes :

Un ou plusieurs mauvais points;

La réprimande;

La restitution d'un ou plusieurs billets de satisfaction;

La privation de tout ou partie des récréations, avec une tâche
extraordinaire;

La mise à genoux pendant une partie de la classe ou de la ré
création';

L'obligation de porter un écriteau désignant la nature de la
faute;

Le renvoi provisoire de l'école.

Art. 30. — Lorsque la présence d'un élève sera reconnue dan-
gereuse, il pourra être exclu de l'école, ou même de toutes les
écoles du ressort du comité d'arrondissement. L'exclusion de
l'école ne pourra être prononcée que par le comité local, et l'élève
ainsi exclu ne pourra être admis de nouveau que sur l'avis favorable de ce même comité.

Le comité d'arrondissement pourra seul prononcer l'exclusion
de toutes les écoles de son ressort, et une nouvelle délibération
dudit comité sera nécessaire pour que l'élève ainsi exclu puisse
fréquenter de nouveau une de ces écoles.

Art. 31. — Les classes auront lieu toute l'année, excepté les
jours de congé et le temps des vacances. Les jours de congé seront les dimanches, les jeudis et les jours de fêtes consacrées :

Le premier jour de l'an;

Le jour de fêtes nationales;

Le jour de la fête du roi;

Les jeudi, vendredi et samedi saints;

Les lundis de Pâques et de la Pentecôte.

Lorsque, dans la semaine, il se rencontrera un jour férié autre
que le jeudi, le jeudi redeviendra un jour de travail ordinaire.

Art. 32. — Les vacances seront réglées par chaque comité
d'arrondissement pour toutes les écoles de son ressort. Il pourra
les diviser en plusieurs parties pour les communes rurales, selon
les principaux travaux de la campagne, mais sans que la totalité excède six semaines.

Art. 33. — Les dispositions qui précèdent seront communes
aux écoles de garçons et aux écoles de filles. Les filles seront en
outre exercées aux travaux de leur sexe.

Art. 34. — Lorsqu'il n'existera pas d'écoles distinctes pour les enfants des deux sexes, le comité local prendra les mesures nécessaires pour qu'ils soient séparés dans tous les exercices et pour éviter qu'ils sortent en même temps.

Quel a été ou quels ont été les auteurs de ce premier règlement modèle de nos écoles? Nous ne savons, mais si, par certaines dispositions, il se ressent de l'enfance de l'art, on peut dire que, du premier coup, il atteint une hautenr de vues qui ne sera plus dépassée; il révèle dans ses rédacteurs[1] une connaissance et une pratique des écoles primaires qui étaient rares alors. A nos yeux, il a surtout le mérite de contenir les principes d'une *organisation pédagogique* que Mme Pape-Carpantier et encore plus M. Gréard remettront en vigueur à plus de trente années de distance.

Une organisation de cet ordre comprend :

1° Un classement rationnel des élèves d'une école;

2° Un programme taillé dans le programme légal général, mais approprié à chaque groupe ou division;

3° Un emploi du temps ou règlement horaire pour l'emploi des heures de classe et la succession des services;

4° Un système disciplinaire réglant les récompenses à accorder et les punitions à infliger.

Or, tout cela se trouve plus ou moins explicitement indiqué et prescrit dans le statut de 1834. On peut seulement reprocher à ce règlement une trop grande confiance dans les comités locaux et d'arrondissement. Ce ne sont pas ces assemblées ou leurs délégués qui seront en mesure de faire les examens et les constatations que prescrivent les articles 18 et 19, de délivrer en connaissance de cause le *certificat d'études* prématurément inauguré. Les maîtres sont trop chargés d'écritures; la plupart seront hors d'état d'en comprendre les avantages et de les tenir avec intelligence. Enfin, si le mode simultané trouve là des règles et

1. On peut soupçonner le frère Philippe, le futur supérieur général des frères des Écoles chrétiennes, et quelques-uns des siens d'avoir été du nombre; le frère Philippe était en relations avec Ambroise Rendu et fut consulté plus d'une fois par M. Guizot lui-même.

des directions, le mode mutuel paraît laissé de côté, abandonné à la méthode qui lui est propre, et qui paraît sans doute peu de nature à produire les résultats moraux et religieux que le Conseil Royal a évidemment en vue.

Quoi qu'il en soit, le statut de 1834 fait époque dans l'histoire de notre instruction primaire ; il donne aux écoles une organisation et leur imprime une marche qu'elles n'avaient point connue jusqu'alors. Il sera une orientation pour les bons maîtres, et, pour les inspecteurs qui entrent en fonctions, un idéal à poursuivre. Mais combien il devance les temps et combien d'années s'écouleront avant que les inspecteurs aient pu le voir réalisé !

VI

Nous avons mis au nombre des graves lacunes que contient la loi de 1833, le silence qu'elle garde sur les écoles de filles. Le projet présenté par le gouvernement avait consacré tout un titre (le titre V) à ces écoles. Mais après une longue discussion, le Gouvernement et la Chambre s'étaient accordés pour ajourner cette partie importante de la loi, au grand regret du rapporteur, M. Cousin. Celui-ci représenta en vain : que les écoles de filles existantes allaient être privées des bienfaits de la loi nouvelle, qu'elles échapperaient à l'autorité salutaire des Comités ; que les institutrices ne jouiraient ni du traitement fixe assigné à l'instituteur primaire, ni, par conséquent, des avantages de la Caisse d'épargne et de prévoyance. La Chambre, comme autrefois le Tribunat, crut que c'était assez, pour le moment, de s'occuper des écoles de garçons. Les écoles de filles demeurèrent sous le régime créé par les anciennes ordonnances et le Conseil Royal le rappela en plusieurs occasions :

La loi de 1833 n'est point applicable aux écoles de filles, quant à présent ; la législation antérieure subsiste jusqu'à nouvel ordre. Décis. du 2 août 1833.)

La loi du 28 juin n'exige de chaque commune qu'une école de garçons; elle ne l'oblige à fournir de fonds que pour le traitement fixe d'un instituteur. (Avis du 13 août 1833.)

Les Comités ont inspection sur les écoles de garçons en vertu de la loi du 28 juin 1833, et sur les écoles de filles en vertu des ordonnances de 1816 et de 1828 que cette loi n'a pas abrogées, en ce qui concerne ces dernières écoles. (Avis du 21 décembre 1833.)

La loi du 28 juin 1833 n'est point applicable aux écoles de filles ni aux institutrices. L'ancienne législation subsiste à l'égard de ces écoles, sauf aux comités actuels à faire ce que cette législation attribnait aux anciens comités. (Avis du 4 juillet 1834.)

Or, nous avons vu qu'aux termes des diverses ordonnances ainsi invoquées, les écoles de filles demeuraient facultatives et que leur création était subordonnée aux ressources dont pouvaient disposer les communes. En outre, le brevet était délivré aux membres des congrégations religieuses de femmes sur la vue d'une lettre d'obédience. Dans ces conditions, les écoles de filles ne se rencontraient guère qu'annexées aux hospices et autres établissements de charité; ou bien elles n'existaient que grâce à des fondations stipulant qu'elles seraient dirigées par des religieuses de tel ou tel ordre. L'enseignement laïque des filles n'était représenté que par des pensionnats établis dans les villes ou dans des agglomérations importantes.

Pour modifier cet état de choses, pour compléter la loi de 1833 suivant la pensée de M. Cousin et des autres partisans des écoles de filles, il eût fallu une loi nouvelle assimilant de tous points ces écoles aux écoles de garçons et les rendant, elles aussi, obligatoires au moins partout où le chiffre de la population comportait plusieurs écoles.

On n'osa pas aller si loin. On se contenta d'une ordonnance royale qui prouvait la sollicitude du Gouvernement pour l'éducation des filles, mais qui, au fond, laissait subsister l'ancien état de choses. Il suffit, pour se convaincre qu'il en du être ainsi, de lire attentivement l'ordonnance dont il s'agit, en date du 23 juin 1836. C'est un programme, une réglementation détaillée, l'application aux écoles de filles de quelques articles de la loi organique, par exemple en ce qui concerne la surveillance à exercer par les comités locaux et d'arrondissement, et c'est tout; la lettre d'obédience conserve son privilège (art. 13), et les écoles de filles demeurent facultatives pour les communes :

Nulle école ne pourra prendre le titre d'école primaire communale, qu'autant qu'un logement et un traitement convenables auront été assurés à l'institutrice, soit par des fondations, donations ou legs en faveur d'établissements publics, soit par une délibération du Conseil municipal dûment approuvée. (Art. 9.)

Bref, l'ordonnance du 23 juin 1836, ne compléta pas la loi de 1833 et dut être une déception pour ceux qui, devançant les temps, mettaient l'éducation de la jeune fille au même rang que celle des garçons et qui pensaient que, sous ce rapport, la société ne doit faire d'autre différence que celle que commandent le sexe et les besoins de la famille.

VII

La loi de 1833 avait fait un autre oubli. Sous l'inspiration de la charité privée et grâce à des dévouements d'un ordre spécial[1], une troisième catégorie d'écoles était née et s'était développée dans les grandes villes et notamment à Paris : c'étaient des refuges destinés à soustraire les enfants pauvres aux dangers de la rue ou à l'abandon de la famille occupée au dehors. Ces refuges, en attendant une dénomination mieux appropriée, avaient été qualifiés *salles d'asile*. En définitive, c'étaient des écoles, des écoles du premier âge ou, si l'on veut, du premier degré, au moins pour les enfants pauvres. Elles se multipliaient, s'imposant

1. Voir dans les dictionnaires biographiques ou dans le grand dictionnaire pédagogique Buisson, les noms d'Oberlin, de Mme de Pastoret, de Mme Mallet, de M. Cochin, de Mme Millet, de Mme Chevreau-Lemercier, etc.

par leurs bienfaits et par leur nécessité ; l'État leur devait
aide et protection et le Ministère de l'Instruction pnblique
au moins une bienveillante tutelle. M. Guizot les avait
omises dans sa loi en même temps que les écoles de filles.
M. de Salvandy répara cette omission en faisant rendre l'ordonnance royale du 22 décembre 1837. Cette ordonnance
définit les salles d'asile et leur donne une réglementation
qui a une grande analogie avec celle des écoles de filles :

Les salles d'asile, ou écoles du premier âge, sont des établissements où les enfants des deux sexes peuvent être admis, jusqu'à
l'âge de six ans accomplis, pour recevoir les soins de surveillance
maternelle et de première éducation que leur âge réclame. — Il
y aura dans les salles d'asile des exercices qui comprendront
nécessairement les principes de l'instruction religieuse et les
notions élémentaires de la lecture, de l'écriture et du calcul
verbal. On pourra y joindre des chants instructifs et moraux, des
travaux d'aiguille et tous les ouvrages de main. (Art. 1er.)

Elles seront publiques ou privées. Elles ne seront publiques
qu'à la condition d'être soutenues en tout ou en partie par les
communes, les départements ou l'État, et sous cette réserve
qu'un logement et un traitement convenables seront assurés à
la personne chargée de tenir l'établissement. (Art. 2, 3 et 4.)

Il y aura un certificat d'aptitude spécial pour les directeurs
et directrices, dits surveillants ou surveillantes.

Des programmes seront élaborés par une commission supérieure et approuvés par le Conseil Royal.

Des dames inspectrices locales visiteront les salles d'asile et
feront leur rapport aux comités locaux ou d'arrondissement,
à Paris au comité central.

Il pourra y avoir des inspectrices permanentes rétribuées,
dites *déléguées spéciales* et une *déléguée générale* près du comité
central. Les salles d'asile sont d'ailleurs soumises à la surveillance des inspecteurs et sous-inspecteurs de l'instruction primaire.

Dans ces conditions, comme les écoles de filles dont elles
seront le plus souvent une annexe, les salles d'asile s'établiront suivant les ressources, les besoins et les bonnes volon-
tés, c'est-à-dire, dans les grandes villes, dans les centres
populeux où, établissements *charitables*, elles seront naturel-

lement recherchées à cause des immenses services qu'elles rendront à la population ouvrière et besogneuse. Le plus grand nombre d'entre elles tomberont aux mains des congrégations religieuses. Cela est si vrai qu'un cours pratique préparatoire, qui sera créé ultérieurement à Paris, aura de la peine à placer les sujets laïques qu'il aura pour mission de former spécialement pour la profession.

On voit que nous n'avions que trop de raisons pour reprocher de graves lacunes à la loi de 1833. Cependant, grâce à cette loi, si imparfaite qu'elle fût, l'instruction primaire était fondée en France. Suivons-en les progrès et le développement jusqu'au moment fatal où la révolution de 1848 en arrêtera l'essor et lui fera même faire plus d'un pas en arrière.

CHAPITRE III

SUITE DE LA LOI DE 1833

I. Vers 1838. Action de l'Inspecteur primaire. — II. Les livres, méthodes
et procédés. — III. Situation des instituteurs.

I

1838... A l'époque où nous nous trouvons transportés
c'est-à-dire vers 1838, le service de l'instruction primaire
se trouve en possession de tous ses rouages importants.

Il y a ou il doit y avoir au moins une école primaire
dans chaque commune, une école primaire supérieure dans
les localités de plus de 6 000 âmes.

Il est pourvu au recrutement des instituteurs au moyen
des écoles normales.

Les écoles de filles sont au moins réglementées;

Les salles d'asile ont pris place dans la hiérarchie scolaire.

Les inspecteurs primaires ont commencé leur mission
de surveillance, de contrôle et de direction.

Arrêtons-nous un peu sur ces fonctionnaires et laissons-
nous introduire par eux dans tout le service auquel ils président en réalité sous la haute direction du ministre, nomi-
nalement sous celle des préfets et des recteurs.

Par les chaudes poussières de l'été ou par les froides
rafales de l'hiver, au flanc des montagnes ou dans le creux
des vallées, un voyageur se presse sur le sentier du village

qui pointe dans le lointain. La valise qu'il porte à la main indique qu'il est en route pour plusieurs jours, peut-être pour des semaines, peut-être pour des mois. De temps en temps, il consulte sa carte, son itinéraire, le soleil ou sa montre, comme un homme qui se sent attendu et qui doit arriver à une heure prévue. Des enfants qu'il rencontre le saluent : ils l'ont déjà vu l'année dernière; ils le reconnaissent et nous le font reconnaître pour *Monsieur l'Inspecteur* ou *Monsieur le Sous-Inspecteur des écoles.*

C'est en effet, M. l'Inspecteur ou M. le Sous-Inspecteur en tournées, fidèle à l'itinéraire qu'il a soumis au Recteur, que celui-ci lui a renvoyé dûment approuvé et qui est dès lors sa règle et son guide.

Aujourd'hui, c'est la commune de X... qui est son objectif. Il a convoqué le Comité local et le Conseil municipal; il est possible aussi qu'il ait ses raisons pour assister à l'entrée en classe du matin ou à la rentrée en classe de l'après-midi, et c'est pour cela qu'il hâte le pas. Il touche barre à la première hôtellerie qui se présente, y arrête une chambre, y dépose son léger bagage et se rend de suite à la mairie ou à l'école. Les membres du Comité l'ont devancé. On visite l'école; on fait des constatations, on prend des notes avec lesquelles on se rend au Conseil municipal. Là, tous les intérêts scolaires sont passés en revue et débattus :

La maison d'école convient peu ou ne convient pas du tout à sa destination, et le mobilier y convient encore moins... Les enfants admis gratuitement manquent de livres et d'instruments de travail, le nombre en est exagéré ou trop restreint... Les familles ne secondent point le maître; il n'y a à l'école, ni exactitude, ni assiduité... La classe est désertée à propos des foires et marchés, des mariages ou des enterrements, ou dès que la belle saison a fait son apparition... La cloison prescrite pour séparer les sexes dans la classe, ou n'existe pas ou existe trop... Il n'y a personne pour exercer les jeunes filles aux travaux d'aiguille... Pas de cours d'adultes, faute d'une modeste subvention.

L'inspecteur cherche et propose les moyens d'améliorer cette situation. Il insinue, il presse, il insiste; il fera son rapport au Préfet, en tant que de besoin au Ministre, et provoquera auprès de ces hautes autorités les mesures que l'on vient de reconnaître nécessaires ou utiles.

D'autre part, il recueille des renseignements sur l'instituteur, il les contrôle et fait des observations en conséquence à son subordonné. Souvent, il le console, il relève son courage; il le défend contre d'injustes mauvais vouloirs. Il passe en revue, avec lui, ses livres, ses méthodes, ses moyens de discipline et lui suggère les réformes qu'il serait urgent ou utile de faire sur ces divers points. Quelquefois il prend en main le gouvernail et, sous prétexte d'interroger, il donne lui-même un enseignement, sachant que l'exemple est autrement efficace que les conseils.

Il visite le Maire, le ministre du culte, les personnes influentes de la localité, s'efforçant de conquérir des sympathies à l'école et de faire tomber les préjugés dont elle peut être l'objet. Devant lui, maints petits conflits, maintes petites passions locales s'apaisent ou se taisent, grâce à l'autorité effective qu'on lui suppose et à l'autorité morale dont il est d'avance investi.

Le soir, après un frugal repas, s'il existe un cours d'adultes, il s'y rend, il en suit la marche, en contrôle les résultats et se retire en laissant, avec des directions, quelques bonnes paroles d'encouragement pour le maître et pour les élèves.

Rentré au pauvre gîte qui a pu être mis à sa disposition, il s'assied devant un flambeau fumeux, il consulte ses notes et ses impressions et en compose son rapport sur l'école ou sur les écoles de la commune de X... Le lendemain, dès la première heure, il reprend son bâton de pèlerin, nous pourrions dire d'apôtre de la civilisation, et s'en va plus loin continuer sa laborieuse mission.

Presque toujours, à sa voix, les municipalités se réveillent et cessent d'opposer à l'exécution de la loi la plus terrible des forces, la force d'inertie. Elles trouvent des ressources qu'elles ne se connaissaient pas; des écoles se fon

dent dans les localités les plus réfractaires ; d'autres qui
végétaient insuffisantes, délabrées, à peu près délaissées,
se restaurent et se peuplent. Des maîtres peu dignes disparaissent ou quelquefois se relèvent. Les bons maîtres, souvent ébranlés ou découragés, s'affermissent. Ils prêtent
l'oreille aux conseils d'un supérieur sympathique et compé-
tent : ils sont amenés à délaisser les vieilles méthodes, les
livres surannés, les moyens de discipline d'antan ; l'antique
routine recule et la nouvelle école émerge peu à peu.

Mais la carrière d'instituteur n'est pas encore recherchée ;
elle n'a pas une bonne renommée ; beaucoup la considè-
rent comme le refuge des faibles et des infirmes ; il ne faut
rien moins que la dispense du service militaire pour y
pousser des sujets valides et d'espérance ; le recrutement
des écoles normales se fait difficilement. L'inspecteur prend
à cœur d'aider les instituteurs à y pourvoir. A cet effet,
lorsqu'il visite, qu'il inspecte une classe, il observe les phy-
sionomies ; il sonde les intelligences, les aptitudes, les caractères. Il découvre ainsi des vocations pour l'enseignement
et charge le maître de les développer, de les fortifier et de
les faire aboutir à l'école normale.

Et l'action de l'inspecteur s'exerce ailleurs que dans ses
tournées. Il est aux écoles supérieures, à l'école normale,
aux commissions d'examen, aux conférences d'instituteurs[1],
observant, dirigeant, rendant compte. Il donne son avis
motivé sur les propositions de secours, d'encouragements,
de récompenses.

Enfin dans les huit premiers jours du mois d'octobre de chaque
année, il adresse au recteur et au préfet son rapport sur tout ce
qui concerne l'instruction primaire dans le département et
notamment sur les points spécifiés par le statut ou règlement du
27 février 1835. Le Recteur et le Préfet y joignent leurs observations et le transmettent au Ministre de l'Instruction publique. Ce
rapport et ces observations sont lus au Conseil Royal dans le
courant de novembre.

1. Voir à la fin du volume la note C.

Ainsi tout le service est surveillé, dirigé dans son ensemble et dans ses détails ; ainsi la loi de 1833 produit des effets lents peut-être, mais sûrs, au lieu d'aller simplement grossir nos codes scolaires comme l'ont fait celles qui ont précédé, comme le feront tant d'autres qui succéderont. Voyons au milieu de quelles circonstances elle poursuit le but que s'est proposé son auteur.

II

La Convention s'était préoccupée de faire composer des livres élémentaires à l'usage des écoles primaires. L'ordonnance de 1816 allouait un fonds ayant cette destination. Le statut du 25 avril 1834 déclarait que les livres autorisés pouvaient seuls être admis dans les écoles publiques. Un avis du Conseil Royal du 5 janvier 1838 rappelait cette disposition, et il allait bientôt être établi une commission spécialement chargée de « reviser les livres destinés à l'enseignement primaire ». (Arrêté du 5 septembre 1840.)

C'est que les livres sont d'une importance capitale à l'école primaire. Cette importance était encore plus grande à l'époque où nous nous trouvons placés ; car alors, les livres étaient les seuls professeurs et tout le talent pédagogique consistait à les faire lire, à les faire apprendre par cœur et à les faire réciter, et il en sera longtemps encore ainsi, telle est la force de la routine et des traditions.

Ces livres se divisent naturellement en livres de lecture et en livres didactiques. Voici ceux de l'un et l'autre genre que les premiers inspecteurs rencontraient dans les écoles, employés avec ou sans l'autorisation du Conseil Royal.

Comme livres de lecture, nous trouvons mentionnés dans les rapports du temps :

Pour les commençants : la Croix de par Dieu, divers alphabets et abécédaires avec les prières en latin et en français ;

Pour la lecture courante, la *Vie de Jésus*, la *Bible de Royau-*

mont à l'illustration de laquelle Meissonier n'avait pas dédaigné de travailler[1], concurremment l'*Histoire de l'Ancien et du Nouveau Testament; la Morale en actions* avec des histoires édifiantes de Jean et Marie, de Vildac, de Mammonville-la-Jolie, etc.; le *Psautier de David;* une civilité écrite, on ne sait pourquoi, en caractères gothiques, suivie des *Quatrains de M. de Pybrac,* de quelques données d'arithmétique, de modèles de baux et sous-seings privés; enfin la *Doctrine chrétienne* de Lhomond et les *Devoirs du chrétien,* emprunté aux frères des Écoles chrétiennes. Ce n'est que bien lentement que le *Simon de Nantua* de Laurent de Jussieu, les *Lectures Lebrun,* la *Morale pratique* de Barrau, etc., viendront rajeunir ce vieux répertoire. Encore, ces « dangereuses nouveautés » seront-elles accueillies avec défiance, le clergé y voyant une concurrence aux *Devoirs du chrétien* et autres ouvrages pieux qui lui sont chers.

Les livres didactiques le plus souvent cités dans les mêmes rapports sont : la *Grammaire de Lhomond,* celle de *Noël et Chapsal* qui doit la détrôner, le *Traité d'arithmétique de F. P. B,* la *Géographie de l'abbé Gaultier,* la petite *Histoire de France de Mme Saint-Ouen* qui aura si longtemps « un heureux destin ». Ces derniers ouvrages ne se rencontrent guère que dans les mains de quelques grands élèves qui prolongent leurs études ou qui se préparent aux écoles normales.

A cet aperçu sur les livres, ajoutons quelques mots sur les modes, méthodes et procédés d'enseignements, ou plutôt pénétrons dans les écoles avec les inspecteurs d'alors et voyons avec eux ce qui s'y passe.

Il est entre 8 et 9 heures du matin. En été, les fenêtres sont grandes ouvertes sur la rue, sur le jardin ou sur les champs. En hiver, les premiers enfants arrivés fendent le bois et en bourrent un poêle de fonte ou de tôle. Le maître à son estrade, taille les plumes qui lui sont présentées.

---

1. Gréard, *Meissonier, ses souvenirs et ses entretiens,* p. 17 (Librairie Hachette).

Quand l'effectif est à peu près au complet, on donne le signal de la prière. Celle-ci achevée — nous supposons que ce n'est pas le jour d'aller à la messe et qu'il n'y a ni mariage ni enterrement — les écoliers se placent aux tables branlantes, devant leur bagage de livres et de cahiers ; tout le monde se met à étudier la leçon qui va être lue ou récitée. Puis les divisions — elles sont toujours nombreuses — sont appelées à tour de rôle au bureau du maître, les garçons à droite, les filles à gauche. Chacun des enfants qui la composent lit ou récite sa phrase avec recommandation de *suivre* pour le surplus, après quoi le groupe retourne aux tables, et un autre lui succède. Les petits viennent les derniers ; heureux si la femme de l'instituteur ou un moniteur a pu les emmener dans un coin de la salle ou dans un couloir pour les faire prier, lire ou compter. Ce n'est pas le mode mutuel ; ce n'est pas le mode simultané ; ce n'est pas le mode individuel ; c'est un mélange des trois modes, dans lequel le mode simultané semble dominer à cause du groupement des élèves en quatre, cinq, six ou sept divisions.

La méthode d'écriture consiste, pour le maître, à tracer un modèle en tête de chaque page, en commençant par des bâtons et par un gros qui ne mérite que trop cette qualification. Aux plus avancés, il donne des modèles lithographiés qu'il extrait au hasard de ses collections.

Pour le calcul, on compte peu de vive voix ; on récite diverses tables, dont la table de multiplication. On se forme machinalement à faire les quatre opérations fondamentales et on ne les dépasse guère. Les élèves ne nomment le mètre, ne le voient et n'en entendent parler que quand il leur est donné d'accompagner le maître dans ses opérations de cubage et d'arpentage ; ce n'est pas de sitôt que les enfants seront familiarisés avec notre nouveau système de poids et mesures. Pour tout moyen de calcul concret, on n'a que les dix doigts, et « les petits paquets d'allumettes dessoufrées » de M. l'inspecteur général Ritt constitueront un jour un grand progrès.

La lecture s'enseigne par l'ancienne épellation. Les mots de *citolégie*, de *statilégie*, etc., ne sont point encore parvenus à l'oreille des maîtres.

Point d'enseignement verbal, point de tableau noir, point de cartes murales, aucune collection, aucune trace de bibliothèque.

Point d'organisation pédagogique. Les enfants occupent la division que leur assignent leur âge et les petites connaissances qu'ils ont *successivement* acquises. Nous disons *successivement*, parce que l'idée d'un enseignement synthétique, embrassant dès l'origine toutes les matières du programme, n'est point née encore ou n'a point encore passé du statut du 25 avril 1834 dans des esprits imbus depuis si longtemps de principes contraires. Le temps est employé au hasard des circonstances et des habitudes une fois prises; il n'y a encore guère que l'instruction religieuse qui ait à peu près son jour et son heure invariables.

Le vieux système disciplinaire est toujours en vigueur. Cependant, on n'avoue plus, en fait de punitions effectives, que :

La privation de tout ou partie des récréations;

La mise à genoux pendant une partie de la classe ou de la récréation;

L'obligation de porter un écriteau désignant la nature de la faute.

Celles-ci, on s'en souvient, sont sous la sauvegarde de l'article 29 du statut.

Les moyens d'émulation se bornent aux compositions hebdomadaires ou mensuelles qui déterminent la place à occuper dans la classe, aux distributions d'images pieuses dont l'écolier pare fièrement son chevet ou son livre d'offices. Les distributions solennelles de prix ne dépassent point encore les villes ou les gros bourgs.

M. Lorain avait fait un tableau lamentable de l'état de l'instruction primaire en France au point de vue des maisons d'école. Cette partie si importante du service est une des grandes préoccupations du Gouvernement et de ses représentants auprès des conseillers municipaux. Des constructions, des agrandissements, des améliorations de toute sorte sont provoqués. Les ressources disponibles des communes, des départements, de l'État, y sont appliquées, nous ne dirons pas sans compter, mais au moins libéralement et généreusement pour le temps. Cependant, ce grand effort sera sans cesse à reprendre. L'espace nécessaire est mal calculé; on ne consulte que les besoins présents; on croit faire preuve d'une sage économie et, en somme, on manque de la plus vulgaire prévoyance. L'heure viendra bientôt où il faudra recommencer sur de nouveaux frais : des locaux récemment construits ou retouchés devront être abandonnés, reconstruits ou agrandis encore. Malgré cette faute, qui pèsera lourdement sur l'avenir, la situation devient meilleure et c'est peut-être ici que le progrès est le plus sensible, comme l'établiront les chiffres que nous donnerons avant de clore cette période de 1838 à 1848.

III

Pendant que la loi de 1833 produit ces effets, les instituteurs commencent une existence nouvelle de dignité et d'indépendance. A cette heure, ils ont au moins le vivre et le couvert assurés. Du reste, ils sont fils de leurs œuvres : la loi semble leur dire : « Je vous donne le nécessaire ; maintenant, à vous de vous faire une modeste aisance, à force de zèle et de dévouement. Si vous savez faire apprécier vos services, vos écoles, si souvent vides jusqu'ici, s'empliront, le produit de la rétribution scolaire s'augmentera d'autant et ce sera à votre profit. » Beaucoup de maîtres comprennent ce langage; ils se dépensent tout entiers pour leur école; ils s'acquièrent l'estime et la confiance des familles, et celles-ci cessent de retenir leurs enfants au foyer; elles n'hésitent plus à s'imposer des sacrifices qui leur répugnaient alors que l'école ne rendait à peu près rien en retour. Nous aurons encore des chiffres à citer à l'appui de cette assertion. Mais d'autres maîtres compromettent ces heureux résultats par un besoin de changement auquel ils ne savent pas résister.

Nous avons vu que la loi donne aux instituteurs une sorte d'inamovibilité :

Attendu, dit un avis du Conseil Royal (13 octobre 1837), qu'un instituteur communal ne peut perdre son titre que par démission dûment acceptée, que par révocation ou par interdiction.

Mais plusieurs abusent de ce bienfait et le font regretter. Tantôt ils s'obstinent à rester dans un poste qui est au-dessus de leurs forces ou dans lequel leurs rapports avec les autorités et les familles sont devenus difficiles; tantôt ils se préoccupent à l'excès d'obtenir un poste plus lucratif ou plus à leur convenance. Dans l'un et l'autre cas, ils sont une cause de soucis et d'embarras pour les administrations : celles-ci sont souvent paralysées dans leur action, dans leurs efforts pour répartir les postes suivant la valeur des personnes et au mieux des intérêts du service.

Une cause plus grave encore de malaise pour les instituteurs et d'ennuis pour leurs chefs, se trouvait dans l'antagonisme qui ne devait pas tarder à s'établir entre le presbytère et l'école. M. Guizot avait pressenti cet antagonisme et avait tâché de le prévenir dans ses circulaires. Il n'existait pas à l'origine : le ministre du culte, le curé par exemple, désirait avoir une école à l'ombre de son clocher et on l'avait vu plus d'une fois prêter à l'administration un concours actif auprès de la municipalité indifférente ou trop parcimonieuse. En général, l'instituteur était bien accueilli à la cure; il y était regardé comme un auxiliaire précieux pour l'instruction religieuse; il y était d'ailleurs apprécié pour les services qu'il était alors admis à rendre au lutrin et à la sacristie.

Mais bientôt la revendication de la liberté de l'enseignement secondaire, au fond de l'enseignement tout entier, réveilla ou surexcita les passions cléricales. Les journaux qui en étaient l'écho et les organes pénétrèrent au presbytère, y suscitèrent des discussions, y semèrent des défiances : le ministre du culte cessa d'être l'ami de l'école et de l'instituteur. Celui-ci avait beau se maintenir dans sa sphère, n'en sortir que pour consacrer le meilleur de son temps et de ses forces à faire apprendre l'Histoire sainte et la lettre du catéchisme, à conduire ses élèves à l'église à toute réquisition; ce fut en vain : il était député par le pouvoir civil auprès des populations; il avait des attaches avec l'Université qui était le *delenda Carthago* du moment ; qui sait? peut-être sortait-il de ces écoles normales que l'on cherchait d'ores et déjà à rendre suspectes. Il perdit les bonnes grâces du ministre du culte, il fut vu par celui-ci de mauvais œil : la cure et l'école se séparèrent peu à peu et ce fut pour toujours.

CHAPITRE IV

AUX APPROCHES DE LA LOI DE 1850

I. Effets de la loi de 1833. — Caractère de cette loi : lacunes et desiderata. — II. Aux approches de la loi de 1850. — Loi du 11 janvier 1850.
— Les auteurs de la loi du 15 mars 1850.

I

Nous disions plus haut que l'on pouvait trouver, dans la loi de 1833, des lacunes et des côtés faibles, mais nous avons toujours cherché inutilement ce qu'on pouvait lui reprocher dans ses dispositions fondamentales; quelles raisons sérieuses on a pu avoir, au lieu d'y faire simplement des retouches utiles, de la faire disparaître subitement comme une loi maudite ou comme une vieillerie hors d'usage. Les seize ou dix-sept ans qui venaient de s'écouler depuis sa promulgation, prouvaient pourtant qu'elle n'était ni sans force ni sans efficacité.

M. Guizot, dans son rapport de 1834, avait fait connaître que 9,654 communes ou réunions de communes seulement possédaient une maison d'école, et que 21 089 en étaient absolument dépourvues. Il estimait à 72 millions la dépense à faire de ce chef. Dix ans après, la dépense s'était élevée à 64 127 089 francs, dont 8 612 707 de subventions fournies par l'État. Aussi, le chiffre des maisons d'école appartenant aux communes avait passé de 20 316 à 23 761 ; il allait atteindre 28036, chiffre constaté vers 1850. Le nombre des écoles avait augmenté en conséquence. Si l'on s'en rapporte aux statistiques du temps, on comptait, en 1837, 29303 écoles de garçons ou mixtes et 5453 écoles publiques de filles ; en 1847, les premières étaient de 59953 et les secondes de 7926. Même progrès pour les élèves : vers 1830, le nombre total n'en était guère que d'un million ; il dépassait trois millions aux approches de 1850.

Certes, c'étaient là des résultats sérieux et qui militaient en faveur de la loi de 1833.

D'un autre côté, cette loi était bien celle qu'avait rêvée M. de Vatimesnil en 1828 : elle « conciliait les droits de l'autorité civile avec les intérêts de la religion ». Ces derniers intérêts étaient partout respectés et largement sauvegardés.

Un ministre du culte faisait partie dn Comité local, du Comité d'arrondissement, des diverses Commissions d'examen. L'instruction religieuse était placée en tête de tous les programmes, le curé ou le pasteur pouvait sans cesse la contrôler, l'école lui étant toujours ouverte. Les méthodes lui étaient par nature indifférentes ; aucune crainte à concevoir du côté des livres, puisque le statut du 25 avril 1834 (art. 9) déclare que « les livres autorisés peuvent seuls être admis dans les écoles publiques ». Les écoles normales, par leur régime intérieur, se rapprochaient des séminaires et l'évêque y exerçait son influence par l'aumônier.

Les congrégations religieuses s'épanouissaient à l'aise sous l'empire de la lettre d'obédience à laquelle la loi du 23 juin 1836 (art. 13) avait conservé toute son ancienne valeur.

La haute administration de l'Instruction primaire, qui n'était autre que le Conseil Royal et où siégeaient des hommes tels que Ambroise Rendu [1], ne pouvait être suspectée de sentiment hostiles à la religion.

1. Le Conseil Royal de l'Instruction publique fut, par ordonnance du 1er novembre 1820, substitué à la Commission de l'Instruction publique.

Bref, une pareille loi ne devait porter ombrage à personne; elle ne pouvait être détruite que par esprit de parti et c'est ce qui arriva [1].

Il existait cependant quelques raisons de toucher au moins à l'œuvre de M. Guizot, et ces raisons ne manquaient pas de gravité.

Pendant que les populations bénéficiaient de l'extension de l'instruction primaire, les instituteurs en souffraient. En général, les nouvelles écoles s'établissaient dans les communes délaissées jusqu'alors soit à cause de leur manque de ressources, soit à cause du peu de goût qu'y avaient les familles pour l'instruction des enfants. Là, peu ou point de rétribution scolaire; l'instituteur était réduit, ou peu s'en faut, au traitement fixe de 200 francs.

Pour remédier à ce fâcheux état de choses, deux systèmes étaient en présence : augmenter le traitement fixe ou ajouter aux éléments variables; prendre le traitement des maîtres par le commencement ou le prendre par la fin. Dans ce dernier cas, créer des minima de traitement que les communes, les départements ou l'État seraient tenus d'assurer par tels compléments qui seraient nécessaires. Le premier de ces systèmes avait été celui de M. Guizot : il avait l'avantage d'obliger l'instituteur à collaborer à sa situation, à l'améliorer par son travail propre; c'était là un puissant stimulant, un continuel appel à son zèle et à son activité. Le second était au moins très séduisant : assurer à l'instituteur un complément de traitement jusqu'à concurrence

<hr>

Cette ordonnance porte : « Un sixième conseiller exercera les fonctions de ministère public, telles qu'elles sont réglées par le décret du 14 novembre 1811, et sera en outre chargé de l'instruction et des rapports concernant l'instruction primaire et les écoles primaires ».M. Ambroise Rendu fut ce sixième conseiller pendant 30 ans.

1. Comme on reprochait à M. Cousin de ne s'être point occupé de l'instruction primaire pendant son ministère, il répondait : « La loi de 1833 a fait un bien immense; ce bien continue chaque jour; il faut le laisser se répandre et s'accroître sans le troubler par des innovations prématurées. » Si ce conseil eût été suivi, combien de luttes, de violences dans un sens ou dans un autre eussent été évitées!

de la somme jugée nécessaire pour pourvoir à ses besoins et à ceux de sa famille, c'était ajouter à sa dignité et à sa sécurité. Mais les inconvénients ne devaient pas tarder à apparaître : à un moment où la surveillance des écoles ne pouvait encore être que rare et lointaine, il ne manquerait pas de se produire, dans la tenue de l'école, des circonstances capables d'en amener, sinon la chute, du moins la décadence; la rétribution scolaire en diminuerait d'autant et le traitement de l'instituteur tomberait presque en entier aux charges de la commune, du département et de l'État, à la charge de l'État pour la plus grande partie. D'ailleurs, les conseils municipaux, sachant le traitement de l'instituteur assuré quand même, ne se feraient point faute d'abaisser le taux de la rétribution scolaire et de grossir la liste des enfants à admettre gratuitement. Que ces inconvénients échappassent ou qu'il parût facile d'y apporter remède, ce second système était dans l'opinion ; il devait triompher.

Déjà, dans son projet de loi daté du 3 mars 1847 et qui devait entrer en discussion précisément le 24 février 1848, M. de Salvandy partageait les instituteurs en trois classes, aux traitements minima de 600, 900 et 1 200 francs. Il prenait du reste des précautions contre l'abaissement arbitraire du taux de la rétribution et contre l'exagération des listes de gratuité : le préfet fixait le taux de la rétribution et approuvait les listes en Conseil de préfecture.

Un autre desideratum que nous avons signalé, en passant, dans la loi de M. Guizot, était la trop grande part faite aux conseils municipaux et aux comités d'arrondissement dans la nomination des instituteurs, en général dans l'administration et la direction de l'instruction primaire. Le projet du 31 mars 1847, s'il apporte quelques modifications de forme aux articles 21, 22 et 23 de la loi existante, n'y change rien quant au fond. Il laisse en outre subsister l'inamovibilité des instituteurs et, à son tour, passe sous silence les écoles de filles. Nous verrons bientôt ce que va faire, pour réparer ces lacunes ou ces erreurs, la loi de 1850 qui approche,

II

Lorsqu'une tempête menace, des signes précurseurs l'annoncent à l'horizon. Pour le moment, ces signes sont les luttes de plus en plus ardentes du parti clérical et du parti libéral au sujet de la liberté de l'enseignement promise par la Charte.

Dans ces luttes, on vise surtout le haut enseignement dont on accuse l'Université de vouloir garder le monopole. Le modeste enseignement primaire est moins attaqué, mais son tour viendra bientôt. Et il vient en effet quand, au lieu d'une loi sur l'instruction secondaire et d'une autre loi sur l'instruction primaire, on va entreprendre une loi générale englobant à dessein, et pour le triomphe du même parti, les deux ordres d'enseignement.

Car telle est la loi de 1850 : sur 85 articles, elle en consacre 22 à des dispositions générales, 37 exclusivement à l'instruction primaire et 26 seulement à l'instruction secondaire. Comme on le voit par ces chiffres, la réglementation de l'instruction primaire y domine, et c'est sans doute pour cela que quelques auteurs la qualifient de *loi sur l'instruction primaire* [1].

Loi de haine contre l'Université, elle devait être au moins une loi de défiance à l'égard des instituteurs. Dans tous les cas, on la sent imprégnée de jalousie contre l'enseignement laïque en général et contre les instituteurs laïques en particulier. Des circonstances malheureuses avaient merveilleusement préparé les esprits à l'accepter et à lui pardonner son but et ses tendances à peine déguisées.

Les instituteurs comptaient de nombreux amis dans les classes bourgeoises et populaires. Mais il était de ces amis dont l'amitié ou la faveur devait leur être fatale. Ces der-

1. M. Gréard, *Législation de l'instruction primaire en France*, t. II p. 120.

niers, ayant trop de confiance dans les instituteurs ou abusant de l'état fiévreux dans lequel les événements jetaient un peu alors tout le monde, les lancèrent dans la politique, leur persuadèrent que la République allait relever leur situation en récompense de leurs efforts pour mouler les masses populaires au gouvernement naissant. Beaucoup, ainsi exaltés et caressés (V. les circulaires Carnot), se laissèrent surprendre. On les vit, dans les clubs ou dans de prétendues conférences, développer la devise nouvelle : *Liberté, Égalité, Fraternité*, et oublier la leur qui est d'être les hommes de tous et de se tenir au-dessus des partis. On alla jusqu'à faire d'eux des agents électoraux, ce qui acheva de les perdre. La réaction les guettait et profita de leurs fautes. Bientôt elle les montra comme le fléau de la société, comme les auteurs de ses malaises et, parodiant à l'avance un mot célèbre, cria de toutes parts : « Les instituteurs, voilà l'ennemi. » L'animosité alla si loin qu'on ne put attendre la grande loi qui était dans le creuset : l'Assemblée législative adopta *d'urgence* celle du 11 janvier 1850, une sorte de loi martiale qui plaçait les instituteurs sous la surveillance des préfets et investissait ceux-ci du droit de les réprimander, de les suspendre et même de les révoquer après l'avis du comité d'arrondissement, ou à passer outre au besoin.

Armés de cette loi, les préfets, comme jadis ceux de M. de Talleyrand, comme plus tard les préfets de l'Ordre moral, firent du zèle. « Il faut que je révoque une vingtaine de ces misérables instituteurs », entendit-on dire à l'un de ces administrateurs en prenant possession de son poste; « Monsieur l'Inspecteur, préparez-moi des rapports. » Le modeste fonctionnaire, qui n'était point lui-même sûr de son lendemain, se concertait avec quelques membres des plus modérés des comités d'arrondissement, quelquefois — cela s'est vu — avec l'aumônier de l'École normale et avec l'évêché, pour ne sacrifier que les incorrigibles ou les exaltés, et n'aboutir, pour le surplus, qu'à une réprimande

ou à une comparution où s'épanchaient l'ire et la faconde
du terrible magistrat. Mais les dénonciations perfides de
certains maires, de certains châteaux, peut-être de certains
ministres du culte, obtenaient davantage : il y eut, pour les
pauvres instituteurs, des mauvais jours que rappelleront
cruellement les hécatombes du 16 mai.

La loi de 1850 trouvait donc le terrain merveilleusement
préparé pour l'abaissement des instituteurs laïques et leur
remplacement par des maîtres d'une autre catégorie, d'une
manière générale pour le retour de l'instruction primaire
aux congrégations religieuses et, par elles, au clergé.

Le véritable auteur de cette loi, celui dont, du reste elle
porta le nom, est M. de Falloux, le premier ministre de
l'Instruction publique et des Cultes du prince Louis-Napo-
léon Bonaparte. C'est lui qui la conçut, entouré de ses coreligionnaires politiques. Parvenu au Ministère le 20 décembre
1848, il se hâta de nommer une commission chargée de
l'élaborer (4 janvier 1849). Le passage suivant d'un discours
qu'il prononça au congrès de Malines, en 1867[1], indique
quels collaborateurs de marque il s'était associés :

Ce n'est pas moi, dit-il, qui ai fait la loi de 1850 ; ce sont
trois hommes : M. de Montalembert d'abord et avant tout autre...
En 1850, la loi de l'enseignement eût été impossible sans les
quinze années de travaux, et je dirai d'apostolat de M. de Montalembert.

Il y a un second homme qui a fait la loi de 1850. Celui-là ne
s'appelait pas encore l'évêque d'Orléans, mais il s'appelait déjà
l'abbé Dupanloup. Celui-là avait pris la plus vive part dans tous
les actes de l'enseignement, et par la parole et par la plume, et
par l'enseignement lui-même. Dans la commission préparatoire,
son habile, vigilante, affectueuse intervention a été incessante.

Enfin un troisième homme a jeté un regard courageux et
profond sur toutes les plaies de la société et il a fait le succès de
la loi. Ce troisième homme, c'est M. Thiers[2]. Voilà les trois
auteurs de la loi de l'enseignement.

1. Voir le *Dictionnaire de Pédagogie et d'Instruction primaire*, de
M. Buisson.

2. M. Thiers disait alors que les instituteurs étaient quarante mille

Ces hautes personnalités disparurent bientôt de la scène. Mais leur loi dissolvante, funeste au premier chef à notre instruction primaire et à notre personnel laïque, va leur survivre de longues années. La voici dans son entier :

anti-curés de l'athéisme et du socialisme. (Mgr Dupanloup, *Traité de l'Éducation*.)

CHAPITRE V

LA LOI DU 15 MARS 1850

I. Texte de la loi du 15 mars 1850. — II. Appréciation de cette loi.

I

TITRE Ier

DES AUTORITÉS PRÉPOSÉES A L'ENSEIGNEMENT

CHAPITRE Ier. — Du Conseil supérieur de l'Instruction publique.

ARTICLE PREMIER. — Le Conseil supérieur de l'Instruction publique est composé comme il suit :

Le ministre président;

Quatre archevêques ou évêqués, élus par leurs collègues;

Un ministre de l'église de la confession d'Augsbourg, élu par ses collègues;

Un membre du consistoire central israélite, élu par ses collègues;

Trois conseillers d'État, élus par leurs collègues;

Trois membres de la Cour de cassation, élus par leurs collègues;

Trois membres de l'Institut, élus en Assemblée générale de l'Institut;

Huit membres nommés par le président de la République en Conseil des ministres, et choisis parmi les anciens membres du Conseil de l'Université, les inspecteurs généraux ou supérieurs, les recteurs et les professeurs des facultés; ces huit membres forment une section permanente;

Trois membres de l'enseignement libre, nommés par le président de la République, sur la proposition du ministre de l'Instruction publique.

ART. 2. — Les membres de la Section permanente sont nommés à vie.

Ils ne peuvent être révoqués que par le président de la République, en Conseil des ministres, sur la proposition du ministre de l'Instruction publique.

Ils reçoivent seuls un traitement.

ART. 3. — Les autres membres du conseil sont nommés pour six ans.

ART. 4. — Le Conseil supérieur tient au moins quatre sessions par an.

Le ministre peut le convoquer en session extraordinaire, toutes les fois qu'il le juge convenable.

ART. 5. — Le Conseil supérieur peut être appelé à donner son avis sur les projets de loi, les règlements et les décrets relatifs à l'enseignement, et en général sur toutes les questions qui lui seront soumises par le ministre.

Il est nécessairement appelé à donner son avis : sur les règlements relatifs aux examens, aux concours et aux programmes d'études dans les écoles publiques, à la surveillance des écoles libres et, en général, sur tous les arrêtés portant règlement pour les établissements d'instruction publique ;

Sur la création des facultés, lycées et collèges ;

Sur les secours et encouragements à accorder aux établissements libres d'instruction secondaire ;

Sur les livres qui peuvent être introduits dans les écoles publiques, et sur ceux qui doivent être défendus dans les écoles libres, comme contraires à la morale, à la constitution et aux lois.

Il prononce en dernier ressort sur les jugements rendus par les Conseils académiques dans les cas déterminés par l'article 14.

Le Conseil présente, chaque année, au Ministre, un rapport sur l'état général de l'enseignement, sur les abus qui pourraient s'introduire dans les établissements d'instruction, et sur les moyens d'y remédier.

ART. 6. — La section permanente est chargée de l'examen préparatoire des questions qui se rapportent à la police, à la comptabilité et à l'administration des écoles publiques.

Elle donne son avis, toutes les fois qu'il lui est demandé par le Ministre, sur les questions relatives aux droits et à l'avancement des membres du corps enseignant.

Chapitre II. — Des Conseils académiques.

Art. 7. — Il sera établi une Académie dans chaque département.

Art. 8. — Chaque Académie est administrée par un recteur, assisté, si le Ministre le juge nécessaire, d'un ou de plusieurs inspecteurs, et par un Conseil académique.

Art. 9. — Les recteurs ne sont pas choisis exclusivement parmi les membres de l'enseignement public.

Ils doivent avoir le grade de licencié, ou dix années d'exercice comme inspecteurs d'Académie, proviseurs, censeurs, chefs ou professeurs des classes supérieures dans un établissement public ou libre.

Art. 10. — Le Conseil académique est composé ainsi qu'il suit:

Le recteur, président;

Un inspecteur d'Académie, un fonctionnaire de l'enseignement ou un inspecteur des écoles primaires, désigné par le Ministre;

Le préfet ou son délégué;

L'évêque ou son délégué;

Un ecclésiastique désigné par l'évêque;

Un ministre de l'une des deux églises protestantes, désigné par le Ministre de l'Instruction publique, dans les départements où il existe une église légalement établie;

Un délégué du consistoire israélite dans chacun des départements où il existe un consistoire légalement établi;

Le procureur général près la Cour d'appel, dans les villes où siège une Cour d'appel, et dans les autres, le procureur de la République près le tribunal de première instance;

Un membre de la Cour d'appel élu par elle ou, à défaut de Cour d'appel, un membre du tribunal de première instance élu par le tribunal;

Quatre membres, élus par le Conseil général, dont deux au moins pris dans son sein;

Les doyens des facultés seront, en outre, appelés dans le Conseil académique, avec voix délibérative pour les affaires intéressant leurs facultés respectives.

La présence de la moitié plus un des membres est nécessaire pour la validité des délibérations du Conseil académique.

Art. 11. — Pour le département de la Seine, le Conseil académique est composé comme il suit :

Le recteur, président;

Le préfet;

L'archevêque de Paris ou son délégué;

Trois ecclésiastiques désignés par l'archevêque;

Un ministre de l'Église réformée, élu par le consistoire;

Un ministre de l'Église de la confession d'Augsbourg, élu par le consistoire;

Un membre du consistoire israélite, élu par le consistoire;

Trois inspecteurs d'Académie, désignés par le Ministre;

Le procureur général près la Cour d'appel ou un membre du parquet, désigné par lui;

Un inspecteur des écoles primaires, désigné par le Ministre;

Un membre de la Cour d'appel, élu par la Cour;

Un membre du tribunal de première instance, élu par le tribunal;

Quatre membres du Conseil municipal de Paris et deux membres du Conseil général de la Seine, pris parmi ceux des arrondissements de Sceaux et de Saint-Denis, tous élus par le Conseil général;

Le secrétaire général de la préfecture du département de la Seine;

Les doyens des facultés seront, en outre, appelés dans le Conseil académique, avec voix délibérative pour les affaires intéressant leurs facultés respectives.

Art. 12. — Les membres des Conseils académiques dont la nomination est faite par élection sont élus pour trois ans et indéfiniment rééligibles.

Art. 13. — Les départements fourniront un local pour le service de l'administration académique.

Art. 14. — Le Conseil académique donne son avis :

Sur l'état des différentes écoles établies dans le département;

Sur les réformes à introduire dans l'enseignement, la discipline et l'administration des écoles publiques;

Sur les budgets et les comptes administratifs des lycées, collèges et écoles normales primaires;

Sur les secours et encouragements à accorder aux écoles primaires.

Il instruit les affaires disciplinaires relatives aux membres de l'enseignement public secondaire ou supérieur qui lui sont renvoyées par le Ministre ou le recteur.

Il prononce, sauf recours au Conseil supérieur, sur les affaires contentieuses relatives à l'obtention des grades, aux concours devant les facultés, à l'ouverture des écoles libres, aux droits des maîtres particuliers et à l'exercice du droit d'enseigner; sur les poursuites dirigées contre les membres de l'instruction secondaire publique et tendant à la révocation, avec interdiction d'exercer la profession d'instituteur libre, de chef ou professeur d'établissement libre, et, dans les cas déterminés par la présente loi, sur les affaires disciplinaires relatives aux instituteurs primaires, publics ou libres.

ART. 15. — Le Conseil académique est nécessairement consulté sur les règlements relatifs au régime intérieur des lycées, collèges et écoles normales primaires, et sur les règlements relatifs aux écoles publiques primaires.

Il fixe le taux de la rétribution scolaire, sur l'avis des conseils municipaux et des délégués cantonaux.

Il détermine les cas où les communes peuvent, à raison des circonstances, et provisoirement, établir ou conserver des écoles primaires dans lesquelles seront admis des enfants de l'autre sexe ou des enfants appartenant aux différents cultes reconnus.

Il donne son avis au recteur sur les récompenses à accorder aux instituteurs primaires.

Le recteur fait des propositions au Ministre, et distribue les récompenses accordées.

ART. 16. — Le Conseil académique présente, chaque année au Ministre et au Conseil général, un exposé de la situation de l'enseignement dans le département.

Les rapports du Conseil académique sont envoyés par le recteur au Ministre, qui les communique au Conseil supérieur.

CHAPITRE III. — Des Écoles et de l'Inspection.

Section I. — Des Écoles.

ART. 17. — La loi reconnaît deux espèces d'écoles primaires ou secondaires :

1° Les écoles fondées ou entretenues par les communes, les départements ou l'État, et qui prennent le nom d'*écoles publiques;*

2° Les écoles fondées ou entretenues par des particuliers ou des associations, et qui prennent le nom d'*écoles libres.*

Section II. — De l'Inspection.

ART. 18. — L'inspection des établissements d'instruction publique ou libre est exercée :

1° Par les inspecteurs;

2° Par les recteurs et les inspecteurs d'Académie;

3° Par les inspecteurs de l'enseignement primaire;

4° Par les délégués cantonaux, le maire et le curé, le pasteur ou le délégué du consistoire israélite, en ce qui concerne l'enseignement primaire.

Les ministres des différents cultes n'inspecteront que les écoles spéciales à leur culte, ou les écoles mixtes pour leurs coreligionnaires seulement.

Le recteur pourra, en cas d'empêchement, déléguer temporairement l'inspection à un membre du Conseil académique.

ART. 19. — Les inspecteurs d'académie sont choisis par le Ministre parmi les anciens inspecteurs, les professeurs des facultés, les proviseurs et censeurs des lycées, les principaux des collèges, les chefs d'établissements secondaires libres, les professeurs des classes supérieures dans ces diverses catégories d'établissements, les agrégés des facultés et des lycées, et les inspecteurs des écoles primaires, sous la condition commune à tous du grade de licencié ou de dix ans d'exercice.

Les inspecteurs généraux ou supérieurs sont choisis par le Ministre, soit dans les catégories ci-dessus indiquées, soit parmi les anciens inspecteurs généraux ou inspecteurs supérieurs de l'instruction primaire, les recteurs et inspecteurs d'Académie, ou parmi les membres de l'Institut.

Le ministre ne fait aucune nomination d'inspecteur général sans avoir pris l'avis du Conseil supérieur.

ART. 20. — L'inspection de l'enseignement primaire est spécialement confiée à deux inspecteurs supérieurs.

Il y a, en outre, dans chaque arrondissement, un inspecteur de l'enseignement primaire choisi par le ministre, après avis du conseil académique.

Néanmoins, sur l'avis du conseil académique, deux arrondissements pourront être réunis pour l'inspection.

Un règlement déterminera le classement, les frais de tournées, l'avancement et les attributions des inspecteurs de l'enseignement primaire.

ART. 21. — L'inspection des écoles primaires s'exerce conformément aux règlements délibérés par le Conseil supérieur.

Elle ne peut porter sur l'enseignement que pour vérifier qu'il n'est pas contraire à la morale, à la constitution et aux lois.

ART. 22. — Tout chef d'établissement primaire ou secondaire qui refusera de se soumettre à la surveillance de l'État, telle qu'elle est prescrite par l'article précédent, sera traduit devant le tribunal correctionnel de l'arrondissement et condamné à une amende de cent francs à mille francs.

En cas de récidive, l'amende sera de cinq cents francs à trois mille francs. Si le refus de se soumettre à la surveillance de l'État a donné lieu à deux condamnations dans l'année, la fermeture de l'établissement pourra être ordonnée par le jugement qui prononcera la seconde condamnation.

Le procès-verbal de l'inspecteur constatant le refus du chef de l'établissement fera foi, jusqu'à inscription de faux.

TITRE II

DE L'ENSEIGNEMENT PRIMAIRE

CHAPITRE Ier. — Dispositions générales.

ART. 23. — L'enseignement primaire comprend :
L'instruction morale et religieuse ;
La lecture ;
L'écriture ;
Les éléments de la langue française ;
Le calcul et le système légal des poids et mesures.
Il peut comprendre en outre :
L'arithmétique appliquée aux opérations pratiques ;
Les éléments de l'histoire et de la géographie ;
Des notions de sciences physiques et de l'histoire naturelle applicables aux usages de la vie ;
Des instructions élémentaires sur l'agriculture, l'industrie et l'hygiène ;
L'arpentage, le nivellement, le dessin linéaire ;
Le chant et la gymnastique.
ART. 24. — L'enseignement primaire est donné gratuitement à tous les enfants dont les parents sont hors d'état de le payer.

CHAPITRE II. — Des Instituteurs.

ART. 25.—Tout Français âgé de 21 ans accomplis peut exercer dans toute la France la profession d'instituteur public ou libre, s'il est muni du brevet de capacité.

Le brevet d'instituteur peut être suppléé par le certificat de stage dont il est parlé à l'article 47, par le diplôme de bachelier, par un certificat constatant qu'on a été admis dans une école spéciale de l'Etat, ou par le titre de ministre, non interdit ni révoqué, de l'un des cultes reconnus par l'État.

ART. 26. — Sont incapables de tenir une école publique ou libre, ou d'y être employés, les individus qui ont subi une condamnation pour crime, ou pour un délit contraire à la probité ou aux mœurs; les individus privés par jugement de tout ou partie des droits mentionnés en l'article 42 du code pénal, et ceux qui ont été interdits en vertu des articles 30 et 33 de la présente loi.

Section I. — *Des conditions spéciales aux Instituteurs libres.*

Art. 27. — Tout instituteur qui veut ouvrir une école libre doit préalablement déclarer son intention au maire de la commune où il veut s'établir, lui désigner le local et lui donner l'indication des lieux où il a résidé et des professions qu'il a exercées pendant les dix années précédentes.

Cette déclaration doit être, en outre, adressée par le postulant au recteur de l'Académie, au procureur de la République et au sous-préfet.

Elle demeurera affichée, par les soins du maire, à la porte de la mairie pendant un mois.

Art. 28. — Le recteur, soit d'office, soit sur la plainte du procureur de la République ou du sous-préfet, peut former opposition à l'ouverture de l'école, dans l'intérêt des mœurs publiques, dans le mois qui suit la déclaration à lui faite.

Cette opposition est jugée dans un bref délai, contradictoirement et sans recours, par le conseil académique.

Si le maire refuse d'approuver le local, il est statué à cet égard par ce conseil.

A défaut d'opposition, l'école peut être ouverte à l'expiration du mois, sans autre formalité.

Art. 29. — Quiconque aura ouvert ou dirigé une école en contravention aux articles 25, 26 et 27, ou avant l'expiration du délai fixé par le dernier paragraphe de l'article 28, sera poursuivi devant le tribunal correctionnel du lieu du délit et condamné à une amende de cinquante à cinq cents francs.

L'école sera fermée.

En cas de récidive, le délinquant sera condamné à un emprisonnement de six jours à un mois et à une amende de cent francs à mille francs.

La même peine de six jours à un mois d'emprisonnement, et de cent francs à mille francs d'amende, sera prononcée contre celui qui, dans le cas d'opposition formée à l'ouverture de son école, l'aura néanmoins ouverte avant qu'il ait été statué sur cette opposition, ou bien au mépris de la décision du conseil académique qui aurait accueilli l'opposition.

Ne seront pas considérées comme tenant école les personnes qui, dans un but charitable, et sans exercer la profession d'instituteur, enseigneront à lire et à écrire aux enfants, avec l'autorisation du délégué cantonal.

Néanmoins cette autorisation pourra être retirée par le conseil académique.

ART. 30. — Tout instituteur libre, sur la plainte du recteur ou du procureur de la République, pourra être traduit, pour cause de faute grave dans l'exercice de ses fonctions, d'inconduite ou d'immoralité, devant le conseil académique du département, et être censuré, suspendu pour un temps qui ne pourra excéder six mois, ou interdit de l'exercice de sa profession dans la commune où il exerce.

Le conseil académique peut même le frapper d'une interdiction absolue. Il y aura lieu à appel devant le Conseil supérieur de l'instruction publique.

Cet appel devra être interjeté dans le délai de dix jours, à compter de la notification de la décision, et ne sera pas suspensif.

Section II. — Des Instituteurs communaux.

ART. 31. — Les instituteurs communaux sont nommés par le conseil municipal de chaque commune et choisis, soit sur une liste d'admissibilité et d'avancement dressée par le conseil académique du département, soit sur la présentation qui est faite par les supérieurs pour les membres des associations religieuses vouées à l'enseignement et autorisées par la loi, ou reconnues comme établissements d'utilité publique.

Les consistoires jouissent du droit de présentation pour les instituteurs appartenant aux cultes non catholiques.

Si le Conseil municipal avait fait un choix non conforme à la loi, ou n'en avait fait aucun, il sera pourvu à la nomination par le conseil académique, un mois après la mise en demeure adressée au maire par le recteur.

L'institution est donnée par le ministre de l'Instruction publique.

ART. 32. — Il est interdit aux instituteurs communaux d'exercer aucune fonction administrative, sans l'autorisation du conseil académique.

Toute profession commerciale ou industrielle leur est absolument interdite.

ART. 33. — Le recteur peut, suivant les cas, réprimander, suspendre, avec ou sans privation totale ou partielle de traitement, pour un temps qui n'excédera pas six mois, ou révoquer l'instituteur communal.

L'instituteur révoqué est incapable d'exercer la profession d'instituteur, soit public, soit libre, dans la même commune.

Le conseil académique peut, après l'avoir entendu ou dûment appelé, frapper l'instituteur communal d'une interdiction absolue, sauf appel devant le Conseil supérieur de l'instruction publique dans le délai de dix jours à partir de la notification de la décision. Cet appel n'est pas suspensif.

En cas d'urgence, le maire peut suspendre provisoirement l'instituteur communal, à charge de rendre compte dans les deux jours au recteur.

ART. 34. — Le conseil académique détermine les écoles publiques auxquelles, d'après le nombre des élèves, il doit être attaché un instituteur adjoint.

Les instituteurs adjoints peuvent n'être âgés que de dix-huit ans et ne sont pas assujettis aux conditions de l'article 25.

Ils sont nommés et révocables par l'instituteur, avec l'agrément du recteur de l'Académie. Les instituteurs adjoints, appartenant aux associations religieuses dont il est parlé dans l'article 31, sont nommés et peuvent être révoqués par les supérieurs de ces associations.

Le Conseil municipal fixe le traitement des instituteurs adjoints. Ce traitement est à la charge exclusive de la commune.

ART. 35. — Tout département est tenu de pourvoir au recrutement des instituteurs communaux, en entretenant des élèves-maîtres soit dans les établissements d'instruction primaire désignés par le conseil académique, soit aussi dans l'école normale établie à cet effet par le département.

Les écoles normales peuvent être supprimées par le conseil général du département; elles peuvent l'être également par le ministre en Conseil supérieur, sur le rapport du conseil académique, sauf, dans les deux cas, le droit acquis aux boursiers en jouissance de leur bourse.

Le programme de l'enseignement, les conditions d'entrée et de sortie, celles qui sont relatives à la nomination du personnel, et tout ce qui concerne les écoles normales sera déterminé par un règlement délibéré en Conseil supérieur.

CHAPITRE III. — **Des Écoles communales.**

ART. 36. — Toute commune doit entretenir une ou plusieurs écoles primaires.

Le conseil académique du département peut autoriser une commune à se réunir à une ou plusieurs communes voisines pour l'entretien d'une école.

Toute commune a la faculté d'entretenir une ou plusieurs écoles entièrement gratuites, à la condition d'y subvenir sur ses propres ressources.

Le conseil académique peut dispenser une commune d'entretenir une école publique, à condition qu'elle pourvoira à l'enseignement primaire gratuit, dans une école libre, de tous les enfants dont les familles sont hors d'état d'y subvenir. Cette dispense peut toujours être retirée.

Dans les communes où les différents cultes reconnus sont professés publiquement, des écoles séparées seront établies pour les enfants appartenant à chacun de ces cultes, sauf ce qui est dit à l'art. 15.

La commune peut, avec l'autorisation du conseil académique, exiger que l'instituteur communal donne, en tout ou en partie, à son enseignement, un développement dont il est parlé à l'art. 23.

ART. 37. — Toute commune doit fournir à l'instituteur un local convenable, tant pour son habitation que pour la tenue de l'école, le mobilier de classe, et un traitement.

ART. 38. — A dater du 1er janvier 1851, le traitement des instituteurs communaux se composera .

1º D'un traitement fixe, qui ne peut être inférieur à 200 francs ;

2º Du produit de la rétribution scolaire ;

3º D'un supplément accordé à tous ceux dont le traitement, joint au produit de la rétribution scolaire, n'atteint pas 600 francs.

Ce supplément sera calculé d'après le total de la rétribution scolaire pendant l'année précédente.

ART. 39. — Une caisse de retraite sera substituée, par un règlement d'administration publique, aux caisses d'épargne des instituteurs.

ART. 40. — A défaut de fondations, dons ou legs, le conseil municipal délibère sur les moyens de pourvoir aux dépenses de l'enseignement primaire dans la commune.

En cas d'insuffisance des revenus ordinaires, il est pourvu à ces dépenses au moyen d'une imposition spéciale votée par le conseil municipal ou, à défaut du vote de ce conseil, établie par un décret du pouvoir exécutif. Cette imposition, qui devra être autorisée chaque année par la loi de finances, ne pourra excéder 3 centimes additionnels au principal des quatre contributions directes.

Lorsque les communes, soit par elles-mêmes, soit en se réunissant à d'autres communes, n'auront pu subvenir de la manière qui vient d'être indiquée aux dépenses de l'école communale, il y sera pourvu sur les ressources ordinaires du département ou, en cas d'insuffisance, au moyen d'une imposition spéciale votée par le conseil général ou, à défaut de vote par ce conseil, établie par un décret. Cette imposition, autorisée chaque année par la loi de finances, ne devra pas excéder 2 centimes additionnels au principal des quatre contributions directes.

Si les ressources communales et départementales ne suffisent pas, le ministre de l'Instruction publique accordera une subvention sur le crédit qui sera porté annuellement pour l'instruction primaire au budget de l'État.

Chaque année, un rapport annexé au projet de budget fera connaître l'emploi des fonds alloués pour l'année précédente.

Art. 41. — La rétribution scolaire est perçue dans la même forme que les contributions publiques directes; elle est exempte des droits de timbre, et donne droit aux mêmes remises que les autres recouvrements.

Néanmoins, sur l'avis conforme du conseil général, l'instituteur communal pourra être autorisé par le conseil académique à percevoir lui-même la rétribution scolaire.

Chapitre IV. — Des Délégués cantonaux, et des autres Autorités préposées à l'enseignement primaire.

Art. 42. — Le conseil académique du département désigne un ou plusieurs délégués résidant dans chaque canton pour surveiller les écoles publiques et libres du canton, et déterminer les écoles particulièrement soumises à la surveillance de chacun.

Les délégués sont nommés pour trois ans; ils sont rééligibles et révocables. Chaque délégué correspond, tant avec le conseil académique, auquel il doit adresser ses rapports, qu'avec les autorités locales, pour tout ce qui regarde l'état et les besoins de l'enseignement primaire dans sa circonscription.

Il peut, lorsqu'il n'est pas membre du conseil académique, assister à ses séances, avec voix consultative pour les affaires intéressant les écoles de sa circonscription.

Les délégués se réunissent au moins une fois tous les trois mois au chef-lieu de canton, sous la présidence de celui d'entre eux qu'ils désignent, pour convenir des avis à transmettre au conseil académique.

Art. 43. — A Paris, les délégués nommés pour chaque arrondissement par le conseil académique se réunissent au moins une fois tous les mois, avec le maire, un adjoint, le juge de paix, un curé de l'arrondissement et un ecclésiastique, ces deux derniers désignés par l'archevêque, pour s'entendre au sujet de la surveillance locale, et pour convenir des avis à transmettre au conseil académique. Les ministres des cultes non catholiques reconnus, s'il y a dans l'arrondissement des écoles suivies par des enfants appartenant à ces cultes, assistent à ces réunions, avec voix délibérative.

La réunion est présidée par le maire.

ART. 44. — Les autorités locales préposées à la surveillance et à la direction morale de l'enseignement primaire sont, pour chaque école, le maire, le curé, le pasteur ou le délégué du culte israélite, et dans les communes de 2 000 âmes et au-dessus, un ou plusieurs habitants de la commune, délégués par le conseil académique.

Les ministres des différents cultes sont spécialement chargés de surveiller l'enseignement religieux de l'école.

L'entrée de l'école leur est toujours ouverte.

Dans les communes où il existe des écoles mixtes, un ministre de chaque culte aura toujours l'entrée de l'école, pour veiller à l'éducation religieuse des enfants de son culte.

Lorsqu'il y a pour chaque culte des écoles séparées, les enfants d'un culte ne doivent être admis dans l'école d'un autre culte que sur la volonté formellement exprimée par les parents.

ART. 45. — Le maire dresse chaque année, de concert avec les ministres des différents cultes, la liste des enfants qui doivent être admis gratuitement dans les écoles publiques. Cette liste est approuvée par le conseil municipal, et définitivement arrêtée par le préfet.

ART. 46. — Chaque année, le conseil académique nomme une commission d'examen chargée de juger publiquement, et à des époques déterminées par le recteur, l'aptitude des aspirants au brevet de capacité, quel que soit le lieu de leur domicile.

Cette Commission se compose de sept membres, et elle choisit son président.

Un inspecteur d'arrondissement pour l'instruction primaire, un ministre du culte professé par le candidat, et deux membres de l'enseignement public ou libre, en font nécessairement partie.

L'examen ne portera que sur les matières comprises dans la première partie de l'art. 23.

Les candidats qui voudront être examinés sur tout ou partie des autres matières spécifiées dans le même article en feront la demande à la commission. Les brevets délivrés feront mention des matières spéciales sur lesquelles les candidats auront répondu d'une manière satisfaisante.

Art. 47. — Le conseil académique délivre, s'il y a lieu, des certificats de stage aux personnes qui justifient avoir enseigné pendant trois ans au moins les matières comprises dans la première partie de l'art. 23, dans les écoles publiques ou libres autorisées à recevoir des stagiaires.

Les élèves-maîtres sont, pendant la durée de leur stage, spécialement surveillés par les inspecteurs de l'enseignement primaire.

Chapitre V. — Des Écoles de Filles.

Art. 48. — L'enseignement primaire dans les écoles de filles comprend, outre les matières de l'enseignement primaire énoncées dans l'art. 23, les travaux à l'aiguille.

Art. 49. — Les lettres d'obédience tiendront lieu de brevet de capacité aux institutrices appartenant à des congrégations religieuses vouées à l'enseignement, et reconnues par l'État.

L'examen des institutrices n'aura pas lieu publiquement.

Art. 50. — Tout ce qui se rapporte à l'examen des institutrices, à la surveillance et à l'inspection des écoles de filles, sera l'objet d'un règlement délibéré en Conseil supérieur. Les autres dispositions de la présente loi, relatives aux écoles et aux instituteurs, sont applicables aux écoles de filles et aux institutrices, à l'exception des art. 38, 39, 40 et 41.

Art. 51. — Toute commune de huit cents âmes de population et au-dessus est tenue, si ses propres ressources lui en fournissent les moyens, d'avoir au moins une école de filles, sauf ce qui est dit à l'art. 15.

Le conseil académique peut, en outre, obliger les communes d'une population inférieure à entretenir, si leurs ressources ordinaires le leur permettent, une école de filles, et en cas de réunion de plusieurs communes pour l'enseignement primaire, il pourra, selon les circonstances, décider que l'école des garçons et l'école des filles seront dans deux communes différentes. Il prend l'avis du conseil municipal.

Art. 52. — Aucune école primaire, publique ou libre ne peut, sans l'autorisation du conseil académique, recevoir d'enfants des deux sexes, s'il existe dans la commune une école publique de filles.

Chapitre VI. — Institutions complémentaires.

Art. 53. — Tout Français âgé de vingt-cinq ans, ayant au moins cinq années d'exercice comme instituteur ou comme maître dans un pensionnat primaire, et remplissant les conditions énumérées en l'art. 25, peut ouvrir un pensionnat primaire, après avoir déclaré son intention au recteur de l'académie et au maire de la commune. Toutefois, les instituteurs communaux ne peuvent ouvrir de pensionnat qu'avec l'autorisation du conseil académique, sur l'avis du onseil municipal.

Le programme de l'enseignement et le plan du local doivent être adressés au maire et au recteur.

Le conseil académique prescrira, dans l'intérêt de la moralité et de la santé des élèves, toutes les mesures qui seront indiquées dans un règlement délibéré par le Conseil supérieur.

Les pensionnats primaires sont soumis aux prescriptions des articles 26, 27, 28, 29 et 30 de la présente loi, et à la surveillance des autorités qu'elle institue.

Ces dispositions sont applicables aux pensionnats de filles en tout ce qui n'est pas contraire aux dispositions prescrites par le chapitre V de la présente loi.

Section I. — *Des Écoles d'Adultes et d'Apprentis.*

Art. 54. — Il peut être créé des écoles primaires communales pour les adultes au-dessus de dix-huit ans, pour les apprentis au-dessus de douze ans.

Le Conseil académique désigne les instituteurs chargés de diriger les écoles communales d'adultes et d'apprentis.

Il ne peut être reçu dans ces écoles d'élèves des deux sexes.

Art. 55. — Les articles 27, 28, 29 et 30 sont applicables aux instituteurs libres qui veulent ouvrir des écoles d'adultes et d'apprentis.

Art. 56. — Il sera ouvert, chaque année, au budget du ministère de l'Instruction publique, un crédit pour encourager les auteurs de livres ou de méthodes utiles à l'instruction primaire et à la fondation d'institutions telles que :

Les écoles du dimanche ;

Les écoles dans les ateliers et les manufactures ;

Les classes dans les hôpitaux ;

Les cours publics ouverts conformément à l'art. 77 ;

Les bibliothèques des livres utiles ;

Et autres institutions dont les statuts auront été soumis à l'examen de l'autorité compétente.

Section II. — Des Salles d'Asile.

ART. 57. — Les salles d'asile sont publiques ou libres. Un décret du président de la République, rendu sur l'avis du Conseil supérieur, déterminera tout ce qui se rapporte à la surveillance et à l'inspection de ces établissements, ainsi qu'aux conditions d'âge, d'aptitude, de moralité des personnes qui seront chargées de la direction et du service dans les salles d'asile publiques.

Les infractions à ce décret seront punies des peines établies par les art. 29, 30 et 33 de la présente loi.

Ce décret déterminera également le programme de l'enseignement et des exercices dans les salles d'asile publiques, et tout ce qui se rapporte au traitement des personnes qui y seront chargées de la direction ou du service.

ART. 58. — Les personnes chargées de la direction des salles d'asile publiques seront nommées par le conseil municipal, sauf l'approbation du Conseil académique.

ART. 59. — Les salles d'asile libres peuvent recevoir des secours sur les budgets des communes, des départements et de l'État.

TITRE III

DE L'INSTRUCTION SECONDAIRE

. . . .

TITRE IV

DISPOSITIONS GÉNÉRALES

ART. 79. — Les instituteurs adjoints des écoles publiques, les jeunes gens qui se préparent à l'enseignement primaire dans les écoles désignées à cet effet, les membres ou novices des associations religieuses vouées à l'enseignement et autorisées par la loi ou reconnues comme établissements d'utilité publique... sont dispensés du service militaire, s'ils ont, avant l'époque fixée pour le tirage, contracté devant le recteur, l'engagement...

ART. 84. — La présente loi ne sera exécutoire.qu'à dater du 1er septembre 1850... La loi du 14 janvier est prorogée jusqu'à cette époque.

II

Telle fut la loi de 1850. Autrement durable que les précédentes, malgré des retouches, des grattages, presque des amputations, elle a dominé trente ans notre instruction primaire, la moulant à une effigie voulue, et la pénétrant de son esprit jusque dans les moindres détails.

C'est qu'elle est dans son genre un véritable chef-d'œuvre de législation. Ce n'est pas une loi incomplète, en supposant ou en attendant d'autres, par exemple, comme la loi de 1833 qui ne vise que l'instruction primaire, et encore qui ne la vise pas tout entière puisqu'elle laisse de côté les écoles de filles et les salles d'asile. C'est une loi qui embrasse tout l'enseignement, même l'enseignement supérieur qu'elle remet au moins, en attendant mieux, aux mains d'un Conseil supérieur créé par elle.

Pour ne nous occuper que de l'enseignement primaire, on voit comme elle y prévoit tout et y règle tout, édictant que des règlements délibérés en Conseil supérieur pourvoiront aux détails, là où elle ne peut que poser les principes et tracer les grandes lignes. Remarquons toutefois qu'elle est surtout : 1° une loi policière, 2° une loi d'arrière-pensées. Les préoccupations du moment, que nous avons signalées plus haut, expliquent ce double caractère.

L'instruction primaire, fille de la Révolution, espérance de la démocratie naissante, était suspecte dès l'origine au clergé et aux classes aristocratiques ; elle l'était devenue récemment à la bourgeoisie elle-même, affolée par l'explosion des doctrines du genre de celles qui la troublent encore si fort aujourd'hui[1]. Dans de pareilles conditions, il était naturel qu'au lieu de chercher à la développer, on s'efforçât, ne pouvant la détruire, de la maintenir dans des

---

1. C'était l'époque où les Cabet, les V. Considérant, les Louis Blanc, les Proudhon, étalaient et préchaient les doctrines socialistes du temps.

bornes étroites, et surtout de la garantir de tout écart et de toute échappée. Aussi, que de surveillants on lui donne! que de sentinelles placées à la porte de l'école et de celui qui la tient! Ministre, Conseil supérieur, inspecteurs généraux, recteurs (un par département), inspecteurs primaires (un par arrondissement); maires, curés, pasteurs, rabbins; Conseils académiques avec on ne sait combien de délégués cantonaux et communaux... Nous voilà loin des comités locaux qui ne fonctionnaient pas et des comités d'arrondissement qui ne fonctionnaient guère, des inspecteurs et sous-inspecteurs départementaux aux visites si rapides et si rares. Pauvre école primaire! il eût bien mieux valu la créer dans tant de localités où elle n'existait pas encore ou bien n'existait que de nom; la meubler, l'outiller, lui donner du jour, de la lumière, de l'air respirable, surtout y pousser les milliers d'enfants qui n'en prenaient point le chemin. Pauvre instituteur! il eût mieux valu le pourvoir d'un logement, d'un jardin, de dépendances utiles, et, pourquoi ne le dirions-nous pas? lui assurer le pain quotidien qui, en maintes localités, lui manquait au point qu'il était obligé, pour se le procurer, de se faire sacristain, chantre, arpenteur, fossoyeur, tambour-afficheur, etc., car ces choses se rencontraient encore en 1850... et bien des années après. Mais, non : l'école, elle sera ce qu'elle pourra, pourvu qu'elle soit. L'instituteur, abandonnant les idées au moins généreuses de M. de Salvandy (traitements minima de 600, 900 et 1 200 francs), on se contente de lui assurer six cents francs, produits par la rétribution scolaire ou trouvés à grand'peine dans la bourse des communes, du département ou de l'État. En compensation, il sera surveillé, harcelé, par plus d'une demi-douzaine de supérieurs officiels ou officieux. Du rest, l'instituteur libre, — quoique la loi soit une loi sur *la liberté de l'enseignement*, — partagera toutes les servitudes de son collègue de la commune; mais ici, il s'agit d'une industrie privée et l'on peut pardonner au législateur ses défiances et ses précautions.

La loi de 1850 fut en outre une loi pleine d'arrière-pensées, une machine de guerre habilement montée pour faire passer peu à peu tout l'enseignement aux mains des congrégations religieuses et, par suite, du clergé. M. Rendu, qui y collabora, consentit à y voir une transaction destinée à consolider, plutôt qu'à détruire, l'œuvre de sa vie, « un pacte de famille, un traité d'alliance entre deux puissances amies qui se proposaient un même but et qui voulaient y marcher de concert ». Lui et les honnêtes dupes de la commission qui partageaient ses espérances, purent voir bientôt combien ils s'étaient trompés : le clergé n'admettait point le partage ; en attendant le surplus, pour lequel il avoua au chef de l'État n'être pas prêt, il visa l'accaparement de l'instruction primaire par ses associations religieuses, par ses associations religieuses de femmes surtout. Dans ce but, il devait être partout, et partout en mesure de faire prédominer son influence. De là, l'introduction des archevêques et évêques dans le Conseil supérieur, de l'évêque diocésain et d'un autre ecclésiastique dans les Conseils académiques, des ministres des différents cultes dans les délégations cantonales, au cœur même des écoles et dans toutes les commissions scolaires ; de là, le maintien ou le renouvellement du privilège de la lettre d'obédience pour les institutrices religieuses ; de là, l'abandon des écoles normales au bon vouloir des départements et du ministre, la substitution, au besoin, d'élèves stagiaires aux élèves-maîtres formés dans ces établissements.

La réduction de la grande autorité rectorale au 86e, l'isolement et comme l'émiettement de l'inspection primaire départementale, l'intervention de tant de pouvoirs locaux, de tant d'influences communales et cantonales dans le service et la direction des écoles, n'avaient d'autre but que d'affaiblir l'autorité officielle et de la livrer seulette et désarmée à des autorités toujours présentes, bien décidées à mettre les écoles sous leur tutelle et à leur discrétion. Et il en sera fatalement ainsi. Le recteur courbera la tête devant le cardinal, l'archevêque ou l'évêque d'autant plus forts qu'ils se savent dans les eaux du ministre et du Gouvernement. L'inspecteur primaire, isolé, observé de près par le parti adverse, contrôlé par des délégués cantonaux désireux de s'employer et d'être quelque chose, regardé de haut par son sous-préfet, par la magistrature, par les gros bonnets et les fortes têtes du lieu de sa résidence, sentant d'ailleurs son chef faible, suspect rien qu'à cause de son titre qui rappelle l'Université, d'ailleurs général sans armée (que pouvait être le chef d'une académie départementale?) se contentera de surveiller et de faire de prudents rapports; heureux si on veut bien lui pardonner d'avoir une conscience, s'il peut se soustraire aux passions et aux tempêtes locales, échapper aux changements et aux disgrâces qui attendent tout fonctionnaire qu'on' pensera n'être pas dans l'esprit de la loi nouvelle! Quant à l'instituteur et à l'institutrice, surtout dans les communes importantes convoitées par les associations religieuses, ils vivront dans des transes continuelles, peu sûrs du présent et incertains de l'avenir.

Que quelques années s'écoulent et l'on ne verra que trop se réaliser ces tristes prévisions. Du reste, telles étaient bien les espérances des auteurs de la loi; un mémoire au pape et aux évêques, qui paraît avoir été rédigé au moment où la commission nommée par M. de Falloux achevait son œuvre, en est une preuve irréfragable. Nous en citons ce passage emprunté encore au grand Dictionnaire Buisson :

III. *Liberté de l'enseignement primaire.* — L'enseignement charitable recouvre enfin sa liberté... De grandes facilités sont offertes aux associations religieuses qui étaient prohibées, entravées, arrêtées de toutes manières. Les communes sont libres de choisir pour instituteurs communaux des membres des associations religieuses; les supérieurs des associations religieuses consacrées à l'enseignement, et reconnues par l'État, exercent le droit de présentation et le droit de révocation à l'égard de tous leurs sujets; les membres et novices des mêmes congrégations sont exempts du service militaire ; les lettres d'obédience tiennent lieu aux religieuses de brevets de capacité; et il n'a tenu qu'à *une seule voix* que cet avantage fût accordé à tous les membres des associations religieuses en général; *on l'obtiendra peut-être de l'Assemblée.*

Le stage dispense de tout examen de capacité. On le sait, l'examen avait les plus graves inconvénients pour l'humilité, l'obéissance et le bon esprit des jeunes gens appartenant aux congrégations religieuses. C'est pour obvier à ces inconvénients que le stage, si facile d'ailleurs à accomplir pour les jeunes gens, les dispense de tout examen et brevet de capacité.

Tout titre, tout diplôme, toute preuve légale de capacité pourra équivaloir au brevet et dispenser de l'examen.

Les écoles normales, si dangereuses, si puissantes pour le mal, et qui ont si déplorablement dénaturé le caractère et la mission des instituteurs primaires disparaissent.

Toute inamovibilité est enlevée à l'instituteur remis sous la surveillance immédiate et spéciale du curé dans chaque commune, non seulement en ce qui regarde la religion, mais aussi pour la direction morale de l'enseignement primaire. La funeste indépendance de l'instituteur vis-à-vis du curé disparaît donc en même temps que son inamovibilité. (V. Dict. Buisson, 1re partie, tome II, *Liberté* de l'enseignement, pp. 1582 et 1583.)

CHAPITRE VI

APRÈS LA LOI DE 1850

I. La nouvelle organisation. — Les premiers décrets et règlements. — Les inspecteurs primaires. — L'administration des écoles. — II. Les écoles normales. — Remplacement des instituteurs par des institutrices. — III. Réglementation des écoles.

I

Nous sommes dans les derniers mois de 1850, et la publication de la loi du 15 mars suscite plus d'une critique de la part de ceux-là mêmes qui y ont collaboré. Les uns la trouvent insuffisante et l'accusent d'être une trahison. Les autres la commentent et cherchent à en étendre la portée, ou bien se lamentent sur quelques-uns de ses effets probables, par exemple sur l'action qu'exercera quand même l'inspection : « Malheureusement on tiendra à être inspecté », s'écrie avec douleur Monseigneur Parisis, alors évêque de Langres, et qui sera bientôt évêque et cardinal d'Arras [1].

Pendant ce temps-là, la bataille pour les emplois créés par la loi se termine. Les nouveaux fonctionnaires sont à leur poste : les recteurs au chef-lieu de chaque département, entourés de leur Conseil académique ; les anciens inspecteurs départementaux, les anciens sous-inspecteurs, les

----

1. *La Vérité sur la loi de 1850.*

inspecteurs récemment promus, au chef-lieu de leur arrondissement respectif.

La loi de 1833 et celle du 11 janvier 1850 ont terminé leur rôle au 1er septembre et la loi du 15 mars commence le sien. L'ancien Conseil royal a disparu et, avec lui, la section qui s'occupait spécialement des affaires de l'instruction primaire; à l'heure présente, ces affaires ressortissent à la troisième division du ministère de l'Instruction publique. Le chef de division est M. Pillet qui, depuis 1818, a assisté à toutes les phases par lesquelles a passé l'instruction primaire et qui en sera créé le premier directeur le 30 décembre 1868 (un an environ avant sa mort).

C'est là que vont s'élaborer en grande partie, avant de passer devant le Conseil d'État, devant la section permanente du Conseil supérieur ou ce Conseil lui-même, les décrets, règlements, arrêtés, instructions, circulaires concernant l'instruction primaire; c'est là aussi que nous nous placerons souvent pour suivre et apprécier la marche que va prendre ce service, nouveau sur plus d'un point et quant au fond et quant à la forme. Ceux qui ont connu M. Pillet retrouveront plus d'une fois des traces de sa pensée large et libérale dans ces documents.

Le premier décret en date (27 mai 1850) organise les académies départementales et règle les traitements des recteurs, des inspecteurs et des secrétaires d'académie.

Le second, *portant règlement d'administration publique pour l'exécution de la loi du 15 mars* 1850, est du 29 juillet suivant. Plusieurs de ses dispositions méritent notre attention. Elle concernent les seuls amis effectifs qui, dans l'universel désarroi, restent fidèles à l'instruction primaire et aux traditions de 1833, les *inspecteurs primaires :*

Les inspecteurs de l'instruction primaire sont partagés en classes dont le nombre est déterminé par décret du président de la République.

Les traitements varient suivant les classes, la classe est attachée à la personne. (Art. 37.)

Nul ne peut être appelé aux fonctions d'inspecteur de l'instruction primaire, s'il n'a été déclaré apte à ces fonctions après un examen spécial dont le programme sera déterminé conformément à l'art. 5 de la loi organique. Jusqu'à ce que le programme ait été arrêté, l'examen aura lieu conformément aux règlements en vigueur. (Art. 38.)

Ne peuvent être admis à l'examen que les candidats qui justifient :

1° De vingt-cinq ans d'âge ;

2° Du diplôme de bachelier ès lettres, ou d'un brevet de capacité pour l'enseignement primaire supérieur, si le brevet a été délivré avant la promulgation de la loi organique, et, dans le cas contraire, d'un brevet attestant que l'examen a porté sur toutes les matières d'enseignement comprises dans l'art. 23 de la même loi ;

3° De deux ans d'exercice, au moins, dans l'enseignement ou dans les fonctions de secrétaire d'académie, de membre d'un ancien comité supérieur d'instruction primaire, ou de délégué du Conseil académique pour la surveillance des écoles.

La condition exigée par le paragraphe précédent ne sera point applicable à la première organisation de l'inspection. (Art. 39.)

Sont dispensés de l'examen exigé par l'art. 38 les anciens inspecteurs ou sous-inspecteurs de l'instruction primaire, les directeurs d'écoles normales, les principaux de collèges communaux, les chefs d'établissements particuliers d'instruction secondaire et les licenciés. (Art. 40.)

Ont seuls droit aux frais de tournées déterminés par les règlements... et les inspecteurs de l'instruction primaire. (Art. 41.)

Les personnes chargées de l'inspection en vertu de l'art. 18 de la loi organique, dressent procès-verbal de toutes les contraventions qu'elles reconnaissent.

Si la contravention consiste dans l'emploi d'un livre défendu en vertu de l'art. 5 de la même loi, l'ouvrage est saisi et envoyé avec le procès-verbal au Recteur de l'Académie, qui soumet l'affaire au Conseil académique. (Art. 42.)

Les inspecteurs de l'instruction primaire donnent au Recteur leur avis sur les secours et les encouragements de tout genre relatifs à l'instruction primaire ; ils s'assurent que les allocations accordées sont employées selon leur destination.

Ils font au Recteur des propositions pour la liste d'admissibilité et d'avancement des instituteurs communaux, qui doit être dressée par le Conseil académique ; ils donnent au Recteur leur avis sur les nominations des instituteurs communaux et sur les demandes d'institution.

Ils assistent, avec voix délibérative, aux réunions des délégués cantonaux, prescrites par le quatrième paragraphe de l'art. 42 de la loi organique et à celles dont il est fait mention à l'art. 41 du présent règlement.

Ils donnent leur avis au Recteur sur les demandes formées par les instituteurs communaux et sur les déclarations faites par les instituteurs libres à l'effet d'ouvrir un pensionnat primaire.

Ils inspectent les écoles normales primaires, et surveillent particulièrement les élèves-maîtres entretenus par le département dans les établissements d'instruction primaire.

Ils surveillent l'instruction donnée aux enfants admis pour le compte de communes dans les écoles libres, en exécution du quatrième paragraphe de l'art. 36 de la loi organique.

Ils adressent tous les trois mois, au Recteur de l'Académie, un rapport sur la situation de l'instruction primaire dans les communes qu'ils ont parcourues pendant le trimestre et des notes détaillées sur le personnel des écoles. (Art. 43.)

On voit par ces dispositions que les attributions des inspecteurs primeurs restent sensiblement ce que nous les avons vues sous la loi de 1833. Nous ne parlons pas de l'intervention du Conseil académique dans leur nomination, stipulée par l'art. 20 de la loi et rappelée par l'art. 35 du présent décret. Cette intervention n'eut lieu que pour les premières nominations. Elle ôtait à l'autorité centrale une liberté dont elle a absolument besoin pour le choix d'un personnel nombreux et pour les déplacements qui y deviennent continuellement nécessaires. Elle tomba presque immédiatement en désuétude et bientôt il n'en fut plus question.

Mais si M. Pillet put faire maintenir la situation morale des inspecteurs primaires, il n'en fut pas de même pour leur situation matérielle; celle-ci se trouva amoindrie pour de longues années.

Sous la loi de 1833, le service de l'inspection primaire comprenait, pour les départements autres que celui de la Seine :

95 inspecteurs dont 30 de 1re classe, à 2 000 francs;
29 de 2e classe, à 1 800 francs ;
36 de 3e classe, à 1 600 francs ;
111 sous-inspecteurs dont 34 de 1re classe, à 1 400 francs;
77 de 2e classe, à 1 200 francs. (Ord. du 30 décembre 1842, art. 1.)

Pour le département de la Seine, le service de l'inspection primaire se composait de deux inspecteurs au traitement de 3 000 francs, d'un inspecteur-adjoint au traitement de 2 000 francs, et d'un sous-inspecteur au traitement de 1 000 francs.

Le décret du 29 juillet 1850 portait, nous venons de le voir, que les inspecteurs de l'instruction primaire seraient partagés en classes dont le nombre serait déterminé par décret du Président de la République, et que les traitements varieraient suivant les classes.

Or, l'Assemblée, en augmentant le nombre des inspecteurs primaires dans une proportion considérable, n'avait point prévu, au budget, l'accroissement de dépenses qui allait en résulter. Il fallut vivre sur les anciens crédits et, pour ne point les dépasser l'arrêté du 5 novembre 1858 dut partager les nouveaux fonctionnaires en cinq classes, vingt de la 1re classe à 2 000 francs ; quarante de la 2e à 1 800 francs ; cinquante de la 3e à 1 600 francs ; soixante de la 4e à 1 400 francs ; cent cinq de la 5e à 1 200 francs. Rien ne vint parer à cette insuffisance des traitements ; les frais de tournées furent à l'avenant ; l'art. 6 du décret les fixe ainsi :

Il est alloué aux inspecteurs de l'instruction primaire, pour chaque jour consacré à l'inspection des écoles hors du chef-lieu de leur résidence, une indemnité de *cinq francs*.

Aussi la gêne et la pénurie vinrent plus d'une fois s'asseoir au foyer des cent cinq fonctionnaires qui, faute d'avancement possible, se trouvèrent rivés pour des années à un traitement d'une insuffisance notoire. Combien n'en a-t-on pas rencontré sur les routes, arrosant leur morceau de pain de l'eau du ruisseau, pour rapporter au ménage besogneux ce qu'ils économisaient ainsi sur leurs maigres frais de tournées !

Et cependant, grâce au titre que leurs devanciers avaient su faire respecter et entourer d'un certain prestige, la situation morale des inspecteurs primaires demeura intacte.

Malgré leur isolement et l'amoindrissement de leurs ressources matérielles, ils continuèrent à être, aux yeux des populations et de la haute administration elle-même, les véritables magistrats de l'instruction primaire. Toujours consultés et le plus souvent écoutés, faisant plus d'une fois preuve d'une courageuse indépendance, ils demeurèrent, dans ces temps troublés, les meilleurs et souvent les seuls tuteurs des écoles partout menacées. Du reste, dans les derniers articles du décret du 29 juillet 1850, consacré aux autorités préposées à l'enseignement primaire, notamment aux délégués cantonaux, il est dit que ceux-ci « communiquent *aux inspecteurs de l'instruction primaire* tous les renseignements utiles qu'ils auront pu recueillir ; qu'à Paris, l'*inspecteur de l'instruction primaire* assiste aux réunions mensuelles des délégués cantonaux avec *voix consultative ;* que les autorités préposées par l'art. 44 de la loi organique à la surveillance des écoles (autorités locales) peuvent se réunir sous la présidence du maire, pour convenir des avis à transmettre à l'*inspecteur primaire* et aux délégués cantonaux ». Ces prescriptions ou recommandations établissent nettement le rôle que l'administration supérieure entendait conserver aux inspecteurs primaires dans le fonctionnement de la loi nouvelle.

Descendant d'un cran, le décret du 7 octobre 1850 est relatif à l'*administration des écoles.*

Son premier chapitre (art. 1 à 6) traite de l'enseignement public : 1° *Des écoles primaires publiques.* 2° *Des instituteurs publics.* La première section qui s'occupe des locaux scolaires, de la liste des élèves gratuits, des écoles et des enfants des divers cultes (un des grands soucis des législateurs du temps) nous intéresse médiocrement. La dernière nous touche davantage. Il s'agit de la nomination de l'instituteur et des diverses circonstances qui s'y rattachent.

Tous les ans à l'époque déterminée par le Recteur, le Conseil académique, dans chaque département, dresse :

1° Une liste de tous les candidats qui se font inscrire pour être appelés aux fonctions d'instituteur communal et qu'il juge dignes d'être nommés;

2° La liste des instituteurs communaux du département, qui, à raison de leurs services, sont jugés dignes d'avancement.

Cette dernière liste doit faire connaître le traitement dont jouissent les instituteurs qui y sont portés.

Ces deux listes peuvent être modifiées toute l'année. Elles doivent être insérées au *Bulletin des actes administratifs* de la préfecture, et communiquées, par le Recteur, aux conseillers municipaux des communes dans lesquelles il y a lieu de pourvoir à la nomination d'un instituteur communal. (Art. 3.)

Le Conseil municipal, ainsi édifié, choisit et nomme; une copie de la nomination est envoyée par le maire au Recteur. Celui-ci délivre, s'il y a lieu, une autorisation provisoire et propose au ministre l'institution. Si cette institution n'est pas accordée dans e délai de six mois, tout est à recommencer. (Art. 14.)

En cas de vacance dans l'emploi, le Recteur pourvoit à la direcion de l'école en attendant le remplacement de l'instituteur. De même lorsque l'instituteur se trouve frappé de suspension ou dans le cas d'une demande en révocation, cas où il fixe la portion de traitement à attribuer au remplaçant. (Art. 16.)

Ce sont-là, dira-t-on, bien des complications. Mais l'esprit et la lettre de la loi les exigeaient. La rétribution scolaire va présenter bien d'autres embarras aux autorités administratives et, surtout, aux agents des finances.

Il y aura un rôle annuel établi en janvier, des rôles supplémentaires établis au commencement de chaque trimestre; des rôles pour les enfants de la commune, des rôles pour les enfants des communes voisines. Si les enfants quittent l'école, après l'émission du rôle, ils sont affranchis de la rétribution, et le maire doit en avertir le receveur municipal. Il y a des avertissements à faire parvenir tous les mois aux familles, la rétribution devant se payer par douzièmes. Plus tard, le rôle annuel deviendra trimestriel... Bref, la comptabilité des écoles fut des plus complexes et des plus compliquées. Il suffit, pour s'en faire une idée, de compulser les codes scolaires du temps; l'un d'eux (le *Guide Pitolet*) ne compte pas moins de 310 pages de règlements, d'instructions, de modèles, etc., se rapportant à cet objet. Nous nous gardons bien de jeter nos lecteurs dans ce dédale où les hommes du métier avaient la plus grande peine à se reconnaître. On aurait pu simplifier ces écritures, — nous dirions volontiers ces paperasses, — sur lesquelles se sont, pendant tant d'années, consumés les jours et les nuits des instituteurs et de leurs chefs. Il eût été encore meilleur de les supprimer en abolissant la rétribution scolaire. Mais l'heure n'en était pas venue, tant s'en faut, car le mot d'ordre sera bientôt de lui faire rendre, au contraire, tout ce qu'elle peut donner.

Il nous reste à mettre à l'actif de cette grande année 1850 un arrêté du 16 décembre « relatif à la création de commissions chargées d'examiner l'aptitude des candidats aux fonctions d'inspecteur de l'enseignement primaire ». Cet arrêté ne fait guère que reproduire les anciennes dispositions sur la matière (composition des commissions et programme de l'examen). Ajoutons un décret du 30 décembre « relatif aux pensionnats primaires ». Ce dernier n'était que le développement de l'art. 53 de la loi elle-même. Peu d'instituteurs publics useront de la faculté qui leur est accordée d'annexer, moyennant certaines conditions, un pensionnat à leur école. De ce chef, la liberté profitera surtout aux maîtres libres ou plutôt aux associations religieuses, suivant les espérances conçues par l'auteur du mémoire au Pape, que nous avons cité plus haut : « ... Les pensionnats primaires, dont la création était due particulièrement aux frères de la Doctrine chrétienne, et qui rendaient de si grands services, mais qui sont empêchés aujourd'hui par une interprétation inique de la loi de 1833, pourront désormais s'ouvrir sans aucune autorisation préalable, aux conditions les plus faciles... »

II

On voit que le nouvel ordre de choses a été organisé
avec une grande activité par le successeur de M. de Falloux
(M. de Parieu, ministre de l'Instruction publique, du 31 octobre 1849 au 24 janvier 1851). Assistons au développement
de l'œuvre sous les ministres Giraud (du 24 janvier 1851 au
10 avril), de Crouseilhes (du 10 avril au 26 octobre), de nouveau Giraud (du 26 octobre au 2 décembre).

Les écoles normales — on le criait très haut depuis des
années — étaient un péril social. Si l'on ne pouvait les supprimer, les remplacer par les écoles de stagiaires déjà réglementées par un récent décret (12 mars), il fallait au moins
y opérer des réformes et les mettre en harmonie avec les
institutions nouvelles. Ce fut l'objet du décret du 24 mars.

Si on rapproche ce règlement de celui du 14 décembre
1832, on trouvera qu'il n'en diffère pas sensiblement :

Un directeur, des maîtres-adjoints, des maîtres externes
s'il y a lieu ; une école pratique ou école annexe avec son
directeur ; une commission de surveillance chargée de visiter l'école et d'en contrôler tout le service ; un programme
d'enseignement qui n'est guère que le programme légal ;
des élèves-maîtres soigneusement choisis après enquête et
concours, dispensés du service militaire moyennant un engagement décennal dûment contracté et accompli ; énumération des peines disciplinaires qui pourront être infligées...
tout cela se trouvait explicitement ou implicitement dans
le règlement prototype ; seulement, dans le nouveau, le
séjour à l'école est porté de deux ans à trois ans ; l'instruction religieuse est plus accentuée ; les prières et les pieuses
lectures sont prévues et prescrites jusqu'au détail ; l'accomplissement des devoirs religieux est l'objet d'une note spéciale. Plus d'externes. Les vacances durent quinze jours au
plus. Tout congé, toute sortie particulière, hors le cas de

circonstance exceptionnelle dont le directeur est juge, sont formellement interdits pendant la durée du cours d'études... Les écoles normales achèvent de devenir des séminaires ou plutôt des noviciats.

Au décret du 24 mars vint s'ajouter bientôt l'arrêté du 31 juillet. Celui-ci régla minutieusement les enseignements qui devaient être donnés dans les écoles normales. Il contient d'excellentes directions pédagogiques, mais il se ressent, lui aussi, des préoccupations des auteurs de la loi du 15 mars :

On se servira exclusivement, pour les exercices de lecture, des ouvrages suivants :

1° Fables de Fénelon ;

2° Choix de fables de La Fontaine ;

3° Mœurs des Israélites et des Chrétiens, de Fleury ;

4° Doctrine chrétienne, histoire de la Religion et histoire de l'Église, Lhomond ;

5° Première partie du Discours sur l'histoire universelle, de Bossuet ;

6° Recueil de morceaux choisis dans les bons auteurs ;

7° Manuscrits autographiés dûment autorisés.

Pour les lectures du latin, on emploiera le Psautier, le Diurnal et autres livres approuvés par l'autorité religieuse.

Les lectures de piété, prescrites par l'art. 20 du décret du 21 mars 1851, se feront dans les livres indiqués par l'aumônier et approuvés par l'autorité religieuse compétente.

Dans l'enseignement de l'histoire, il va sans dire que l'Histoire Sainte et l'Histoire de l'Église, au moins jusqu'à la chute de l'Empire d'Occident, occupent la plus grande place. Pour l'Histoire de France, on s'arrête en 1815.

Ce programme de 1851 est assurément beaucoup moins étendu que ceux qui lui succéderont. Mais tel qu'il était, bien compris et bien appliqué, il suffisait amplement aux besoins du temps et au bon emploi des trois années du cours. Il contenait, surtout en ce qui concerne les exercices pratiques, des dispositions qui seraient encore de mise à cette heure :

Les élèves seront exercés à l'école annexe dans les deux dernières années du cours. Il leur sera fréquemment demandé compte de la manière dont ils y auront appliqué les méthodes d'enseignement, dirigé les divers exercices scolaires et fait observer la discipline.

Tous les mois, le maître de l'école annexe remettra, au directeur de l'école normale, un rapport sur chacun des élèves qui lui auront été envoyés. Ce rapport fera connaître comment l'élève aura compris et rempli sa tâche, quel est son degré d'aptitude et ce qui peut encore lui manquer pour bien diriger son école.

L'arrêté se termine ainsi :

Lever à cinq heures du matin. — Coucher à neuf heures du soir. — Prière, lecture de piété, soins de propreté. Travaux corporels, six heures par jour environ.

Tant de précautions et de garanties ne suffirent point pour rassurer les esprits qui ne voulaient point l'être. Pour ces esprits, les écoles normales étaient des établissements subversifs; elles produisaient quand même des antagonistes aux ministres du culte; le principe en était mauvais, elles devaient périr.

En général, les départements qui en possédaient une, la conservèrent. Mais on amena ceux qui, pour ce service, s'étaient annexés à un département voisin, à retirer leurs élèves. C'est ainsi que le Conseil général du Pas-de-Calais demanda à transférer ses boursiers de l'école normale de Douai, à l'établissement ecclésiastique de Dohem; que le Conseil général d'Indre-et-Loire cessa d'envoyer les siens à l'école normale d'Orléans pour les placer dans les écoles désignées à cet effet par le Conseil académique.

Dans ce département d'Indre-et-Loire et dans quelques autres, on prit une autre mesure pour se passer d'une école normale et même d'instituteurs. Des personnes influentes imaginèrent de remplacer ceux-ci par des institutrices, par des institutrices laïques en attendant qu'on pût le faire par des institutrices religieuses. Plusieurs virent alors avec peine des écoles mixtes, plus d'une fois fort nombreuses (quelques-unes atteignaient ou dépassaient cent élèves), confiées à des femmes. L'idée n'était cependant pas mauvaise par elle-même et elle devait prévaloir un jour; l'école mixte, sous la réserve qu'on observera une juste mesure quant à l'effectif, est mieux placée entre les mains d'une femme qu'entre celles d'un homme. Mais, dans le fait que nous rappelons, cette idée était gâtée par des intentions à peine déguisées. Les populations s'en aperçurent et se tinrent sur leurs gardes. D'un autre côté, les maires et les conseils municipaux ne se virent pas sans répugnance obligés de confier le secrétariat ou greffe de la mairie à une femme : l'essai tomba avec les meneurs qui l'avaient provoqué. On ne fut guère plus heureux avec les maîtres-stagiaires. Les passages que nous extrairons bientôt des mémoires d'un inspecteur du temps l'établissent de reste.

III

Après la réglementation des écoles normales, celle des écoles ordinaires.

Le statut du 25 avril 1834 avait réglementé et organisé les écoles primaires. Mais cette réglementation et cette organisation avaient vieilli, et la législation nouvelle avertissait de la changer et de la rajeunir comme il venait d'être fait pour les écoles normales. A cet effet, le Conseil supérieur élabora un règlement qui devait servir de modèle aux Conseils académiques. Ces conseils, on s'en souvient, devaient, aux termes de l'art. 15 de la loi organique, donner *nécessairement* leur avis sur *les règlements relatifs* aux écoles primaires.

Comme ceux qui précèdent et peut-être encore d'une manière plus explicite, ce règlement modèle est un reflet de la loi de 1850. C'est encore un monument de l'époque et qui la caractérise; à ce titre, il mérite d'être conservé, au moins dans ses principales dispositions.

Règlement type adopté par le ministre de l'Instruction pu-

*blique sur l'avis du Conseil supérieur de l'instruction publique
pour les écoles publiques de l'Académie de... (17 août 1851).*

TITRE I

DES DEVOIRS PARTICULIERS DE L'INSTITUTEUR

ARTICLE PREMIER. — Le principal devoir de l'instituteur est de
donner aux enfants une éducation religieuse et de graver profondément dans leurs âmes le sentiment de leurs devoirs envers
Dieu, envers leurs parents, envers les autres hommes et envers
eux-mêmes.

ART. 2. — Il doit instruire par ses exemples comme par ses
leçons. Il ne se bornera donc pas à recommander et à faire accomplir les devoirs que la religion prescrit, il ne manquera pas
de les accomplir lui-même.

ART. 3. — On ne le verra jamais dans les cabarets, dans les
cafés, dans aucun lieu, dans aucune société qui ne conviendrait
point à la gravité et à la dignité de ses fonctions.

ART. 4. — Il se montre plein de respect et de déférence pour
les autorités en général, et, en particulier, pour celles qui sont
préposées à l'instruction publique.

ART. 5. — Il veillera avec une constante sollicitude sur tout ce
qui intéresse l'esprit et le cœur, les mœurs et la santé des enfants. Il n'aura point de familiarités avec eux; il s'abstiendra de
les tutoyer et ne leur donnera jamais de noms injurieux. Il ne se
laissera pas aller à la colère et il saura toujours allier le calme et
la douceur à la fermeté et à la sévérité.

Viennent ensuite les conditions d'admission des enfants à
l'école : six ans au moins et treize ans au plus sans autorisation
spéciale, etc.; les recommandations sur la tenue matérielle de
l'école, celle-ci notamment : « les tables, en plan légèrement in-
cliné, devront être larges d'environ 40 centimètres et ne contenir
qu'un rang d'élèves, en sorte qu'ils se trouvent tous en face du
maître. Les bancs seront attachés aux tables »; le programme de
l'enseignement dans les diverses divisions, etc. Chaque branche
du programme est passée en revue.

Comme pour les écoles normales encore, l'enseignement
et les exercices religieux sont prévus dans leurs plus minu-
tieux détails ;

Art. 20. — Un Christ sera placé dans la classe, en vue des élèves.

Art. 21. — Les classes seront toujours précédées et suivies d'une prière : celle du matin commencera par la prière du matin contenue dans le catéchisme du diocèse, et celle de l'après-midi se terminera par la prière du soir du même catéchisme.

A la fin de la classe du matin, on récitera la prière : « Sainte Mère de Dieu, nous nous mettons sous votre protection »; au commencement de la classe du soir, on dira la prière : « Venez, Esprit Saint ».

Art. 22. — L'instituteur conduira les enfants aux offices, les dimanches et fêtes consacrées, à la place qui leur aura été assignée par le curé; il est tenu de les y surveiller.

Art. 23. — Toutes les fois que la présence des élèves sera nécessaire à l'église pour les catéchismes et principalement à l'épo que de la première communion, l'instituteur devra les y conduire ou les y faire conduire.

Art. 24. — L'instituteur veillera particulièrement à la bonne tenue des élèves pendant les prières et exercices de religion, et il les portera au recueillement par son exemple.

Art. 25. — On ne se servira, pour l'enseignement religieux, que des livres approuvés par l'autorité ecclésiastique.

Art. 26. — L'enseignement religieux comprend la lecture du catéchisme et les éléments d'histoire sainte. On y joindra chaque jour une partie de l'évangile du dimanche, qui sera récité en entier le samedi. Il y aura une leçon de catéchisme chaque jour, même pour les enfants qui ont fait leur première communion.

Les leçons d'instruction religieuse seront réglées sur les indications du curé de la paroisse.

Art. 27. — La lecture du latin est spécialement recommandée; on se servira, pour cette lecture, du *Psautier* ou d'autres livres en usage pour les offices publics du diocèse...

Le surplus du règlement tranche peu sur les règlements précédents ou sur ceux qui sont suivi. Notons cependant l'art. 36 :

Dans les écoles qui reçoivent des enfants des deux sexes, les garçons et les filles ne pourront jamais être réunis pour les mêmes exercices. Ils seront séparés par une cloison de 1^{m},50 au moins de hauteur, disposée de manière que l'instituteur ait vue des deux côtés de la salle. L'entrée et la sortie auront lieu à des heures distinctes. L'intervalle sera d'un quart d'heure au moins.

C'est sous le régime de ces dispositions que vont vivre toutes les écoles publiques pendant un quart de siècle, car les Conseils académiques des divers départements ne feront guère que le reproduire : pouvaient-ils prétendre être plus sages, plus dans l'esprit de la loi, que le Conseil supérieur et que le Ministre ?

CHAPITRE VII

MINISTÈRE FORTOUL

I. L'esprit de la loi de 1850. — Les inspecteurs primaires menacés. — Cas de vacance pour le choix de la catégorie des instituteurs. — II. La loi du 9 juin 1853 sur les pensions civiles. — Décret du 31 décembre 1853 : les instituteurs suppléants; les institutrices dans les écoles mixtes; inspection des écoles de filles; listes de gratuité. — III. Loi du 14 juillet 1854; suppression des Académies départementales; l'instruction primaire placée sous l'autorité des préfets. — IV. Les salles d'asile. — Instruction relative aux examens du brevet de capacité. — Comptabilité des écoles normales. — V. Les élèves-maîtres stagiaires. — VI. Les associations religieuses et leurs écoles se multiplient. — Régime de laisser aller.

I

Mais pendant que la loi de 1850 était en voie de s'installer et de se compléter par les décrets et arrêtés que nous venons de passer en revue, de graves événements s'accomplissaient : le coup d'État du 2 décembre changeait la Constitution et remettait en question la loi sur l'enseignement. Le nouveau ministre, M. Fortoul, n'osa ou ne put changer l'esprit ni les dispositions fondamentales de cette dernière; mais il lui fit subir de profondes altérations que nous noterons, chemin faisant, en suivant le sort fait à nos écoles primaires sous le second Empire, qui commence de fait au 2 décembre de cette année fatidique de 1851.

Nous disons que l'esprit de la loi du 15 mars 1850 ne fut point changé.

Cette loi, nous l'avons remarqué, laissait à son tour la création des écoles de filles à peu près facultative. C'était abandonner, comme auparavant, ces écoles au clergé et à son armée de congrégations religieuses de femmes.

Le clergé séculier se sentait impuissant à ressaisir son antique autorité sur les masses populaires. Les missions des Pères de la Foi, sous la Restauration, n'avaient pas produit tout l'effet espéré. Les moines qui ressuscitaient dans quelques provinces et qui étaient appelés à prêcher des retraites dans les villes et dans les paroisses rurales, n'obtenaient qu'un succès passager : « On ne croit plus en nous », disait mélancoliquement l'évêque Dupanloup à ses prêtres rassemblés autour de lui. On était à la recherche d'un moyen d'action plus puissant et plus durable. Les apôtres laïques de Falloux et de Montalembert le montrèrent dans les écoles de filles tenues partout par des institutrices congréganistes. Les conciles provinciaux qui, à la suite des événements de 1848, s'étaient assemblés, se croyant dégagés des entraves du Concordat, accueillirent cette sorte de mot d'ordre. Un fou (Michel Vintras[1]) avait prêché, dans la Normandie et dans la Beauce, *le règne du Saint-Esprit* et *le Sacerdoce de la femme*. Il fut anathématisé par le concile de Paris et par Pie IX[2]. Mais on sembla retenir sa pensée d'investir la femme, sinon d'un sacerdoce, du moins d'une sorte de mission sacerdotale au milieu des populations : il fut convenu qu'il serait fait les plus grands efforts pour que chaque commune eût bientôt son école de filles confiée à des religieuses. Par là, l'Église reprendrait son influence sur la femme et, par elle, sur la famille et sur la société. Les pieuses filles s'en iraient, nouveaux mission-

1. Peu s'en faut, compatriote et contemporain de Martin de Gallardon.

2. V. la lettre de ce pontife à l'évêque de Nancy, en date du 10 février 1851.

naires, au moins au nombre de deux, dont l'une tiendrait l'école et l'autre soignerait les malades ; celle-ci servirait en quelque sorte de passeport à l'autre ; ce sont ses services que l'on ferait surtout valoir aux yeux des populations indécises ou récalcitrantes.

On ne saurait croire combien cette idée fut féconde et avec quelle rapidité elle fit son chemin dans les campagnes, sous la pression de l'évêque, du curé et des châtelains, du reste, avec la connivence des préfets, des sous-préfets, des juges de paix et des fonctionnaires salariés, toujours empressés à se ranger du côté d'où peuvent venir l'avancement ou la faveur.

Mais, préalablement, il fallait multiplier les associations religieuses et les mettre à même d'essaimer sans obstacles. Le nouveau pouvoir, désireux dès l'origine de donner des gages au clergé et de l'attirer à lui, se hâta encore ici de favoriser ses vues : un de ses premiers décrets fut celui du 31 janvier 1852, « concernant le mode d'autorisation des congrégations religieuses de femmes », lequel débute ainsi :

Considérant qu'il importe, dans l'intérêt du peuple, de faciliter aux congrégations religieuses de femmes qui se consacrent à l'éducation de la jeunesse et au soulagement des malades pauvres, les moyens d'obtenir leur reconnaissance légale...

En conséquence, le décret débarrasse les fondateurs d'ordre des formalités tutélaires imposées par les lois et ordonnances précédentes :

Les congrégations et communautés religieuses de femmes pourront être autorisées par un décret du président de la République.

Sous le régime ainsi créé, les congrégations et communautés religieuses vont pulluler. Des dons et libéralités provoqués avec une sorte de fièvre vont abonder, et les quelques écoles laïques qui sont éparses dans les départements vont peu à peu disparaître. De grands pensionnats mêmes ne pourront résister au mouvement d'absorption qui se prononce de toutes parts : l'instruction et l'éducation de la jeune fille en général, de la jeune fille du peuple en particulier, sera pour longtemps chez nous entièrement aux mains du clergé, par les congrégations religieuses de femmes.

Un autre trait caractéristique du nouveau régime fut un projet de décret qui supprimait les inspecteurs primaires.

Nous avons dit que ces fonctionnaires semblaient inquiéter plusieurs des auteurs de la loi de 1850. Est-ce aux instances de ceux-ci que cédèrent le Prince-Président et son ministre Fortoul, on ne sait ; mais toujours est-il que l'inspection des écoles primaires était remise, par un projet alors présenté, aux autorités locales, et au-dessus d'elles, au juge de paix du canton ; les inspecteurs primaires étaient passés sous silence. Toutefois, M. Pillet avait introduit, comme à la dérobée, dans le texte du projet, les *inspecteurs primaires de la Seine*. Le Prince-Président et le Ministre soutinrent eux-mêmes leur œuvre devant le Conseil d'État. Plusieurs membres de la haute Assemblée, M. de Parieu notamment, défendirent énergiquement les fonctionnaires délaissés. Ils représentèrent que les autorités locales demeuraient sans contrepoids et sans modérateur ; que, abandonner ainsi l'école à des autorités souvent en désaccord, c'était la livrer à tous les hasards des circonstances et revenir, comme avait dit M. Guizot, à l'enfance de l'art. Ils surent persuader sans doute, car le projet fut retiré, et il n'en fut plus question. Le décret du 9 mars 1852 engloba les inspecteurs primaires dans la série des fonctionnaires à la nomination du Ministre (art. 3).

Ce décret-loi contient une disposition qui intéresse à un haut point l'instruction primaire. Son article 4 porte :

Les recteurs, par délégation du Ministre, nomment les instituteurs communaux, les Conseils municipaux entendus, d'après le mode prescrit par les deux premiers paragraphes de l'art. 31 de la loi du 15 mars 1850.

« Les Conseils municipaux entendus », ces mots sont interprétés ainsi par le Ministre :

La pensée du décret est que le Conseil municipal soit mis par le recteur en demeure de déclarer s'il désire que la direction de son école soit confiée à un instituteur laïque ou à un membre d'une association religieuse. Le recteur choisira ensuite, selon le vœu exprimé par le Conseil municipal, soit sur la liste d'admissibilité, soit parmi les présentations faites par les supérieurs des associations religieuses vouées à l'enseignement et reconnues comme établissements d'utilité publique. (Circ. du 3 avril 1852, confirmée plus tard par une circulaire identique du 31 décembre 1854, adressée aux préfets.)

Mais peut-être faudra-t-il consulter les Conseils municipaux toutes les fois qu'il y aura vacance d'emploi, par exemple dans un simple cas de changement? Non; la jurisprudence qui s'établira bientôt sera qu'il n'y a véritablement vacance d'emploi et nécessité de consulter les Conseils municipaux que dans le cas de décès, de démission ou de révocation d'instituteur. (Circ. du 2 mars 1853.)

Mais, en attendant que cette jurisprudence s'établisse, les recteurs se croient obligés de consulter les Conseils municipaux, même en cas de simples déplacements. Dès lors, la question du choix de la catégorie se présente à tout instant. Les partisans des congréganistes profitent d'une si heureuse occasion pour faire revivre leurs espérances et les faire triompher s'il est possible. Plus d'une fois, ils y parviennent. D'ailleurs, au besoin, ils provoquent la *démission* de l'instituteur, quitte à lui donner ou à lui promettre un meilleur emploi. C'est ainsi qu'en peu d'années, l'enseignement laïque perdit des postes importants dans lesquels il ne rentra plus : les congréganistes une fois en possession, leurs supérieurs veillent à ce que les cas de vacance prévus ne se produisent pas : si les congréganistes savent conquérir, ils savent aussi conserver. Il est bien rare, notamment, que de bonnes sœurs, une fois établies dans une commune, ne s'y éternisent pas; elles savent s'y rendre chères aux familles par les soins dévoués dont elles entourent leurs élèves et par les services réels qu'elles rendent en s'occu.

pant des pauvres et des malades. Pourquoi ces saintes filles sont-elles soustraites au droit commun dans un but de concurrence à outrance contre les institutrices d'un autre ordre? Pourquoi sont-elles un instrument entre les mains d'un parti?

II

Pendant que les instituteurs se font comme ils peuvent au régime créé par la loi de 1850, modifiée par ce décret-loi du 9 mars 1852, une grande amélioration est au moins apportée à leur situation matérielle.

La Caisse d'épargne et de prévoyance établie par l'art. 15 de la loi du 28 juin 1833 donnait beaucoup de travail aux inspecteurs primaires et aux agents des finances sans produire de grands résultats : ce n'était pas une pauvre épargne que réclamaient les intéressés, mais une pension de retraite qui, si modeste qu'elle fût, les aidât à passer leurs vieux jours sans tendre la main. La loi du 15 mars 1850, plus explicite et plus nette que les projets qui avaient précédé, déclare (art. 39) « qu'une caisse de retraite sera substituée par un règlement d'administration publique aux caisses d'épargne des instituteurs. La loi du 9 juin 1853 *sur les pensions civiles* fit mieux. Supprimant les caisses de retraite particulières, écartant les anciennes caisses d'épargne, elle porta que « les fonctionnaires de l'enseignement, rétribués en tout ou en partie sur les fonds départementaux ou communaux... ont droit à une pension, conformément aux dispositions de la présente loi, et supportent, sur tout leur traitement et leurs différentes rétributions, la retenue déterminée par l'art. 31 (art. 4).

Les instituteurs étaient compris parmi ces fonctionnaires. Ils subiront désormais les retenues prescrites, en général celle du vingtième de leur traitement, à partir du 1er janvier 1854. Les retraites liquidées seront d'abord insignifiantes.

Elles mettront des années à atteindre et à dépasser 30 francs de pension annuelle. Mais, patience : avec le temps, surtout quand ils auront été versés dans le service actif, cette pension sera assez considérable pour être un véritable bienfait et assurer leur vieillesse contre le besoin ; en attendant, le ministre leur accordera — aussi libéralement que ses crédits le lui permettront — des secours annuels qui suppléeront, au moins en partie, à l'insuffisance de la pension que les versements peuvent régulièrement produire. Mais voici venir des mesures moins heureuses.

Avec un traitement de 600 francs assuré dès le début, traitement auquel se joignait le plus souvent le produit du greffe de la mairie et les émoluments du chœur ou de la sacristie, avec l'espérance d'une retraite modeste, mais sûre pour ses vieux jours, avec les quelques chances d'avancement qui restaient encore malgré l'envahissement des postes avantageux par les congréganistes, le jeune instituteur, confiant dans l'avenir, comme on l'est de vingt à trente ans, travaillait avec courage ou résignation dans la commune qui lui était échue au sortir de l'École normale, ou dans l'emploi d'adjoint, — par un oubli regrettable, la loi n'avait point prévu de traitement pour cette fonction — où il faisait ses premières armes. Cette situation, au moins supportable, ne devait pas durer : les compléments à 600 francs commençaient à peser lourd sur le maigre budget de l'Instruction publique. M. Fortoul chercha le moyen de faire des économies, et c'est dans la réduction du traitement des instituteurs qu'il le trouva. Il imagina de créer des sortes d'instituteurs stagiaires qu'il affubla, — on ne sait pourquoi, — du titre de *suppléants*. Le 31 décembre 1853, l'un des jours les plus sombres de l'instruction primaire, la loi organique fut ainsi modifiée :

ARTICLE PREMIER. — Nul n'est nommé définitivement instituteur communal, s'il n'a dirigé, pendant trois ans au moins, une école en qualité de suppléant, ou s'il n'a exercé, pendant trois ans au moins, à partir de sa vingtième année, les fonctions d'instituteur adjoint.

Art. 2. — Nul ne peut être nommé instituteur suppléant s'il ne remplit les conditions déterminées par l'art. 25 de la loi du 15 mars 1850.

Art. 3. — Les instituteurs suppléants peuvent être chargés par les recteurs des Académies de la direction soit des écoles publiques dans les communes, dont la population ne dépasse pas 500 âmes, soit des écoles annexes dont l'établissement serait reconnu nécessaire.

Ils remplacent temporairement les instituteurs communaux en cas de congé, de démission ou de révocation, de maladie ou de décès.

Art. 4. — Les instituteurs suppléants dirigeant des écoles publiques reçoivent un traitement dont le minimum est fixé ainsi qu'il suit, y compris le produit de la rétribution scolaire :

Instituteurs suppléants de 1re classe, 500 francs;

Instituteurs suppléants de 2e classe, 400 francs.

Il est pourvu au traitement et au logement des instituteurs suppléants, conformément aux dispositions de la loi du 15 mars 1850.

Le traitement des instituteurs suppléants remplaçant des instituteurs communaux est fixé par le recteur de l'Académie. Il peut être prélevé sur le traitement du titulaire.

Le passage d'un instituteur suppléant de la deuxième à la première classe peut avoir lieu sans changement de résidence.

Le nombre des instituteurs suppléants de première classe ne peut excéder, dans chaque département, le tiers du nombre des instituteurs suppléants.

Art. 5. — Sur la proposition du recteur de l'Académie, une allocation supplémentaire peut être accordée, par le Ministre de l'Instruction publique, aux instituteurs communaux qui l'auront méritée par leurs bons services.

Cette allocation est calculée de manière à élever à 700 francs après cinq ans, et à 800 francs après dix ans, le revenu scolaire, dont le minimum est fixé à 600 francs par la loi du 15 mars 1850; elle peut être annuellement renouvelée, si l'instituteur continue à s'en rendre digne.

Dans tous les cas, le nombre des instituteurs communaux qui reçoivent cette indemnité ne peut dépasser le dixième du nombre total des instituteurs communaux de la circonscription académique. Ce dixième ne devra être complètement atteint, s'il y avait lieu, que dans cinq ans, à partir du 1er janvier 1854.

Cet article 5 était évidemment le passeport des quatre articles précédents, une compensation accordée de la main gauche pour ce qu'on retirait de la main droite. C'en était une cependant; mais que de précautions ! que de restrictions ! que d'aléas ! quel lointain dans l'accomplissement des promesses ! où est la certitude ? où est le droit ? qui pourra sérieusement compter sur ces avantages ? Quand viendront-ils ? combien dureront-ils ? Autant de points d'interrogation qui se posent pour les maîtres déjà entrés dans la carrière et pour ceux qui s'y préparent !

La lettre ci-jointe, que nous extrayons du carnet d'un inspecteur du temps, rend bien l'impression que produisit ce fatal décret du 31 décembre 1853 sur le personnel enseignant, surtout sur les parents des enfants qui se destinaient à l'École normale. C'est le père de l'un de ceux-ci qui lui écrit :

Tu aspires, mon cher enfant, à devenir instituteur. Tu rêves là une carrière bien honorable assurément. Mais nous, qui devons penser et prévoir pour toi, nous craignons que cette carrière ne te fasse pas vivre et ne te laisse pour longtemps à nos charges, et, tu le sais, nous ne sommes pas riches. Tu pourrais, il est vrai, en passant soit par une École normale, soit par un stage de trois ans chez un instituteur, te hisser jusqu'au brevet sans nous coûter trop cher. Mais après?... Après, il y avait jusqu'ici un petit traitement de 600 francs qui te guettait à peu près dès tes vingt et un ans. Avec le logement, un petit jardin et quelques accessoires tels que le greffe de la mairie et une place au lutrin de la paroisse, c'était, dans nos campagnes, une aisance, une aisance bien modeste, mais qui manque à beaucoup d'entre nous. Or, d'après ce que je viens de lire dans le journal de ton maître, ces conditions se trouvent sensiblement changées et ce n'est pas à ton avantage. Au sortir de l'École normale ou de ton stage, et à partir seulement de ta vingtième année, tu devras « exercer au moins trois ans en qualité d'*instituteur suppléant*, soit à la tête d'une petite école, soit en qualité d'adjoint, dans une école annexe dont l'établissement aura été reconnu nécessaire, soit encore comme remplaçant d'un instituteur en congé ». Et alors tu jouiras d'un traitement de 400 francs tant que tu seras *suppléant* de deuxième classe ; d'un traitement de 500 francs quand tu auras atteint la première classe, ou de la portion taillée par le recteur dans le traitement de l'instituteur que tu remplaceras ; et l'avancement pour toi et pour les maîtres de ta catégorie sera à

raison d'un tant p. 100.. Comme compensation, tu courras la
chance de voir un jour ton traitement de 600 francs porté à 700,
puis à 800, toujours à raison d'un tant p. 100 qui ne pourra
être dépassé. Ainsi, amoindrissement de deux sixièmes, puis
d'un sixième de ta position au début, accroissement problématique d'un sixième et de deux sixièmes vers la fin de ta carrière,
voilà la perspective que t'ouvre la nouvelle mesure qui vient
d'être prise. Tiens, mon fils, n'aliène pas ta liberté pour si peu ;
reste plutôt paysan ou ouvrier comme tes pères.Nous avons servi
le pays, puis nous avons travaillé et nous avons vécu ; tu iras, s'il
le faut, passer quelques années sous les drapeaux, puis tu tra-
vailleras et tu vivras, en ne dépendant que de ta conduite, de
ton intelligence et de tes bras.

Ces réflexions étaient pleines de bon sens et réfutaient
du reste les sophismes entassés par M. Fortoul dans le rapport à l'Empereur, qui précède son décret et lui sert d'introduction.

Mais voici d'autres dispositions qui ont leur importance ;
elles concernent les écoles de filles et les écoles mixtes.
M. Fortoul y prépare ainsi :

L'art. 51 de la loi du 15 mars 1850 porte que toute commune
de 800 âmes de population et au-dessus est tenue, si ses propres
ressources lui en fournissent les moyens, d'avoir au moins une
école de filles. Cette disposition de la loi ne peut guère être
considérée que comme un vœu. Aussi, quoique, pendant ces trois
dernières années, 1808 écoles communales (le Ministre ne dit pas
que ce sont pour la plupart des écoles congréganistes) aient été
nouvellement établies, on n'en compte encore aujourd'hui que
11 199 pour toute la France.

La question cependant touche à un intérêt moral de premier
ordre : la fréquentation des écoles de garçons par les filles a trop
souvent de funestes résultats, surtout dans les petites communes
rurales où les pères et les mères de famille, éloignés par les travaux des champs pendant une partie de l'année, laissent les enfants sans surveillance. D'un autre côté, les communes, les
départements et l'État ne sauraient supporter immédiatement
les sacrifices considérables qu'entraînerait l'établissement d'écoles
spéciales de filles. Il a donc fallu, tout en respectant les sages
intentions de 1850, aviser aux moyens de les remplir d'une manière moins onéreuse pour les finances du pays.

Depuis quelques années, des institutrices ont été provisoirement placées à la tête d'un certain nombre d'écoles publiques communes aux deux sexes, et cette épreuve a parfaitement réussi. Les femmes sont éminemment propres non seulement à l'instruction, mais encore à l'éducation des enfants. Une école, qui réunit des garçons et des filles, est surtout mieux placée entre les mains d'une femme qu'entre celles d'un homme; si les garçons n'y perdent rien quant à l'instruction scolaire, les filles y gagnent beaucoup puisque l'institutrice les forme mieux que l'instituteur à la pratique des vertus de leur sexe, et qu'elle leur donne, en ce qui concerne les travaux d'aiguille, si négligés et cependant si utiles dans les campagnes, des leçons que l'instituteur n'est pas en état de leur offrir.

Voilà qui est sage assurément. Remarquons seulement que cet alinéa n'est point la conséquence des prémisses posées tout à l'heure : ce n'est pas pour les petites communes qu'il pouvait être question d'écoles spéciales de filles.

Toutefois, continue le Ministre, il faut le reconnaître, une école nombreuse ne peut être confiée à des mains débiles... Une institutrice ne paraissant pas pouvoir diriger une école de plus de quarante enfants, le Conseil supérieur a exprimé l'avis que cette limite ne fût pas dépassée.

C'est ici que l'abus s'introduira : dans leur ardeur à remplacer les instituteurs par des institutrices, surtout par des institutrices religieuses, les promoteurs du nouveau système seront conduits, comme nous l'avons dit plus haut, à faire confier à des femmes des écoles de cent élèves et plus.

Quant aux heureux résultats déjà obtenus et sur lesquels se fonde le Ministre, ils étaient affirmés par le cardinal-archevêque de Tours et peut-être par quelques autres évêques. Mais ces prélats ne les avaient certainement pas constatés par eux-mêmes. Pourtant, un inspecteur qui avait peut-être vu avec trop de défiance ces écoles dirigées par des *institutrices-instituteurs*, en fait l'éloge autant au moins que la critique dans ses mémoires [1].

1. Voir la note D, à la fin du volume.

Quoi qu'il en soit, le décret du 31 décembre 1853, dans la partie où il traite de ces écoles, est ainsi conçu :

ART. 4. — Des institutrices peuvent être chargées de la direction des écoles publiques communes aux enfants des deux sexes, qui, d'après la moyenne des trois dernières années, ne reçoivent pas annuellement plus de quarante élèves. Les dispositions de l'art. 4 du présent décret, relatives au traitement et au logement, sont applicables à ces institutrices. C'est-à-dire que les institutrices dont il s'agit sont assimilées aux *instituteurs suppléants.*

Le titre II du décret (un peu mêlé comme l'exposé des motifs lui-même) dont nous venons de faire sortir l'art. 9, est consacré aux écoles de filles, non à la création, mais à la réglementation et à l'inspection de ces établissements.

ART. 6. — Les écoles de filles, avec ou sans pensionnat, sont divisées en deux ordres, savoir :
Écoles de premier ordre ;
Écoles de second ordre.
ART. 7. — Aucune aspirante au brevet de capacité ne peut être admise à se présenter devant une commission d'examen, si elle n'est âgée, au jour de l'ouverture de la session, de 18 ans accomplis.
ART. 8. — Nulle institutrice laïque ne peut diriger une maison d'éducation de premier ordre, si elle n'est pourvue d'un brevet de capacité, délivré après un examen portant sur toutes celles des matières d'enseignement énumérées aux art. 23 et 48 de la loi du 15 mars 1850, qui sont exigées pour l'éducation des femmes.
ART. 10. — Toutes les écoles communales ou libres de filles, tenues soit par des institutrices laïques, soit par des associations religieuses non cloîtrées ou même cloîtrées, sont soumises, quant à l'inspection ou à la surveillance de l'enseignement, en ce qui concerne l'externat, aux autorités instituées par les art. 18 et 20 de la loi du 15 mars 1850.
ART. 11. — Le recteur de l'Académie délègue, lorsqu'il y a lieu, des dames pour inspecter, aux termes des art. 50 et 53 de la loi du 15 mars 1850, l'intérieur des pensionnats tenus par des institutrices laïques.
ART. 12. — L'inspection des pensionnats de filles, tenus par des associations religieuses cloîtrées ou non cloîtrés, est faite, lorsqu'il y a lieu, par des ecclésiastiques nommés par le Ministre

de l'Instruction publique, sur la présentation de l'évêque diocésain.

Les rapports constatant les résultats de cette inspection sont transmis directement au Ministre.

Ces trois derniers articles constituaient la grande difficulté du moment. Il y avait là un gros problème à résoudre.

D'une part, un ministre ne pouvait abandonner ouvertement un grand principe de droit commun dont il était le gardien : la surveillance de l'État sur tous les établissements d'enseignement, publics ou libres ; de l'autre, les évêques se refusaient à laisser pénétrer l'élément laïque, quel qu'il fût, dans leurs grands pensionnats religieux, particulièrement dans leurs grands établissements de jeunes filles dirigés par des congréganistes. Dès lors, comment la surveillance et l'inspection seront-elles exercées dans les écoles de filles? se demande M. Fortoul.

Cette question, répond-il, posée mais non résolue par la loi du 15 mars 1850, tire sa gravité principalement du grand nombre d'écoles dirigées par des congrégations de femmes à qui la sévérité de leur règle commande la vie la plus retirée et interdit toute communication extérieure, à moins d'une permission expresse de l'autorité ecclésiastique. Il fallait ici concilier les dispositions de la loi qui ordonne l'inspection, avec les scrupules même exagérés des communautés religieuses. La difficulté avait été soumise à l'ancien Conseil supérieur de l'instruction publique ; elle a été de nouveau examinée à deux reprises par le Conseil impérial, et j'ai la satisfaction de pouvoir présenter à Votre Majesté une solution mûrement préparée qui a réuni tous les suffrages.

Cette solution était dans les articles 10, 11 et 12 du décret ainsi conçus :

Toutes les écoles communales ou libres de filles, tenues soit par des institutrices laïques, soit par des associations religieuses, non cloîtrées ou même cloîtrées, sont soumises, quant à l'inspection ou à la surveillance de l'enseignement, en ce qui concerne l'externat, aux autorités instituées par les articles 18 et 20 de la loi du 15 mars 1850 (art. 10).

Le recteur de l'Académie délègue, lorsqu'il y a lieu, des dames pour inspecter, aux termes des articles 50 et 53 de la loi du 15 mars 1850, l'intérieur des pensionnats tenus par des institutrices laïques (art. 11).

L'inspection des pensionnats de filles, tenus par des associations religieuses cloîtrées ou non cloîtrées, est faite, lorsqu'il y a lieu, par des ecclésiastiques nommés par le Ministre de l'Instruction publique sur la présentation de l'évêque diocésain. — Les rapports constatant les résultats de cette inspection, sont transmis directement au Ministre (art. 12).

Les externats tenus par les associations religieuse demeurent donc ouverts à l'inspection ordinaire et le Ministre aura soin de préciser dans des circulaires (notamment dans celle du 26 janvier 1854 adressée aux recteurs) ce qu'il faut entendre par ce mot. Mais les internats ou pensionnats religieux échappent à toute surveillance sérieuse : les Ministres ont-ils seulement jamais reçu des rapports des ecclésiastiques chargés de les inspecter, ou ces rapports leur ont-ils jamais fait connaître la vérité ? On peut en douter et la solution imaginée par M. Fortoul n'était qu'un expédient, une concession de plus à ajouter à la lettre d'obédience.

Le décret se tait sur celle-ci, mais il renouvelle les obligations imposées aux institutrices laïques. En outre, il établit pour elles deux sortes d'écoles : les écoles de premier ordre et les écoles de second ordre. Il y aura, bien entendu, deux brevets correspondants et « nulle institutrice laïque ne pourra diriger une maison d'éducation de premier ordre, si elle n'est pourvue d'un brevet de capacité, délivré après un examen portant sur toutes *celles des matières d'enseignement énumérées aux articles 23 et 48 de la loi du 15 mars 1850, qui sont exigées pour l'éducation des femmes* (art. 8) ».

Par ces derniers mots, il faut entendre :

Une instruction religieuse approfondie, l'arithmétique, l'histoire et la géographie, particulièrement l'histoire de France, les éléments des sciences physiques et de l'histoire naturelle, des notions de littérature, de dessin linéaire et de musique. (Circ. du 26 janvier 1854.)

On voit que c'était une sorte de brevet supérieur qui était exigé des institutrices laïques d'une certaine catégorie. Ce brevet se maintiendra, mais non la division créée par M. Fortoul : on n'entendra point parler de maisons d'éducation de *premier et de second ordre;* il y aura simplement, comme avant le décret, des externats ou des pensionnats ouverts et tenus dans les conditions générales prescrites par la loi.

Nous n'insistons pas sur le titre III du décret du 31 décembre 1853. Il met à jour la situation que nous avons fait prévoir plus haut : l'augmentation croissante de la part contributive de l'État dans les dépenses de l'instruction primaire par suite de l'extension de la gratuité.

Les listes de gratuité dressées par application des articles 45 de la loi organique et 10 du décret du 7 octobre 1850 arrivaient de plus en plus grossies aux préfets qui, faute de moyens de contrôle, ne pouvaient guère que les arrêter telles qu'elles leur étaient présentées : on voyait des conseillers municipaux et jusqu'à des maires y faire porter leurs enfants. Dans certains départements, en Corse par exemple, les centimes communaux et départementaux produisant peu de chose et la rétribution scolaire allant toujours en diminuant, l'instruction primaire tombait presque tout entière aux charges de l'État. M. Fortoul crut trouver un remède à cette situation inquiétante dans cette disposition :

Art. 13. — A la fin de chaque année scolaire, le préfet, ou par délégation le sous-préfet, fixe, sur la proposition des délégués cantonaux et l'avis de l'inspecteur de l'instruction primaire, le nombre maximum des enfants qui, en vertu des prescriptions de l'art. 24 de la loi du 15 mars 1850, pourront être admis dans chaque école publique pendant le cours de l'année suivante.

C'est dans la limite ainsi fixée que les listes de gratuité doivent être désormais dressées. Ce triste expédient amena des violations sans nombre du principe toujours posé et reconnu jusqu'alors, d'après lequel les communes doivent l'instruction gratuite à *tous* les enfants dont les parents sont hors d'état de payer la rétribution scolaire. L'appréciation des besoins de chaque localité ne peut être faite par les délégués cantonaux et par les inspecteurs primaires qu'au hasard et, pour ainsi dire, au jugé. Qui pourrait dire combien de pauvres enfants furent exclus du bienfait de la gratuité, par le chiffre fatal revenu d'une préfecture mal informée et d'ailleurs désireuse de réduire la subvention de l'État ! Le vrai, le seul remède à cet état de choses était la *gratuité absolue* de l'instruction primaire. Mais qui eût alors osé y penser ?

L'article 14 du décret était plus heureux : en arrêtant que désormais les rôles trimestriels seraient substitués au rôle annuel, il simplifiait la comptabilité si compliquée jusqu'alors des écoles primaires et épargnait aux agents qui en étaient chargés des difficultés inextricables. Des inspecteurs primaires avaient réclamé inutilement pendant trois années cette modification qui eut dû s'imposer tout d'abord.

III

Le décret-loi du 9 mars 1852 avait annoncé qu'il serait pourvu par une loi à la réorganisation de l'enseignement public. Cette loi, sur laquelle ce décret, suivi plus tard de celui du 31 décembre 1853, était comme un acompte, parut enfin le 14 juin 1854.

Comme nous l'avons fait pour le décret du 9 mars, nous n'y prenons que ce qui intéresse l'instruction primaire.

Les Académies départementales sont supprimées et seize grandes Académies les remplacent. Avec elles disparaissent les recteurs départementaux après quatre années seulement d'existence. Les préfets héritent de leurs attributions :

Sous l'autorité du préfet, l'inspecteur d'académie instruit les affaires relatives à l'enseignement primaire du département.

Sous l'autorité du recteur, il dirige l'administration des collèges, des lycées... (Art. 9.)

Le préfet exerce, sous l'autorité du Ministre de l'Instruction publique, les attributions déférées au recteur par la loi du 15 mars 1850 et par le décret organique du 9 mars 1852, en ce qui concerne l'Instruction publique ou libre. (Art. 8.)

Il y a auprès de chaque recteur un Conseil *académique* (art. 14) et, auprès de chaque préfet, un Conseil *départemental* de l'instruction publique composé :

1° Du préfet président;

2° De l'inspecteur d'académie;

3° D'un inspecteur de l'instruction primaire désigné par le Ministre;

4° Des membres que la loi du 15 mars 1850 appelait à siéger dans les anciens Conseils académiques et désignés conformément au décret du 9 mars 1852 (Art. 5).

Ainsi l'instruction primaire passe des mains des recteurs dans celles des préfets. L'instruction primaire et particulièrement les instituteurs devaient-ils gagner à ce nouvel ordre de choses? *A priori*, eu égard aux circonstances, on pouvait répondre négativement. Les partisans de ce système et les personnes confiantes y virent des avantages : les écoles et les instituteurs cessaient d'être placés sous une autorité débile, soumise à toutes les influences locales; les unes et les autres passaient sous un pouvoir qui aurait la force de les protéger et de les défendre; les préfets ne pouvaient qu'avoir à cœur de soutenir des établissements et un personnel dont la loi leur confiait la tutelle et, en somme, la direction. Des hommes plus expérimentés et qui se souvenaient, n'étaient point sans inquiétude pour l'avenir. Ils appréhendaient, pour l'instruction primaire et pour ses agents, les fluctuations de la politique et les influences du moment : si la loi de 1850 était en lambeaux, son esprit soufflait plus fort que jamais des hautes régions sociales et gouvernementales. Le parti pour lequel et par lequel elle avait été faite, parti que l'Empire caressait toujours tout en le connaissant bien [1], entendait en tirer tout le profit possible. Nous verrons, en effet, bientôt les préfets, l'on peut dire toute la masse des hauts fonctionnaires, non seulement lui résister mollement, mais plus d'une fois le seconder ouvertement. Qui soutiendra, dans des luttes qui naissent ou qui renaissent presque dans chaque commune, l'école, l'instituteur et l'institutrice laïques? Sera-ce l'inspecteur d'Académie? Tout au plus placé comme un tampon pour amortir les chocs, au fond inspecteur départemental moins le prestige, il sera peu écouté et ce qu'il aura de mieux à faire sera de se renfermer dans son rôle de rapporteur; encore devra-t-il se montrer prudent et réservé dans ses conclusions et dans ses propositions. Le préfet pourra en prendre à son aise avec lui, car, si d'une part le Ministre s'adressant aux préfets, dans sa circulaire du 31 décembre 1854, s'exprime ainsi :

Considérez, en un mot, ce fonctionnaire (l'inspecteur d'Académie) comme un véritable chef de service dont l'active coopération doit toujours être pour vous un point d'appui et ne jamais devenir un obstacle. C'est à lui que, sous vos ordres, doit régulièrement aboutir toute l'Administration de l'instruction primaire pour qu'auprès de lui vous puissiez trouver la solution des difficultés qui ne sont pas d'avance tranchées par les règlements.

Il ne tarde pas à ajouter :

Bien qu'une proposition de l'inspecteur d'Académie doive toujours précéder et préparer vos résolutions, la loi ne vous laisse cependant pas, vis-à-vis de lui, dans une position obligée d'expectative. Il vous appartient, au contraire, de provoquer son avis, en appelant son attention sur les points qui échapperaient à sa vigilance et qui vous paraîtraient exiger une surveillance ou une décision particulière.

1. « Au nom du ciel, écrivait confidentiellement M. Fortoul au préfet du Jura, le 19 juin 1852, souvenez-vous de ceci, c'est que la loi du 15 mars 1850 a été faite par les légitimistes et pour eux. Elle a donné à la France des Conseils académiques qui ne sont que des Comités électoraux de légitimistes. » (Duruy, *Napoléon III*, Dictionnaire de Pédagogie Buisson.)

Quant aux inspecteurs primaires, la loi du 14 juin 1854 ne s'occupe d'eux que pour déclarer qu'un inspecteur primaire (deux dans le département de la Seine) fera partie du Conseil départemental. Ils changent de maître, et c'est tout. Le décret du 22 août 1854 leur fera l'honneur de les classer parmi les fonctionnaires de l'administration Académique (art. 15) et les déclarera placés sous les ordres immédiats de l'inspecteur d'Académie (art. 24). Mais si cet article renouvelle cette disposition de la loi du 15 mars 1850 : « il y a un inspecteur primaire par arrondissement », il ajoute :

L'inspecteur d'Académie exerce les fonctions d'inspecteur primaire pour l'arrondissement chef-lieu; il a pour auxiliaire, dans cette partie de son service, un des inspecteurs primaires d'arrondissement, qu'il désigne à tour de rôle, et qui reçoit pour cette mission temporaire un supplément de traitement dont la quotité est fixée par le ministre de l'Instruction publique.

Cette clause singulière n'était point viable. Elle figurera au décret jusqu'en 1858. Mais rarement elle sera exécutée : les inspecteurs d'Académie répugneront à exercer les fonctions « d'inspecteurs primaires »; ils se déroberont à cette servitude en en chargeant d'une manière continue le même inspecteur primaire, quitte à faire gérer, d'une manière continue aussi, la circonscription de ce dernier par un de ses collègues. Il importera peu au Ministre pourvu que la pauvre économie qu'il a en vue soit faite.

Quoi qu'il en soit, c'est par l'intermédiaire de l'inspecteur d'Académie que le préfet devra correspondre avec les inspecteurs primaires. C'est à celui-ci qu'ils adresseront leurs rapports et toutes les communications officielles qui concernent le service de l'instruction primaire (circ. du 31 octobre 1854). Les préfets passeront plus d'une fois outre à cette prescription; heureux quand les sous-préfets, désireux de participer à l'autorité de leur chef, ne se croiront pas en droit de donner des ordres à leur inspecteur primaire et de lui demander des rapports.

IV

Au milieu de tous ces changements en somme peu favorables au développement de l'instruction primaire, M. Fortoul avait au moins l'heureuse pensée de s'occuper des salles d'asile.

Dès les premiers jours de la révolution de 1848, ces annexes de l'école avaient pris le nom d'*écoles maternelles*, le seul qui leur convienne, et l'établissement destiné à préparer des maîtresses pour les diriger, celui d'*école normale* (arr. du 28 avril 1848). Mais les auteurs de la loi de 1850 étaient revenus à l'ancienne dénomination de *salle d'asile* et un arrêté du 3 février 1852 entra dans leurs vues en portant :

Vu l'arrêté en date du 28 avril 1848, qui a organisé sur de nouvelles bases la maison d'études provisoire pour la direction des salles d'asile, et lui a donné le titre d'école normale ;

Vu les propositions de la commission de surveillance dudit établissement ;

Arrête :

L'École normale des salles d'asile portera, à l'avenir, le titre de *Cours pratique* des salles d'asile.

Mais ces dénominations importent peu au fond des choses, et c'est des choses que M. Fortoul va entreprendre de s'occuper.

Il y avait aux Tuileries une jeune souveraine à laquelle on voulait donner une part dans l'éducation publique en attendant qu'elle en prît une plus grande aux affaires politiques. Un décret du 16 mai 1854 fut ainsi conçu :

Considérant que les salles d'asile contribuent de la manière la plus efficace au bien-être moral et physique de l'enfance, partout où les familles demandent leurs moyens d'existence à des travaux qui les éloignent nécessairement de leur domicile ;

Voulant contribuer au développement d'une institution si utile à la partie la moins aisée de la population de l'Empire et donner en même temps à l'Impératrice Eugénie, notre chère et bien-aimée épouse, une preuve particulière de notre affection;

Avons décrété et décrétons ce qui suit :

ARTICLE 1er. — Les salles d'asile de l'enfance sont placées sous la protection de l'Impératrice.

Nous citons le texte même de ce décret parce qu'il confirme une fois de plus l'idée qu'on se faisait encore alors des salles d'asile : elle n'étaient point la première école, le vestibule de l'école, l'école ouverte à tous; c'étaient des établissements de bienfaisance, des refuges offerts aux enfants des familles pauvres et besogneuses[1]. On s'en fera peu à peu une idée plus générale et plus libérale. Mais elles se ressentiront longtemps encore de leur origine qui, on s'en souvient, a été la charité privée, aidée, dans une mesure toujours croissante, par la charité publique.

Nous savons dans quel état nous les retrouvons. Leur situation est toujours, ou peu s'en faut, telle que la dépeignait M. de Parieu dans ce passage de sa circulaire du 19 août 1850 :

En ce qui concerne le recrutement des directrices de salles d'asile, je vous ferai observer, Monsieur le Préfet, que les renseignements qui me parviennent de tous côtés m'apprennent que, en général, les directrices de ces établissements ne connaissent pas suffisamment ces méthodes spéciales de la salle d'asile, si bien appropriées à tous les besoins de l'enfance ; qu'il suit de là que trop souvent les salles d'asile dégénèrent en *petites écoles* ou en *garderies*, et n'ont dès lors d'autres avantages que de prémunir les enfants contre les dangers matériels de la rue. Cette insuffisance dans la direction de ces établissements avait frappé, il

1. Lancaster avait peint en ces termes douloureux les asiles : « ces asiles du désordre, où trône le bruit, où il n'y a rien à gagner pour les pauvres petits êtres qui les fréquentent, où la dame de quelque artisan s'en charge pour augmenter son faible salaire. » Avant tout, il voulait des femmes pour diriger ces *écoles préparatoires*, comme il les appelle : « La femme, disait-il, a tant de tendresse dans le cœur, tant de qualités qui la portent à se dévouer aux enfants, qu'il est impossible de les confier à de meilleures mains. Ces écoles exigent la fusion de la nourrice et de la maîtresse dans une seule et même personne : tel doit donc être leur caractère sous une direction intelligente. »

y a déjà plusieurs années, l'un de mes prédécesseurs, qui avait cherché à y remédier en fondant à Paris une maison d'études où seraient formées ces surveillantes appelées ultérieurement à la direction de salles d'asile modèles dans les départements. Cette utile pensée a produit ce qu'on devait en attendre, et la maison d'études, devenue école normale, est aujourd'hui disposée pour recevoir les élèves que les Conseils généraux ou les Conseils municipaux des grandes villes croiraient devoir y envoyer. Il s'y fait deux cours par an; chaque cours dure quatre mois, de janvier en mai, de juillet en novembre. Le prix de la pension, tous frais compris, est de 60 francs par mois ou 240 francs pour quatre mois d'un cours. »

De ce cours demeuré tel que l'avait organisé l'arrêté du 28 avril 1848, sauf le changement de nom signalé plus haut, étaient sorties en effet des maîtresses sinon toujours d'élite et de vocation, du moins familiarisées avec le mécanisme de la méthode créée jadis par M. Cochin et perfectionnée récemment par deux femmes distinguées, qui, bien qu'étrangères l'une à l'autre, s'étaient rencontrées à peu près de tous points sur la manière de concevoir et de gouverner une salle d'asile (Mme Pape-Carpantier et la sœur Maria, celle-ci des religieuses de Saint-Vincent de Paul). Mais ces maîtresses étaient rares; leur influence ne dépassait guère la limite des localités où elles s'étaient établies. En somme, les salles d'asile étaient demeurées les *petites écoles* et les *garderies* dont M. de Parieu se plaignait en 1850, malgré le zèle et l'intelligence qu'apportaient à leur amélioration les deux femmes que nous venons de nommer, et des déléguées générales ou inspectrices que nous pourrions signaler aussi. Au fond, c'étaient les ressources qui manquaient pour des besoins qui grandissaient avec le développement de l'industrie et du paupérisme. Les nouveaux décrets, qui ne s'éloignent pas sensiblement de l'ordonnance royale rendue en 1837 (le 21 décembre), sous le ministère de M. de Salvandy, seront impuissants à modifier la situation.

Au lieu de citer ces décrets et les instructions qui les ont accompagnés ou suivis, nous préférons reproduire l'extrait suivant des mémoires que nous avons sous les yeux et qui en rappellent, en les appréciant, les principales dispositions.

1855. — 1854 nous a dotés d'un décret (16 mai) mettant les salles d'asile sous la protection de l'Impératrice, et d'un autre décret (même jour) instituant, près du ministère de l'Instruction publique, un comité central de patronage placé sous les auspices de l'Impératrice, pour la propagation et la surveillance des salles d'asile en France.

Les attributions de ce comité et sa composition sont soigneusement réglées. C'est de lui que viendront la haute impulsion et la haute direction; l'archevêque de Paris le préside; les chefs de la division de l'instruction primaire en seront évidemment la partie agissante, la cheville ouvrière; des dames de haut parage, de l'entourage de l'Impératrice, en font partie intégrante; les inspectrices des salles d'asile et la directrice du Cours pratique peuvent y être appelées avec voix consultative. C'est sans doute ce comité qui a élaboré le décret du 21 mars 1855. Ce décret sera — pendant combien de temps?... — ce que j'appelle volontiers la nouvelle charte des salles d'asile. Je me suis promis de l'examiner; c'est ce que je fais en ce moment.

Le nouveau décret vise l'ordonnance du 22 décembre 1837. Je me reporte à ce document vieux de dix-huit ans. Il débute ainsi :

Les salles d'asile ou écoles du premier âge, sont des établissements charitables où les enfants des deux sexes peuvent être admis jusqu'à l'âge de six ans accomplis, pour recevoir les soins de surveillance maternelle et de première éducation que leur âge réclame.

Le décret de 1855 dit à son tour : « Les salles d'asile publiques ou libres, sont des établissements d'éducation où les enfants des deux sexes, de deux ans à sept ans, reçoivent les soins que réclame leur développement moral et physique. »

C'est à peu près la même chose et ces deux définitions ne diffèrent guère l'une de l'autre. C'est toujours la même dénomination : *salles d'asile*, ce qui veut dire *refuges* exclusivement destinés aux enfants pauvres. La seconde a tout au plus retranché l'épithète caractéristique de *charitables*. Par contre, elle fait disparaître les mots *école* et *maternelle*, avec lesquels un ministre de 1848 avait formé très heureusement l'expression d'*écoles maternelles*. Évidemment, cette dénomination qui, à elle seule, révolutionnait l'institution, n'est point en faveur auprès du comité central. Jusqu'à quand sommeillera-t-elle dans les esprits et dan l'opinion? Ressuscitera-t-elle jamais? Pourtant « la terre tourne! » L'*école maternelle* est bien la base naturelle et logique de notre édifice scolaire : école maternelle, école primaire élémentaire, école primaire supérieure, c'est bien là la trilogie de l'enseignement primaire tel que nous le concevons, tel d'ailleurs qu'il s'impose de par la raison et les besoins du temps. Mais nos législateurs actuels ne s'inquiètent pas pour si peu : ils ont décapité notre enseignement primaire en laissant mourir nos écoles supérieures, ils peuvent bien faire bon marché de son point de départ.

Après cette première déception, les autres ne sont rien ou peu de chose. Nous avions un programme général, en voici un autre analogue. Nous avions les plans de construction et d'aménagement, une commission supérieure, une déléguée générale, des dames inspectrices locales, un certificat d'aptitude, une commission d'examen chargée de le délivrer, des conditions d'âge et de moralité requises pour les surveillantes, etc. Nous retrouvons tout cela dans le décret de 1855 et dans des arrêtés postérieurs. Seulement, cela change plus ou moins de nom en s'étendant d'ailleurs quelque peu et en se précisant davantage. Je ne vois de bien nouveau que le titre de *salle d'asile modèle* qui pourra être conféré aux meilleurs établissements du genre, et la création à Paris d'un *Cours pratique* avec pensionnat, destiné : 1° à former, pour Paris et les départements, des directrices ou des sous-directrices de salles d'asile; 2° à conserver les principes de la méthode établie; 3° à expérimenter les nouveaux procédés d'éducation et de premier enseignement dont l'essai serait recommandé par le comité de patronage »; encore ne s'agit-il ici que d'une formule rajeunie et plus complète, car l'institution du *Cours pratique* date déjà de bien loin.

En outre, je vois que les déléguées générales seront au nombre de deux; que le Ministre pourra, suivant les besoins du service, déléguer pour l'inspection des salles d'asile, dans chaque Académie, une dame rétribuée sur les fonds de l'État. C'est un service d'inspection créé pour les salles d'asile, à l'instar de celui qui existe depuis longtemps pour les écoles primaires. Il y aura enfin, près des salles d'asile, un comité de patronage local, reflet du comité central. Tout cela est très bien : voilà les grands conseils et l'état-major constitués. Mais mon regard se porte surtout en bas, sur le personnel actif des salles d'asile, chargé de mettre en œuvre toutes les belles conceptions venant d'en haut. Je me demande avec inquiétude de quoi il vivra : quels seront les traitements? Sur quelles ressources seront-ils faits? Je finis par découvrir un article 32 ainsi conçu : « Les directrices de salles d'asile publiques reçoivent sur les fonds communaux un traitement fixe, qui ne peut être moins de 250 francs, et les sous-directrices un traitement dont le minimum est xé à 150 francs. Les unes et les autres jouissent en outre du logement gratuit. — Les dispositions de la loi du 9 juin 1853 sur les pensions civiles leur sont applicables. — Une rétribution mensuelle peut être exigée de toutes les familles dont les enfants sont admis dans les salles d'asile publiques, et qui sont en état de payer le service qu'elles reçoivent. » (Art. 23.)

Une rétribution scolaire dans les salles d'asile! Quelle illusion! Obtenez donc seulement que les famill' donnent à tous ces pauvres enfants du pain et des vêtements. Non, dans de pareilles conditions, les salles d'asile resteront le privilège des grandes villes et des grosses agglomérations qui, comme la chose a eu lieu à peu près partout jusqu'ici, traiteront à forfait avec les communautés religieuses. Les directrices et sous-directrices laïques seront rares. Outre qu'elles trouvent déjà difficilement à se placer, qui aurait le courage de leur offrir ces traitements dérisoires de 250 et de 150 francs!

Quant au nouvel organisme, je n'y ai guère plus de confiance qu'à l'ancien : les comités locaux de patronage seront ce qu'ont été les dames inspectrices locales. Générales ou spéciales, les déléguées apparaîtront de loin en loin comme des météores; elles seront reçues avec politesse, écoutées avec déférence, mais ce sera tout; elles n'exerceront aucune action sérieuse; comme par le passé, l'inspecteur primaire restera seul pour surveiller efficacement et pour imprimer une direction s'il le peut : il est le fonctionnaire le plus présent, le plus dans les traditions; les municipalités continueront à ne connaître que lui pour l'asile comme pour l'école. Grande raison pour lui d'étudier à fond la méthode — il paraît qu'il y a une méthode — et de se mettre en mesure de la faire appliquer de son mieux, en s'inspirant de l'esprit que l'on nous présente comme devant souffler d'en haut.

Je passe donc sous silence le règlement du 22 mars 1855 qui s'est substitué à l'arrêté déchu du 24 avril 1838, comme le décret du 21 mars s'est substitué à l'arrêté déchu du 24 avril 1837. C'est à la méthode que j'en veux et c'est elle que j'entreprends de découvrir, s'il m'est possible. Où est-elle? Où gît-elle? Où pourrais-je bien la trouver nettement précisée, formulée et surtout appliquée?...

Nous reviendrons peut-être plus tard, avec l'auteur auquel nous avons emprunté ces quelques pages, sur cette méthode des salles d'asile dont beaucoup ont sans doute parlé sans la comprendre. Pour le moment, nous retournons au ministère dont la fin est proche.

Entre temps, M. Fortoul avait assigné un costume de cérémonie aux inspecteurs primaires et leur avait défendu le port de la barbe qu'il croyait être la manifestation de fâcheuses tendances; il les avait lancés d'urgence à la poursuite des ouvrages antidynastiques (particulièrement de l'histoire de France du Père Loriquet), qu'on ne saisit nulle part parce qu'on ne put visiter que très discrètement les établissements où on les eût trouvés; il les avait chargés avec plus de succès de rechercher les vieux chants populaires de la France dans leur circonscription; il avait pris un arrêté « relatif à la liquidation de leurs frais de tournées et au supplément qui leur était alloué en vertu de l'article 24 du décret du 22 août 1853, mais sans rien changer au montant des indemnités de déplacement (14 août 1855).

Entre temps encore, quelques cours normaux d'institutrices étaient créés; celui d'Ajaccio était érigé en école normale. Il était adressé aux recteurs des instructions « relatives aux règles à suivre par les commissions d'examen pour les brevets de capacité », dans le but, notamment, de réveiller l'esprit religieux de ces commissions et de donner un caractère quelque peu pédagogique aux titres qu'elles délivraient (8 mai 1855). Les anciennes caisses d'épargne des instituteurs étaient liquidées (D. 8 avril 1855). Enfin, le 26 décembre de la même année, il était rendu un décret « portant règlement pour l'administration et la comptabilité des écoles normales primaires ».

V

Ainsi M. Fortoul donnait cours à sa fiévreuse activité. On dit que ce ministre se félicitait d'avoir sauvé l'Université en rendant au pouvoir exécutif la nomination des membres des hauts conseils et du haut enseignement; en créant pour l'enseignement secondaire la fameuse *bifurcation des études*; en substituant « l'alliance avec l'Église à la prédominance que le parti religieux et légitimiste avait conquise pour celle-là ».

Nous n'avons point à discuter, encore moins à résoudre, ces délicates questions. Seulement, ce que les faits nous permettent d'affirmer, c'est que le premier Ministre de l'Instruction publique de l'Empire exerça sur l'instruction primaire une influence néfaste et que c'est sous son administration qu'elle eut ses plus mauvais jours.

De 1850 à 1856, les écoles normales d'instituteurs végètent, écoles d'athéisme pour le clergé et pour la presse qui le soutient, rendues suspectes presque à tous par cette presse à laquelle les calomnies ne coûtent rien et qui, dans la circonstance, met si bien en pratique ce conseil de Voltaire : « Mentez, mentez, mes amis, il en reste toujours quelque chose. » Inquiètes du présent, incertaines de l'avenir, elles se recrutent difficilement, surtout depuis le triste décret du 31 décembre 1853, qui fait à leurs élèves de si médiocres débuts. Elles ne se recruteraient même plus du tout si, par un heureux malheur, le service militaire n'inspirait pas encore une certaine terreur aux familles; si d'ailleurs, suivant un préjugé qui datait de bien loin, l'instruction primaire, l'école, faisant concurrence aux échoppes de cordonniers ou aux établis de tailleurs, n'était point encore considérée comme le refuge des infirmes et des éclopés du village.

Elles sont soumises à un régime claustral. Les bons

jeunes gens qui y sont admis, se font cependant à ce régime : ils reçoivent docilement les instructions de l'aumônier et y restent fidèles[1].

Mais le froid accueil des autorités locales, la sourde hostilité de la cure et la gêne qui survient bientôt en découragent plusieurs qui échapperont, dès qu'ils le pourront, à leur engagement.

Quant aux élèves-maîtres formés dans les écoles « désignées à cet effet par les Conseils départementaux », ils se distingueront bientôt par leur ignorance et leur manque d'aptitude professionnelle. Voici comme ils sont généralement préparés :

J'ai pour ma part, écrit un inspecteur primaire du temps, plusieurs stagiaires dans ma circonscription, et M. le recteur me demande de temps en temps de leurs nouvelles.

Je les visite à peu près tous les six mois et j'adresse sur leur conduite, sur leurs aptitudes et leurs progrès, des rapports qui vont grossir leur dossier et pour la rédaction desquels je prends des notes courantes dans le genre de celles-ci :

M. Dioscore Méchinot, élève-maître chez M. P... à L... (1re année). — Hier, mercredi, passé mon après-midi dans la petite classe dont est chargé ce jeune homme. Discipline telle quelle, plutôt maintenue par ma présence que par l'autorité morale du maître, que par la succession méthodique de ses leçons et l'intérêt qu'il leur donne. Horreur ! une patoche s'étale effrontément sur le bureau !... Lecture : des tableaux de Peigné et des alphabets ; les plus avancés lisent dans le *Devoirs du chrétien :* « Dans nos autres livres, me dit l'honorable M. P., qui survient, il n'y a que de la religiosité, tandis que, dans celui-ci, il y a vraiment de la religion. — Vous ne trouvez pas que de la théologie, c'est bien fort pour ces pauvres petits ? — Bast ! ils comprendront plus tard ! » Des moniteurs pour les tableaux ; pour le surplus, des divisions qui viennent à tour de rôle au bureau du maître et s'en retournent étudier à leur place. Un peu d'écriture pour ceux-ci, un peu de comptage pour ceux-là, et c'est tout. Pour tout moyen d'ensei-

---

1. Disons en passant que l'aumônier s'attache ordinairement à eux et que, souvent, il demeurera leur meilleur ami.

gnement concret, les doigts; point d'exhibitions d'objets; point
d'entretiens; point d'autre culture morale et intellectuelle que
la prière et le catéchisme : « Que M. Dioscore m'envoie des enfants sachant lire, dit sentencieusement M. P..., c'est tout ce que
je lui demande; je me charge du reste. » Ce maître, choisi entre
tous par le Conseil départemental, m'écoute à peine quand je développe un autre idéal sur les petites classes; je m'étonne bien
si, dans son esprit, je ne suis pas un utopiste et un révolution-
naire, un homme à idées *subversives* suivant l'expression fort en
usage à cette heure; heureusement que, obéissant aux ordres du
Ministre, j'ai coupé ma barbe et que je me tiens toujours rasé de
frais.

Jeudi... Je reste ce jour-là, afin de pouvoir m'entretenir plus à
l'aise avec mon pupille. « Eh bien, mon cher Dioscore, causons
un peu de votre vie et de vos études. Comment se passent vos
journées? Vous vous levez?... — Sur les six heures, Monsieur
l'Inspecteur. — Et puis? ... — Je fais ma chambre, je descends,
j'allume le feu et je vais chercher le lait. Pendant qu'il chauffe,
M. P... me fait faire ma prière et ma méditation. — Vous médi-
tez, mon Dieu! Et sur quoi donc?... — Dans le *Pensez-y-bien* ou
dans l'*Ame élevée à Dieu*. — Et sur votre classe de la veille ou sur
votre classe du jour? » Le pauvre Dioscore me regarde d'un air
presque ahuri. Sans insister sur ce point : « Continuez-moi l'emploi de votre temps. — Après avoir déjeuné, je me rends dans
les classes, je fends le bois et j'allume les poêles. — Et vous ou-
vrez les fenêtres?— Oui, quand il y a de la fumée dans la classe.
Les poêles allumés, je reçois les enfants et je les surveille dans
la cour et dans le préau, dans la classe s'il fait froid et mauvais.
A neuf heures, on entre en classe : M. P... avec ses élèves, et moi
avec les miens. Les classes commencent; elles durent jusqu'à
midi. Alors on dîne et je reviens surveiller. A une heure, on rentre, et c'est pour jusqu'à quatre heures. —Mais la petite récréation
que j'ai prescrite pour reposer les enfants et renouveler l'air?...
— M. P...dit que ce n'est pas la peine, que c'est du temps perdu,
que l'on s'est bien passé jusqu'ici de cette petite récréation et
que l'on peut bien s'en passer encore. -- Soit, vous voilà arrivé
à quatre heures. Que faites-vous après la sortie? — Je surveille
le balayage et fais travailler les enfants qui restent. — Ah! il
reste des enfants? — Oui, ceux qui paient 1 franc de plus par
mois. — A qui? — A M. P.... — Et à vous? — Rien, Monsieur
l'Inspecteur. — Quand finit cette classe supplémentaire? — Vers
six heures et demie. — Alors, vous dînez sans doute et votre
journée est achevée? — Oh! non; il y a le cours d'adultes et je
ne me couche que vers dix heures et demie ou onze heures, après

avoir tiré de l'eau et descendu le bois pour le lendemain. — Voilà une journée assurément fort remplie, mais je n'y vois aucun moment consacré à votre préparation au brevet? — M. P... dit que je n'aurai pas besoin de brevet si je reste cinq années avec lui; pourtant, il me fait faire de temps en temps la dictée avec ses élèves. — Mais vos jeudis et vos dimanches? — Le jeudi, je travaille tout seul quand j'en ai le temps. — M. P... ne vous donne pas au moins une leçon? — Il me donne et me corrige une dictée et y ajoute un problème. — Et le dimanche? — Les offices sont longs, et j'y surveille les enfants. — Que fait donc M. P...? — Il joue de l'ophicléide ou porte chape. — Ainsi, point de promenades, point d'entretiens, point d'échange d'idées avec vous? — Quelquefois, nous nous promenons, et l'on cause en dînant et en soupant. — Il vous parle alors de pédagogie? » Nouvel ahurissement de mon pupille. Ce mot de pédagogie, il ne l'a jamais entendu; il le prend au moins *pour un terme de chimie.*

Pauvre Dioscore! dire qu'il va passer trois années, peut-être cinq comme cela, soi-disant élève-maître ou stagiaire, mais au fond sous-maître du pieux M. P. et aide de camp de Madame!

Tels furent les élèves-maîtres et les stagiaires créés par la loi de 1850. Heureusement que l'institution, elle non plus, n'était point née viable. Cependant, elle vécut assez pour introduire, dans le personnel des instituteurs, des éléments d'affaiblissement et de décadence, bien des médiocrités, qui s'ajoutaient à celles, trop nombreuses encore, qu'avaient léguées les temps passés.

VI

Pendant que les écoles normales vivaient comme elles pouvaient, soutenues par l'impuissance même des moyens imaginés pour les remplacer, quelques cours normaux étaient créés pour former des institutrices. Ces cours étaient acceptés sans trop de peine par les conseils généraux et départementaux; ils étaient confiés à des religieuses, annexés à leurs pensionnats pour lesquels ils devenaient un encouragement et un appoint. Ils produisaient peu, et c'était un bonheur, car les jeunes filles qui en sortaient étaient difficilement placées et, quand elles l'étaient, elles ne tardaient pas à être dépossédées.

Les congrégations religieuses de femmes étaient dans tout leur épanouissement. Suivant le mot d'ordre venu des conciles, des évêques et de tout le parti réactionnaire, des associations religieuses se fondaient de toutes parts (125 nouvelles avaient été reconnues ou autorisées rien que depuis 1850[1]). Des libéralités faites, soit par actes entre vifs, soit par actes testamentaires, étaient partout provoquées pour la fondation ou l'entretien d'écoles qui seraient dirigées *à perpétuité* par des frères ou des sœurs, par des sœurs surtout. Le Conseil d'État, faisant varier en tant que de besoin sa jurisprudence, sanctionnait ces libéralités, qu'elles s'adressassent ou non à des personnes civiles aptes à les accepter ; congrégations et communautés, fabriques, évêchés, cures, tout se trouvait avoir la capacité légale pour la circonstance. Les curés et desservants, dans leurs causeries ou dans leurs sermons, les évêques dans leurs tournées pastorales, les grands vicaires ou archidiacres, dans la visite des paroisses, les châtelains et châtelaines dans leurs salons, ne s'entretenaient que de leurs sœurs, que d'écoles à faire diriger, de malades à faire soigner par elles. La Cour donnait l'exemple : les dames haut placées près de l'Impératrice mêlaient *leurs sœurs* à leurs chiffons et à leurs futilités. Bref, il y avait dans l'air une véritable fièvre de religieuses comme, aux approches de l'an mille, il dut y avoir une fièvre de constructions d'églises et de fondations pieuses.

En général, ces nouvelles maîtresses envoyées dans les communes sont peu instruites. Surprises par une vocation qu'elles ne se soupçonnaient pas, enlevées soudainement aux travaux de couture ou de lingerie, aux travaux champêtres, plus d'une fois à la domesticité, elles arrivent pleines de bonne volonté, mais frustes et agrestes, dans les novi-

---

1. V. M. Gréard : La législation de l'instruction primaire en France, T. II, p. 651 et suiv.

ciats. Là, on les exerce aux vertus mystiques, surtout à la *sainte obéissance*. On leur apprend ou on leur réapprend à lire, à écrire, à compter. Au bout de quelques années, voire de quelques mois si les demandes affluent, on leur donne, avec une lettre d'obédience, l'habit et la cornette de l'ordre et elles partent pour les destinations les plus variées, pour être celle-ci institutrice, celle-là garde-malade, cette autre chargée seulement de la cuisine et des soins matériels. Le traitement est peu élevé. A forfait, c'est ordinairement 400, 500, 600 francs par tête, selon que les donateurs se sont montrés généreux ou les communes libérales. Quelquefois, au traitement fixe s'ajoute le produit de l'écolage ou du pensionnat qui est annexé, quand faire se peut, aux classes proprement dites. Le plus souvent, la petite communauté est réduite au strict nécessaire; mais sobres, économes, soigneuses presque à l'excès, les deux ou trois ou quatre pieuses filles qui la composent trouvent moyen de vivre là où une seule personne, placée dans les conditions ordinaires de la vie, ne se soutiendrait qu'avec peine. Encore devront-elles présenter un petit pécule à la maison-mère quand, à l'époque des vacances, elles y rentreront pour prendre un peu de repos ou faire leur retraite annuelle; ces laborieuses abeilles ne reviennent jamais à la ruche sans y rapporter leur part de cire et de miel.

Elles instruisent peu les jeunes filles qui leur sont confiées. Mais elles leur inspirent une excellente tenue : quel est l'inspecteur qui, traversant un village ou une bourgade, ne s'est pas aperçu tout de suite, à la tenue des fillettes qu'il rencontrait, qu'il y avait là des sœurs à la tête de l'école ?

Nous ne parlons pas des services rendus auprès des malades. Ces services, plus d'une fois contestés, sont demeurés problématiques. Ils sont d'ailleurs d'ordre extra-scolaire et nous ne nous sommes jamais attachés à les apprécier; l'école seule est de notre ressort. Or, ici, à un moment où les écoles de filles étaient rares et d'autant plus chères qu'elles n'étaient point dotées, il y eut, pour beaucoup de communes, de sérieux avantages à posséder des religieuses. Malheureusement, on entendait faire tourner cette force et ces dévouements au profit d'un parti et, pour y mieux réussir, on mettait les institutrices congréganistes en dehors du droit commun, sans voir qu'on attirait sur elles de justes défiances et qu'on les plaçait dans une situation pleine de périls. On faisait de ces saintes filles des instruments d'asservissement et d'accaparement. Voilà ce qui devait peu à peu éloigner d'elles les sympathies et faire songer les esprits les mieux disposés en leur faveur, sinon à les remplacer partout, du moins à rompre les liens dont elles étaient devenues inconsciemment le nœud et le prétexte.

Du reste, on élevait d'autres griefs contre elles. Comme nous avons entendu s'en plaindre un mécontent sous la loi de 1833, on leur reprochait de détourner les jeunes filles de la vie pratique, de la vie de famille et de ses devoirs, ceux-ci étant présentés comme vulgaires, comme n'ouvrant pas assez grandes les portes du ciel, comme ne conduisant pas assez sûrement aux béatitudes éternelles.

On reprochait encore à ces *filles de charité*, qui ne peuvent être reconnues et privilégiées que pour un motif *d'intérêt public* — dans l'espèce, pour l'instruction des enfants pauvres et le soin des malades — d'avoir une tendance marquée à séparer, dans les écoles qui leur étaient confiées ou qu'elles établissaient, les élèves gratuites — les indigentes, comme elles affectent de dire — des élèves payantes et cela même à l'église : aux enfants aisées et payantes les meilleures maîtresses, l'installation la plus confortable; aux enfants pauvres les maîtresses inférieures, le mobilier usé, les livres de rebut, quelquefois une salle sombre et délabrée[1]. N'était-il pas à craindre que, dans ces conditions, les familles comprissent peu ou mal le bienfait de l'instruction donnée à leurs enfants?

L'administration voyait ces choses ; elle les tolérait

1. V. la note E. à la fin du volume.

et se taisait : signe des temps que nous traversons!...

Et, en effet, il règne alors dans la haute administration le laisser aller le plus complet pour ce qui concerne le service des écoles. Nous pourrions en citer bien des exemples, mais nous laissons ces tristes souvenirs pour reprendre le fil des événements qui vont nous acheminer vers des jours meilleurs; le peu regrettable Fortoul est mort à Ems, des suite d'une vie surmenée, pleine de soucis, peut-être de mécomptes et de déceptions, recommandant sa famille au maître dont il avait si bien servi la politique. Il est remplacé par un homme d'un autre esprit et d'un autre caractère, par M. Rouland (13 août 1856).

CHAPITRE VIII

MINISTÈRE ROULAND

I. Ligne de conduite suivie par M. Rouland. — Expédients de M. C. V
pour restreindre les dépenses de la gratuité. — Amélioration des
traitements des inspecteurs primaires et des instituteurs suppléants
— Création d'écoles normales; adoucissements apportés dans le
régime de ces établissements. — II. Améliorations dans le régime
des salles d'asile. — III. Les bibliothèques scolaires. — Rénovation
pédagogique. — IV. Rappel à la jurisprudence sur les libéralités
faites pour la création et l'entretien d'écoles congréganistes. — Mémoires demandés aux instituteurs. — V. Circulaire du 26 août 1857.

I

La petite Université primaire vit arriver le nouveau Ministère avec indifférence. Que pouvait-elle en craindre ou en
attendre de plus que ce qui avait été fait depuis six ou sept
ans pour sa décadence et son abaissement?

M. Rouland ne fit rien d'abord qui pût changer ce cours
d'idées. Les choses marchèrent comme d'habitude. La
troisième division, composée de deux ou trois bureaux,
continua, avec le cabinet du Ministre, à remplacer, pour
l'administration de l'instruction primaire, l'ancienne section du Conseil royal depuis longtemps oubliée, et la section
permanente du Conseil supérieur qui en était comme un
vestige et que M. Fortoul avait passée sous silence dans le
décret du 9 mars 1852. Dans une profonde ignorance de ce

qui se passait au dehors ou dans une parfaite quiétude à cet égard, peut-être aussi dans l'impuissance où elle se sentait de résister au courant, elle faisait ou enregistrait les nominations, préparait les rapports demandés par le cabinet du ministre, les projets de décrets à transmettre au Conseil d'État, pour l'acceptation des libéralités faites aux congrégations religieuses, etc. Elle suivait comme elle pouvait la comptabilité des écoles primaires et tâchait de pourvoir aux déficits qui grossissaient chaque année malgré la modicité des traitements. Bref, la machine, telle qu'elle était montée depuis 1850, fonctionnait tellement quellement en attendant la complète absorption des écoles laïques par les écoles d'un autre ordre.

M. Rouland sembla d'abord se prêter au laisser aller que nous constations dans le chapitre précédent. Mais il observait et préparait la ligne de conduite qu'il a constamment suivie pendant les sept années de son ministère et qui peut, pour nous, se ramener à ces quelques points : 1° bienveillance à l'égard du personnel de l'instruction primaire et amélioration des situations; 2° rappel à l'exécution de la loi et à la jurisprudence traditionnelle en ce qui concerne les associations religieuses et les libéralités qui leur sont faites; 3° création d'institutions utiles pour le développement et le progrès de l'instruction primaire.

Pour améliorer les situations dans le personnel et le service en général, il fallait de l'argent; le ministère n'en avait bien juste que pour ne pas faillir à ses obligations les plus strictes, et l'on ne devait pas songer à demander de nouveaux sacrifices à l'État.

Nous avons déjà laissé entrevoir les causes de l'aggravation des charges et de la pénurie qui en résultait.

La gratuité, malgré la sévérité que montraient quelques préfets dans la fixation des listes présentées par les municipalités, montait toujours; d'un autre côté, si un grand nombre d'instituteurs se signalaient par leur zèle, beaucoup aussi, désespérant de dépasser les minima fixés par la loi de

1850 et par le fatal décret du 31 décembre 1853, au lieu de rechercher les élèves, de faire aux familles comme une violence de bon aloi pour les déterminer à envoyer leurs enfants à l'école, se croisaient les bras, vaquaient à leurs occupations extérieures, laissaient leur classe se vider dès l'approche de la belle saison ; c'était autant de perdu pour la rétribution scolaire. D'un autre côté encore, les communes se gardaient autant qu'elles le pouvaient de rien prélever sur leurs ressources ordinaires pour le service de leurs écoles ; elles votaient pour cet objet les trois centimes obligatoires et repassaient le surplus de leurs charges (le loyer de la maison d'école, quand il y avait lieu, et le complément du traitement du maître) au département ou plutôt à l'État. C'est ainsi que le maigre budget de l'Instruction primaire était vite épuisé et qu'il ne restait rien pour aider efficacement à la construction et à l'appropriation des maisons d'école, ni pour relever des traitements reconnus insuffisants dès l'origine.

Vivement frappé de ces abus et de la gêne où ils tenaient le ministère, un inspecteur d'Académie et un préfet[1] imaginèrent d'y apporter le remède suivant :

Ils remirent au titre provisoire tous les instituteurs qui n'arrivaient point au minimum légal, ce qui les ramenait à la situation jadis créée par la loi de 1833 (logement, traitement fixe de 200 francs, produit de la rétribution scolaire). C'était une mesure violente, un véritable abus de pouvoir que n'aurait certainement pas sanctionné le Conseil d'État. Mais elle produisit un résultat qui tenait du prodige : les maîtres ainsi dépossédés des avantages que leur faisait la loi de 1850 ou le décret du 31 décembre 1853, firent de tels efforts pour les récupérer, que leurs écoles s'emplirent et cessèrent d'être désertées pendant la belle saison ; qu'en fin d'année, les minima furent partout atteints et souvent dé-

---

1. MM. C. Villemereux, inspecteur d'Académie en résidence à Orléans, et Doselli, préfet du Loiret.

passés et que la subvention annuelle à fournir, par l'État ou le département, fut sinon complètement éteinte, du moins sensiblement diminuée ; il n'en coûta à l'État que quelques gratifications accordées aux fonctionnaires ou employés qui avaient suivi et surveillé de plus près les comptabilités communales. La perspective de mesures semblables suffit pour abaisser notablement le chiffre des subventions dans quelques départements voisins. Ce succès, signalé à M. Rouland, attira son attention. M. Villemereux, promu inspecteur général-adjoint de l'instruction primaire, parcourut la France, prêchant cette consigne : « Faire rendre à la rétribution scolaire tout ce qu'elle pouvait donner et amener les communes à faire plus de sacrifices pour pourvoir à leurs dépenses scolaires. » Un inspecteur primaire[1] fort expert et fort osé en ces matières, après avoir accompagné son chef dans ses tournées, fut délégué à l'administration centrale et adjoint à la division de l'instruction primaire pour reviser, pour *éplucher* les budgets des communes, peser leurs ressources propres et les charger à leur tour comme elles avaient jusqu'alors chargé l'État. Ainsi, il fut fait des économies considérables et le ministre put se mouvoir plus à l'aise dans son budget, par suite céder aux sentiments de bienveillance dont on le savait animé à l'égard de tous ses subordonnés, et à son vif désir d'améliorer le service partout où faire se pourrait.

On se souvient qu'un arrêté du 5 novembre 1850 avait partagé les inspecteurs primaires en cinq classes aux traitements de 2 000, 1 800, 1 600, 1 400 et 1 200 francs ; qu'en outre, l'article 24 du décret du 22 août 1854, relatif à l'organisation des Académies, avait supprimé un de ces fonctionnaires par département, remettant le soin d'inspecter les écoles de l'arrondissement chef-lieu à l'inspecteur d'Académie, quitte par celui-ci à se faire aider pour cette tâche

1. M. Pinet, inspecteur primaire en droit à Montargis, en fait à Orléans.

par les inspecteurs primaires du ressort, détachés à tour de rôle. Un décret du 21 juin 1858 ramène les classes des inspecteurs primaires à trois :

30 inspecteurs de première classe à 2 400 francs ;

60 inspecteurs de deuxième classe à 2 000 francs ;

185 inspecteurs de troisième classe à 1 600 francs.

En outre, les inspecteurs pour l'arrondissement chef-lieu étaient purement et simplement rétablis.

Suivit bientôt un commencement de réparation au triste décret du 31 décembre 1853 : à partir du 1er janvier 1859, il n'y eut plus qu'une classe d'instituteurs suppléants au traitement de 500 francs. (Décret du 21 juillet 1858.) Disons tout de suite, en anticipant sur les temps, que la classe restante des suppléants disparut à son tour :

A partir du 1er janvier 1861, il ne sera plus nommé d'instituteurs suppléants. Les instituteurs suppléants actuellement en exercice, pourront être, sur l'avis de l'inspecteur d'Académie, nommés instituteurs communaux, et ils jouiront en conséquence du traitement minimum de 600 francs déterminé par l'article 58 de la loi du 15 mars 1850. (Décret du 29 décembre 1860.)

Pour compléter l'abrogation de l'article 4 du décret du 31 décembre 1853, un décret du 19 avril 1862 porta, à partir du 1er janvier 1863, à 700 francs le traitement de tous les instituteurs publics comptant cinq années de service et, dans la proportion du vingtième, à 800 francs après dix ans de service, à 900 francs après quinze ans, le traitement des instituteurs bien méritants.

Les débuts dans l'enseignement sont toujours très lourds pour le jeune instituteur qui a à subir la retenue du premier douzième de son maigre traitement. L'article 4 du décret réparateur adoucit ces moments de gêne en édictant que « tout élève-maître, boursier de l'État ou des départements, appelé pour la première fois aux fonctions d'instituteur public, recevra, en sortant de l'école normale, pour se rendre à son poste, une indemnité qui ne pourra excéder 100 francs ».

Le Ministre n'avait point, comme tant d'autres, peur des écoles normales et, grâce à la bienveillance qu'il leur témoignait, l'opinion revenait à ces établissements : il en fut créé à Chambéry et à Nice (14 août 1860); à Rumilly (Haute-Savoie) pour les institutrices (13 août 1861); à Lagord (Charente-Inférieure) (28 octobre 1861); à Draguignan (Var) (25 janvier 1862); deux autres furent préparées, qui s'ouvriront à Lons-le-Saunier (Jura) et à Valence (Drôme)), le 18 octobre 1863.

Le régime par trop claustral, imposé par le décret du 24 mars 1851, fut adouci : le Conseil supérieur consentit à ce que les vacances durassent un mois plein et qu'un congé de huit jours pût être accordé à l'occasion de la fête de Pâques (11 juillet 1860).

Un troisième maître-adjoint put être nommé par le Ministre de l'Instruction publique sur la proposition des recteurs et après avis des commissions de surveillance. Une augmentation dans les traitements des directeurs et de leurs collaborateurs est en projet et le successeur de M. Rouland pourra le réaliser bientôt.

II

Des améliorations pédagogiques marchaient de pair avec ces sages réformes.

Soit qu'il fût défectueux par lui-même, soit qu'il fût mal compris, le règlement des salles d'asile du 22 mai 1855 produisait des effets déplorables. Au lieu d'être « des établissements d'éducation où les enfants des deux sexes, de deux à sept ans, reçoivent les soins que réclame leur développement moral et physique » (art. 1er du décret du 21 mars 1855), les salles d'asile, entre les mains de maîtresses qui ne connaissaient de la *méthode* que les évolutions et le maniement du claquoir, étaient devenues des petites écoles dans lesquelles, à force de procéder par voie d'interrogation, on produisait de merveilleux petits perroquets en état de répondre, quand on s'y prenait bien, sur toutes les matières qu'énumère le vaste programme tracé par le titre 11 du règlement. En outre, elles étaient plus d'une fois transformées en ouvroirs d'où sortaient des petits chefs-d'œuvre dignes de figurer dans les expositions. L'Impératrice, dans un voyage qu'elle fit en Bretagne, visita un assez grand nombre de salles d'asile; elle revint scandalisée de ce qu'elle y avait vu et dit tout haut qu'elle serait bien malheureuse si son fils était élevé à la manière des petits forçats qui y étaient recueillis.

M. Rouland profita de la circonstance pour améliorer un service qui laissait en effet fort à désirer. Il prescrivit une sorte d'examen probatoire pour les aspirantes aux bourses entretenues par l'État au Cours pratique (arrêté du 31 mars 1859) et dressa, pour les salles d'asile (5 août 1859) une sorte de règlement horaire qui faisait une grande part aux exercices et laissait le moins de temps possible pour les enseignements et les travaux dont abusaient les maîtresses.

L'article 8 du décret du 21 mars 1855 avait posé le principe des salles d'asile modèles. Ce titre pouvait être conféré à des salles d'asile qui « auraient été signalées pour la bonne disposition du local, l'état satisfaisant du mobilier, les soins donnés aux enfants, ainsi que pour l'emploi judicieux et intelligent des meilleurs moyens d'éducation et de premier enseignement ».

On espérait, par ces établissements d'élite, suppléer à l'insuffisance du Cours pratique et à l'absence de modèles rapprochés. Mais peut-être la pensée du Comité de patronage avait-elle été mal comprise; peut-être même avait-elle été faussée. M. Rouland y revint pour mieux la préciser. Dans un arrêté du 18 mars 1857, il régla les conditions auxquelles la salle d'asile modèle pourrait être qualifiée telle et confiée à une aspirante. Il avait fait suivre (10 juin 1857) cet arrêté d'une circulaire transmissive aux recteurs, qui, sous la forme modeste d'un questionnaire, contient un résumé de la doctrine d'alors sur la construction, l'aména-nagement et la direction soi-disant des salles d'asile modèles, mais, en réalité, des salles d'asile en général. Cette doctrine était bonne; sous la réserve du point de vue étroit où l'on s'était malheureusement placé dès l'origine, elle est encore de mise à cette heure. Seulement, on oubliait une chose pourtant bien importante, c'est que, pour bien diriger la salle d'asile, il faut s'en faire une idée élevée, l'aborder avec un esprit cultivé, largement pourvu de connaissances variées et approfondies; qu'il faut être, en un mot, une personne distinguée à la fois par le cœur et par l'intelligence. On ne pouvait raisonnablement espérer trouver tant de qualités chez de pauvres filles munies d'une lettre d'obédience ou tout au plus du modeste certificat d'aptitude obtenu après les épreuves prescrites autrefois par l'arrêté du 6 février 1838, récemment par la circulaire du 14 février 1856. Ce titre n'avait prouvé et ne prouvait encore qu'une instruction très élémentaire et une certaine pratique des exercices propres aux salles d'asile, non cette supériorité intellectuelle et morale, cette parfaite intelligence de l'enfance, cette intuition des moyens de s'en faire comprendre, écouter et aimer, qui font la véritable directrice d'école maternelle, et qui, si elles ne sont pas toute la méthode, en sont du moins l'âme, la vie et la seule condition de succès. On oubliait en outre, ou l'on feignait d'oublier, que ce n'est pas avec des traitements de 250 à 150 francs que l'on attire et que l'on retient des femmes de valeur dans des fonctions des plus pénibles et que, malheureusement, l'opinion place tout à fait au bas et presque en dehors du service scolaire. L'insuccès de nos salles d'asile était là et celui de nos écoles maternelles tient encore à des circonstances analogues.

III

Les livres à employer dans les écoles ont été de tout temps l'une des grandes préoccupations de l'administration. Sous la loi de 1833, ils devaient être choisis parmi ceux qui sont autorisés par le Conseil Royal. Une commission spéciale était chargée d'en faire l'examen préalable. Sous la loi de 1850, les livres, examinés aussi par une commission spéciale, devaient être approuvés par le Conseil supérieur de l'instruction publique. Un décret du 20 juillet 1858 et un règlement du 26 décembre de la même année avaient confirmé ou renouvelé les anciennes dispositions sur cette matière. Mais le grand point était de faire pénétrer ces ouvrages si soigneusement triés dans les écoles, et d'arriver à ce qu'ils y fussent en quantité suffisante. Beaucoup d'enfants, les enfants pauvres surtout, en étaient dépourvus, et ils étaient quand même rares et peu variés. Combien d'écoles ou de divisions n'avaient qu'un seul livre de lecture, qui était ressassé du 1er janvier au 31 décembre de chaque année! Il n'y avait qu'un moyen d'obvier à cette pénurie : c'était de faire des livres la propriété de l'école et de créer un fonds sur lequel ils pussent être acquis et renouvelés au fur et à mesure des besoins.

Des essais furent tentés à cet effet, et c'est encore du département du Loiret que partit l'initiative. L'administration académique, d'accord avec l'administration départementale, établit que les familles cesseraient d'être tenues de fournir les livres classiques. Chaque élève non inscrit sur la liste de gratuité, payerait une cotisation mensuelle de dix centimes; au moyen du produit de cette cotisation, des sacrifices que consentiraient les conseils municipaux, des libéralités obtenues de personnes aisées, amies de l'instruction primaire, les livres classiques seraient achetés au nom de l'école et y resteraient déposés dans un meuble spécial dont ils ne seraient tirés qu'au moment de la lecture ou de l'exercice auquel ils correspondraient. Dès lors, plus de distinction entre les élèves aisés et les élèves pauvres, plus d'enfants dépourvus d'instruments de travail, plus d'ouvrages disparates, traités sans façon par l'écolier et, par suite, bientôt hors d'usage.

Malgré la modicité de la cotisation exigée, et la parcimonie souvent forcée de certains conseils municipaux, la première mise de fonds alla en grossissant, si bien qu'au bout de quelques années, les dettes contractées au début furent éteintes et que la *Bibliothèque scolaire* — c'est le nom que prit l'institution — fut en situation d'ajouter, aux livres purement classiques, des ouvrages didactiques importants et, peu à peu, des livres de lecture à proprement parler, des livres de prêt que l'enfant emportait au dehors pour occuper utilement ses loisirs et les veillées de la famille.

Les heureux résultats de cette mesure furent signalés à M. Rouland, qui la généralisa par l'arrêté suivant en date du 1er juin 1862 :

ARTICLE PREMIER. — Il sera établi, dans chaque école primaire publique, une bibliothèque scolaire.

ART. 2. — Cette bibliothèque sera placée, sous la surveillance de l'instituteur, dans une des salles de l'école, dont elle est la propriété.

Les livres seront rangés dans une armoire-bibliothèque conforme au modèle annexé à la circulaire du 30 mai 1860.

ART. 3. — La bibliothèque scolaire comprendra :

1° Le dépôt des livres de classe à l'usage de l'école ;

2° Les ouvrages concédés à l'école par le Ministre de l'Instruction publique ;

3° Les livres donnés par les préfets au moyen des crédits votés par les Conseils généraux ;

4° Les ouvrages donnés par les particuliers ;

5° Les ouvrages acquis au moyen des ressources propres à la bibliothèque (art. 7).

ART. 4. — Aucune concession de livres ne pourra être faite par le Ministre à une bibliothèque scolaire si la commune ne peut justifier :

1° De la possession d'une armoire-bibliothèque ;

9° De l'acquisition des livres de classe en quantité suffisante pour les besoins des élèves gratuits.

Art. 5. — Les livres de classe seront prêtés, aux moments convenables pour les exercices, à tous les enfants portés sur la liste des admissions gratuites, dressée conformément à l'art. 45 de la loi du 15 mars 1850.

Les livres seront également mis entre les mains des élèves payants dont les parents auront souscrit la cotisation volontaire indiquée à l'art. 7 du présent arrêté.

Les ouvrages mentionnés aux paragraphes 2, 3, 4 et 5 de l'art. 3 pourront être prêtés aux familles, lesquelles prendront l'engagement de les rendre en bon état, ou d'en restituer la valeur.

Art. 6. — Aucun des ouvrages mentionnés aux paragraphes 2, 3, 4 et 5 de l'art. 3 ne peut être placé dans les bibliothèques scolaires, soit qu'il provienne d'acquisitions, soit qu'il provienne de dons faits par les particuliers, sans l'autorisation de l'inspecteur d'Académie.

L'acquisition des livres de classe sera faite par les instituteurs. sur une liste préparée chaque année, pour toutes les écoles du ressort, par le Conseil académique, et arrêtée par le Ministre.

Art. 7. — Les ressources de la bibliothèque scolaire se composent :

1° Des fonds spéciaux votés par les Conseils municipaux ;

2° Des sommes portées au budget pour fournitures de livres aux enfants indigents, et que les Conseils municipaux consentiraient à appliquer à la nouvelle fondation ;

3° Du produit des souscriptions, dons ou legs destinés à ladite bibliothèque ;

4° Du produit des remboursements faits par les familles pour pertes ou dégradations des livres prêtés ;

5° D'une cotisation volontaire fournie par les familles des élèves payants, et dont la base sera fixée chaque année par le Conseil départemental, après avis du Conseil municipal.

Art. 8. — L'instituteur communal tiendra trois registres conformes aux modèles ci-annexés :

1° Catalogue des livres ;

2° Registre des recettes et des dépenses ;

3° Registres d'entrée et de sortie des livres prêtés au dehors de l'école.

Ces registres, cotés et paraphés par le maire, seront visés par l'inspecteur de l'instruction primaire, lors de l'inspection de l'école.

Ils seront communiqués aux autorités scolaires à toute réquisition.

Art. 9. — L'instituteur conservera et classera dans un ordre méthodique les mémoires, quittances, lettres, et toutes les pièces de correspondance relatifs à la bibliothèque scolaire.

Art. 10. — Chaque année, au 31 décembre, l'instituteur dresse, en présence du maire, la situation de la bibliothèque ainsi que celle de la caisse. Le procès-verbal constatant cette double opération est adressé à l'inspecteur d'Académie par l'intermédiaire de l'inspecteur primaire.

Art. 11. — A chaque changement d'instituteur, le procès-verbal de récolement et de situation de la caisse est signé par l'instituteur sortant et par son successeur.

L'instituteur sortant n'est déchargé de toute responsabilité qu'après avoir obtenu de l'inspecteur de l'instruction primaire un certificat constatant que les formalités sus-indiquées ont été remplies, et la prise en charge faite par son successeur.

Art. 12. — A leur passage dans l'école, les inspecteurs de l'instruction primaire vérifient les divers registres énumérés à l'art. 8. Ils s'assurent que l'acquisition des ouvrages a été faite conformément aux prescriptions de l'art. 6, et que la bibliothèque ne contient aucun livre donné ou légué, et dont l'acceptation n'aurait pas été autorisée par l'inspecteur d'Académie; ils contrôlent les recettes et les dépenses, et constatent, s'il y a lieu, les irrégularités.

Art. 13. — A la fin de chaque année, l'inspecteur d'Académie adresse au Ministre de l'Instruction publique, par l'intermédiaire du recteur, un rapport sur la situation des bibliothèques scolaires.

Art. 14. — Les recteurs, les préfets, les inspecteurs d'Académie sont chargés, chacun en ce qui le concerne, de l'exécution du présent règlement, qui sera affiché dans toutes les écoles publiques.

On voit, par ce règlement, quel a été le but pédagogique et le but moral de la création des bibliothèques scolaires : mettre à la disposition de tous les élèves d'une école les livres classiques qui leur avaient si souvent manqué jusqu'alors; leur fournir, à eux et à leur famille, des livres de lecture qui, se présentant avec le cachet et sous la garantie de l'école, ne puissent inspirer aucune crainte, ni devenir suspects aux esprits les plus prévenus. Plusieurs personnes, des Ministres mêmes, perdront de vue le côté pédagogique des bibliothèques scolaires, pour n'y voir

qu'un moyen de propager la lecture et de vulgariser les
connaissances dans lesquelles on se plaît à voir le salut de
la société. Heureusement que les créateurs, les propaga-
teurs, les vrais soutiens de l'institution, — les inspecteurs
primaires, — sauront conserver à l'institution le double
caractère que détermine si bien l'arrêté du 1er juin 1862.

Pendant que, grâce à cet arrêté, les écoles allaient être
peu à peu pourvues d'abord des livres nécessaires, ensuite
de livres utiles, il s'opérait un commencement de rénovation pédagogique.

Jusqu'alors, pour la marche générale de son école et
l'organisation de sa classe, l'instituteur était abandonné à
ses propres inspirations. Dès 1855, dans une réunion des
instituteurs du département du Loiret au lycée d'Orléans,
la division obligatoire de l'effectif de toute école en trois
ou quatre groupes principaux était adoptée, un emploi du
temps était dressé, des programmes et un système disciplinaire étaient discutés et établis, la préparation écrite
des leçons était reconnue nécessaire, et prenait le nom, si
répété depuis, de *Journal de classe*. Des directions étaient
d'ailleurs données pour l'enseignement des diverses matières. Les instituteurs se retiraient ayant vu leurs chefs,
les ayant entendus, et se sentant plus disposés à suivre
leurs conseils, à sortir enfin des vieux errements et de la
routine traditionnelle.

Des réunions semblables eurent bientôt lieu dans d'autres départements. Elles durent, pour échapper à certains
mauvais vouloirs, et ne point être suspectées, prendre la
forme et le nom de *retraites pédagogiques;* en outre, elles
ne purent devenir générales, ni durer longtemps, parce
qu'elles étaient onéreuses aux départements et, quand
même, aux instituteurs. Mais elles n'en produisirent pas
moins d'heureux résultats : en attendant le rétablissement
des anciennes conférences cantonales interrompues, et à
peu près oubliées depuis 1848, elles remirent les instituteurs en contact, leur permirent d'échanger des idées et de

s'éclairer mutuellement sur les méthodes à suivre et sur les procédes à préférer pour leur application. Elles firent d'ailleurs disparaître les craintes chimériques que la presse hostile avait fait naître à l'égard des instituteurs, et contribuèrent à leur ramener l'opinion, à réconcilier en quelque sorte le public avec l'instruction primaire laïque.

IV

Celle-ci continuait, cependant, à baisser et à dépérir, une foule d'écoles tombant tous les jours aux mains des congréganistes favorisés par le droit réservé aux Conseils municipaux d'émettre leur vœu, en cas de vacance, sur le choix de la catégorie de leurs instituteurs. M. Rouland chercha, sinon à entraver ce mouvement, du moins à le modérer.

Il n'avait pour cela d'autre moyen que de sauvegarder précisément ce droit d'option dont les Conseils municipaux étaient amenés à se servir en faveur de l'enseignement congréganiste. Les promoteurs de libéralités pour la fondation ou l'entretien d'écoles congréganistes avaient soin, comme nous l'avons dit déjà, de faire insérer, aussi bien dans les actes entre vifs que dans les dispositions testamentaires, une condition très explicite et très nettement formulée, essentielle par conséquent, à savoir : que l'école serait « exclusivement possédée ou desservie par des frères ou des religieuses, et souvent par des frères ou des religieuses de tel ordre », ce qui rivait à tout jamais une commune à telle catégorie de maîtres ou de maîtresses et, de plus, à telle association d'hommes ou de femmes. Que devenait, avec de telles clauses, la liberté d'option stipulée par la loi? Le Conseil d'État, alors dévoué aux congréganistes, acceptait et même favorisait ces clauses impératives : « Les communes, disait-il, ne restaient-elles pas libres d'émettre leur vœu et de faire leur choix, en renonçant purement et simplement à la libéralité? » — « Mais, lui fut-il répondu,

quand une commune aura accepté une libéralité de 50, 60 ou
100 000 francs, et se sera accoutumée à en bénéficier, ne
lui répugnera-t-il pas de changer la catégorie de ses maîtres
ou maîtresses d'école en s'exposant à une action en revendication de libéralité pour cause d'inexécution de conditions essentielles? Le plus souvent, sinon toujours, les
communes s'abstiendront de se placer dans une situation
si périlleuse ; en fait, sinon absolument en droit, leur liberté
est donc supprimée, et il est fait violence à la loi. »

Le Conseil d'État resta sourd à ces raisonnements, et
M. Rouland put seulement introduire, dans les décrets en
autorisation d'accepter, cette formule inoffensive, mais qui
rappelait au moins le principe : « Sous la réserve des clauses
et conditions qui sont contraires aux lois. »

Il fut peut-être plus heureux en faisant revivre une jurisprudence que le Conseil d'État avait fait varier au gré des
passions ou des circonstances du moment. Il put ramener
les diverses personnes civiles à leurs attributions propres :
les fabriques aux intérêts du culte, et les hospices ou autres
établissements charitables aux intérêts des pauvres et des
malades. Il rappela en outre que les congrégations religieuses ne pouvaient être reconnues ou autorisées que dans
un intérêt public. Celles-ci, très scrupuleuses pour ce qui
est de leurs règlements particuliers, le sont beaucoup
moins à l'endroit de la loi civile; elles l'éludent volontiers,
en excipant de leurs statuts ou privilèges, et les pouvoirs publics d'alors n'étaient que trop portés à céder à
leurs exigences. M. Rouland eut le courage, rare pour le
temps, de les rappeler au respect de la loi et de les maintenir dans le droit commun. Ainsi, elles durent se renfermer
dans le programme de l'instruction primaire qui est la
seule raison d'être des congrégations enseignantes. Les
préfets furent avertis de ne voir dans leurs membres que
des individus soumis à toutes les prescriptions de la loi, et
non dispensés de faire connaître leur nom, leurs titres et
leur passé, en se dérobant sous des noms d'emprunt ou

sous l'habit que la congrégation leur assigne. Enfin, il les empêcha de s'éterniser dans les écoles, ou de s'y introduire sur un vote surpris à un Conseil municipal. A la suite d'une pétition portée devant le Sénat par le marquis de Tournon, il fut reconnu que si les préfets devaient tenir grand compte du vote émis par le Conseil municipal, par application de l'art. 4 du décret du 9 mars 1852, ils n'étaient point tenus de s'y conformer, au risque d'enlever toute stabilité aux écoles importantes, sans cesse convoitées par les congréganistes.

En même temps, soit qu'il connût les instituteurs par lui-même, soit qu'il fût mieux renseigné à leur égard par les inspecteurs primaires qu'il avait appelés dans ses bureaux, M. Rouland continua de leur témoigner une bienveillance qu'ils ne rencontraient plus depuis longtemps dans la haute administration. Pour les mieux connaître encore, il se mit, comme l'avait fait jadis Guizot, en relations directes avec eux et il leur posa cette question (14 décembre 1860) :

Quels sont les besoins de l'instruction primaire dans une commune rurale, au triple point de vue de l'école, des élèves et du maître?

Plus de six mille y répondirent; plus de douze cents le firent avec talent et compétence : « Il y avait donc quelque chose dans ce corps, objet de tant de soupçons et de dédains, et peut-être était-il possible de tirer de lui d'utiles services, à cette double condition de le rendre moins dépendant et de savoir le diriger[1]. »

Plein d'estime pour ce corps qui venait de s'honorer par tant d'excellents mémoires, M. Rouland qui, nous l'avons vu plus haut, avait cherché à augmenter la modeste aisance des instituteurs des campagnes (D. du 19 août 1862), écrivit aux préfets, le 26 août suivant : « J'ai fait ce que j'ai pu

____
1. Du Mesnil, Dict. de Pédagogie Buisson, art. sur M. Rouland.

pour améliorer la situation des instituteurs, mais aidez-moi à leur assurer la sécurité. » Il s'agissait des mutations. Aux termes d'instructions qui dataient déjà de loin, les préfets devaient transmettre au Ministre, chaque mois, un compte rendu motivé des changements qu'ils avaient faits parmi les instituteurs. Mais cette nécessité de rendre compte de leurs décisions n'empêchait pas les préfets d'user arbitrairement, et au gré des passions politiques ou religieuses locales, de leur pouvoir discrétionnaire, de se passer même du rapport de l'inspecteur d'Académie ou de n'y point donner une attention suffisante. M. Rouland revient à la charge sur ce point si important :

Les mutations, dit-il, ne doivent être effectuées que dans l'intérêt des écoles ou des instituteurs eux-mêmes; chacun doit en apprécier l'opportunité sans qu'on puisse les envisager comme des concessions faites à des exigences personnelles, ou comme le résultat de motifs étrangers aux vraies nécessités du service. Aucun arrêté ne doit être pris que sur le rapport de l'inspecteur d'Académie.

Puis, à la suite d'objurgations pressantes à ce sujet, et parlant des fonctions accessoires de secrétaire de mairie, de chantre, etc., M. Rouland avertit les préfets que les maires et les curés ne doivent pas détourner les instituteurs de leur devoir essentiel en réclamant leurs services pendant les heures de classe[1].

V

Mais, pendant que les instituteurs étaient ainsi relevés devant l'opinion et à leurs propres yeux, soutenus contre des changements arbitraires et contre des exigences qui les détournaient de leurs fonctions propres, voici comment

1. Du Mesnil, Dict. de Pédagogie Buisson, art. sur M. Rouland.

était comprise en haut lieu la mission qu'ils étaient chargés de remplir au milieu des populations.

Dans une circulaire du 20 août 1857, après avoir, suivant l'usage, brûlé quelques grains d'encens aux préfets et à la dynastie, le Ministre montre quel doit être le rôle de l'école, ce qui en est l'âme, ce qui la vivifie, ce qui, d'ailleurs, est le but de tous les sacrifices qu'elle impose.

On attribue cette circulaire à M. Rendu alors inspecteur général de l'instruction primaire. Mais il n'importe : elle fait époque ; elle contient la véritable doctrine sur les matières dont elle traite ; nous croyons qu'à tous ces titres, elle mérite d'être conservée et nous la citons tout entière. Elle est adressée aux recteurs, et il devait en être ainsi puisque « si le législateur confie au préfet la partie politique et administrative du vaste service de l'instruction primaire, il a réservé au recteur la partie pédagogique et véritablement scolaire ». (M. Fortoul aux préfets, 30 octobre 1854.)

Monsieur le Recteur, depuis que la loi du 14 juin 1854 a associé les préfets au gouvernement de l'instruction primaire, une impulsion très vive a été donnée à la partie extérieure, et, si je puis dire, à la partie matérielle de l'enseignement. Un nombre considérable d'écoles de filles ont été ouvertes ; les petites écoles, dites écoles de hameau, se sont multipliées ; bref, les moyens d'instruction ont été mis, avec une libéralité plus grande que par le passé, à la portée des populations. Bientôt, aucune des classes de la société française n'aura ni raisons, ni prétextes de laisser les jeunes enfants grandir dans l'ignorance. C'est là un fait d'une véritable portée, et ce fait n'est que l'accomplissement de l'un des vœux les plus chers du Gouvernement impérial. MM. les préfets, non plus qu'aucun des membres de l'administration de l'instruction publique, ne peuvent oublier qu'en consacrant leurs efforts au développement de l'enseignement populaire, ils ne font que travailler à remplir, pour la part qui leur est échue, le programme tracé par ces mémorables paroles : « je veux conquérir à la religion, à la morale, à l'aisance, cette partie si nombreuse de la population qui, dans un pays de foi et de croyances, connaît à peine les préceptes du Christ » (Discours de Bordeaux).

Mais construire des écoles, n'est qu'une faible partie de la tâche. Quand on a rendu l'enseignement accessible, il reste à le rendre profitable. Il importe que les populations puissent toucher du doigt l'utilité pratique de l'instruction. On ne saurait se le dissimuler, le tour vague, abstrait, purement théorique de l'enseignement, est trop souvent l'une des causes de la désertion des classes. Pourquoi, dans les campagnes particulièrement, le chef de la famille tiendra-t-il à ce que ses enfants fréquentent régulièrement l'école, si les heures qu'on y passe paraissent des heures mal employées; si la dépense qu'elle entraîne est, à ses yeux, une dépense stérile? Il faut, à tout prix, que les familles, les communes, les départements, l'État, puissent se considérer comme amplement dédommagés, par les résultats, des sacrifices qu'ils auront accomplis.

Ici, Monsieur le Recteur, apparaît sous son véritable jour la mission qui vous est attribuée dans la direction de l'enseignement populaire, et c'est pour me mettre à même d'apprécier jusqu'à quel point vous êtes secondé, dans cette mission, par les agents placés sous vos ordres, que je viens vous prier de me faire connaître, au point de vue de chacune des branches du programme, la manière dont l'enseignement est donné dans les écoles de votre circonscription académique.

C'est sur les matières comprises dans la partie obligatoire que j'attire tout spécialement votre attention. Ce serait déjà beaucoup, j'allais presque dire : il serait suffisant, que les matières essentielles fussent possédées à fond, par tous les enfants que leur âge rend tributaires de l'école. Il s'en faut malheureusement que nous soyons sur le point d'arriver à ce modeste résultat.

Et, pour commencer par l'instruction morale et religieuse, l'instituteur se fait-il, en la dispensant, l'auxiliaire utile et discret du curé? Le catéchisme et l'Évangile sont-ils toujours appris dans l'école? En ce qui touche l'histoire sainte, le maître s'attache-t-il à la présenter sous forme de récit, à la résumer dans la vie de quelques personnages célèbres dont les noms ne sauraient être ignorés? Un récit fait avec quelque vivacité, coupé, de temps à autre, d'interrogations qui tiennent l'attention éveillée, est préférable à tout autre mode d'enseignement. Je verrais avec un véritable regret que l'on continuât, dans vos écoles, à faire apprendre par cœur ces interminables séries de faits et de dates qui n'entrent dans la mémoire que pour en sortir aussitôt, sans y laisser ni une idée sérieuse, ni une notion utile[1].

1. Que l'on substitue à ces matières disparues aujourd'hui de nos programmes l'enseignement moral et civique, surtout l'enseignement de l'histoire, et ces directions pédagogiques, bien loin d'avoir vieilli,

En lecture, s'efforce-t-on, quelles que soient d'ailleurs les méthodes adoptées, à faire de cet exercice, presque toujours si fastidieux pour les élèves, un instrument de développement intellectuel? Il s'agit d'obtenir d'abord que la lecture soit faite avec aisance et naturel, et, en général, sur le ton de la conversation; ensuite, que les enfants prennent l'habitude de se rendre compte de tous les mots et de toutes les pensées. Quand un morceau a été lu, le maître le relit-il lui-même avec la prononciation, le ton, les inflexions de voix convenables? Adresse-t-il des questions sur le sens de telle phrase, l'orthographe de tel mot, la portée de telle expression?

En enseignant l'écriture, on n'a pas, vous le savez, à former d'habiles professeurs de calligraphie, mais à mettre les enfants à même d'écrire couramment et lisiblement. L'instituteur évite-t-il de mettre les élèves aux prises avec des difficultés extraordinaires et des traits bizarres? Réserve-t-il tout leur temps pour la posée et l'expédiée?

Les élèves de nos écoles, disait mon prédécesseur dans une instruction que je me plais à rappeler, ont besoin d'apprendre leur langue, mais non les subtilités qui ont rendu, en la compliquant, l'étude de la grammaire française si peu attrayante et, par conséquent, si difficile.

Assurément, l'étude de la langue maternelle est indispensable et peut être féconde : car, si la langue n'est autre chose que l'expression de la pensée, la culture n'en peut être sans influence directe sur l'intelligence. Mais qu'on se garde d'accabler l'esprit des enfants de ces définitions métaphysiques, de ces règles abstraites, de ces analyses prétendues grammaticales qui sont, pour eux, des hiéroglyphes indéchiffrables ou de rebutants exercices.

Tout enfant qui vient s'asseoir sur les bancs d'une école apporte avec lui, sans en avoir conscience, l'usage des genres, des nombres, des conjugaisons. Qu'y a-t-il à faire? Tout simplement l'amener à se rendre un compte rationnel de ce qu'il sait par routine et répète de lui-même machinalement. Que le maître fasse lire une phrase claire et simple; cette phrase lue, qu'il s'assure si les élèves en ont bien saisi le sens; qu'il explique ensuite ou fasse expliquer le rôle que chacun des mots joue dans la construction de la phrase. Après quoi, qu'il donne cette phrase à copier. On a ainsi tout ensemble une leçon de logique pratique et une leçon d'orthographe.

Là est le seul genre d'analyse qu'il faille admettre dans les

retrouveront leur raison d'être et pourront recevoir encore leur pleine et entière application.

écoles. L'analyse ainsi pratiquée est fructueuse parce qu'en étudiant à la fois la pensée et les mots, elle s'adresse à l'intelligence; elle devient un pur gaspillage de temps quand elle n'est, comme on le voit trop souvent, que le travail machinal de la mémoire.

Donc, point de ces éternelles dictées ambitieusement décorées du nom d'*analyses logiques* et bonnes seulement à faire prendre en dégoût tout ce qui tient à l'enseignement de la langue; point de fantasmagories de mots; s'il est possible même, point de grammaire entre les mains des élèves. Faire apprendre par cœur des formules à des enfants qui sortiront de l'école pour manier la bêche ou le rabot, c'est, à plaisir et sans résultats, heurter les instincts des familles. Qu'on voie s'entre-choquer dans un pêle-mêle de notions confuses ces mots techniques dont une intelligence peu exercée ne parvient jamais à se rendre maîtresse, il n'y a là, avec une perte de temps certaine, que des avantages bien douteux. Les dictées graduées avec discernement, analysées au point de vue des idées, du sens des mots, de l'orthographe, dictées ayant pour objet un trait d'histoire, une invention utile, une lettre de famille, un mémoire, le compte rendu d'une affaire, tel doit être, dans l'école primaire, le fondement de l'enseignement de la langue.

Dans l'enseignement du calcul, les maîtres s'attachent-ils à exercer le raisonnement, à donner à cet enseignement un caractère tout pratique, en empruntant les problèmes aux circonstances de la vie réelle, aux faits de l'économie domestique, rurale et industrielle? S'efforce-t-on ainsi de faire de l'arithmétique une sorte de cours de logique populaire appliquée aux besoins, aux relations de chaque jour?

Que si l'on complète ces données fondamentales par des notions très simples de géographie, en prenant pour point de départ le village, le canton, l'arrondissement, le département, en donnant des explications sommaires, mais précises, sur les faits historiques, administratifs, industriels, agricoles, qui se rattachent aux lieux indiqués sur la carte, on aura parcouru le cercle des matières qu'il est désirable d'enseigner à tous les enfants admis dans les écoles rurales et dans un certain nombre de nos écoles de villes.

Ce programme épuisé, sans doute on n'aura point formé des savants, mais on aura donné à de futurs ouvriers des notions vraiment utiles et toutes les connaissances nécessaires pour qu'ils puissent se livrer aux travaux de leurs professions avec intelligence et profit.

C'est à ces différents points de vue, Monsieur le Recteur, que je désire recevoir de vous des renseignements positifs sur la manière dont est dispensé l'enseignement dans les écoles primaires de votre circonscription.

Les instituteurs sont-ils bien pénétrés de la nécessité de poser, d'une manière solide, ces premiers et indispensables fondements avant d'aborder les matières énumérées dans la partie facultative du programme?

Comprennent-ils que, dans l'intérêt même de l'enseignement, ils doivent faire en sorte que les familles puissent constater, par les résultats, l'utilité pratique de l'école?

Les inspecteurs primaires ont-ils, à cet égard, des idées précises, un plan nettement arrêté, et ce plan est-il persévéramment suivi? Messieurs les inspecteurs d'Académie, de leur côté, se préoccupent-ils des moyens d'imprimer, sous ce rapport, au service dont ils sont les chefs, une marche logique et uniforme?

Si le but indiqué dans la présente circulaire n'est atteint que très incomplètement, à quelles causes attribuez-vous une déviation si regrettable de la ligne que tracent évidemment les simples données du bon sens? Est-ce à l'insuffisance ou à une direction erronée de l'éducation pédagogique des maîtres, est-ce au défaut d'expérience de la part des fonctionnaires chargés de l'inspection? Quels remèdes et, au besoin, quelles réformes auriez-vous à me proposer?

A toutes ces questions, je désire, Monsieur le Recteur, que vous m'adressiez des réponses puisées dans l'étude attentive et consciencieuse des faits.

Je vois, par les derniers rapports de messieurs les inspecteurs primaires, qu'un nombre considérable d'enfants de votre circonscription s'abstiennent encore de fréquenter les écoles. Les causes d'un fait si digne d'exciter votre sollicitude sont assurément très complexes : on peut parler de l'indifférence des populations pour l'instruction, de la pauvreté des familles, de la difficulté ou de la longueur des chemins qui, dans certaines localités, séparent les habitations de l'école; mais à ces causes, contre lesquelles le temps seul permettra à l'administration de réagir, ne faut-il pas ajouter, pour une large part, celle dont je parlais plus haut : le caractère trop vague et trop théorique de l'enseignement? Or, on rendra l'instruction pratique en employant moins de temps à enseigner des choses dénuées d'intérêt pour les élèves des écoles, et en donnant plus de temps, au contraire, à l'enseignement des connaissances usuelles.

Sous ce rapport évidemment, les efforts de l'administration pourraient, dès aujourd'hui, accélérer les progrès. J'attends de vous, Monsieur le Recteur, que vous m'adressiez toutes les informations qui me permettront d'en préparer les éléments.

Plus nous relisons cette circulaire, plus nous la trouvons admirable de doctrine et de bon sens pratique, plus nous nous demandons pourquoi on n'en a point introduit l'étude et le commentaire dans le programme de l'examen pour l'inspection primaire et la direction des écoles normales. Tout ce qui était sage alors l'est encore aujourd'hui et le sera tant qu'il existera des écoles primaires dignes de ce nom. Tout ce qui était vrai alors sur les causes de la non-fréquentation de l'école, l'est malheureusement encore de nos jours. A cette heure, les inspecteurs primaires n'ont point cessé d'accuser, dans leurs rapports : « l'indifférence des populations pour l'instruction, la pauvreté des familles, la difficulté ou la longueur des chemins qui, dans certaines localités, séparent les habitations de l'école. » Mais ils pourraient ajouter que, « pour une large part, le caractère trop vague et trop théorique de l'enseignement », le peu d'intérêt qu'y savent donner les maîtres et maîtresses, l'inintelligence de l'enfance et de ses véritables besoins, l'absence de directions pédagogiques précises et bien déterminées — nous n'osons pas dire le manque de zèle et de dévouement — sont les véritables causes de l'absentéisme que les statistiques révèlent et que notre loi sur l'*obligation* est impuissante à conjurer.

Rendre l'instruction primaire *pratique*, tout en y visant au développement intellectuel et moral, tel doit être, en effet, le but de l'école, celui qu'on perdait de vue alors et qu'on ne poursuit pas encore assez aujourd'hui. On doit savoir gré à M. Rouland et à ses collaborateurs de l'avoir rappelé à un moment où les maîtres et maîtresses, cessant d'être persécutés ou tenus en suspicion, allaient pouvoir se donner, tout entiers et sans inquiétude, à la mission qui leur était ainsi tracée.

Sous un ministère aussi bienveillant et, l'on peut dire, aussi bienfaisant, les instituteurs commençaient non à « relever la tête », comme disait certaine presse, mais à reprendre courage, lorsque M. Rouland succomba à quelque intrigue de cour s'armant contre lui de sa hardiesse à soutenir les vieilles doctrines gallicanes dont il était imbu et dont il faisait hautement profession. Son administration fut, pour l'instruction primaire et pour tout son personnel, une époque, sinon de résurrection, du moins de relèvement. L'œuvre qu'allait entreprendre d'achever M. Duruy était au moins fortement entamée, et le nouveau Ministre trouvait, avec des ressources créées à force d'économies, les esprits merveilleusement préparés pour ses propres projets.

Et il était temps qu'un progrès sérieux s'accomplît, car voici comment, en 1859 encore, un inspecteur dépeignait la situation de l'instruction primaire dans une partie considérable de nos départements du centre, opposant de tristes réalités aux progrès prématurément affirmés et beaucoup trop généralisés par certains rapports officiels.

... Je viens de parcourir des régions vraiment déshéritées : un sol ingrat, d'immenses plaines de bruyère, des marécages, quelques bois rabougris, une culture dans l'enfance et de maigres productions; en même temps, une population pauvre, affamée, d'ailleurs comme frappée d'inertie; on dirait un feu éteint ou couvert, où couvent pourtant quelquefois les plus mauvaises passions... L'école, au lieu de dominer cette situation, est en parfaite harmonie avec elle.

Quittez la route solitaire et égarez-vous dans ces chemins de traverse à peine tracés, au milieu de ces landes à perte de vue, sous ce ciel qui vous paraît mélancolique parce que votre âme est attristée. Vous rencontrez de loin en loin une chaumière, un domaine, un hameau entourés de quelques champs cultivés, bâtis sur le bord d'une eau fangeuse. Les habitants, pâles et chétifs, manient d'une main débile l'instrument de travail; plusieurs sont retenus dans leur lit ou auprès du foyer par des fièvres endémiques. De tout jeunes enfants, malpropres et à peine vêtus, fuient à votre approche. De ces enfants encore dans le premier âge aux adultes, il manque une transition, des degrés dans l'échelle de l'existence, d'autres enfants de six à treize ans, que vos regards cherchent en vain.

Sans doute, ces enfants sont à l'école et, là, votre vue se reposera avec bonheur sur ces fraîches natures qui, débarrassées des premières misères de l'enfance, ne reflètent point encore la souffrance, les privations, le vice, les mauvais instincts, la sauvagerie, la ruse, la défiance sournoise que vous croyez lire sur les visages qui sont sous vos yeux.

Détrompez-vous. Ces enfants ne sont point à l'école, ils ne la connaissent même pas. Ils sont un p u plus loin dispersés çà et là, par groupes de quatre ou cinq d'âge et de sexe différents, sur le bord des chemins; ou bien, ils sont mêlés aux touffes de genêts et de bruyère, préposés à la garde de quelques volatiles, d'une chèvre ou de deux ou trois brebis. Vous saluez ces enfants... rien; vous leur adressez quelques mots... rien encore qu'un regard atone, que l'ébahissement de l'idiotisme, que des visages qui portent déjà l'empreinte du vice, de la dégradation et de la misère.

Si le ministre du culte vous accompagne, engagez-le à leur adresser quelques questions sur Dieu, sur leur âme, sur leur origine, sur leurs devoirs d'enfants ou leur destinée d'hommes, leur silence ou leurs réponses saugrenues vous étonneront et rempliront d'amertume l'âme du pasteur.

C'est que, voyez-vous, voilà l'école pour ces pauvres enfants : des parents ignorants ne connaissant rien au delà de la vie matérielle qu'ils leur ont donnée, puis l'isolement de la lande voisine, la société des animaux et d'autres enfants déjà démoralisés et les démoralisant à leur tour.

L'école, quand elle existe, est à quatre, six, huit et quelquefois à dix kilomètres de là!

D'ailleurs, le bouge auquel on donne ce nom n'a rien qui puisse attirer ces enfants et séduire leurs parents. La voici au chef-lieu de commune. Vous ne la trouveriez pas si on ne vous l'indiquait à plusieurs reprises : rien ne la distingue des habitations ordinaires qu'un aspect plus misérable peut-être et qu'un abord plus fétide. Ce n'est pas même une maison à part, avec son individualité, ses dépendances à elle, sa sainte vie privée, isolée de la rue et de toute image fâcheuse.

C'est le plus souvent une locature incomplète, une partie détachée d'une ferme ou d'une auberge; c'est un cabaret transformé auquel il suffirait d'appendre une enseigne pour lui rendre sa première destination. C'est bien quelquefois une construction spéciale, de date récente, mais dans des conditions telles qu'un simple particulier, trouverait à peine de quoi loger commodément sa famille.

Entrez; voici la salle de classe avec sa surface de quinze à vingt mètres carrés, deux mètres cinquante, rarement trois mètres d'élévation. Une ou deux fenêtres étroites y laissent pénétrer un jour indécis; l'eau suinte à travers le carrelage; une atmosphère nauséabonde, une odeur d'aliments divers, de vêtements malpropres et mouillés, d'émanations délétères, vous repousse et vous fait comprendre que c'est là à la fois le séchoir, la salle des paniers et la salle de classe.

C'est pourtant là qu'un homme élevé presque toujours au grand air des champs et à la vive lumière du soleil, va passer la plus grande partie de son existence, à respirer un air empesté, quand le prisonnier et le criminel respirent un air pur! Jeune encore, comme il est pâle! comme il a la physionomie maladive et anémiée! comme il porte l'empreinte de la souffrance et du malaise! Une toux sèche, une voix enrouée, cassée avant l'âge, vous révèlent immédiatement la cause de cette caducité précoce : la privation presque continue d'un air vital. Cet homme, il passe à peu près sa vie dans cette pièce malsaine. Sa classe est son séjour obligé et, d'ailleurs, son séjour préférable. Dès l'aube, il y est pour préparer ses leçons, puis former ses aides ; à neuf heures, il y reçoit ses élèves; à midi, il les surveille prenant leur repas et leurs ébats quand le temps interdit la cour ou la rue; à quatre heures, alors que ses élèves sont rendus à une meilleure atmosphère, lui, il s'enferme pour la rédaction de ses registres, de ses notes, de sa correspondance, des écritures multiples qu'exige le greffe de la mairie; le soir, il reçoit quelques adultes. D'ailleurs, où voulez-vous qu'il se retire ? Son logement est dans les mêmes proportions que sa classe, dans des conditions quelquefois pires, plus qu'elle encore froid, humide et enfumé, et suffit à grand'peine à sa famille. Heureux si du moins il trouvait toujours, lui appelé à vivre solitaire et studieux, un exercice salutaire pour son corps, délassant pour son esprit, dans la culture d'un modeste jardin! Mais non; tout est fait pour le dégoûter de ses fonctions, user vite ses forces et son énergie. Aussi, pendant que, sur quelques points plus heureux, les maîtres abondent, la plus grande pénurie se fait sentir dans nos parages : des étrangers seuls ou des disgraciés se présentent, qui s'en vont bientôt plus loin chercher un refuge contre la misère, ou que ces locaux insalubres ne tardent pas à avoir dévorés.

C'est pourtant dans ces écoles ou sans elles que s'élèvent la future population des communes, les futurs défenseurs du pays, les travailleurs auxquels on demandera bientôt de la force, de l'activité, des membres capables de supporter le poids du jour et de la chaleur, des labeurs quotidiens de nature à métamorphoser un sol ingrat en une terre fertile! Voyez-les pressés les uns contre les autres, les plus grands assis devant de mauvaises tables, les plus jeunes ou les moins avancés serrés sur des bancs, dans une immobilité qui n'est point de leur âge, à laquelle il faut bien les condamner pourtant, si l'on veut leur apprendre quelque chose! En les entendant tousser avec un sinistre concert, en voyant leurs yeux rougis par la fumée, en apprenant qu'un grand nombre sont absents par suite de coqueluches, de rougeoles, de maladies contractées évidemment à l'école, n'êtes-vous point tentés de regretter pour eux le grand air des landes où vous avez rencontré leurs compagnons d'âge? Pourtant, il n'y a là que les privilégiés, que les enfants appartenant aux familles plus rapprochées, plus aisées ou moins indifférentes à l'endroit de l'instruction de leurs membres; il n'y a là que la moitié, le quart, quelquefois le dixième de la population scolaire. Si, ce qui est matériellement impossible dans de semblables conditions, toute cette population était là, il faudrait interdire l'école au nom de l'humanité ou de l'hygiène publique, et peut-être aussi au nom de la morale. En effet, outre que le mauvais air corrompt par lui-même, ces natures grossières, laissées incultes par la famille, n'y sont-elles pas forcément mêlées sans distinction d'âge et de sexe, sans autre garantie contre l'instinct que le regard d'un maître gêné par la mauvaise disposition de ce pauvre mobilier, obligé de partager continuellement ses soins et son attention? Où est, pour les jeunes filles, cette éducation si spéciale, si délicate, qu'une femme pieuse et dévouée peut seule donner? Il n'y a pas même ici de quoi leur attribuer un compartiment où, dans la société et sous le regard de la femme de l'instituteur, elles puissent prendre les allures réservées, les habitudes de modestie, de tenue qui doivent les distinguer, s'initier de bonne heure aux travaux de leur sexe et aux soins du ménage!

Je ne parle pas des exercices pédagogiques reconnus les meilleurs pour développer le cœur et l'intelligence des enfants. Il est impossible de les organiser, de les substituer à la vieille routine des temps passés. Ils nécessitent un matériel et un espace qui nous manquent; tous les résultats qu'on peut attendre consistent fatalement dans un peu de mauvaise lecture, d'écriture illisible, de calcul où l'intelligence n'est pour rien.

Ainsi, faute d'une salle de classe, d'un mobilier, d'un logement convenables, en un mot, faute d'une bonne maison d'école, les maîtres nous manquent, succombent ou se retirent; quelques enfants seulement reçoivent un enseignement imparfait; les autres passent leurs meilleures années loin de tout foyer réchauffant de vie morale et intellectuelle. Ainsi, dans un vaste pays, l'ignorance et l'isolement, avec leurs tristes résultats, se transmettent comme un héritage; les préjugés, les haines politiques, les éléments de division et de discorde demeurent comme l'eau dans les bas-fonds; les liens sociaux ne se forment pas; le niveau de l'intelligence et de la morale s'abaisse plutôt qu'il ne s'élève et l'on trouve, à quelques heures de la capitale, une sorte de monde à part, étranger au mouvement et aux progrès de l'époque ; tout cela parce que l'école n'est pas encore là à même de renouveler les esprits et les cœurs, de les amener à cette communauté de langage, d'idées, de sentiments, d'efforts, qui fait la grandeur d'un pays et la sécurité de ceux qui le gouvernent[1]. »

1. Bien des années plus tard, le même inspecteur retrouvera des situations aussi affligeantes dans un grand nombre de départements de l'Ouest ou du Midi, tant le progrès de notre instruction primaire a été lent et difficile ! *tantæ molis erat !...*

CHAPITRE IX

MINISTÈRE DURUY

I. — Continuation du relèvement des traitements dans les écoles normales. — Les mobiliers scolaires. — Les trois grands projets de M. Duruy. — II. Relèvement des cours d'adultes. — III. Les écoles de filles; loi du 10 avril 1867. — IV. L'exposition scolaire de 1867 voyage des instituteurs à Paris. — V. L'enseignement agricole dans les écoles normales. — L'enseignement de la gymnastique. — VI. Les sociétés de secours mutuels. — VII. Nouveau programme des écoles normales. — VIII. Réforme des examens des brevets de capacité. — IX. Récompenses aux instituteurs. Fin de l'administration de M. Duruy; ses successeurs immédiats.

I

L'un des premiers soins de M. Duruy fut de poursuivre le relèvement des traitements commencé par son prédécesseur.

Par un décret du 4 septembre 1863, le minimum des traitements des directeurs d'école normale, que le paragraphe 2 de l'article 1er du règlement en date du 26 décembre 1855 avait fixé à 2 200 francs, fut porté à 2 400, et le maximum de 3 000 à 3 600.

Le taux des traitements des maîtres adjoints fut déterminé de la manière suivante :

1re classe	de 1 800 à 2 000 francs.
2e —	de 1 500 à 1 700 —
3e —	de 1 200 à 1 300 [1]. —

1. Plus tard (1er octobre 1866) un nouveau décret ajoutera à ces

Le besoin, nous dirions volontiers la manie de changer les instituteurs sévissait quand même sur le personnel de ces peu fortunés fonctionnaires. On les rencontrait souvent par les routes, en toute saison, faisant transporter leur pauvre mobilier d'un point du département à un autre. Plusieurs, en arrivant à un nouveau poste, en attendant qu'ils se fussent fait quelques ressources disponibles, étaient obligés de s'adresser à l'auberge de la localité. M. Durny, touché de cette triste situation, chercha à pourvoir chaque école au moins des pièces les plus essentielles d'un mobilier personnel. A cet effet le décret du 4 septembre 1863 porta à son article 1er :

Une somme de cent mille francs, prélevée annuellement sur les fonds à donner en secours aux communes pour acquisition, construction et réparations de maisons d'école, sera appliquée à l'achat du mobilier personnel des instituteurs et institutrices publics, sous la condition par les communes de supporter la moitié de la dépense.

Ce mobilier ainsi acheté restera la propriété de la commune.

On estima à 600 francs la somme nécessaire à cette acquisition. C'étaient donc 300 francs à fournir de ce chef par l'État; les communes faisaient le reste. En général, les instituteurs apprécièrent peu cette libéralité : il leur semblait qu'ils n'étaient point chez eux dans ces ménages qui ne les suivaient point; ils les négligèrent, surtout en ce qui concernait la literie qui fut bientôt détériorée et à renouveler. Les communes se lassèrent et l'institution des *ménages personnels* des instituteurs tomba vite en désuétude. Elle n'en témoigna pas moins de la bienveillante sollicitude du ministre pour ses plus modestes subordonnés.

Après avoir achevé de rehausser les traitements, M. Duruy, laissant à son secrétaire général, ancien avocat et ancien

avantages en partageant, à partir du 1er janvier 1867, les directeurs et les maîtres adjoints en trois classes et en nombre égal dans chaque classe.

préfet[1], le soin de suivre les affaires contentieuses[2] dans lesquelles il était peu versé, consacra le meilleur de son temps et de ses forces à l'étude et à l'exécution de ses trois grands projets favoris : la création de l'enseignement secondaire spécial, l'extension des écoles de filles et la propagation des cours d'adultes.

Le premier de ces projets ne peut être que mentionné dans une histoire de l'*instruction primaire*. Disons seulement, avec des personnes graves du temps, que le rétablissement des anciennes écoles primaires supérieures dûment nuancées et appropriées, eût répondu, à moins de frais, au besoin qui se faisait sentir de plus en plus d'écoles servant d'intermédiaires entre l'enseignement théorique et peu abordable des lycées, et l'enseignement nécessairement terre à terre de la simple école primaire.

II

La résurrection des cours d'adultes, qui venaient d'être si longtemps délaissés, nous touche de plus près. On sait que ces cours ont été, dès l'origine, considérés comme des suppléments à l'école primaire. Celle-ci n'a pas été fréquentée en temps opportun, soit parce qu'elle manquait, soit parce que l'on y était alors indifférent : le cours d'adultes est là pour la remplacer, quand les forces, les loisirs et le sentiment du besoin de s'instruire sont venus. La période scolaire est courte; avec la meilleure volonté, on n'y a que le temps de s'initier aux connaissances les plus rudimentaires : le cours d'adultes est encore là pour étendre ces connaissances, pour les perfectionner et les adapter davan-

---

1. M. Genteur, ancien avocat à Orléans, ancien maire de cette ville et ancien préfet de l'Allier.

2. Notamment tout ce qui concernait les libéralités faites pour la création ou l'entretien d'écoles congréganistes, libéralités qui continuaient d'affluer.

tage à la carrière embrassée. Classes d'initiation pour les uns, classes de perfectionnement pour les autres, tels ont été et tels seront toujours les cours d'adultes.

La loi de 1833 les avait créés et réglementés dans les grandes villes et avait cherché à les propager dans les campagnes. La loi de 1850, tout en les mentionnant, les avait éteints, M. Duruy entreprit de les faire revivre et de leur faire produire un résultat qu'il avait à cœur : la disparition des illettrés, l'une des hontes de notre civilisation.

Les statistiques (V. le Dict. Buisson, 1re partie, tome II, page 1317) donnaient à cet égard des renseignements qui portaient la tristesse dans l'âme et qui établissaient combien avait été lent le progrès de notre instruction primaire depuis un demi-siècle. Sous la vive impulsion du Ministre et peut-être encore plus de son nouveau secrétaire général Charles Robert, il y eut une véritable « croisade contre l'ignorance ». Les instituteurs s'en firent les chevaliers. Heureux de voir un ministre faire appel à leur dévouement, ils ne lui ménagèrent ni leur temps ni leurs forces ; ils ouvrirent partout des cours d'adultes et surent y attirer des jeunes gens, des hommes faits, voire des vieillards. Les institutrices rivalisèrent de zèle avec eux et les femmes prirent à leur tour le chemin de l'école du soir. Au cours des années 1864, 1865, 1866 et 1867, le nombre des cours d'adultes hommes s'éleva à 28 586, et celui des adultes femmes à 5 466. Ce fut une période brillante pour l'institution. Malheureusement, le temps respecte rarement ce qu'il n'a point fait ; les cours d'adultes, nés d'un élan, d'un enthousiasme momentané, ne tarderont pas à s'affaisser et nous les retrouverons bientôt ramenés à peu près à l'état de stagnation d'où M. Duruy les avait fait sortir, état dont ils ne se relèveront peut-être jamais.

III

Le second projet de M. Duruy eut des résultats plus durables.

La loi de 1833 était restée muette sur les écoles de filles. L'ordonnance royale du 23 juin 1837 s'était contentée de les réglementer. La loi de 1850 les mentionne d'une manière plus impérative : elle prescrit à toute commune de huit cents âmes et au-dessus d'avoir au moins une école de filles, mais *si ses propres ressources lui en fournissent les moyens;* elle autorise en outre les Conseils académiques à imposer la même obligation aux communes d'une population inférieure si leurs ressources *ordinaires* le permettent. Mais quand il s'agit de mettre ces dispositions en pratique, la haute administration et le Conseil d'État reculèrent; on déclara qu'elles constituaient bien plutôt « un vœu qu'une obligation », et eurent des écoles de filles les communes de huit cents âmes et au-dessous qui le voulurent bien, ou dans lesquelles les congrégations religieuses s'établirent soit parce qu'elles y trouvaient leur compte, soit parce que des libéralités intervinrent qui les y appelaient.

D'où pouvait bien venir cette tiédeur de nos législateurs à l'endroit des écoles de filles? Peut-être de leur indifférence à l'égard de l'éducation des femmes; peut-être aussi de l'incurie traditionnelle des familles sur le même sujet. Que la jeune fille sût à peine lire et écrire, ou même qu'elle ne le sût pas du tout, il importait peu : le jeune garçon allait à l'école, cela paraissait suffisant[1]. Mais, il existait une autre

---

1. On ne saurait croire jusqu'où allait, dans les campagnes, cette indifférence des familles pour l'instruction primaire des filles. Quelquefois cette indifférence devenait de l'hostilité et de l'emportement. On a vu des communes s'ameuter à l'arrivée de l'institutrice demandée par la municipalité et par le curé. Hélas! ces tristes scènes se renouvelèrent à propos des laïcisations d'écoles, tant est faux cet adage : « *Vox populi, vox Dei!* »

cause qui, pour n'être pas avouée, n'était pas moins pour beaucoup déterminante : on pensait secrètement que les congrégations seules avaient qualité pour élever les jeunes filles; pour les jeunes filles aisées, il y avait le couvent et, pour la jeune fille pauvre ou destinée au travail, il y avait ou il y aurait l'école des sœurs. C'était donc des écoles de sœurs qu'il fallait propager et, pour cela, il n'y avait qu'à laisser faire le temps et le parti religieux; surtout, il ne fallait pas créer une concurrence aux écoles en faveur en faisant une loi qui, nécessairement, ouvrirait à l'enseignement laïque une porte sur une éducation dont l'Église entendait rester maîtresse. Il fut facile au moins clairvoyant de s'apercevoir de cette préoccupation quand M. Rouland en 1862, et M. Duruy en 1867, présentèrent un projet de loi pour l'instruction primaire des filles. Le projet de M. Rouland, soumis au Conseil supérieur, succomba sous des influences occultes qui devaient bientôt renverser le Ministre lui-même. Celui de M. Duruy, soutenu par M. Robert qui, en cette circonstance comme pour les cours d'adultes, fut l'auxiliaire le plus actif du ministre, triompha enfin devant les Chambres et devint la loi du 10 avril 1867, la première sur cette délicate matière. Voici, dans son entier, cette page de l'histoire de notre instruction primaire.

ARTICLE PREMIER. — Toute commune de cinq cents habitants et au-dessus est tenue d'avoir au moins une école publique de filles, si elle n'en est pas dispensée par le Conseil départemental en vertu de la loi du 15 mars 1850.

Dans toute école mixte tenue par un instituteur, une femme, nommée par le préfet, sur la proposition du maire, est chargée de diriger les travaux à l'aiguille des filles. Son traitement est fixé par le préfet, après avis du Conseil municipal.

Le premier paragraphe de cet article emprunte à l'article 36 de la loi du 15 mars 1850, sa forme impérative. Mais craignant qu'on le trouve trop absolu, l'auteur a l'imprudence d'ajouter : « si elle n'est pas dispensée par le

Conseil départemental en vertu de l'article 15 de la loi
du 15 mars 1850. » Or, d'après cet article 15, le Conseil
départemental « détermine le cas où les communes peuvent,
à raison des circonstances, et provisoirement, établir ou
conserver des écoles primaires dans lesquelles seront
admis des enfants de l'un et l'autre sexe ». C'était faire les
Conseils départementaux juges de l'application de la loi,
c'était mettre la loi en tutelle. Combien de communes
pressées de se pourvoir d'une école de filles, n'en appelle-
ront-elles pas à ces assemblées? N'était-ce pas risquer
d'abaisser simplement de 800 à 500 âmes le chiffre de la
population fixé par l'article 50 de la loi de 1850? Cependant
le fameux : « si ses propres ressources lui en fournissent
les moyens » est au moins supprimé.

Art. 2. — Le nombre des écoles publiques de garçons ou de
filles à établir dans chaque commune est fixé par le Conseil
départemental, sur l'avis du Conseil municipal.

Le Conseil départemental détermine les écoles publiques de
filles auxquelles, d'après le nombre des élèves, il doit être
attaché une institutrice adjointe.

Les paragraphes 2 et 3 de l'article 34 de la loi du 15 mars 1850
sont applicables aux institutrices adjointes.

Ce conseil détermine en outre, sur l'avis du Conseil municipal,
le cas où, à raison des circonstances, il peut être établi une ou
plusieurs écoles de hameau dirigées par des adjoints ou adjointes.

Les décisions prises par le Conseil départemental en vertu des
articles 1, 2 et 4 du présent décret, sont soumises à l'approbation
du ministre de l'Instruction publique.

Art. 3. — Toute commune doit fournir à l'institutrice ainsi
qu'à l'instituteur adjoint et à l'institutrice adjointe dirigeant une
école de hameau, un local convenable tant pour leur habitation
que pour la tenue de l'école, le mobilier de classe et un traite-
tement.

Elle doit fournir à l'adjoint et à l'adjointe un traitement et un
logement.

Art. 4. — Les institutrices communales sont divisées en deux
classes.

Le traitement des institutrices adjointes est fixé à trois cent
cinquante francs.

Le traitement de la première classe ne peut être inférieur à cinq cents francs, celui de la seconde à quatre cents francs.

ART. 5. — Les instituteurs adjoints sont divisés en deux classes.

Le traitement de la première classe ne peut être inférieur à cinq cents francs, et celui de la seconde à quatre cents francs.

Le traitement des adjoints et adjointes tenant une école de hameau est déterminé par le préfet, sur l'avis du Conseil municipal et du Conseil départemental.

ART. 6. — Pour le cas où un ou plusieurs adjoints ou adjointes sont attachés à une école, le Conseil départemental peut décider, sur la proposition du Conseil municipal, qu'une partie du produit de la rétribution scolaire servira à former leur traitement.

ART. 7. — Une indemnité fixée par le ministre de l'Instruction publique, après avis du Conseil municipal et sur la proposition du préfet, peut être accordée annuellement aux instituteurs et institutrices dirigeant une classe communale d'adultes, payante ou gratuite, établie en conformité du paragraphe 8 de l'article 2 de la présente loi.

ART. 8.— Toute commune qui veut user de la faculté accordée par le paragraphe 3 de l'article 36 de la loi du 15 mars 1850 d'entretenir une ou plusieurs écoles entièrement gratuites peut, en sus de ses ressources propres et des centimes spéciaux autorisés par la même loi, affecter à cet entretien le produit d'une imposition extraordinaire qui n'excédera pas 4 centimes additionnels au principal des quatre contributions directes.

En cas d'insuffisance des ressources indiquées au paragraphe qui précède, et sur l'avis du Conseil départemental, une subvention peut être accordée à la commune sur les fonds de l'État dans les limites du crédit spécial porté annuellement à cet effet au budget du ministère de l'Instruction publique.

ART. 9. — Pour les communes où la gratuité est établie en vertu de la présente loi, le traitement des instituteurs et des institutrices publics se compose :

1° D'un traitement fixe de 200 francs ;

2° D'un traitement éventuel évalué à raison du nombre d'élèves présents d'après un taux de rétribution déterminé chaque année par le préfet, sur l'avis du Conseil municipal et du Conseil départemental ;

3° D'un supplément accordé à tous les instituteurs et institutrices dont le traitement fixe, joint au produit de l'éventuel, n'atteint pas, pour les instituteurs, les *minima* déterminés par l'article 38 de la loi du 15 mars 1850 et par le décret du 19 avril 1862 et, pour les institutrices, les *minima* déterminés par l'article 4 ci-dessus.

Art. 10. — Dans les autres communes, le traitement des instituteurs et des institutrices publics se compose :

1° D'un traitement fixe de 200 francs;

2° Du produit de la rétribution scolaire;

3° D'un traitement éventuel, calculé à raison du nombre d'élèves gratuits présents à l'école, d'après un taux déterminé chaque année par le préfet, sur l'avis du Conseil municipal et du Conseil départemental;

4° D'un complément accordé à tous les instituteurs et institutrices dont le traitement fixe, joint au produit de la rétribution scolaire et au traitement éventuel, n'atteint pas, pour les instituteurs, les *minima* déterminés par l'article 38 de la loi du 15 mars 1850 et par décret du 10 avril 1862, et, pour les institutrices, les *minima* déterminés par l'article 4 ci-dessus.

Art. 11. — Ce traitement déterminé, conformément aux deux articles précédents, pour les instituteurs et les institutrices en exercice au moment de la promulgation de l'présente loi, ne peut être inférieur à la moyenne de leurs émoluments pendant les trois dernières années.

Art. 12. — Le préfet du département et le maire de la commune peuvent se pourvoir devant le ministre de l'Instruction publique contre les délibérations du Conseil départemental prises en vertu du deuxième paragraphe de l'article 15 de la loi de 1850, pour la fixation du taux de la rétribution scolaire.

Art. 13. — Dans les communes qui n'ont point à réclamer le concours du département ni de l'État pour former le traitement des instituteurs et institutrices tel qu'il est déterminé par les articles 9 et 10, ce traitement peut, sur la demande du Conseil municipal, être remplacé par un traitement fixe, avec l'approbation du préfet, sur l'avis du Conseil départemental.

Art. 14. — Il est pourvu anx dépenses des articles 1, 2, 3, 4, 5 et 7 ci-dessus comme à celles résultant de la loi de 1850 au moyen des ressources énumérées dans l'article 40 de ladite loi, augmentées d'un troisième centime départemental additionnel au principal des quatre contributions directes.

Ces quatorze premiers articles sont un peu mêlés et parfois compliqués. L'unité y manque; on sent que l'auteur a un double but : celui de créer les écoles de filles et celui de corriger plusieurs dispositions défectueuses de la loi de 1850. Mais le point capital de la loi, celui qui y domine, c'est le souci de fonder les écoles de filles comme les lois précédentes ont fondé les écoles de garçons, et de mettre ces deux catégories d'écoles sur le même pied, quant au logement et au traitement. C'est encore de faire une situation aux adjoints et aux adjointes, situation qui, jusqu'alors, était demeurée vague et indécise.

Les articles suivants sont surtout des correctifs des oublis ou des étroitesses de la loi de 1850 :

Art. 15. — Une délibération du Conseil municipal, approuvée par le préfet, peut créer dans toute commune une *Caisse des Écoles* destinée à encourager et à faciliter la fréquentation de l'école par des récompenses aux élèves assidus et par des secours aux élèves indigents.

Le revenu de la Caisse se compose de cotisations volontaires et de subventions de la commune, du département ou de l'État. Elle peut recevoir, avec autorisation des préfets, des dons et des legs.

Plusieurs communes peuvent être autorisées à se réunir pour la fondation et l'entretien de cette Caisse.

Le service de la Caisse des Écoles est fait gratuitement par le percepteur.

Art. 16. — Les éléments de l'histoire et de la géographie de la France sont ajoutés aux matières obligatoires de l'enseignement primaire.

Aux termes de l'article 23 de la loi du 15 mars 1850, l'enseignement *pouvait* comprendre les éléments de l'histoire et de la géographie. Désormais, il comprendra *nécessairement* les éléments de l'histoire et de la géographie, au moins de la France. C'était là une véritable victoire remportée sur l'esprit d'obscurantisme qui, depuis dix-sept ans, pesait sur nos écoles. On y ressassait, pendant des années, l'Histoire Sainte, l'histoire de ce qui s'était passé, il y a des siècles et des siècles, sur les bords du Nil, du Jourdain, du Tigre, de l'Euphrate; on y insistait sur les royaumes de Juda et d'Israël, sur la place occupée jadis par les douzes tribus composant la descendance de Jacob, et nos pauvres petits écoliers et écolières quittaient les bancs, ignorant, bien plus que des étrangers, leur pays, son histoire, ses bornes, jusqu'à son gouvernement. A ces questions : qu'est-ce qui gouverne aujourd'hui la France? il

était répondu à une inspectrice : « le Pape... Jésus-
Christ... » A ces autres questions faites dans une école du
Centre : « La France est-elle bien grande?... Est-elle grande
comme le département du L.-et-C.?... Comme la Sologne?... Comme la Beauce ? » Personne ne répondit : les
pauvres enfants ne savaient pas même ce que c'est qu'un
département, et encore bien moins ce que c'est que la
Sologne ou la Beauce qui les étreignaient pourtant [1].

Art. 17. — Sont soumises à l'inspection, comme les écoles
publiques, les écoles libres qui tiennent lieu d'écoles publiques
aux termes du quatrième paragraphe de l'art. 36 de la loi de
1850, ou qui reçoivent une subvention de la commune, du département ou de l'État.

On voit la portée de cet article : le Conseil académique
dispensait une commune d'entretenir une école publique
à condition qu'elle pourvoirait à l'enseignement primaire
gratuit, dans une école libre, de tous les enfants dont les
familles étaient hors d'état d'y subvenir. Cette dispense
pouvait toujours être retirée. En vertu de cette disposition,
des écoles libres de filles recevaient les jeunes filles pauvres ;
mais où les logeaient-elles? Que leur enseignaient-elles?
L'inspection ne pouvait que passer, constater un état de
choses lamentable, mais restait impuissante vu le caractère général d'école libre dont se réclamait l'établissement.

Art. 18. — L'engagement de se vouer pendant dix ans à l'enseignement public, prévu par l'art. 70 de la même loi, peut être
réalisé, tant par les instituteurs que par les adjoints, dans celles
des écoles mentionnées à l'article précédent, qui sont désignées

---

1. Notons que la loi du 21 juin 1865 sur l'enseignement secondaire
spécial avait déjà étendu le programme de l'Instruction primaire, au
moins de l'instruction facultative : « A dater de la promulgation de la
présente loi, l'enseignement primaire peut comprendre, outre les
matières déterminées par le paragraphe 2 de l'article 23 de la loi
du 15 mars 1850, le dessin d'ornement, le dessin d'imitation, les
langues vivantes étrangères, la tenue des livres et des éléments de
géométrie. (Art. 9.)

à cet effet par le Ministre de l'Instruction publique, après avis du Conseil départemental.

L'engagement décennal peut être contracté avant le tirage par les instituteurs adjoints désignés ainsi qu'il vient d'être dit.

Sont applicables à ces mêmes écoles les dispositions de l'art. 34 de la loi de 1850, concernant la fixation du nombre des adjoints, ainsi que le mode de leur nomination ou de leur révocation.

Cet article paraît avoir eu en vue des écoles libres protestantes tenant le plus souvent lieu d'écoles publiques ou subventionnées pour lesquelles le recrutement des maîtres devenait très difficile.

Art. 19. — Les décisions du Conseil départemental rendues dans les cas prévus par l'art. 28 de la loi de 1850 (opposition jugée *sans recours* par le Conseil académique) peuvent être déférées par voie d'appel au Conseil impérial de l'Instruction publique.

Cet appel doit être interjeté dans le délai de dix jours, à compter de la notification de la décision.

Cet article avait été provoqué par l'abus qu'avaient fait certains Conseils départementaux de leur omnipotence en matière d'opposition à l'ouverture d'écoles qui leur étaient simplement antipathiques.

Art. 20. — Tout instituteur ou toute institutrice libre qui sans en avoir reçu l'autorisation du Conseil départemental, reçoit dans son école des enfants d'un sexe différent du sien, est passible des peines portées à l'art. 29 de la loi de 1850.

Art. 21. — Aucune école primaire, publique ou libre, ne peut, sans l'autorisation du Conseil départemental recevoir d'enfants au-dessous de six ans, s'il existe dans la commune une salle d'asile publique ou libre.

Encore un article motivé par les abus que produisait la concurrence acharnée que faisaient certaines écoles libres aux écoles publiques : les directeurs ou directrices de ces écoles s'en allaient dans les familles prendre des enfants presque au berceau pour les assurer à leur établissement.

Art. 22. — Sont abrogées les dispositions des lois antérieures en ce qu'elles ont de contraire à la présente loi.

Comme on le voit, cette loi du 10 avril 1867 est non pas une refonte (les circonstances ne permettaient pas encore d'aller si loin), mais une retouche de la loi du 15 mars 1850. Elle donne, sur bien des points, satisfaction au sentiment public. La fameuse trilogie de l'*instruction gratuite, laïque et obligatoire* n'est point encore formulée. Mais elle est dans l'air, et M. Duruy s'en inspire peut-être plus qu'il ne pense. Il l'a présente quand, ailleurs, il cherche à fonder l'instruction secondaire des filles, à assimiler les écoles primaires de filles aux écoles primaires de garçons, à étendre et à assurer la gratuité dans les écoles publiques, à rendre l'école accessible à tous et à y pousser les déshérités de la fortune en leur assurant des secours et des récompenses. Il allait ainsi au-devant de la gratuité absolue et de l'obligation. S'il en eût eu le temps, peut-être aurait-il réalisé, aussi bien que les lois postérieures, ce double idéal : tous les enfants d'âge scolaire à l'école, voire tous les enfants pauvres. De bons instituteurs et de bonnes institutrices, dûment formés et outillés, soutenus par leurs chefs hiérarchiques, encouragés de haut, ont toujours rempli leur école et fait violence à l'indifférence des familles, d'où ce mot de Jules Simon :

La meilleure loi de l'enseignement primaire pourrait se faire en deux lignes. Article premier et unique : Il sera mis à la tête de toutes les écoles des instituteurs intelligents et dévoués de cœur à leurs fonctions.

Nous voici donc avec une nouvelle loi d'instruction primaire. Laissons l'administration aux prises avec les difficultés que son application ne pouvait manquer de présenter, et revenons à la réaction favorable qui continue à s'opérer dans les esprits à l'égard des écoles et du personnel qui les dirige.

IV

L'instruction primaire avait commencé à se faire jour dans les Expositions universelles. A celles de Paris en

1855, de Londres en 1854 et 1862, les objets d'enseignement s'étaient montrés tantôt mis à part, tantôt mêlés à beaucoup d'autres. L'Exposition universelle de Paris en 1867 alla plus loin : deux classes (les classes 89 et 90) étaient spécialement réservées « à tout ce qui se rapportait à l'instruction des enfants et à celle des adultes, à l'enseignement professionnel général et à l'enseignement technique, ainsi qu'aux moyens de diffusion de l'enseignement par les bibliothèques, en un mot, à tout ce qui peut intéresser d'une manière quelconque l'éducation primaire depuis les éléments jusqu'aux degrés supérieurs ». Mais ce n'était point encore là l'Exposition scolaire à proprement parler, celle où le public est introduit pour ainsi dire dans l'école même, où il peut juger, par les faits, des méthodes employées et des résultats obtenus, en même temps que des améliorations qui sont encore à apporter.

Quelques personnes[1] imaginèrent de créer cette exposition spéciale, et, à défaut d'espace au Champ-de-Mars, de l'établir quelque part où elle aurait sa liberté et son indépendance. Ce projet fut communiqué à M. Duruy qui l'approuva. Une circulaire invita les inspecteurs d'Académie à provoquer des envois, et trois salles furent construites dans le jardin du Ministère pour les recevoir. Les mêmes personnes conçurent un dessein plus hardi pour le règne : ce fut de faire venir à Paris le plus grand nombre possible d'instituteurs pour visiter l'Exposition. Une souscription fut ouverte à cet effet. Elle produisit une somme de plus de 100 000 francs et permit d'appeler à Paris 3 500 instituteurs de choix. Ces hôtes, convoqués par série, furent hébergés dans les lycées et autres établissements disponibles. Ils visitèrent les deux expositions, particulièrement celle du Ministère, conduits par les membres du comité d'organisa-

1. MM. Defodon, rédacteur en chef du *Manuel général;* Pichard, attaché au cabinet du ministre; Jean, instituteur libre à Paris, et M. Brouard, alors l'un des inspecteurs primaires de la Seine, qui fut spécialement chargé d'organiser l'exposition scolaire au Ministère.

tion; ils assistèrent, dans le grand amphithéâtre de la Sorbonne, à des conférences faites à leur intention par les personnages les plus autorisés; ils furent présentés au Ministre et même à l'Empereur qui les reçut dans la cour des Tuileries et eut pour eux quelques bienveillantes paroles. Ces faveurs réveillèrent les colères des journaux hostiles qui demandèrent ironiquement ce que pouvaient bien venir faire à Paris « ces bouviers dégrossis ». Ils venaient voir et s'instruire. Dans tous les cas, au témoignage de ceux qui les ont suivis, ils se distinguèrent par leur excellente tenue et emportèrent l'estime et les sympathies d'hommes qui, jusqu'alors, ne les connaissaient pas ou qui les connaissaient mal.

Nous verrons ces voyages des instituteurs à Paris se renouveler. Mais celui qu'ils firent en 1867 aura été le plus remarqué : il est un des grands faits scolaires du temps et devait prendre place à son heure dans notre histoire.

L'exposition scolaire du Ministère paraît avoir été, en outre, l'origine des expositions scolaires départementales qui se succédèrent les années suivantes. A l'instar de leur aînée, ces expositions réaliseront cet idéal tracé de main de maître par M. Defodon dans le *Grand Dictionnaire Buisson*[1] :

... Les travaux d'élèves ne peuvent et ne doivent figurer dans une exposition scolaire qu'à défaut, en quelque sorte des élèves eux-mêmes pour y représenter, autant que possible, l'esprit et la marche de l'enseignement : ce doit être comme l'herbier que l'on substituerait aux plantes et aux fleurs. Donc point de devoirs extraordinaires ni de cahiers visant à l'effet; point de spécimens ambitieux d'exercices spéciaux et faits pour la circonstance; point non plus de recueils exclusivement formés des devoirs des meilleurs élèves et attribués, au moins par voie de prétérition, à la classe entière; mais les cahiers mêmes de cette classe entière ou de toute une division pendant une période des cours, cahiers visés et contrôlés par le maître, comme il le fait dans sa pratique habituelle, portant d'ailleurs l'indication et l'âge des enfants, de la division à laquelle ils appartiennent, du

1. Ire part., t. I, p. 975 et suiv.

nombre d'élèves que contient cette division, du temps pendant lequel ils ont suivi l'école, de la nature de celle-ci et de son organisation, du total d'élèves qui la composent, de la manière dont l'enseignement y est donné, soit par un maître, soit par plusieurs, etc., etc.; des copies de composition classées depuis la première jusqu'à la dernière; des cahiers d'honneur, si l'on veut, mais dûment indiqués comme tels. Voilà à quelles conditions les travaux d'admission peuvent former partie intégrante, et dès lors extrêmement importante et intéressante, des expositions scolaires; à quelles conditions les jurys d'admission, les autorités publiques ou privées, chargées d'organiser ces expéditions, doivent les recevoir et les certifier... A ces conditions, c'est-à-dire pourvu qu'on ne demande pas aux expositions scolaires plus qu'elles ne peuvent donner, qu'on n'en fasse pas la mesure et comme la pierre de touche du mérite relatif des maîtres et des écoles; pourvu, d'autre part, qu'elles ne se produisent que de temps à autre, qu'elles ne puissent être le but et la préoccupation périodique et perpétuelle de l'instituteur, qu'elles ne détournent point les élèves de leur tâche quotidienne, qu'elles ne leur donnent point le goût exclusif de la montre et de l'apparat, nous croyons que les expositions scolaires peuvent fort utilement intéresser aux choses de l'école ceux qui, sans elles, ne les connaîtraient pas, exciter une légitime émulation, être l'objet enfin de sérieuses études, tant au sujet du matériel scolaire que des procédés et des méthodes.

Ces conseils n'étaient point inutiles et peut-être aurons-nous à nous y reporter quand nous aurons à apprécier les exhibitions plus grandioses de 1878 et de 1889. Quoi qu'il en soit, le mouvement vers les expositions fut très prononcé dès 1867; il s'accentua en 1878; plus d'un tiers des départements eurent la leur, presque toujours accompagnée de conférences pédagogiques et de réunions où les maîtres et maîtresses se rencontrèrent et s'éclairèrent mutuellement, et qui contribuèrent à ce relèvement de l'instruction primaire commencé sous M. Rouland et qui se poursuivait sous M. Duruy.

V

Les tablettes de l'exposition du Ministère en 1867 furent instructives à plus d'un point de vue. On y put, par exemple, feuilleter des cahiers où tantôt l'agriculture, tantôt l'industrie étaient mêlées à tout l'enseignement. Les données d'agriculture étaient surtout remarquées : les instituteurs, et aussi les institutrices pour leur part, cherchaient à donner à leurs enseignements le caractère pratique qui convenait à leur milieu.

De tout temps, on avait essayé de faire de l'école primaire une sorte de chaire perpétuelle d'agriculture. Sans remonter plus haut, la loi du 15 mars 1850 avait introduit « l'agriculture élémentaire » parmi les matières facultatives de l'enseignement primaire. M. Duruy s'efforcera de féconder cette disposition demeurée jusque-là à peu près stérile. Dans son décret reconstitutif des écoles normales (2 juillet 1866), il mit l'agriculture au nombre des enseignements réglementaires. Il établit en outre qu'elle serait comprise dans les matières facultatives du brevet. Une commission pour favoriser le développement de l'enseignement de l'agriculture dans les écoles primaires, composée des hommes qu'il croyait les plus compétents, siégea au Ministère de l'instruction publique. Cette commission élabora un programme « de l'enseignement agricole pour les écoles primaires *rurales* et les Écoles normales », qui fit l'objet d'un arrêté spécial (30 décembre 1867), arrêté qui avait été précédé d'un autre (29 décembre *id.*) portant :

ARTICLE PREMIER. — Les Conseils départementaux sont autorisés à désigner les écoles primaires pour lesquelles ils pourront modifier le règlement, quant à la fixation des heures de travail et de l'époque des vacances, dans le but de concilier les exercices classiques avec les travaux des champs ; sans que toutefois la durée totale de ces exercices soit, dans aucun cas, inférieure à trois heures pour chaque jour de classe, et celle des vacances à un mois.

Art. 2. (Celui-ci vise l'industrie.) — La désignation faite par les Conseils départementaux pourra s'étendre aux écoles communales situées près des grands établissements industriels, comme les exploitations de mines, les forges, les verreries et établissements analogues, dans lesquels les enfants ont besoin d'être initiés, dès que leur âge le permet, aux travaux de leurs pères, en y trouvant les conditions d'activité et de développement physique qui existent dans les travaux de l'agriculture.

Il y avait dans toutes ces mesures bien des illusions : ici, comme il arrivera plus tard, les espérances conçues ne devaient point, ne pouvaient point se réaliser.

On se fait facilement une fausse idée de l'école primaire : on la conçoit comme initiatrice à toutes les sciences, comme préparatoire à la carrière probable; on la changerait volontiers en école professionnelle, voire en école technique, en école d'arts et métiers. En attendant qu'on lui demande bien davantage, voici qu'on entend presque la transformer en école d'agriculture, d'horticulture, d'économie domestique. (Voir le programme que nous avons cité plus haut dans lequel on a oublié pourtant la chose la plus importante dans l'espèce : la comptabilité agricole ou rurale.) Il y a là une grosse erreur qui ne cesse de se reproduire. L'école primaire est essentiellement une initiation à la vie intellectuelle et morale, et elle ne peut être que cela. Elle n'a ni le temps, ni les forces, ni les ressources nécessaires pour être autre chose. La période scolaire est forcément limitée, écourtée, tronquée par mille incidents et accidents avec lesquels il faut compter; les esprits et les corps y sont encore faibles et à ménager, et le surmenage est un grave danger. On ne peut donc lui imposer d'autres charges que celles de laisser s'élever les enfants et de favoriser leur développement dans tous les sens. Quand, entre 6 et 13 ans, des enfants ont parcouru le cycle d'études tracé dès l'origine par nos lois d'instruction primaire et que nous venons de voir heureusement complété par l'introduction

« des éléments de l'histoire et de la géographie de la
France », c'est assez pour leur âge et pour leurs organes :
le vase ne peut contenir plus, et si l'on y verse encore, il
déborde ou les liqueurs versées ne forment qu'un mélange
confus où l'œil ne distingue plus rien ; des enfants auxquels
on demande trop finissent par ne rien savoir, ou par ne
pas savoir suffisamment « ce qu'il n'est pas permis
d'ignorer ».

D'ailleurs, la culture, puisque nous en sommes sur ce
point, ne s'apprend réellement que par la pratique et en
présence des choses elles-mêmes : rien ne fut pénible et
décevant pour des praticiens comme d'entendre des agro-
nomes imberbes balbutier des mots et des phrases sur les
divers paragraphes du programme officiel. Tout ce qu'on
peut faire pour nos écoliers ruraux c'est de tourner leur attention et de diriger leur curiosité vers les objets au milieu
desquels ils vivent et dont ils vivront ; c'est de faire entrer le
souci de la culture dans les devoirs, dans les exercices, dans
les promenades et dans des travaux délassants, récréatifs si
possible. On peut « recommander aux instituteurs des communes rurales de donner, par le choix des dictées, des lectures et des problèmes, une direction agricole à leur enseignement, soit dans la classe du jour, soit dans celle du
soir ; de faire de temps en temps, dans leurs cours d'adultes,
des lectures agricoles, accompagnées d'explications et de
conseils... (Extrait des vœux émis par la Société des agri-
culteurs de France en 1870.) On peut surtout, dans les
Écoles normales, agir en ce sens sur les jeunes élèves-
maîtres. Comme le dira bientôt Jules Simon : « destinés à
vivre au milieu des champs, il importe que les instituteurs
s'intéressent aux choses agricoles et qu'ils trouvent dans
cet ordre d'études une source de plaisir et de considération ».

C'est ainsi, du reste, qu'on voit la plupart des maîtres et
maîtresses comprendre et seconder les efforts de M. Duruy
et des hommes de son époque pour hâter les progrès de

l'agriculture par l'école primaire. Ce que quelques-uns tentèrent de plus n'aboutit le plus souvent qu'à des pertes de temps et à des déceptions.

M. Duruy devait mieux réussir dans ce qu'il fit pour l'enseignement de la gymnastique.

La loi du 15 mars 1850 avait relégué parmi les matières facultatives l'enseignement de la gymnastique, comme elle l'avait fait d'ailleurs pour « des instructions élémentaires sur l'agriculture, les éléments de l'histoire et de la géographie, etc. » Un décret du 3 février 1869, après avoir déclaré que « la gymnastique fait partie de l'enseignement donné dans les lycées impériaux et les collèges communaux », porta (art. 4) :

« Les conseils municipaux délibéreront dans leur session de mai 1869, sur les moyens à prendre pour organiser les exercices gymnastiques appropriés aux besoins des écoles communales », et (art. 8) : « L'enseignement de la gymnastique est obligatoire dans les Écoles normales primaires et dans les écoles primaires qui leur sont annexées. » Dans les écoles primaires, les exercices gymnastiques seront dirigés par l'instituteur ou par un maître spécial; dans les Écoles normales, par un maître de gymnastique nommé par le ministre et attaché à l'établissement. Un certificat spécial d'aptitude à l'enseignement de la gymnastique est établi (art. 11). Un décret du même jour arrête le programme de cet enseignement avec ou sans agrès.

Ici, c'était ajouter au programme des écoles primaires sans le surcharger. L'enfant a besoin de mouvement. L'école qui le prive de sa liberté d'action pendant de longues heures, lui doit une compensation. D'ailleurs, il est bon qu'il apprenne à régulariser son activité spontanée et irréfléchie. D'ailleurs encore, la gymnastique, quand elle n'est pas prolongée outre mesure, lui plaît tout en faisant une heureuse diversion à la tension de son cerveau; à tous ces titres, les exercices de gymnastique, fussent-ils réduits à des mouvements ordonnés, devaient être favorablement accueillis par les maîtres et par les élèves. Ils le furent en effet. Sans doute, il y eut, comme pour les cours d'adultes, un élan, un de ces entraînements dont M. Duruy avait pour ainsi dire le secret. Mais, s'il y eut ensuite un ralentissement, l'institution ne périt pas : ainsi que les éléments de l'histoire et de la géographie de la France, la gymnastique est du domaine de l'école primaire et fait partie intégrante de son programme.

Terminons cet aperçu du ministère de M. Duruy, auquel s'identifie l'histoire de l'instruction primaire pendant une période de six années (23 juin 1863 au 17 juillet 1869), en disant que son attention s'est portée : 1° sur les sociétés de secours mutuels entre instituteurs; 2° sur les écoles normales; 3° sur les examens du brevet de capacité. Ce sont là trois autres points marquants de l'histoire que nous esquissons.

VI

Si, avec les modestes traitements qui leur sont faits, les instituteurs peuvent suffire à leurs besoins, ils ne tardent pas à s'arriérer, à contracter des dettes s'il survient une maladie qui les arrête dans l'exercice de leurs fonctions ou qui atteigne seulement un membre de leur famille, entraînant, dans l'un et l'autre cas, des dépenses *extraordinaires* que leur pauvre budget est hors d'état de supporter. Pour remédier à ces accidents de la vie, les ouvriers créent de toutes parts des *sociétés de secours mutuels*. Pourquoi les instituteurs ne feraient-ils pas de même? Déjà plusieurs arrondissements ou départements avaient pris à cet égard une louable initiative. Les essais tentés produisaient les meilleurs résultats. Dès son arrivée au ministère, M. Duruy entreprit de les généraliser. Une circulaire du 31 août 1863 invita les préfets à provoquer, dans les départements qui n'en possédaient pas encore, la création d'une société de ce genre. Son appel fut entendu, et 23 sociétés nouvelles furent fondées : le nombre s'en trouva porté à 49 au 1er janvier 1866; en 1869, il était de 70. Mais les sociétés naissantes se formaient un peu à l'aventure, et plusieurs ne purent recevoir la sanction de l'autorité à cause de l'insuffisance ou de l'imprévoyance de leurs règlements. Pour obvier à cet inconvénient, pour donner à leurs bureaux l'expérience qui leur manquait, un modèle de statuts fut rédigé et transmis aux préfets (19 mars 1866) pour bien déterminer, au moins dans leurs grandes lignes, le but, la composition et le fonctionnement d'une « société de secours mutuels entre les instituteurs et les institutrices ». Le but est :

1° D'accorder des secours aux instituteurs et institutrices sociétaires atteints de maladies ou de blessures accidentelles les obligeant à cesser temporairement leurs fonctions;

2° De leur venir en aide, par une indemnité temporaire dans le cas où soit l'âge, soit les infirmités, ne leur permettraient plus l'exercice de leurs fonctions avant le règlement de leur retraite;

3° De pourvoir aux frais funéraires de ses membres;

4° De secourir leurs veuves et leurs enfants en bas âge, s'ils se trouvent dans le besoin;

Enfin la Société pourra, quand ses ressources le permettront, assurer à ses membres une pension de retraite.

La Société se compose de membres honoraires et de membres participants... La Société est administrée par un conseil administratif qui la représente légalement en toutes circonstances... Le fonds social se compose :

1° Des cotisations des membres participants, fixées pour chacun d'eux et par an à la somme de   francs payable par trimestre et d'avance;

2° Des cotisations versées par les membres ordinaires et des sommes données par tous autres;

3° Des recettes que la Société pourrait faire à quelque titre que ce fût... La Société adressera chaque année, au préfet, un compte rendu de sa situation morale et financière.

En général, les sociétés se formèrent ou se reformèrent sur ce modèle; leur existence cessa d'être précaire, et elles rendirent partout les services attendus. Elles comptent parmi les améliorations apportées dans ces temps au sort des instituteurs.

VII

Les écoles normales étaient toujours sous le régime du décret du 24 mars 1851. Seulement, comme nous l'avons dit un peu plus haut, leur régime intérieur avait été adouci et les traitements de leur personnel avaient été augmentés. M. Duruy changea ce décret contre celui du 3 juillet 1866. Le programme ne contient plus cette mention empruntée à la loi de 1850 : « L'enseignement comprend... il peut comprendre en outre... » Il fut rendu obligatoire dans son entier. Les matières en furent réparties entre les trois années. A la fin de la seconde année, la commission de surveillance, au lieu de proposer au Conseil académique de désigner les élèves qui « pourront recevoir tout ou partie des matières facultatives », désignera les élèves qui, en troisième année, « pourront être exceptionnellement dispensés de suivre quelques-uns des cours qui portent sur ces matières ». En principe, tous les élèves reçoivent donc un enseignement complet, et l'enseignement des Écoles normales se trouve ainsi relevé. D'ailleurs le chant n'est plus limité au chant *religieux*, le dessin au dessin *linéaire*. L'horticulture s'ajoute à l'agriculture, la géométrie à l'arpentage et au nivellement. Des notions d'administration communale et de tenue des registres de l'état civil préparent le futur greffier de mairie. Bref, le programme devient plus large et mieux approprié; il est débarrassé des étroitesses de la loi de 1850. D'autre part, l'admission des élèves-maîtres est mieux réglée et, en 1867 (31 décembre), intervient, pour cette opération, un programme détaillé qui ne permettra plus aux commissions d'introduire dans les écoles normales des sujets peu aptes à profiter des sacrifices de la société et à les rendre en bons et longs services.

VIII

Les examens, qui sont la clôture et la sanction des études officielles du futur instituteur et de la future institutrice, et qui sont placés à l'entrée de la carrière pour la barrer aux indolents et aux incapables, demandaient aussi à être retouchés.

Les législateurs de 1850, au lieu de continuer purement et simplement les deux brevets de 1833, le brevet élémentaire et le brevet supérieur, qui étaient l'expression vraie des besoins, avaient créé des titres qu'ils croyaient peut-être y correspondre, mais qui y correspondaient mal : un brevet obligatoire et une série de brevets facultatifs embrassant une ou plusieurs des matières énumérées en la seconde partie de l'article 23 de la loi. Les complications et les embarras bientôt survenus à l'occasion de ces derniers brevets, qui pouvaient s'élever au nombre de *six* et à la suite d'examens successifs, avaient amené cette disposition de l'article 13 de l'arrêté du 15 février 1853 : « Les candidats déjà pourvus d'un brevet de capacité pour l'enseignement des matières comprises dans la première partie de l'article 23 de la loi du 15 mars 1850, ne sont admis à subir un second examen que sur l'ensemble des matières comprises dans la deuxième partie dudit article. » D'un autre côté, le décret du 31 décembre 1853 avait divisé les écoles de filles, avec ou sans pensionnat, en écoles de premier ordre et en écoles de second ordre (art. 6). Il avait déclaré que « nulle institutrice *laïque* ne peut diriger une maison d'éducation de premier ordre, si elle n'est pourvue

d'un brevet de capacité, délivré d'après un examen portant
sur toutes les matières énumérées aux articles 20 et 48 de
la loi du 15 mars 1850, qui sont exigées pour l'éducation
des femmes (art. 8) ». Cette distinction est demeurée toute
platonique; mais elle avait pour résultat de créer, pour les
femmes comme pour les hommes, deux brevets de capacité comme il y en avait déjà au moins deux pour les
hommes. Il y avait en outre à bien déterminer quelles sont
les matières « qui sont exigées pour l'éducation des
femmes». Dans ces conditions, l'arrêté du 15 février 1853 et
une « instruction sur les règles à suivre par les commissions d'examen pour les brevets de capacité », en date du
8 mai 1855, se trouvaient arriérés et insuffisants. Un règlement du 3 juillet 1866 « concernant l'examen du brevet de
capacité pour les instituteurs et les institutrices primaires »
fut plus précis et plus de nature à guider les commissions
dans leur marche, dans la manière dont elles devaient
comprendre et appliquer le programme, apprécier les
épreuves, etc.

M. Duruy disait plaisamment qu'il craignait qu'on ne
l'appelât « l'homme programme ». Le fait est qu'il ne mé-
nagea pas les directions, les conseils, les instructions au
personnel placé sous ses ordres. Sous son ministère, l'instruction primaire fut, pour sa part, précisée en même
temps qu'elle était élargie à tous ses degrés. Nous l'avons
vue encouragée par l'augmentation de traitements et par
les récompenses accordées aux instituteurs les plus méritants. Un arrêté du 21 août 1858 avait augmenté le nombre
des médailles d'argent, des médailles de bronze et des mentions honorables qui pouvaient être accordées d'après les
anciens règlements. Un arrêté du 7 mai 1862 avait créé une
mention spéciale pour les adjoints et adjointes. Un décret
du 27 décembre 1866 admit les instituteurs, institutrices et
directrices d'asile à l'honneur des palmes d'*officier d'académie* et d'*officier de l'instruction publique* dont l'institution
était rajeunie et heureusement modifiée.

Bref, réhabilitée, restaurée dans les limites que les temps comportaient, l'instruction primaire avait repris sa marche en avant, quand le ministre, qui avait fait de son relèvement son principal objectif, tomba, comme son prédécesseur, sous l'influence des coteries politiques, peut-être, lui aussi, pour l'avoir plus favorisée qu'il ne convenait à l'esprit qui dominait à la Cour. Disons en passant qu'il avait fait rejaillir sur le Gouvernement une grande partie de la popularité qu'il s'était conquise en s'occupant de l'instruction et de l'éducation des masses, et qu'en se privant de ses services, ce Gouvernement se privait d'un appui dont il allait pourtant avoir le plus grand besoin.

Sous les ministres qui vont se succéder rapidement après lui, MM. Bourbeau (du 17 juillet 1869 au 2 janvier 1870), Segris (du 2 janvier 1870 au 11 avril *id.*), Maurice Richard (par intérim du 14 avril *id.* au 13 mai *id*), Mège (du 13 mai *id.* au 9 août *id.*), Brame (du 9 août *id.* au 4 septembre *id.*), il y eut comme un instant de silence et d'accalmie en ce qui concerne l'instruction publique en général et l'instruction primaire en particulier. Hélas! c'était le calme qui précède et présage les tempêtes!... Pourtant, notons le décret suivant du 26 juillet 1870, qui fut l'adieu de l'Empire et de ses ministres aux instituteurs.

ARTICLE PREMIER. — A partir du 1er janvier 1871, le traitement minimum des instituteurs primaires publics, comptant moins de cinq années de services, est fixé à 700 francs.

ART. 2. — A partir de la même époque, le traitement minimum des instituteurs primaires publics, comptant cinq années de services, est fixé à 800 francs.

ART. 3. — A partir de la même date, un traitement supplémentaire, calculé de manière à élever, après dix ans de services, le revenu scolaire du vingtième des instituteurs au minimum de 900 francs, et, après quinze ans de services, le revenu scolaire des instituteurs au minimum de 1 000 francs, pourra être accordé par notre Ministre de l'Instruction publique à ceux de ces maîtres qui se distingueront par leurs bons services.

ART. 4. — A partir du 1er janvier 1871, le traitement des institutrices primaires publiques de la première classe ne pourra être inférieur à 600 francs, et celui des institutrices de la deuxième classe à 500 francs.

ART. 5. — Il sera pourvu aux dépenses résultant des articles 1, 2, 3 et 4 ci-dessus, conformément aux dispositions de l'article 14 de la loi du 10 avril 1867 et de celles de la loi de finances pour l'exercice 1871.

ART. 6. — A partir du 1er janvier 1871, chacune des classes d'institutrices titulaires et d'instituteurs adjoints, déterminées par les articles 4 et 5 de la loi du 10 avril 1867, comprendra le même nombre de fonctionnaires.

Nul ne pourra être élevé à la première classe, s'il ne compte au moins trois années de services dans la deuxième classe.

Ainsi, à partir de 1871, les traitements minima des instituteurs seront de 700 et de 800 francs, suivant l'ancienneté, avec possibilité d'être portés à 900 et à 1 000 francs; les traitements des institutrices titulaires sont élevés de 400 et de 500 francs à 500 et 600. Les adjoints demeurent à 400 et à 500 francs, et les adjointes à 350.

CHAPITRE X

1870 ET LES ANNÉES SUIVANTES

I. 1870. — Réactions en sens divers. — Attitude des instituteurs. —
II. Divers projets de loi. — Augmentation des traitements dans les
écoles normales. — Loi du 19 juillet 1875 augmentant les traitements
scolaires. — Loi du 17 août 1876 faisant entrer les instituteurs dans
le service actif. — Augmentation du traitement des inspecteurs primaires. — III. Extension de l'inspection générale. — Grande enquête
résultant des rapports des inspecteurs généraux. — Exposition de
1878. — Les musées scolaires et le Musée pédagogique. — V. Les
salles d'asile deviennent les *écoles maternelles*. — Jules Ferry et les
classes ou écoles enfantines. — VI. Loi du 9 août 1879 sur les écoles
normales. — Considérations sur le régime nouveau de ces établissements. — Création des écoles supérieures de Fontenay et de Saint-
Cloud.

I

Depuis quelques années, trois idées, reprises de la Révolution, travaillaient les esprits : la *gratuité*, la *laïcité* et
l'*obligation* de l'instruction primaire.

L'Empire eût agi sagement en s'emparant de ces idées
dont l'opposition se faisait une arme et un programme.
Mais il répugnait alors de chercher de l'argent pour la gratuité et l'on se reportait volontiers sur ce point à la doctrine soutenue par Fourcroy dans la discussion de la loi du
11 floréal an X :

Sans doute, apprendre à lire, écrire et chiffrer, est le besoin de
tous les hommes vivant en société. Aucun ne devrait ignorer ces

premiers moyens de communication et de conduite sociale. Mais malgré cette grande vérité, quel est le peuple nombreux où il existe dans toutes les communes une école gratuite qui y soit consacrée? Quel est le gouvernement qui peut soutenir ou qui soutient ce fardeau? Si cela n'existe nulle part, excepté dans quelques pays resserrés et d'une très faible population, c'est qu'il n'est pas dans la nature des choses que cela existe; c'est qu'il est hors de la limite du possible qu'une pareille organisation soit établie chez un grand peuple.

D'un autre côté, les congrégations religieuses, favorisées par un parti puissant, déjà mises par lui en possession d'un grand nombre d'écoles de garçons et de l'immense majorité des écoles de filles, n'eussent point cédé sans lutte la place aux laïques. Quant à l'obligation, logiquement liée à la gratuité, elle ne pouvait venir qu'après elle. Aussi M. Duruy, dans un rapport adressé à l'Empereur en 1865, après avoir, au fond, plaidé en faveur de l'obligation et de la gratuité, avait-il éludé des conclusions qui étaient dans ses prémisses, et la loi de 1867 n'avait-elle fait qu'amender celle de 1850, sans résoudre aucun des trois problèmes posés devant l'opinion.

Le plus redoutable était la laïcisation. Les communes subissaient silencieusement les écoles congréganistes que le parti clérical leur avait imposées. Mais, sous un calme apparent, couvaient de sourdes colères. On le vit bien quand l'Empire s'effondra et que les municipalités recouvrèren leur liberté ou plutôt que l'autorité administrative demeura impuissante. Les nouveaux conseils municipaux issus du 4 Septembre eurent pour première préoccupation de renvoyer les maîtres et maîtresses congréganistes et de les remplacer par des laïques, et cela sans se soucier des lois, en agissant *révolutionnairement*, comme disait un des maires de Paris[1]. Des sectaires — il y en a dans tous les partis — allèrent plus loin : ils firent enlever des écoles les emblèmes religieux. Ces emblèmes inoffensifs furent, sinon toujours,

______

1. Le citoyen Mottu, maire du XI° arrondissement, secondé par son inspecteur Guillemet.

comme le crièrent bien haut les partisans des congréganistes, brûlés ou jetés à la voirie, du moins remisés dans les coins ou dans les greniers[1].

Ils reparurent bientôt. Dès que la pauvre France, après le siège de Paris et la Commune, eut repris possession d'elle-même, tout ce qui avait été fait sans la loi fut considéré comme non avenu et les choses furent remises *sicuti ante* : les congréganistes furent réintégrés dans leurs écoles par les anciennes autorités qui n'avaient pas tardé à se reconstituer. Mais malheur aux maîtres et maîtresses qui, de gré ou de force, s'étaient laissé placer à la tête des écoles ou des classes dont les congréganistes avaient été expulsés! Ils furent poursuivis pour usurpation de fonctions devant les tribunaux ou devant les conseils départementaux. Hâtons-nous de dire que beaucoup furent sauvés grâce à l'intervention des chefs hiérarchiques dont ils avaient eu la précaution de prendre secrètement l'agrément, ou même qu'ils avaient méconnus.

Dans leur généralité, les instituteurs, pendant les jours néfastes par lesquels venait de passer la France, ou se tinrent dans leur école, ou, dans les contrées envahies, firent preuve de dévouement et de patriotisme. Ceux de Paris furent organisés par leur chef de service, M. Gréard, en compagnies de brancardiers qui devaient se rendre sur les champs de bataille. Dans les provinces, plusieurs furent ignoblement passés par les armes pour avoir préparé ou guidé au combat la population de leur commune. Citons quelques-uns de ces braves dont les noms nous reviennent :

Jules Debordeaux, jeune instituteur à l'âme vaillante et énergique, s'était mis à la tête de la garde nationale de Pasly. Victorieux le matin dans une première attaque, il fut le soir écrasé par le nombre. Arrêté, jugé sommairement, condamné à mort pour délit de patriotisme, il fu fusillé ;

---

1. Voir la note F, à la fin du volume.

Un autre instituteur, Louis Poulotte, instituteur de Vau-rézis, eut quelques jours après le même sort. Ce héros de courage national avait distribué des armes aux gens de son village ;

Une troisième victime tomba plus tard encore sous les coups de l'envahisseur : Leroy, instituteur de Vaudière. Au moment où il marchait au supplice, ce jeune homme de 22 ans s'écria : « On va voir comment meurt un innocent ! »

Combien de faits semblables sont restés oubliés ! A peine mentionna-t-on ces braves instituteurs qui furent condamnés à creuser eux-mêmes la fosse où ils devaient tomber pour avoir poussé les populations à la défense. Il y aurait pourtant là les éléments d'une brillante galerie digne de figurer dans les fastes de notre instruction primaire. Mais les amis des instituteurs laïques sont accoutumés à les trouver ainsi sur le chemin du devoir et de l'honneur.

II

Pendant que les Conseils départementaux sévissent contre les quelques maîtres ou maîtresses qui ont failli ou faibli, que le Conseil d'État confirme ou modifie ses avis sur l'acceptation des libéralités faites en vue de la fondation ou l'entretien d'écoles congréganistes, sur le droit que croient avoir les conseils municipaux de se soustraire aux conditions imposées par ces libéralités[1], la question de l'enseignement, de l'enseignement primaire particulièrement, s'agite dans la presse et dans les hautes sphères. Les projets de loi se succèdent, les uns renchérissant sur la loi de 1850[2], les autres tendant à en faire disparaître les derniers vestiges ; les uns visant la gratuité, les autres l'obligation, ou franchement et à la fois la gratuité, l'obligation et la laïcité. L'instruction primaire est un vrai champ de bataille où

1. V. M. Gréard, tome II, p. 657 à 780.
2. Voir la note G, à la fin du volume.

les deux éternels adversaires, l'Église et la société civile, se
disputent la victoire. A qui reviendra enfin l'éducation populaire, l'éducation des masses, du gros de la nation en définitive, tel est le problème toujours posé au fond, et que
chacun cherche à résoudre au mieux de l'intérêt qu'il a em-
brassé. Il ne s'agit plus de transaction comme en 1850; on
sent qu'il faut en finir et clore le débat qui aura été l'un des
plus grands du siècle.

Il ne saurait entrer dans notre plan de reproduire ces
projets avec les ardentes discussions auxquelles ils don-
nèrent lieu. Nous croyons préférable de suivre l'instruction
primaire dans les développements qu'elle prend quand
même, tout en disant les dangers que font courir à son personnel les passions du moment. Nous serons ainsi conduit
aux grandes lois qui la régissent actuellement et qui, on
peut l'espérer, la fixent pour de longues années dans ses
principes et dans son but.

En 1872 (mars et avril), les traitements sont augmentés
et sont ainsi fixés :

Pour les inspecteurs primaires : 3 000, 2 700, 2 460
francs;

Pour les directeurs d'écoles normales : 4 000, 3 300 à
3 600, 2 700 à 3 000 francs;

Pour leurs adjoints : 2 000 à 2 200, 1 700 à 1 900, 1 400
à 1 600 francs ;

Pour les aumôniers des mêmes établissements : 1 600 à
2 000, 1 100 à 1 500, 500 à 1 000;

Pour les directrices d'écoles normales : 2 000, 2 400 à
2 600, 2 000 à 2 200 francs;

Pour leurs adjointes : 1 800, 1 400 à 1 600, 1 000 à
1 200 francs.

Ces mesures libérales ainsi que la loi du 27 juillet 1872
sur le recrutement de l'armée, qui consacre une fois de
plus la dispense du service militaire pour les instituteurs
moyennant l'accomplissement d'un engagement décennal,
datent du premier ministère de Jules Simon.

Celle du 19 juillet 1875 date de celui de M. Wallon. Cette loi remanie de fond en comble le classement et le traitement du personnel des écoles ; on le voit par l'inspection seule du tableau suivant :

Instituteurs titulaires. .
- 4ᵉ classe. . . . . . .   900 francs.
- 3ᵉ classe. . . . . . .   1 000   »
- 2ᵉ classe. . . . . . .   1 100   »
- 1ʳᵉ classe. . . . . .   1 200   »

Instituteurs adjoints chargés d'une école de hameau. . .   800 francs.
Instituteurs adjoints attachés à une école principale. . .   700   »

Institutrices titulaires. .
- 3ᵉ classe. . . . . . .   700 francs.
- 2ᵉ classe.   800   »
- 1ʳᵉ classe.   900   »

Institutrices adjointes chargées d'une école de hameau.   650 francs.
Institutrices adjointes attachées à une école principale. .   600   »

La promotion à une classe supérieure est de droit après cinq ans passés dans la classe immédiatement inférieure.

L'obtention du brevet complet élève de 100 francs, pour les instituteurs et les institutrices de tout ordre, les traitements minima auxquels ils ont droit d'après leur classe.

L'instituteur ou l'institutrice placé dans le premier huitième de la liste de mérite et non pourvu du brevet complet, obtient le même avantage. L'allocation annuelle est réduite à 50 francs pour les titulaires inscrits dans le second huitième. Toutefois, ces allocations ne pourront se cumuler.

La loi de 1875 contient, en outre, une innovation précieuse. Jusqu'ici les récompenses spéciales (médailles et mentions), accordées aux instituteurs, avaient été purement honorifiques. Désormais, une allocation supplémentaire de 100 francs sera accordée à tout instituteur ou institutrice qui aura obtenu la médaille d'argent. Cette allocation sera indépendante du traitement; elle sera viagère et non soumise à la retenue; ce sera une véritable pension qui, plus tard, s'ajoutera à la pension de retraite.

Cette dernière, outre qu'elle ne pouvait être que des plus modestes pour l'immense majorité des instituteurs, se faisait en outre attendre trop longtemps : beaucoup n'y arrivaient pas ou ne l'atteignaient que pour en jouir à peine quelques années, emportés prématurément par les fatigues inhérentes à leurs fonctions. Des esprits généreux songèrent à faire ranger dans le service actif tout le personnel actif de l'instruction. Ils furent écoutés et le 17 août 1876, sous le premier ministère de M. Waddington, une loi votée sans opposition porta :

Les inspecteurs de l'enseignement primaire, les directeurs et les directrices, les maîtres adjoints et les maîtresses adjointes des écoles normales primaires; les instituteurs communaux et les institutrices communales, titulaires ou adjointes; les directrices de salles d'asile communales, seront compris parmi les fonctionnaires du service actif et ajoutés au tableau n° 4 annexé à la loi du 9 juin 1853. Leur pension de retraite sera, à partir de la promulgation de la présente loi, réglée conformément aux dispositions relatives aux emplois de la partie active. (Art. 1er.)

Mais la carrière de l'instituteur, du moins telle que la faisait l'ancienne législation, ne ressemble peut-être à aucune autre : ailleurs le traitement du fonctionnaire augmente à mesure qu'il avance en âge. Dans le service des écoles, où il est nécessaire de mesurer l'importance du poste sur les forces de celui qui l'occupe, les administrations sont parfois obligées de faire descendre l'instituteur qui a vieilli et qui ne peut plus suffire qu'à une petite école. Il demeurait donc injuste de prendre pour base de sa retraite la moyenne de son traitement pendant les six dernières années de ses services, comme le prescrit l'art. 6 de la loi sur les pensions civiles. Pour parer à cette sorte d'iniquité, il fut établi que, dans l'espèce, la pension de retraite serait basée « sur la moyenne des traitements et émoluments de toute nature, soumis à la retenue, dont l'ayant droit aurait joui pendant les six années qui auraient produit le *chiffre le plus élevé* ». (Art. 2.) En outre, pour obvier à la modicité de certains traitements scolaires, la loi déclara que « le chiffre de la pension de retraite ne pourrait être inférieur à six cents francs pour un instituteur et à cinq cents francs pour une institutrice et une directrice de salle d'asile communale ». (Art. 3.)

Ainsi, pour les membres de l'instruction primaire que la loi énumère, le droit à la pension de retraite, en vertu de la loi sur les pensions civiles, est acquis par ancienneté à cinquante-cinq ans d'âge et après vingt-cinq ans de services, à quarante-cinq ans d'âge et après quinze années de services en cas d'infirmités graves résultant de l'exercice de la fonction et mettant dans l'impossibilité de la continuer.

Pendant que le sort des instituteurs s'améliorait dans de si notables proportions, l'inspection s'organisait sur des bases plus larges et dans des conditions plus dignes de la fonction.

Les traitements des inspecteurs primaires étaient portés à 2 800, 3 200 et 3 600 francs (Paris 5 500); leurs frais de tournées étaient fixés uniformément à 10 francs par jour consacré à la visite des écoles, et un fonds spécial était affecté à leurs dérangements d'autre nature (examens, conférences, concours, etc.). Des allocations départementales s'ajoutaient à ces ressources. Des arrondissements trop chargés ou d'un parcours difficile étaient dédoublés; des emplois supplémentaires étaient créés dans les grandes villes et l'effectif des inspecteurs se trouvera bientôt porté à 479 au lieu d'égaler à peine le nombre des arrondissements.

III

Mais à un moment où le service de l'instruction primaire allait être l'objet d'une réforme, on peut dire d'une refonte complète, où les grandes lois qui la régissent à cette heure étaient en préparation, commençaient à se formuler et s'agitaient dans les esprits avant d'être discutées devant les Chambres, l'administration devait s'éclairer et prendre une connaissance aussi exacte que possible de la situation. Elle devait d'ailleurs suivre de près les nouvelles écoles de divers degrés qui se fondaient, les nouveaux enseignements qui se propageaient partout où le besoin s'en faisait sentir. Son grand moyen d'information et de direction était l'*inspection générale.*

La haute inspection des écoles primaires, dite d'abord *supérieure* (loi du 15 mars 1850, art. 20), puis *générale* (Décret-loi du 9 mars 1852), ne compta, dans l'origine, que deux membres. Ce nombre fut porté à trois, puis à quatre (1854), puis enfin à huit par la loi de finances du 29 décembre 1876, qui éleva le traitement de la fonction de 8 000 à 10 000 francs.

Les salles d'asile, qui devaient bientôt être appelées *écoles maternelles*, avaient aussi, en dehors des *déléguées spéciales* créées par le décret du 21 mars 1855 (une par Académie), leurs inspectrices supérieures sous le nom de *déléguées générales*. Dans le principe, le nombre de ces déléguées n'était que de deux. Il fut successivement élevé à quatre (1872), à cinq (1878), enfin à huit par le décret du 22 mars 1879 qui supprimait comme un rouage inutile les déléguées spéciales ou académiques, et faisait présager la création d'inspectrices départementales.

On peut dire que, vers cette époque, le vent fut à l'inspection générale. Outre les huit inspecteurs généraux eréés en 1876, il y eut, presque en nombre égal, des *délégués* dans l'inspection générale, attendant la succession des titulaires. Il y eut l'inspection générale à temps ou permanente du dessin, de l'enseignement géographique, de l'enseignement scientifique, de l'enseignement de l'agriculture, du chant, des exercices militaires, de la gymnastique, des langues vivantes, des bibliothèques scolaires et populaires, de la comptabilité des écoles normales, des travaux manuels, des cours de coupe et d'assemblage, etc., etc. Bref, ce fut partout un chassé-croisé d'inspecteurs généraux aux dénominations et aux attributions les plus diverses. Cette multiplicité de hauts fonctionnaires tombant tour à tour ou se rencontrant dans les établissements, y apportant peut-être des vues et des directions personnelles, quelquefois peu compétentes, a-t-elle produit les avantages qu'on attendaient les ministres, notamment Jules Ferry et le jeune et zélé directeur qu'il avait placé à la tête du service de l'instruction primaire? On peut en douter. Des ambitions purent être ainsi satisfaites, mais l'inspection générale y perdit en prestige : *sueta vilescunt.* On s'accoutuma à l'inspection générale; on la laissa passer comme on laisse passer un météore ou un flot dont la trace est bientôt effacée par un autre venu du large. On se contenta d'en recevoir les représentants avec convenance, de les écouter avec une déférence de commande et, trop souvent, ce fut tout. S'il y eut, dans ces brillantes années, un progrès moral et matériel marqué, on le dut bien plus aux sacrifices que l'État se trouvait alors en mesure de faire, à la sollicitude dont les écoles et leur personnel se sentaient l'objet de la part des pouvoirs publics[1], à un entraînement qui était pour ainsi dire dans l'air, au zèle et au dévouement de l'inspection ordinaire, qu'à cette armée de prétendus sauveurs de l'instruction primaire que l'on vit parcourir à grands frais la France dans tous les sens.

IV

L'inspection générale — nous entendons l'inspection générale primaire à proprement parler, — eut pourtant alors un résultat des plus appréciables. Ce fut d'informer les ministres et le public sur la situation où la République trouvait le pays après trois quarts de siècle d'attente et de sacrifices.

L'inspection générale primaire était là dans sa sphère et

----

1. Voir la note G. à la fin du volume.

dans sa principale attribution. Elle est en effet bien plus un moyen de contrôle et d'information que de direction. Pour cette dernière, il faut du temps et une action continue, et c'est ce que faisait remarquer avec raison M. Buisson dans le rapport présenté à M. J. Ferry le 5 février 1880, lorsqu'il entreprit de diviser la France en six grandes circonscriptions permanentes d'inspection générale. Or, quoi qu'on fasse, l'inspecteur général n'a guère que la possibilité de voir, d'entendre et de rendre compte, par suite d'éclairer le Ministre, ce qui a toujours été et ce qui restera probablement toujours son principal rôle.

Ce rôle, les inspecteurs généraux le remplirent largement à la suite de l'arrêté du 10 novembre 1879, ainsi conçu :

ARTICLE PREMIER. — Il sera publié, chaque année, par les soins du ministère de l'Instruction publique, un volume contenant, pour chaque département :

1° Les rapports d'ensemble de MM. les Inspecteurs généraux de l'enseignement primaire ; 2° ceux de Mmes les Déléguées générales de l'inspection des salles d'asile.

ART. 2. — Ce volume, publié par les soins de l'Imprimerie nationale, sera tiré à deux mille exemplaires et mis à la disposition du Parlement, des autorités départementales et de la presse.

En vertu de cet arrêté, il a été publié, pendant trois ans de suite, des extraits des rapports des inspecteurs généraux pour les années scolaires 1878-1879, 1879-1880, 1880-1881 (en tout quatre volumes). C'était, sous une autre forme, l'enquête prescrite, il y avait près de cinquante ans, par M. Guizot. Il manqua malheureusement un M. Lorain pour en faire le résumé. Mais, en publiant les quatre volumes qui en contiennent le résultat, on peut se rendre compte de l'état de notre instruction primaire et de ses besoins à tous les degrés. On y vit les instituteurs congréganistes en possession de nos grandes villes et de nos localités rurales importantes ; tout le midi et l'ouest, à un moindre degré pourtant, le nord, l'est et le centre, envahis par les congrégations religieuses de femmes. On y vit la préparation de ce qui pouvait rester d'institutrices laïques confiée, dans des *cours normaux*, à des religieuses de divers ordres ; des départements privés d'école normale ou, ce qui revenait à peu près au même, réunis, pour cet objet, à un département voisin. On y vit la gratuité tantôt insuffisante, tantôt abusive, ou donnant lieu à des *a parte* regrettables ; un grand nombre d'enfants de 6 à 13 ans encore privés d'instruction, des écoles délaissées pendant la belle saison, des instituteurs distraits de leur fonction propre par des emplois accessoires à l'église ou à la mairie ; des locaux scolaires en location, insuffisants et insalubres... On y vit, en un mot, la raison urgente des lois qui allaient intervenir.

Du reste, cette grande enquête fut merveilleusement préparée ou corroborée à l'avance par l'exposition scolaire de 1878. Cette exposition fut en grand et officiellement ce que celle de 1867 n'avait été qu'en miniature, pour ainsi dire officieusement et par grâce. Nous laissons ici la parole à un témoin oculaire, à M. Defodon, qui l'étudia par tous ses côtés et qui s'en est fait l'historien dans le Dictionnaire pédagogique Buisson[1].

Les merveilles de l'Exposition de 1878 sont encore devant nos yeux, et l'on sait toute l'importance qu'on y a donnée à la représentation de l'instruction publique. Obéissant à une idée qui avait sa grandeur, le comité organisateur avait voulu que, du côté français, comme du côté des nations étrangères, la première exposition qui se présenterait aux yeux des visiteurs fût l'exposition scolaire. Dans la fameuse allée des Nations, les objets d'école occupaient le péristyle de chaque pavillon national, et le centre du palais de la ville de Paris, qui formait lui-même le point central de l'exposition, était consacré aux expositions des écoles primaires parisiennes. On a pu dire ainsi que l'instruction populaire était comme le cœur même de l'exposition. En 1878 aussi, comme en 1867, les maîtres des écoles ont été appelés à visiter et à étudier l'Exposition universelle, et c'est le gouvernement de la République qui a voulu prendre à sa charge les frais de cette utile manifestation. Le 24 juin 1878, une loi votée par les deux Chambres mettait à la disposition du Ministre de l'In-

1. Tome premier, p. 977.

struction publique un crédit de 100000 francs, « à l'effet de réunir à Paris, au moment des vacances scolaires, pour visiter l'Exposition et assister à des conférences pédagogiques, le plus grand nombre possible d'instituteurs et autres membres de l'enseignement », et une commission ministérielle répartissait, d'après ce crédit, le nombre des délégués, élus par leurs collègues, que pouvait envoyer chaque département, l'inspecteur d'Académie devant, sur ces candidats élus dans des réunions cantonales, choisir ceux que la valeur de leurs services, les récompenses honorifiques qu'ils auraient obtenues, leur notoriété et leurs garanties connues d'aptitude, désigneraient particulièrement; il était, en outre, demandé aux instituteurs désignés « l'engagement moral de rédiger à leur retour un rapport sommaire sur les principales particularités de leurs visites au point de vue pédagogique et sur les conférences auxquelles ils auront assisté ». D'autre part, la commission obtenait des compagnies de chemins de fer des billets d'aller et de retour à moitié prix pour les instituteurs non délégués qui voulaient se rendre à Paris pour l'Exposition universelle. Par suite de toutes ces mesures, un nombre considérable d'instituteurs a pu visiter l'Exposition, prendre part aux conférences, voir de près le grand mouvement d'idées et de choses dont l'Exposition a été l'occasion, et il est certain que 1878 comme 1867 a été pour les écoles françaises une véritable date de progrès. En elle-même, d'ailleurs, l'exposition scolaire de 1878 méritait, encore plus que ses devancières, l'attention du public et des maîtres. Sauf l'Allemagne, qui n'avait voulu y envoyer que des spécimens d'art, toutes les nations civilisées du monde, le Japon compris, y étaient plus ou moins largement représentées. Et même quelques nations, comme la Belgique, avaient dû élever dans les annexes du palais de l'Exposition de vastes bâtiments pour contenir leurs produits scolaires.

L'exposition, un peu confuse d'ailleurs, de nos écoles françaises occupait à elle seule toute une longue galerie qui dépassait de beaucoup les salles spécialement consacrées à l'exposition du ministère de l'Instruction publique. Ces produits scolaires, distingués et récompensés par le jury international, comme partie intégrante de l'exposition du ministère, ont été, en outre, de la part du ministère même, l'objet de distinctions et de récompenses spéciales. Un nombre assez considérable des produits scolaires, tant de la France que de l'étranger, font aujourd'hui partie du musée pédagogique de l'État, provisoirement installé à Paris dans les bâtiments de l'ancien collège Rollin, et l'on peut dire que ce musée est comme la suite directe et le prolongement permanent de l'Exposition de 1878.

Ajoutons que cette exposition fournit surtout des éléments de comparaison entre la France et les nations étrangères, et c'est à la France que cette comparaison put surtout être utile.

Une exposition, quoi qu'on fasse, est toujours un peu fardée et préparée en vue de la montre. Mais, malgré ce manque inévitable d'une entière franchise, les faiblesses, les supériorités, et jusqu'aux abus s'accusent quand même. Celle de 1878 révéla que, dans l'ouest, les écoles en étaient encore à l'enfance de l'art, aux vieilles méthodes et aux antiques procédés, présentant une grande similitude avec celles du Canada qui, séparé de nous depuis plus d'un siècle et tout en gardant notre langue et nos mœurs, ne nous a suivis que de loin pour ce qui est de l'organisation et du progrès de l'instruction primaire. Le centre, le nord, l'est, le groupe parisien surtout, apparurent dans de tout autres conditions. Les inspecteurs généraux purent faire, dans cette galerie où les départements étalaient leurs meilleurs travaux scolaires, une appréciation exacte des situations et prendre des notes pour leurs futures tournées. Ils purent aussi constater des abus d'analyses, de dictées, de copies, de travaux consumant un temps précieux au détriment des études vraiment utiles. Les inspectrices générales des écoles de filles et des salles d'asile eurent, à leur tour, l'occasion de voir combien elles avaient à faire pour amener les directrices de ces établissements à ne point pousser les jeunes filles vers les ouvrages de luxe ou de fantaisie, et les enfants vers des travaux que ne comportent ni leur âge, ni leurs forces, plutôt nuisibles que favorables à leur développement dans tous les sens.

Les instituteurs purent remarquer à l'Exposition universelle de 1878 des types français ou étrangers de diverses institutions ayant pour but le développement de l'instruction primaire, par exemple des spécimens de bibliothèques et de musées scolaires. Nous avons déjà parlé des bibliothèques; il nous reste à dire quelques mots des musées.

Les plus grands pédagogues, tels que Rabelais, Coménius, Rousseau, Pestalozzi, recommandent de mettre sous les yeux de l'enfant des choses, non des mots : en d'autres termes, de faire ce que nous appelions depuis longtemps de l'enseignement par l'aspect. On peut faire un enseignement semblable en présence de la nature elle-même, selon le vœu particulier de Rousseau. Mais si, en Corse et ailleurs, des instituteurs avaient imaginé de faire la classe en rase campagne, si d'autres ont eu la pensée et la possibilité de conduire leurs élèves dans les fermes, dans les ateliers, dans les usines, au milieu des cultures, force nous est d'user très sobrement de ces précieux moyens d'instruction et d'éducation, de donner nos enseignements entre les quatre murs, tout au plus dans la cour ou dans le jardin de l'école. Notre ressource la plus sûre et la plus présente pour pouvoir faire ce que Mme Pape-Carpantier avait fait avec tant de succès aux conférences de 1867, des leçons de choses, c'est de rassembler autour de nous le plus possible d'objets dont la vue et le maniement sont de nature à corroborer nos explications et à en faire disparaître des abstractions auxquelles se prête peu le génie de l'enfant; de classer les objets, de les ordonner de manière à les retrouver facilement à l'occasion, pour les mettre sous les yeux et dans les mains de nos auditeurs; c'est, en d'autres termes, d'annexer à notre école une sorte de musée qu'on appellera *musée scolaire*. Telle est, du reste, la dénomination qu'a reçue cette institution, dénomination qui a été consacrée par le temps. Elle date surtout de la période à laquelle nous sommes arrivés, des ministères Jules Simon, Bardoux et Jules Ferry, alors que le vent est aux améliorations pédagogiques comme aux améliorations matérielles.

Des musées et des bibliothèques scolaires fondés il y avait déjà assez longtemps dans quelques écoles, était née une idée plus générale et plus grandiose, qu'il appartenait à ces ministères de progrès de réaliser.

Les expositions sont essentiellement passagères. Les

spécimens de méthodes, de procédés, d'outillage scolaire qu'elles renferment, les ouvrages classiques ou de pédagogie qu'elles ont réunis s'en retournent à leur lieu d'origine et à leurs propriétaires ; c'est un foyer d'études et d'observations qui s'éteint, un élément de progrès qui disparaît, en ne laissant après lui qu'un souvenir vague et fugitif. Dès 1867, il était venu à la pensée de plusieurs de rendre les expositions scolaires durables, en quelque sorte perpétuelles, en conservant dans un grand centre, à Paris par exemple, dans les dépendances mêmes du Ministère de l'Instruction publique, ou sous sa haute tutelle, ce qu'elles avaient présenté de meilleur, de plus digne de demeurer sous les yeux et à la disposition d'un public désireux de s'instruire ou de se perfectionner dans la science de l'école. Cette pensée fut reprise à la suite de l'Exposition de 1878. Sur le rapport de M. Buisson, alors directeur de l'instruction primaire au Ministère de l'Instruction publique, M. Bardoux présenta aux Chambres un projet de loi ainsi conçu :

Il est créé au Ministère de l'Instruction publique un *Musée national de l'enseignement primaire*, comprenant un bureau permanent de statistique scolaire, une bibliothèque pédagogique française et étrangère, et une exposition permanente et publique de tout ce qui se rapporte au matériel de classe.

La Commission de l'enseignement primaire ayant émis l'avis que la création dont il s'agissait n'était point matière législative, et qu'un décret y suffisait, Jules Ferry, qui avait succédé à M. Bardoux, fit rendre, le 13 mai 1879, le décret suivant :

Article premier. — Il est créé au Ministère de l'Instruction publique un musée pédagogique et une bibliothèque centrale de l'enseignement primaire, comprenant des collections diverses de matériel scolaire, des documents historiques et statistiques, et des livres de classe provenant de la France et de l'étranger.

Art. 2. — La direction en sera confiée à un inspecteur général de l'enseignement primaire (hors cadre).

Le musée pédagogique de Paris était fondé. Il fut installé, en 1879, dans un bâtiment dépendant de l'ancien collège Rollin, et, en 1885, dans l'ancien bâtiment de l'école Pape-Carpantier, 41, rue Gay-Lussac. C'est là qu'ayant son matériel, ses salles d'études et de travail, son organe spécial[1], sa bibliothèque, etc., il fonctionne, rendant les plus utiles services à l'enseignement primaire, notamment par sa bibliothèque *circulante*, qui permet aux aspirants aux divers brevets et titres de l'instruction primaire, voire aux simples amateurs de pédagogie, de profiter de ses richesses sans cesse accrues par des dons ou des acquisitions nouvelles.

V

L'heure approchait où nos lois d'instruction primaire allaient être réformées de fond en comble. Les circonstances permirent à l'administration de commencer par les salles d'asile et les écoles normales.

Les salles d'asile vivaient depuis vingt-quatre ans sous le régime du décret du 21 mars 1855, et des arrêtés et règlements qui avaient suivi. Le 24 mai 1879, une commission fut chargée d'étudier un projet de revision de ce régime. Son travail fut présenté au Conseil supérieur, et aboutit à un décret du 2 août 1881, que nous reproduirons et que nous analyserons ci-après. Nous avons déjà fait remarquer ce que la dénomination de *salle d'asile* avait d'étroit et de restrictif : il signifiait *refuge pour les enfants pauvres*. Or, si l'opinion publique demandait que ce *refuge pour les enfants pauvres* fût conservé, elle demandait aussi que cette petite école, ce *vestibule* de la grande école, fût accessible aux enfants aisés, comme les grandes écoles elles-mêmes qui, depuis longtemps, dans les grandes villes comme ailleurs, n'étaient plus des *écoles de charité*. Et non seulement on voulait que la salle d'asile fût envisagée d'une manière

---

1. La *Revue pédagogique.*

plus large, mais encore qu'elle prît une dénomination plus en rapport avec sa destination, qui est de suppléer ou de continuer l'éducation première que toute mère digne de ce nom doit à ses enfants ; qu'elle fût déjà une école, mais une école faite à la manière des mères, une *école maternelle.* Cette appellation, qui contient toute une doctrine, attendue depuis 1848 où elle avait été essayée, triompha enfin. Le Conseil supérieur l'adopta, et le décret du 21 août 1881 la consacra pour toujours dans son article premier :

Les écoles *maternelles* (salles d'asile), publiques ou libres, sont des établissements d'éducation où les enfants des deux sexes reçoivent les soins que réclame leur développement phys. que, intellectuel et moral.

Après cet article, vient le programme général de l'enseignement dans les écoles maternelles, qui ne modifie guère l'ancien que par la substitution des « premiers principes d'éducation morale et du chant » à « l'instruction morale et religieuse » (art. 2).

Le certificat d'aptitude est déclaré obligatoire pour toute directrice. L'inspection est confiée à des inspectrices *générales* et à des inspectrices *départementales* dans certaines conditions d'âge et de service, et après un examen spécial. Le programme général d'enseignement est longuement détaillé. Les conditions d'installation et d'ameublement de toute école maternelle sont déterminées. Les directrices et sous-directrices pourvues du brevet de capacité sont assimilées aux institutrices titulaires et adjointes pour la fixation du taux du traitement, les conditions de l'avancement et du logement, et c'est un acheminement vers l'assimilation complète du personnel des écoles maternelles avec celui des écoles primaires. Enfin, l'examen des aspirantes aux fonctions de directrice ou de sous-directrice est prévu et arrêté. Vienne un règlement pour servir de modèle aux règlements départementaux, et la nouvelle charte des écoles maternelles sera complète ; le décret du 21 août 1881 restera une des meilleures œuvres de Jules Ferry.

Du reste, cet homme éminent, qui était un Ministre doublé d'un pédagogue, se préoccupait particulièrement de la première enfance. Reprenant la pensée de plusieurs de ses prédécesseurs, notamment de MM. Duruy et Segris, il avait, dans ses circulaires des 30 octobre 1879 et 8 octobre 1880, créé en quelques mots une nouvelle catégorie d'écoles : *les écoles enfantines.*

Dans toute commune, disait-il, où l'école des garçons d'une part, l'école de filles de l'autre, sont encombrées par un trop grand nombre d'élèves de moins de sept ans, le mieux est de réunir ces tout petits enfants dans une salle spéciale et de former avec le trop-plein des deux écoles une bonne classe préparatoire, sorte d'intermédiaire entre l'asile et l'école. Cette classe enfantine sera dirigée par une femme, et je ne vois pas d'inconvénient à ce qu'elle soit annexée, suivant les convenances des locaux, soit à l'école des garçons, soit à l'école des filles.

Notons que M. Gréard, à Paris, avait, comme d'avance, réalisé cette pensée. Conformément au vœu émis par le Conseil municipal, sur la proposition de M. Harant, le Conseil départemental de la Seine, après avoir entendu le rapport de M. Brouard, un des inspecteurs primaires du ressort, avait pris, le 12 août 1876, la délibération suivante :

Article premier. — Il y a lieu de créer, dans les écoles du département de la Seine, des classes de jeunes garçons de 6 à 8 ans, dirigées par des institutrices;

Art. 2. — Ces classes, installées à titre d'essai, seront annexées aux écoles communales de jeunes filles et placées sous la direction de l'institutrice titulaire.

Cet essai, tenté sous différentes formes, avait réussi. D'autre part, le congrès pédagogique d'instituteurs du Havre, en 1881, avait adopté, dans sa séance du 23 avril, une série de résolutions favorables aux classes enfantines, en en marquant le plan et l'organisation. Dans ces conditions, les écoles ou classes enfantines ne pouvaient manquer de trouver leur place dans la législation qui se préparait.

VI

Mais c'était par en haut que M. Jules Ferry songeait surtout à reprendre de fond en comble et à fixer cette pauvre instruction primaire si ballottée depuis l'origine. Il pensa d'abord à lui assurer un personnel dirigeant à la fois capable et partout suffisant.

On se souvient que l'art. 35 de la loi de 1850 rendait les écoles normales facultatives et invitait en quelque sorte à les supprimer en créant des moyens bâtards de s'en passer. Peu de départements avaient profité de la latitude qui leur était laissée. Mais le principe subsistait et il importait de le faire disparaître. C'est ce que fit la loi du 9 août 1879, en portant à son article 1er :

Tout département devra être pourvu d'une école normale d'instituteurs et d'institutrices suffisante pour assurer le recrutement de ses instituteurs communaux et de ses institutrices communales.

Un délai de quatre ans était accordé aux départements pour satisfaire à cette obligation. Deux départements pourront être autorisés, par un décret du président de la République, sur l'avis conforme du Conseil supérieur de l'instruction publique, à s'unir pour fonder et entretenir en commun soit l'une ou l'autre de leurs écoles normales, soit toutes les deux. Les départements, pour la construction et l'installation de leurs écoles normales, pourront recevoir des subventions suivant leur situation pécuniaire et leurs sacrifices et participer à l'avance de 60 millions indiquée dans la loi instituant la caisse pour la construction des écoles.

A la suite de cette loi vinrent des décrets et arrêtés ayant pour but de modifier les anciennes dispositions relatives à l'organisation administrative et pédagogique de ces écoles normales dont le nombre allait augmenter dans des proportions considérables, du moins pour les jeunes filles. On les trouvera codifiés dans les grands décret et arrêté organiques du 18 janvier 1887. Pour le moment, nous nous contentons de présenter quelques observations sur cette nouvelle réglementation.

Dans un long article inséré dans le Dictionnaire pédagogique Buisson, article dont le ton peut-être un peu trop élevé semble révéler l'auteur ou l'inspirateur des mesures préconisées, on s'efforce de faire ressortir la supériorité à tous les points de vue du nouveau régime sur l'ancien :

Le décret du 2 juillet 1866, tout en ayant amélioré considérablement le décret rétrograde du 24 mars 1851, manquait d'ampleur; maîtres, élèves, enseignement, tout y étouffait. L'esprit des décrets du 29 juillet 1882 et du 10 avril 1883 est autrement large et libéral.

Les écoles normales sont émancipées : si elles relèvent encore par quelques côtés des Conseils généraux et des commissions de surveillance, elles sont enfin replacées dans la main du Ministre, du recteur et de ses agents.

La gestion financière et les soins intérieurs sont confiés à un économe, et le directeur n'est plus chargé que « de la partie la plus élevée de l'enseignement, c'est-à-dire de la pédagogie, de la psychologie et de la morale ». Ses collaborateurs ne seront plus de modestes adjoints « si oubliés et même si sacrifiés jusque-là », mais des *professeurs* ayant fait leurs preuves devant des jurys. Ils seront déchargés de la surveillance, de la surveillance de nuit notamment. — Le couvent laïque qu'on s'était ingénié à organiser a cessé d'exister, non seulement pour les maîtres, mais aussi pour les élèves. Les sorties ne sont plus parcimonieusement ménagées et les élèves cessent d'être séparés du reste du monde.

Plus d'aumôniers résidant dans l'établissement (bientôt il n'y en aura plus du tout); les pratiques religieuses deviennent facultatives. — L'âge d'admission est abaissé à quinze ans; plus de certificats à produire; aux inspecteurs primaires de s'enquérir de la moralité des candidats. — Le cadre de l'enseignement est élargi et précisé; désormais le champ de l'enseignement est nettement circonscrit (programme du 3 août 1881); la matière des études est judicieusement répartie entre les trois années du cours et le nombre des leçons que chaque enseignement comporte est déterminé : « l'unité succède à la diversité des interprétations, la règle à l'incohérence ». L'emploi des journées est minutieusement détaillé, faisant la part au sommeil, aux soins de propreté, au repos, aux récréations et exercices corporels, à la pratique de l'enseignement dans les écoles annexes, sous la direction des maîtres et des maîtresses de ces écoles.

Telles sont en substance les réformes qui auraient été opérées dans les écoles normales sous le ministère de J. Ferry, ministère qui, bien qu'interrompu à deux reprises (Paul Bert, du 14 novembre 1881 au 30 janvier 1882 ; Duvaux, du 7 août au 21 février 1883), s'étend en réalité, par une sorte d'action continue, du 1er février 1879 au 20 novembre 1883.

Ces réformes étaient-elles aussi nécessaires et aussi opportunes qu'il semble ressortir de l'article que nous venons de citer, et devaient-elles produire les heureux résultats présagés par l'enthousiasme de l'écrivain qui les analyse? C'est aux hommes du temps, aux inspecteurs généraux, aux inspecteurs primaires, surtout aux directeurs d'écoles primaires, à répondre à ces délicates questions et à d'autres telles que celles-ci :

A la suite de ces réformes, l'instruction primaire proprement dite, celle dont les masses ont besoin, a-t-elle gagné en étendue et en profondeur?

Les jeunes maîtres et maîtresses, les jeunes maîtres surtout, donnent-ils des preuves plus marquées de cet esprit hiérarchique, de ce respect d'eux-mêmes et des autres, de ce dévouement, de ce profond sentiment du devoir qui étaient l'apanage et faisaient l'honneur de leurs prédécesseurs? Ces jeunes gens qui n'ont guère connu que de nom cette forte discipline qui trempe les âmes et qui prépare aux exigences de la fonction, au sérieux de la vie d'instituteurs chargés au moins autant d'élever que d'instruire, n'arrivent-ils pas dès lors dans les écoles plus férus de science que de qualités professionnelles [1]?

1. V. la note II de la fin du volume.

Et ces maîtres triés sur le volet après maints examens, affublés tout d'un coup du titre pompeux de professeurs... Mais, avant de parler de ceux-ci, nous devons dire au moins quelques mots des établissements nouveaux où ils seront formés.

Les Ministres avaient été mis en défiance à l'endroit des maîtres de nos écoles normales. Ces maîtres leur avaient été présentés comme insuffisants en lettres et surtout en sciences. On avait envoyé des inspecteurs généraux de l'enseignement secondaire constater cette insuffisance, puis, pour y parer, on avait introduit dans les écoles normales des professeurs externes empruntés aux lycées et aux collèges (1874, sous le ministère de M. de Fourtou). C'était fourvoyer l'enseignement secondaire et dénaturer l'enseignement primaire. Le seul remède à apporter à l'un et à l'autre de ces inconvénients était de fonder des établissements spéciaux qui fussent pour les écoles primaires ce que l'école normale supérieure de la rue d'Ulm est pour les lycées, des pépinières de professeurs dûment préparés en vue de l'enseignement moins élevé, mais plus pratique, non moins sérieux d'ailleurs, que nos futurs instituteurs et institutrices sont susceptibles de recevoir et qu'ils ont ensuite à transmettre, dans la mesure voulue, aux élèves des écoles primaires, soit élémentaires, soit supérieures. Ces établissements auxquels on pensait du reste depuis longtemps, furent créés, l'un pour les professeurs femmes à Fontenay-aux-Roses (D. du 13 juillet 1880 et du 15 octobre de la même année), l'autre pour les professeurs hommes à Sèvres provisoirement, puis, définitivement, à Saint-Cloud (arr. du 9 mars 1881 et d. du 30 décembre 1882).

Ainsi, il fut pourvu aux besoins nés de la loi du 9 août 1879, besoins auxquels il était urgent de satisfaire surtout pour les écoles normales de filles où manquaient à la fois les directrices et les professeurs. La grande lacune existant dans notre instruction primaire était comblée; le service était désormais complet du sommet au bas de l'échelle.

Seulement, nos nouveaux professeurs d'écoles normales (instituteurs), abusés par leur titre, se crurent assimilés de tous points aux professeurs de l'enseignement secondaire : ils pensèrent que, leurs cours faits, leurs leçons données, les devoirs annotés et corrigés, leur mission était terminée et qu'ils pouvaient se retirer et vivre à leur foyer. L'administration commit la faute de se prêter à ces prétentions. M. Duruy avait voulu qu'on associât les élèves à la surveillance. Le décret du 29 juillet 1881 alla plus loin en autorisant les recteurs à nommer, là où besoin en serait, des surveillants spéciaux. C'était livrer les écoles normales au maître d'études. Sans doute, on a cherché depuis à réagir contre ces exagérations du souci d'améliorer le sort des professeurs, mais la tendance de ceux-ci à se désintéresser de ce qui se passe à l'intérieur de la maison demeure, et nos normaliens sont privés « de cette succession d'influences intimes et pénétrantes qui constitue vraiment la discipline des esprits » [1], disons le mot, qui joint l'éducation à l'instruction. Nos professeurs instruisent, ils n'élèvent pas ; le régime de nos écoles normales est peut-être *libéral*, mais il n'est pas *familial*. Quelque science pédagogique que l'on croie avoir, on se méprend sur la nature humaine en pensant que des jeunes gens de quinze à seize ans sont capables de se former d'eux-mêmes à une saine morale, surtout à la dignité et à la gravité de la fonction qu'ils sont appelés à exercer. Quoi qu'on dise, les écoles normales doivent être des *séminaires*, non des séminaires de moines ou de prêtres, mais des séminaires *d'instituteurs*, au lieu d'être des sortes d'abbayes de Thélème où la maxime soit à peu près : « Fais ce que tu voudras. » Dans ces années où l'on a remué tant d'idées, fait tant d'essais, souvent, hélas! aussi inconsidérés que généreux, où l'instruction primaire a trouvé tant de réformateurs et de *sauveurs*, peut-être n'a-t-on pas travaillé aussi efficacement qu'on le croit à ses progrès réels et au

1. Circ. du 12 juin 1883.

succès de la mission qu'elle a à remplir dans notre société.

Les établissements de Saint-Cloud et de Fontenay-aux-Roses ont sans doute pour but principal de pourvoir au recrutement des professeurs pour le haut enseignement primaire ; mais on s'y propose en outre de préparer des directeurs et des directrices d'écoles normales et, pour plus tard, des inspecteurs et des inspectrices. Ces diverses fonctions sont tellement connexes et ont tant de points communs, qu'il a toujours paru à désirer que l'on pût passer de l'une à l'autre sans préjudice pour le service. Dès l'origine, les titres obtenus à la suite de l'examen pour l'inspection primaire, attestaient l'aptitude du candidat « à l'inspection des écoles et à la direction des écoles normales ». Cette tradition s'est continuée; l'examen a été seulement remanié dans le but de le rendre de plus en plus probant. A cette heure, il est réglementé par le décret du 5 juin 1880, inséré comme tant d'autres, au moins quant à ses dispositions essentielles, dans le décret organique du 18 janvier 1887 complété, de ce chef aussi, par l'arrêté en date du même jour. Nous reviendrons peut-être sur ce sujet quand nous aurons à apprécier la loi du 30 octobre 1886 en ce qui a rapport à l'inspection et aux titres exigés des candidats à cette fonction. Là aussi, il pourra y avoir lieu de signaler soit des desiderata, soit des exigences excessives.

Après ces préliminaires qui étaient nécessaires, nous abordons les grandes lois consacrant la *gratuité*, l'*obligation* et la *laïcité* de l'instruction primaire, qui marquent notre point d'arrivée et, peut-être, notre point d'arrêt, le but poursuivi depuis 1789 se trouvant atteint, qui sait? peut-être dépassé.

CHAPITRE XI

LES LOIS SCOLAIRES

I

Loi du 16 juin 1881 établissant la gratuité absolue.

La première de nos grandes lois scolaires qui se présente
par ordre de date, est celle du 16 juin 1881, « établissant
la gratuité absolue de l'enseignement primaire dans les
écoles publiques ».

Nous n'avons point à discuter le principe même de la gratuité absolue. Nous constatons seulement qu'au point où les choses en étaient arrivées, elle était devenue une nécessité. Toujours admise en principe pour les enfants pauvres, la gratuité avait passé par les phases les plus diverses. Depuis la loi de 1850, elle avait été restreinte ou étendue suivant les ressources budgétaires dont disposait le Ministère de l'Instruction publique; en dernier lieu, elle avait gagné des grandes villes dans les communes rurales et il devenait de plus en plus difficile de dresser les listes prescrites par les lois ou décrets sur la matière. Un moyen restait pour sortir d'embarras, c'était de lever toutes les barrières, d'entrer en plein dans le programme républicain dont la formule était : « enseignement *gratuit, obligatoire* et *laïque* ». C'est ce que commença à faire la loi du 16 juin 1881 ainsi conçue :

ARTICLE PREMIER. — Il ne sera plus perçu de rétribution scolaire dans les écoles primaires publiques, ni dans les salles d'asile publiques.

Le prix de la pension dans les écoles normales est supprimé.

ART. 2. — Les quatre centimes spéciaux créés par les articles 40 de la loi du 15 mars 1850 et 7 de la loi du 19 juillet 1875, pour le service de l'instruction primaire, sont obligatoires pour toutes les communes, compris dans leurs ressources ordinaires et votés sans le concours des plus imposés.

Les communes auront la faculté de s'exonérer de tout ou partie de ces quatre centimes en inscrivant au budget, avec la même destination, une somme égale au produit des centimes supprimés, soit une qui pourra être prise soit sur le revenu des dons et legs, soit sur une portion quelconque de leurs ressources ordinaires et extraordinaires.

ART. 3. — Les prélèvements à effectuer en faveur de l'instruction primaire sur les revenus ordinaires des communes, en vertu de l'article 40 de la loi du 15 mars 1850, porteront exclusivement sur les ressources ci-après énumérées :

1° Les revenus en argent des biens communaux;

2° La part revenant à la commune sur l'imposition des chevaux et voitures et sur les permis de chasse;

3° Sur la taxe des chiens;

4° Le produit net des taxes ordinaires d'octroi;

5° Les droits de voirie et les droits de location aux halles, foires et marchés.

Ces revenus sont affectés, jusqu'à concurrence d'un cinquième, aux dépenses ordinaires et obligatoires afférentes à la commune pour le service des écoles primaires publiques.

Sont désormais exemptées de tout prélèvement sur leurs revenus ordinaires les communes dans lesquelles la valeur du centime additionnel au principal des quatre contributions directes n'atteint pas vingt francs.

Art. 4. — Les quatre centimes spéciaux établis par les articles 40 de la loi du 15 mars 1850, 14 de la loi du 10 avril 1867, et 7 de la loi du 19 juillet 1875, au principal des quatre contributions directes, pour le service de l'instruction primaire, sont obligatoires pour les départements;

Toutefois, les départements auront la faculté de s'exonérer de tout ou partie de cette imposition, en inscrivant à leur budget, avec la même destination, une somme égale au produit des centimes supprimés; somme qui pourra être prise soit sur le revenu des dons et legs; soit sur une portion quelconque de leurs ressources ordinaires ou extraordinaires.

Art. 5. — En cas d'insuffisance des ressources énumérées aux articles 2, 3 et 4 de la présente loi, les dépenses seront couvertes par une subvention de l'État.

Art. 6. — Le traitement des instituteurs et des institutrices titulaires et adjoints, actuellement en exercice, ne pourra, dans aucun cas, devenir inférieur au plus élevé des traitements dont ils auront joui pendant les trois années qui auront précédé l'application de la présente loi.

Le taux de rétribution servant à déterminer le montant du traitement éventuel, établi par l'article 9 de la loi du 10 avril 1867, sera fixé chaque année, par le Ministre, sur la proposition du préfet, après avis du Conseil départemental. Un décret fixera la quotité des traitements en ce qui concerne les salles d'asile ou les classes enfantines.

Art. 7. — Sont mises au nombre des écoles primaires publiques donnant lieu à une dépense obligatoire pour la commune, à la condition qu'elles soient créées conformément aux prescriptions de l'article 2 de la loi du 10 avril 1867 :

1° Les écoles communales de filles qui seront établies dans les communes de plus de 400 âmes;

2° Les salles d'asiles;

3° Les classes intermédiaires entre la salle d'asile et l'école primaire, dites écoles enfantines, comprenant des enfants des deux sexes et confiées à des institutrices pourvues du brevet de capacité ou du certificat d'aptitude à la direction des salles d'asile.

Le grand défaut de la législation et de la réglementation de ce temps est de manquer d'ensemble et d'unité; d'être faite en quelque sorte de pièces et de morceaux, de dispositions qui en supposent ou en appellent d'autres et sur plusieurs desquelles il faudra revenir pour les modifier et plus d'une fois les abroger[1]. La loi sur la gratuité absolue de l'enseignement primaire se ressent de cette insuffisance et de cette instabilité.

Ainsi les articles de 2 à 6 devront être remplacés par l'article 54 de la loi du 19 juillet 1889. L'article 7 sera modifié et remplacé par l'article 15 de la loi plus générale du 30 octobre 1886, le tout après avoir donné lieu à des difficultés dont l'administration ne se tirera qu'avec la plus grande peine et en multipliant les instructions et interprétations soit générales, soit d'espèces seulement. Mais le grand but est atteint : les écoles primaires publiques sont gratuites, mises aux charges des communes et des départements en attendant qu'elles soient mises aux charges de l'État, et que l'instruction primaire devienne un service d'État par conséquent.

Loi du 16 juin 1881 relative aux titres de capacité de l'enseignement primaire.

Du même jour, faute d'une loi générale que le ministre, qui semble avoir pour devise « diviser pour régner », et procéder par fragments pour que «la charge en soit plus légère », n'ose pas présenter ou ne pense pas *opportun* de

---

1. A cette heure, les auteurs de cette législation et de cette réglementation sont morts ou ont disparu de la scène. S'ils nous lisaient, ils nous feraient la réponse que fit jadis M. Duruy à des sénateurs qui lui reprochaient de présenter, lui aussi, des projets de loi incomplets : « Messieurs, on fait ce qu'on peut », c'est-à-dire ce que comportent les temps et les circonstances.

tirer de son portefeuille, vote une autre loi « relative aux titres de capacité de l'enseignement primaire » :

ARTICLE PREMIER. — Nul ne peut exercer les fonctions d'instituteur ou d'institutrice titulaire, d'instituteur adjoint chargé d'une classe ou d'institutrice adjointe chargée d'une classe, dans une école publique ou libre sans être pourvu du brevet de capacité pour l'instruction primaire.

ART. 2. — Nulle ne peut exercer les fonctions de directrice ou de sous-directrice d'asile publique ou libre, sans être pourvue du certificat d'aptitude à la direction des salles d'asile institué par l'article 70, paragraphe 1er du décret du 21 mars 1885.

Ces deux articles sont les funérailles de la *lettre d'obédience*. Ce titre bâtard avait vécu près d'un siècle, résistant à tous les assauts du bon sens et de l'opinion publique, soutenu par un parti peu nombreux, mais ardent et vivace, qui avait su profiter de la faiblesse, souvent de la connivence des gouvernements. C'était un coup d'audace. On peut se souvenir des clameurs, presque de l'étonnement qu'il souleva, et la loi qui en fut le résultat, comptera certainement parmi les lois qu'on qualifiera bientôt de *scélérates*. Nous ne citons pas les derniers articles de cette loi : ils ne sont que des moyens de transition entre deux régimes. Il fallait ménager les situations acquises. Cependant, comment admettre que des personnes qui enseignaient depuis des années, ne fussent pas en état de subir les épreuves du modeste brevet de capacité et du pauvre certificat d'aptitude à la direction des salles d'asile ? Ces tempéraments qui durent être apportés à la loi n'étaient-ils pas la négation même de la valeur de la lettre d'obédience ?

II

Loi du 28 mars 1882 relative à l'obligation
de l'instruction primaire.

Au moment où se préparait la loi de 1833, l'obligation — comme du reste la gratuité — préoccupait bien peu d'esprits. Cousin avait cependant agité la question devant les Chambres, en s'appuyant sur cet argument : « Une loi qui ferait de l'instruction primaire une obligation légale ne nous a pas paru plus au-dessus du pouvoir législatif que celle que vous venez de faire sur l'expropriation pour cause d'utilité publique. Si la raison d'utilité publique suffit au législateur pour toucher à la propriété, pourquoi la raison d'une utilité bien supérieure ne lui suffirait-elle pas pour faire moins, pour exiger que les enfants reçoivent l'instruction nécessaire à toute créature humaine afin qu'elle ne devienne pas nuisible à elle-même et à la société tout entière ? Une certaine instruction dans les citoyens est-elle au plus haut degré utile ou même nécessaire à la société ? Telle est la question... Il est contradictoire de proclamer la nécessité de l'instruction universelle et de refuser le seul moyen qui puisse la procurer. » Ce même argument, repris cinquante ans plus tard par J. Ferry et ses amis triompha enfin et, le 28 mars 1882, fut proclamée la grande loi « relative à l'obligation de l'enseignement primaire [1] ».

D'après son titre, cette loi aurait dû débuter par son article 3 ainsi conçu :

L'instruction primaire est obligatoire pour tous les enfants des deux sexes, âgés de six ans révolus à treize ans révolus...

Il n'en est rien. Elle commence par définir l'enseignement primaire qu'elle entend rendre obligatoire :

ARTICLE PREMIER. — L'enseignement primaire comprend :
L'instruction morale et civique ;
La lecture et l'écriture ;
La langue et les éléments de la littérature française ;
La géographie, particulièrement celle de la France ;
L'histoire, particulièrement celle de la France jusqu'à nos jours ;
Quelques notions usuelles de droit et d'économie politique ;
Les éléments des sciences naturelles, physiques et mathématiques, leurs applications à l'agriculture, à l'hygiène, aux arts

1. Il y avait déjà une loi sur l'obligation, celle du 27 janvier 1880, mais elle ne portait que sur l'enseignement de a gymnastique.

industriels, travaux manuels et usage des outils des principaux
métiers;

Les éléments du dessin, du modelage et de la musique;

La gymnastique et les exercices militaires;

Pour les filles, les travaux à l'aiguille.

L'article 23 de la loi du 15 mars 1850, est abrogé.

On voit que, dans ce vaste programme, l'enseignement
religieux est passé sous silence. Les deux articles suivants
l'excluent explicitement de l'école.

Art. 2. — Les écoles primaires publiques vaqueront un jour
par semaine, en outre du dimanche, afin de permettre aux
parents de faire donner, s'ils le désirent, à leurs enfants, l'instruction religieuse *en dehors des édifices scolaires.*

L'enseignement religieux est facultatif dans les écoles privées.

Art. 3. — Sont abrogées les dispositions des articles 18 et 44
de la loi du 15 mars 1850, en ce qu'elles donnent aux ministres
des cultes un droit d'inspection, de surveillance et de direction
dans les écoles primaires publiques et privées et dans les salles
d'asile, ainsi que le paragraphe 2 de l'article 31 de la même loi
qui donne aux consistoires le droit de présentation pour les instituteurs appartenant aux cultes non catholiques.

Par suite de ces dispositions, non seulement l'enseignement religieux est banni des écoles publiques, mais encore
ces écoles sont de fait laïcisées : l'enseignement religieux et
le régime qui en découle ne sont-ils pas, au fond, la principale raison d'être des écoles congréganistes?

Constatons que cette réaction, contre l'enseignement religieux à l'école primaire, n'a point été l'œuvre de l'Université, de l'Université primaire surtout.

L'enseignement religieux, dans les écoles primaires,
prenait un temps considérable (une heure au moins chaque
jour, d'après tous les horaires ou emplois du temps). Les
instituteurs et encore plus les institutrices, y donnaient un
soin consciencieux. Les uns et les autres avaient en outre
à conduire les enfants, quelquefois fort loin, aux catéchismes et aux offices, et à les y surveiller. Le ministre du
culte se montrait parfois difficile. Quand les enfants ne
savaient pas ou savaient mal, quand leur conduite à l'église

n'était point suffisamment correcte, les maîtres et maîtresses étaient rendus responsables ; ils avaient à essuyer des reproches devant les enfants, et quelquefois devant les familles, du haut de la chaire. Il n'importe : le pauvre instituteur et la pauvre institutrice — l'instituteur et l'institutrice laïques s'entend — la plupart croyants et pieux, considéraient ces tracasseries comme des désagréments inhérents à la profession ; ils les acceptaient avec une résignation souvent admirée. A peine souhaitaient-ils de voir alléger les charges que leur imposait l'enseignement religieux ; aucun, on peut le dire, n'en demandait la suppression, non plus que l'exclusion de l'école du curé ou pasteur : le catéchisme, les prières, les visites du ministre du culte étaient entrés depuis longtemps dans les mœurs ; on s'y était fait comme aux autres exigences de la vie scolaire.

Les inspecteurs primaires, de leur côté, s'étaient, dès l'origine, accoutumés à entendre réciter le catéchisme et l'histoire sainte, à visiter le ministre du culte, à recueillir de sa bouche — quitte à les contrôler et à les apprécier — des renseignements sur l'école et sur celui ou celle qui la dirigeait. Dans les régions montagneuses, surtout au début de l'inspection, ils étaient accueillis par lui comme de précieux collaborateurs.

Ils avaient plus d'une fois à se louer de son concours. Les plus heureux obtenaient de lui qu'il ne troublât point les exercices propres à l'école, qu'il ne multipliât point outre mesure ses enseignements et ne les plaçât point arbitrairement à ses heures et à sa convenance.

Les dérangements causés par les catéchismes et les asservissements qui en résultaient, tel était le gros grief des maîtres et maîtresses. L'autorité académique s'en plaignait aux évêques. Ceux-ci intervenaient volontiers, mais, de leur propre aveu, ils n'étaient point écoutés : leurs subordonnés continuaient à leur guise et le mal persistait. Les instituteurs et leurs chefs se taisaient. Mais les familles, les parents peu amis du prêtre et de ses enseignements, élevaient la voix ; l'opinion hostile se fortifiait et c'est ainsi que la loi du 28 mars 1882 fut une loi de doctrine en même temps qu'une loi d'obligation : ce sont les trop grandes exigences des clergés qui ont amené *l'école sans Dieu.*

Nous ne relevons pas, pour le moment, cette qualification. Elle est mensongère en ce qui concerne la loi elle-même.

La loi ne bannit point Dieu de l'école, témoin les programmes délibérés en Conseil supérieur qui la suivront. Ce sont des sectaires qui ont tenté de faire disparaître le nom de Dieu de nos écoles et de nos livres. La loi ne fait que s'en remettre aux familles et aux ministres du culte du soin de l'éducation religieuse. (Art. 2.) Elle entend seulement en finir avec des conflits toujours prêts à s'élever, en établissant, comme le disait Jules Ferry « de bonnes frontières entre l'École et l'Église », en maintenant l'une et l'autre sur son terrain et dans ses attributions.

Mais, pour toute loi, il faut un gardien qui veille à son exécution et qui en réprime les infractions. La loi sur l'obligation aura, pour jouer ce double rôle, les *Commissions scolaires :*

Art. 5. — Une commission municipale scolaire est instituée dans chaque commune pour surveiller et encourager la fréquentation des écoles.

Cet article 5 relatif aux commissions scolaires, ayant donné lieu à des difficultés d'application, a été modifié plus tard par les articles 54, 56, 57, 58 et 60 de la loi du 30 octobre 1886, articles que nous insérons tout de suite ici pour ne pas avoir à citer des textes morts et sans intérêt.

Art. 54. — La commission municipale scolaire, instituée par l'article 5 de la loi du 28 mars 1882, est composée du maire ou d'un adjoint délégué par lui, président; d'un des délégués du canton et, dans les communes comprenant plusieurs cantons, d'autant de délégués qu'il y a de cantons, désignés par l'inspecteur d'Académie; des membres désignés par le Conseil municipal en nombre égal, au plus, au tiers des membres de ce Conseil.

Dans le cas où le Conseil municipal refuserait de procéder à la nomination de ces membres, le Préfet les désignerait à son lieu et place.

Art. 55. — A Paris et à Lyon, il y a une commission scolaire pour chaque arrondissement municipal, elle est présidée par le maire ou par un adjoint désigné par lui.

Elle est composée d'un des délégués cantonaux désignés par l'inspecteur d'Académie et des membres désignés par le Conseil municipal, au nombre de trois à sept par arrondissement.

Art. 56. — Le mandat des membres de la commission scolaire désignés par le Conseil municipal, durera jusqu'à l'élection du nouveau Conseil municipal.

Il sera toujours renouvelable.

L'inspecteur primaire fait partie de droit de toutes les commissions scolaires instituées dans son ressort.

Art. 57. — Les inéligibilités et les incomptabilités établies par les articles 32, 33 et 34 de la loi du 5 avril 1884 sur l'organisation municipale sont applicables aux membres des commissions scolaires et des délégations cantonales.

Art. 58. — La commission scolaire se réunit au moins une fois tous les trois mois, sur la convocation de son président ou, à son défaut, de l'inspecteur primaire. Ses délibérations ne sont valables que si la majorité des membres est présente...

Dans le cas où, après deux convocations, la commission scolaire ne se trouverait pas en majorité, elle pourrait néanmoins délibérer valablement sur les affaires pour lesquelles elle a été spécialement convoquée, si le maire (ou l'adjoint qui le remplace), l'inspecteur primaire et le délégué cantonal sont présents.

Une expédition des délibérations de la commission scolaire devra être adressée, dans le délai de trois jours, par son président à l'inspecteur primaire.

La Commission scolaire ne peut, dans aucun cas, s'immiscer dans l'appréciation des matières et des méthodes d'enseignement.

Art. 59. — L'Inspecteur primaire, les parents ou les personnes responsables pourront faire appel des décisions des commissions scolaires.

Cet appel devra être formé dans le délai de dix jours, par simple lettre adressée au préfet et aux personnes intéressées.

Il sera porté devant le Conseil départemental statuant en dernier ressort.

Cet appel est suspensif.

Les pères, mères, tuteurs et tutrices peuvent se faire assister ou représenter par des mandataires devant le Conseil départemental.

Art. 60. — Les séances des Conseils départementaux et des Commissions municipales scolaires ne sont pas publiques.

Nous revenons de ces dispositions de la loi générale du 30 octobre 1886 à celle du 28 juin 1882 sur l'obligation, et nous reprenons celle-ci à son article 6.

Art. 61. — Il est institué un certificat d'études primaires; il est décerné après un examen public auquel pourront se présenter les enfants dès l'âge de onze ans.

Ceux qui, à partir de cet âge, auront obtenu le certificat d'études primaires, seront dispensés du temps de scolarité obligatoire qui leur restait à passer.

Le certificat d'études primaires n'était point d'institution nouvelle. Il avait été créé jadis par un statut de l'ancien Conseil Royal (25 avril 1834), puis repris par M. Duruy (1866), et réglementé par divers arrêtés et circulaires. Mais il passe pour la première fois dans la législation elle-même. Seulement, il y passe dans des conditions qui peuvent en rendre l'institution fatale à la fréquentation de l'école : les enfants ont la faculté de le rechercher et de l'obtenir *dès l'âge de onze ans.* En insérant cette clause, le législateur a eu une intention généreuse : il a voulu mettre les enfants appartenant à des familles pauvres en situation d'entrer le plus tôt possible en apprentissage ou d'aider leurs parents à gagner la vie commune. C'est évidemment pour eux qu'il retranche ainsi deux années de cette scolarité dont il étend plus haut l'obligation jusqu'à l'âge de 13 ans révolus. Mais, en dehors de ces douloureuses nécessités, combien de familles ou d'instituteurs, par un déplorable amour-propre, profiteront de la latitude que leur donne la loi de devancer ainsi l'heure fixée ailleurs de la cessation des études! De ce chef, le certificat d'études peut produire des résultats désastreux. Il en produira d'autres : « Le certificat d'études primaires est un diplôme attestant qu'un élève, au sortir des écoles primaires, possède à un degré suffisant la somme des connaissances qu'il est possible d'y acquérir. » Cette somme de connaissances, tout enfant qui a suivi l'école avec assiduité de six à treize ans, qui y a été occupé suivant les règlements, en apportant d'ailleurs, une dose suffisante d'intelligence et d'application, devrait être en mesure d'en recevoir l'attestation, d'obtenir son *certificat d'études primaires*.

Ainsi compris, le certificat d'études, selon la pensée si juste de M. Gréard, devrait être comme le fruit qui se détache de lui-même de l'arbre au jour de la maturité; il devrait être la conséquence naturelle, fatale pour ainsi dire d'études bien dirigées et consciencieusement faites. Or, on en fera malheureusement l'objet d'une préparation spéciale et chauffée; il y aura, dans les écoles, des *classes prépara-toires* au certificat d'études, des *manuels du certificat d'études*, des devoirs et des exercices spéciaux pour les enfants mieux doués ou plus travailleurs qu'on voudra faire briller à une fin d'année scolaire et n'importe à quel âge : honneur à qui arrivera bon premier dans cette sorte de *steeple-chase*, à qui aura le mieux instruit une élite au lieu d'instruire les masses que nos lois ont pourtant surtout en vue à l'école primaire élémentaire ! Les administrations académiques ne lutteront pas toujours victorieusement contre ces errements qui faussent la loi et font dévier nos écoles de leur but principal.

Après cette sanction morale qui devrait toujours se trouver dans le certificat d'études, le législateur de 1882, passe aux moyens d'exécution et aux sanctions immédiates.

Art. 7. — Le père, le tuteur, la personne qui a la garde de l'enfant, le patron chez qui l'enfant est placé, devra, quinze jours au moins avant l'époque de la rentrée des classes, faire savoir au maire de la commune s'il entend faire donner à l'enfant l'instruction dans la famille ou dans une école publique ou privée; dans ce dernier cas, il désignera l'école choisie.

Les familles choisissent entre les écoles placées à proximité.

Art. 8. — Chaque année, le maire dresse, d'accord avec la Commission scolaire, la liste de tous les enfants âgés de six à treize ans, et avise les personnes qui ont charge de ces enfants de l'époque de la rentrée des classes... »

En cas de non-déclaration, l'inscription a lieu d'office... huit jours avant la rentrée des classes, chaque instituteur reçoit la liste des enfants qui doivent suivre son école. L'inspecteur primaire reçoit la même liste... Les motifs d'absence de l'école doivent être donnés par les parents... Il est tenu un registre d'appel où les absences sont constatées. Ces absences sont signalées à la commission scolaire... L'instituteur qui ne tiendra pas à jour son registre d'appel, pourra être frappé d'avertissement, de censure, de suspension... Lorsqu'un enfant se sera absenté de l'école quatre fois dans le mois, la personne responsable sera appelée devant la Commission scolaire... les récidives seront punies de l'affichage à la mairie, de comparution devant le juge de paix pour contravention (Art. 11, 12, 13, 14). Des tempéraments peuvent être apportés, des dispenses passagères peuvent être accordées par les Commissions (Art. 15)... Les enfants qui reçoivent l'instruction dans la famille subiront un examen et, au besoin, seront déversés dans une école (Art. 16).

Nous abrégeons ces dispositions parce qu'elles ne seront que fort peu observées et qu'un jour, elles ne le seront peut-être plus du tout. Elles sont une arme contre l'indifférence ou l'entêtement de certains parents ; elles sauvegardent un grand principe ; mais c'est là leur principal rôle. Le meilleur moyen, et à peu près le seul efficace, de généraliser l'instruction primaire, c'est de la faire passer dans les mœurs, et on la fait passer dans les mœurs en rendant partout l'école accessible, intéressante et féconde en résultats immédiatement appréciables.

Pour la rendre accessible, le législateur de 1882 confirme et généralise, une des bonnes institutions de M. Duruy :

Art. 17. — La Caisse des écoles, instituée par l'article 15 de la loi du 10 avril 1867, sera établie dans toutes les communes... La répartition des secours se fera par les soins de la Commission scolaire.

Pour la rendre accessible encore, il reste à en multiplier
les foyers et à les rapprocher de plus en plus des populations. C'est ce que va faire la loi du 20 mars 1883 « relative
à l'obligation de construire des maisons d'école dans les
chefs-lieux de communes et dans les hameaux ».
Les lois précédentes portaient :

> Il sera fourni à tout instituteur communal un local convena-
> blement disposé, tant pour lui servir d'habitation que pour rece-
> voir ses élèves (Loi du 28 juin 1833, art. 12).
> Toute commune doit fournir à l'instituteur, un local conve-
> nable, tant pour son habitation que pour la tenue de l'école (Loi
> du 15 mars 1850, art. 37).
> Une décision du Conseil royal avait dit en outre : « la maison
> d'école doit contenir une salle proportionnée au nombre des
> élèves que l'instituteur est tenu de recevoir, plus une ou deux
> chambres d'habitation, outre la cuisine, le tout convenablement
> disposé.

III

On sent ce que ces dispositions avaient de vague et de
peu impératif. Aussi, à l'époque où nous sommes arrivés,
on trouvait encore une quantité formidable de communes
ou d'écarts de communes qui n'étaient point propriétaires
de leur maison d'école, où l'école se tenait dans des locaux
misérables loués à grands frais, le plus souvent aux dépens
de l'État; les inspecteurs généraux revenaient navrés de ce
qu'ils avaient vu en Corse, dans la plupart des départements
du midi et de l'ouest. Malgré tant de sacrifices que l'État et
les Communes s'étaient imposés depuis un demi-siècle, les
maisons d'école manquaient ou étaient quand même insuffisantes. Il fallait aussi, de ce chef, l'obligation, des ressources prévues et des règles précises. La loi du 20 mars 1883
pourvoit aux deux premières de ces nécessités :

Loi du 20 mars 1889 relative à l'obligation de construire des maisons d'école, dans les chefs-lieux des communes et dans les hameaux.

Art. 8. — Toute commune est tenue de pourvoir à l'établissement de maisons d'école au chef-lieu et dans les hameaux ou centres de populations éloignés dudit chef-lieu ou distants les uns des autres de 3 kilomètres, et réunissant un effectif d'au moins vingt enfants d'âge scolaire.

Art. 9. — Lorsque la création d'une école aura été décidée conformément aux lois et aux règlements, les frais d'acquisition, de construction et d'appropriation des locaux scolaires ou les frais de location de l'immeuble, ainsi que les frais d'acquisition du mobilier scolaire, constituent pour la commune une dépense obligatoire.

Il est pourvu à la dépense, soit par un prélèvement sur les ressources disponibles de la commune, soit par un emprunt à la caisse spéciale, soit enfin par des subventions du département ou de l'État.

Art. 10. — A défaut d'un vote du Conseil municipal ou sur son refus, le préfet, après avis du Conseil général, et, si cet avis n'est pas favorable, en vertu d'un décret du Président de la République rendu en Conseil d'État, pourvoit d'office, par un arrêté, au payement des frais de construction et d'appropriation de maisons d'école louées ou acquises, et d'acquisition de mobiliers scolaires, soit par un prélèvement sur les ressources disponibles de la commune, soit par des subventions du département ou de l'État, soit enfin par un emprunt contracté à la Caisse des lycées, collèges et écoles.

Lorsque, dans les conditions énoncées au paragraphe précédent, un emprunt à la Caisse des lycées, collèges et écoles aura été jugé nécessaire, le maire ou, sur son refus, un délégué spécial, nommé en exécution de l'article 15 de la loi du 18 juillet 1837, empruntera à cette Caisse, après y avoir été autorisé, la somme nécessaire.

Il sera pourvu au service de l'emprunt au moyen d'une imposition spéciale établie conformément au paragraphe 4 de l'article 30 de la loi du 18 juillet 1857.

L'emplacement de l'école à construire est désigné par le Conseil municipal, et, à défaut, par le préfet, deux mois après que le Conseil municipal aura été régulièrement mis en demeure.

Lorsque le Conseil général aura refusé de classer une demande de subvention ou ne se sera pas prononcé dans la session qui suivra celle dans laquelle il aura été dûment saisi, la subvention de l'État pourra être accordée par décret rendu après avis du Conseil d'État.

L'article 15 de la loi du 1er juin 1878 (loi sur la construction des maisons d'école) est abrogé.

Lorsque cette loi du 1er juin 1878 était présentée par M. Waddington en 1877, pour être reprise un an après par M. Bardou, il y aurait eu à construire, tant dans les chefs-lieux de commune que dans les hameaux, 17 320 maisons d'école; 3 239 auraient été à acquérir ou à approprier; 5 458 à agrandir; 7 381 à réparer. Il aurait fallu, enfin, acquérir 19 857 mobiliers scolaires, pour arriver à une organisation matérielle satisfaisante de notre service scolaire. C'est afin de remédier le plus promptement possible à cet état de choses qu'avait été fondée la *Caisse des maisons d'école*. L'article 15 de la loi de 1878 entrait plus ou moins modifié dans la loi nouvelle et c'est pour cela qu'il était déclaré abrogé.

Du reste, une loi du 20 juin 1885 « relative aux subventions de l'État pour construction et appropriation d'établissements et de maisons destinés au service de l'enseignement supérieur, de l'enseignement secondaire et de l'enseignement primaire » et une circulaire du 2 avril 1886 « relative à l'interprétation de l'art. 8, § 1er, de la loi du 20 juin 1885, en ce qui concerne les ressources communales disponibles » interviendront pour modifier ou préciser l'application de cette loi du 20 mars 1883. Mais un point est acquis; l'obligation pour toute commune et pour tout écart quelque peu important d'avoir une maison d'école et un mobilier scolaire convenables et suffisants. Le surplus est du ressort des administrations auxquelles il appartient d'exécuter la loi.

Et pour guider ces administrations, des documents importants sont venus s'ajouter à la loi du 20 juin 1885 : « l'instruction spéciale concernant la construction, le mobilier et le matériel d'enseignement des écoles maternelles publiques » (18 janvier 1887), et « l'instruction spéciale concernant la construction, le mobilier et le matériel d'enseignement des écoles primaires élémentaires » (*it.*).

Jusqu'alors, les lois, instructions et circulaires sur la matière avaient manqué de détails et de précision : on y trouve, pour toutes règles et directions, les mots *suffisants*, *convenables*. Mais à quelles conditions une école est-elle *suffisante?* A quelles conditions des mobiliers meublants ou enseignants sont-ils *suffisants et convenables?* C'est ce que les instructions ne disaient ni assez clairement, ni assez nettement. Aussi, comme nous avons eu l'occasion de le noter plus haut, un grand nombre de maisons d'école, bien que d'une construction relativement récente, étaient rapidement devenues impropres à leur destination et de grandes dépenses avaient été faites à peu près en pure perte. Pour empêcher le retour de ces abus et pour fixer les règles à suivre, dans les constructions qui allaient s'élever de toutes parts pour faire face aux besoins des populations et aux exigences des lois nouvelles, une grande commission d'architectes, d'hygiénistes et d'hommes spéciaux fut convoquée au ministère de l'Instruction publique, et élabora les instructions du 18 janvier 1887. Il suffit de lire ces instructions pour voir que tout est désormais prévu dans la construction et l'aménagement des locaux scolaires. Beaucoup les ont accusées d'engager les communes, les départements et l'État dans des dépenses exagérées, de tendre à faire élever des *palais scolaires*. En s'arrêtant devant ces prétendus palais, on les trouve vastes, aérés, pleins de jour et de lumière, amplement pourvus d'instruments de travail. Mais, à l'exception de quelques façades, de quelques entablements qui pourraient être plus simples, on est obligé de convenir qu'ils ne brillent guère que par le luxe de la propreté et par des conditions hygiéniques qu'on ne saurait trop approuver quand il s'agit de réunions d'enfants dont la vie devrait s'écouler au grand air et au grand soleil.

Les esprits chagrins peuvent seuls regretter les maisons d'école et les tristes mobiliers que signalaient jadis M. Lorain et, bien longtemps après lui, les inspecteurs primaires.

IV

Loi du 30 octobre 1886 sur l'organisation de l'enseignement primaire.

Les lois sur l'enseignement primaire se sont rapidement succédé depuis quelques années :

1° Loi ayant pour objet l'établissement des écoles normales primaires (9 août 1879);

2° Loi établissant la gratuité absolue de l'enseignement primaire dans des écoles publiques (1er juin 1881);

3° Loi relative aux titres de capacité de l'enseignement primaire (*it.*, *it.*);

4° Loi relative à l'obligation de construire des maisons d'école dans les chefs-lieux de commune et dans les hameaux (20 mars 1883);

5° Loi relative aux subventions de l'État pour constructions et appropriations d'établissements et de maisons destinés au service de l'enseignement supérieur, de l'enseignement secondaire et de l'enseignement primaire (20 juin 1885), avec décret du 15 février 1886 pour l'exécution de cette loi;

6° Loi sur les écoles d'enseignement primaire complémentaire et manuel d'apprentissage (11 décembre 1880).

Après tant de dispositions législatives, suivies d'une multitude de décrets, d'arrêtés, de circulaires explicatives, notre instruction primaire est-elle assise et organisée? Tant s'en faut, car voici une septième loi, celle du 30 octobre 1886, ayant précisément pour titre : Loi sur l'organisation de l'enseignement primaire, qu'on appellera la loi *organique*, comme on avait appelé celle de 1850. Et, de fait, elle par-

ticipe de cette loi modèle par un caractère d'ensemble que
n'ont point présenté les lois fragmentaires qui l'ont précédée.

Ces dernières ont déblayé le terrain ; elles ont résolu les
questions si graves et si délicates de la gratuité et de l'obligation, et entamé la laïcité par le programme de 1882 qui a
refondu l'article 23 de loi de 1850. La tâche du législateur de
1886 est allégée d'autant et il se trouvera plus libre dans ses
allures.

Ainsi, il n'a plus à renouveler cette éternelle formule :

« L'instruction primaire comprend... » Il peut débuter
ainsi (Titre 1er. Dispositions générales. Chapitre 1er) :

ARTICLE PREMIER. — L'enseignement primaire est donné :
1° Dans les écoles primaires et les classes enfantines ;
2° Dans les écoles primaires élémentaires ;
3° Dans les écoles primaires supérieures et les classes d'enseignement primaire supérieur annexées aux écoles élémentaires
et dites cours complémentaires ;
4° Dans les écoles manuelles d'apprentissage telles que les définit la loi du 11 décembre 1880.

Cet article, au fond, fait bien revivre la vieille trilogie de
notre enseignement primaire ; enseignement primaire ini-
tial ou maternel, enseignement primaire élémentaire, et
enseignement primaire supérieur : en réalité, les classes
enfantines ne sont que des annexes de l'école maternelle,
les cours complémentaires qu'un degré plus élevé de l'enseignement primaire élémentaire, et les écoles manuelles
d'apprentissage qu'une des formes multiples que peut prendre l'enseignement primaire supérieur.

Les lois précédentes ont défini notre enseignement primaire dans son essence, dans ses nuances et dans ses divers degrés. Celle-ci spécifie d'une manière générale les
établissements où il sera donné. Mais, quels qu'ils soient,
ces établissements seront publics ou libres (vieux style) ou
privés (nouveau style renouvelé de la loi de 1833), *publics*
s'ils sont « fondés et entretenus par l'État, les départements

ou les communes », *privés* s'ils sont « fondés et entretenus par des particuliers ou des associations ». (Art. 2.)

Le programme tracé par l'article 1er de la loi du 28 mars 1882, conformément à la parole prononcée par Paul Bert : « Ceci n'est qu'un minimum de l'instruction que tout citoyen doit emporter de l'école primaire », était pris dans toute sa teneur par beaucoup de maîtres qui s'étaient mis à l'essayer tel qu'il se présentait. Mais, pour les personnes plus sensées et plus expérimentées, ce programme ne pouvait être que l'énumération des enseignements qui sont d'ordre primaire et parmi lesquels chaque ordre d'écoles devait choisir ce qui était de son ressort et de sa spécialité. Seulement, en sortir pour aller au delà eût été empiéter sur les écoles secondaires. Cette interprétation fut celle de la loi de 1886 :

Art. 3. — Des règlements spéciaux délibérés en Conseil supérieur de l'instruction publique détermineront les règles d'après lesquelles seront réparties entre les diverses sortes d'écoles énumérées à l'article 1er les matières de l'enseignement primaire telles que les a fixées la loi du 28 mars 1882, ainsi que les conditions d'admission et de sortie dans chacune de ces écoles.

L'art. 4 stipule que « nul ne peut être directeur ou adjoint chargé de classe dans une école primaire publique ou privée, s'il n'est Français et s'il ne remplit, en outre, les conditions d'âge établies par la présente loi ». Le surplus de l'article est consacré aux étrangers se proposant d'exercer des fonctions d'enseignement en France.

L'article 5 énumère les cas d'incapacité.

Art. 6. — L'enseignement est donné par des instituteurs dans les écoles de garçons, par des institutrices dans les écoles de filles, dans les écoles maternelles, dans les écoles ou classes enfantines et dans les écoles mixtes.

Dans les écoles de garçons, des femmes peuvent être admises à enseigner à titre d'adjointes, sous la condition d'être épouse, sœur ou parente en ligne directe du directeur de l'école.

Toutefois le Conseil départemental peut, à titre provisoire, et par une décision toujours révocable : 1° permettre à un instituteur de diriger une école mixte, à la condition qu'il lui soit adjoint une maîtresse de travaux de couture ; 2° autoriser des dérogations aux restrictions (conditions de parenté) du second paragraphe du présent article.

Les écoles de filles ont été de tout temps, chez nous, réservées aux femmes. Les salles d'asile ou écoles maternelles avaient été rendues complètement à celles-ci par l'article 19 du décret du 21 mars 1855. L'institution des maîtresses de couture dans les écoles mixtes remonte à la loi du 10 avril 1867 (Art. 1er). L'essai des écoles mixtes confiées à des femmes — essai tenté avec réserve et dans un but hostile aux instituteurs — datait de plus loin encore, remontant au décret du 31 décembre 1853 (Art. 9). Toutes ces traditions et dispositions sont confirmées et, de plus, sont étendues : la femme a désormais dans son domaine propre les écoles de filles, les écoles maternelles et, du moins en principe, les écoles mixtes ; elle peut même être introduite dans les écoles de garçons ; dans les écoles mixtes, dont beaucoup lui échapperont longtemps encore, une maîtresse de couture devient obligatoire. Il y a là un véritable progrès pédagogique : comme nous le remarquions dans notre appréciation du triste décret du 31 décembre 1853, la femme est bien plus à sa place que l'homme non seulement dans les écoles maternelles, mais encore et surtout dans les écoles mixtes ; célibataire ou mariée, elle trouve dans son cœur et dans son intelligence de femme des ressources pour se faire aimer et écouter, pour imposer l'ordre, le respect, même le travail, qui ne se rencontrent pas toujours chez l'instituteur le plus instruit et le plus dévoué. Sa présence écarte d'ailleurs certains dangers dont plus d'un maître a été victime dans les écoles mixtes. Dans les écoles de garçons, elle est toujours chargée avec avantage des petites classes où elle continue l'école maternelle et la classe enfantine.

La loi du 16 juin 1881 fixe les titres de capacité ; l'art. 7 de la loi de 1886 fixe les âges requis pour enseigner : dix-huit ans pour les instituteurs, dix-sept pour les institutrices, vingt et un ans pour la direction des écoles, vingt-cinq ans pour la direction d'une école supérieure ou d'un pensionnat.

Il pourra être créé des classes primaires pour adultes et apprentis ayant satisfait aux obligations des lois du 19 mai 1874 (loi sur le travail des enfants et des filles mineures employés dans l'industrie) et du 28 mars 1882. Un règlement ministériel déterminera les conditions auxquelles les cours publics et gratuits d'adultes pourront recevoir une subvention de l'État. L'ouverture des cours privés pour les adultes est soumise aux conditions exigées pour l'ouverture d'une école privée, sauf dispense de tout ou partie de ces conditions, par le Conseil départemental.

Telles sont les *dispositions générales* contenues dans le chapitre Ier sous cette rubrique : *des établissements d'enseignement primaire*. Le chapitre II est consacré à l'*inspection*.

Art. 9. — L'inspection des établissements d'instruction primaire publics ou privés est exercée :

1° Par les inspecteurs généraux de l'instruction publique;

2° Par les recteurs et les inspecteurs d'académie;

3° Par les inspecteurs de l'enseignement primaire;

4° Par les membres du Conseil départemental désignés à cet effet conformément à l'article 50.

Toutefois les écoles privées ne pourront être inspectées par les instituteurs et institutrices publics qui font partie du Conseil départemental;

5° Par le maire et les délégués cantonaux;

6° Dans les écoles maternelles, concurremment avec les autorités précitées, par les inspectrices générales et les inspectrices départementales des écoles maternelles;

7° Au point de vue médical par les médecins, inspecteurs communaux ou départementaux.

Cet article enrichit l'inspection de deux éléments nouveaux : l'inspection par « les membres du Conseil départemental désignés à cet effet conformément à l'article 50 », Si nous nous reportons par avance à cet article 50, nous y lisons : « Le Conseil départemental peut déléguer au tiers de ses membres le droit d'entrer dans tous les établissements d'instruction primaire, publics ou privés du département. Ces délégués se conformeront aux règles tracées pour l'inspection par l'article 9. »

On se demande quel peut bien être le but utile et pratique de cette institution nouvelle. Les inspecteurs généraux, les recteurs, les inspecteurs d'Académie, les inspecteurs primaires, les délégués cantonaux, le maire, sont-ils donc suspects d'insuffisance ou de partialité? Craint-on que parfois ils manquent de hardiesse et d'indépendance quand il s'agit de pénétrer dans certains établissements, ou d'autorité morale pour y exercer leur fonction, pour s'y faire accepter et écouter ? On ne sait ; mais toujours est-il que voilà de nouveaux inspecteurs dont le nombre peut être considérable (le tiers des membres du Conseil départemental!) et qu'il faudra sans doute défrayer d'une mission mal définie et pouvant devenir embarrassante faute de compétence et d'un titre de nature à imposer.

N'était-ce pas assez de renouveler, de raviver en quelque sorte cette institution si inutile et si inefficace des *délégués cantonaux?* On sait pourquoi la loi de 1850 l'avait créée : c'était pour surveiller l'inspection de l'État, l'affaiblir et lui faire échec au besoin. Excepté dans les grandes villes où les délégués cantonaux ont pu être utilisés pour certains petits examens, elle n'a jamais rendu de services appréciables. Du reste, la fonction du délégué cantonal n'est recherchée aujourd'hui que dans un but politique; elle n'est qu'un moyen de se produire et de se mettre en vue, de faire inscrire son nom dans les bulletins et dans les annuaires. Il a fallu, pour la rendre quelque peu pratique, la subordonner à l'inspection tout en ne la faisant dépendre également que du Conseil départemental. Pourquoi le législateur de 1886 n'a-t-il pas profité de l'heureuse occasion qui se présentait d'effacer ce dernier vestige de la loi de 1850? Il suffisait cependant pour cela de passer les délégués cantonaux sous silence.

Quoi qu'il en soit, voici comment s'exercera cette multiple inspection :

L'inspection des écoles publiques s'exerce conformément aux règlements délibérés en Conseil supérieur.

Celle des écoles privées porte sur la moralité, l'hygiène, la salubrité et sur l'exécution des obligations imposées par la loi du 28 mars 1882 (*Obligation de tenir un registre d'appel, de signaler les absences*, etc.). Elle ne peut porter sur l'enseignement que pour vérifier « s'il n'est pas contraire à la morale, à la Constitution et aux lois ».

Ces dispositions sont, comme on le voit, à peu près renouvelées de la loi de 1850. Mais voici qui met fin aux distinctions créées par le décret du 31 décembre 1853.

Toutes les classes de jeunes filles, dans les internats comme dans les externats primaires publics ou privés, tenues soit par des institutrices laïques, soit par des associations religieuses cloîtrées ou non cloîtrées, sont soumises, quant à l'inspection et à la surveillance de l'enseignement, aux autorités instituées par la loi.

Dans tous les internats de jeunes filles tenus par des institutrices laïques ou par des associations religieuses cloîtrées ou non cloîtrées, l'inspection des locaux affectés aux pensionnaires et du régime intérieur du pensionnat est confiée à des dames déléguées par le Ministre de l'Instruction publique.

Autre article important parce qu'il ferme enfin l'inspection primaire à des personnes peu préparées à l'exercer :

ART. 10. — Nul ne peut être nommé inspecteur primaire s'il n'est pourvu du certificat d'aptitude à l'inspection obtenu dans les conditions déterminées par les règlements délibérés en Conseil supérieur[1].

Des arrêtés ministériels détermineront le nombre et l'étendue des circonscriptions d'inspection primaire dans chaque département, ainsi que les attributions, le classement, les frais de tournées et l'avancement des inspecteurs primaires.

Ce paragraphe remet les inspecteurs primaires et tout le service afférent entre les mains du Ministre, ce dont on ne

---

1. Voir la note à la fin du volume.

saurait se plaindre : une grande liberté de mouvements doit être laissée à celui qui a la responsabilité.

Telles sont les dispositions générales contenues dans les deux chapitres du titre 1er de la loi. Les trois chapitres du titre III vont être consacrés à l'*enseignement public*.

Art. 11. — Toute commune doit être pourvue au moins d'une école primaire.

Cet article correspond à l'art. 8 de la loi du 20 mars 1883 « relative à l'obligation de construire des maisons d'école ».

Lorsque la commune ou la réunion de communes compte 500 habitants et au-dessus, elle doit avoir au moins une école spéciale pour les filles, à moins d'être autorisée par le Conseil départemental à remplacer cette école spéciale par une école mixte.

Ce paragraphe est la reproduction presque textuelle de l'article 1er de la loi du 10 avril 1867.

L'article 12 s'occupe des écoles de hameaux créées par application de l'article 8 de la loi du 20 mars 1883.

L'article 13 reproduit encore à peu près la loi du 10 avril 1887 en ce qui concerne la fixation, par le Conseil départemental, du nombre des écoles à établir.

Les articles 14 et 15 énumèrent les dépenses que la loi rend obligatoires pour les communes :

L'établissement des écoles primaires élémentaires publiques régulièrement créées;

Le logement de chacun des membres du personnel enseignant attaché à ces écoles;

L'entretien ou la location des bâtiments et de leurs dépendances;

L'acquisition et l'entretien du mobilier scolaire;

Le chauffage et l'éclairage des classes et la rémunération des gens de service, s'il y a lieu.

Nous reviendrons sur ces dispositions quand nous en serons à l'article 9 de la loi du 19 juillet 1889 sur les traitements.

L'article 15 modifie l'article 7 de la loi du 16 juin 1881 (gratuité) en mettant encore aux charges de la commune : 1° les écoles publiques de filles, déjà régulièrement établies dans les communes

17

de plus de 400 âmes; 2° Les écoles maternelles publiques qui sont ou seront établies dans les communes de plus de 2 000 âmes et ayant au moins 1 200 âmes de population agglomérée; 3° les classes enfantines publiques, comprenant des enfants des deux sexes et confiées à des institutrices. Ainsi les écoles maternelles et les classes enfantines qui les suppléent, rentrent pour la première fois, moyennant certaines conditions, dans les établissements faisant l'objet d'une dépense obligatoire.

Le chapitre 1ᵉʳ du titre II, ayant pour objet :

L'établissement des écoles publiques est épuisé. Voici le chapitre II du même titre, sous la rubrique : « Du personnel enseignant. — Conditions requises. »

L'enseignement dans les écoles publiques sera donné conformément aux prescriptions de la loi du 28 mars 1882 (bien entendu suivant les modifications apportées par l'art. 3 de la loi présente), et d'après un plan d'études délibéré en Conseil supérieur. Les Conseils départementaux arrêteront, d'après ce plan, l'organisation pédagogique (Art. 16).

L'article 17 est peut-être le point capital de la loi :

Dans les écoles publiques de tout ordre, l'enseignement est exclusivement confié à un personnel laïque.

C'est la *laïcité* de l'instruction primaire. Déjà entamée ou annoncée par le programme de 1882, elle est consommée par les deux lignes de cet article 17 et par les dispositions de l'article 18 portant :

Aucune nomination nouvelle, soit d'instituteur, soit d'institutrice congréganistes, ne sera faite dans les départements où fonctionnera depuis quatre ans une école normale, soit d'instituteurs, soit d'institutrices, en conformité avec l'article 1ᵉʳ de la loi du 9 août 1879 (Loi sur les écoles normales). — Pour les écoles de garçons, la substitution du personnel laïque au personnel congréganiste devra être complète dans le laps de cinq ans après la promulgation de la présente loi.

Ici se trouvent réalisées les craintes de M. Rouland au sujet des clauses de perpétuité insérées si imprudemment dans les décrets d'acceptation des libéralités faites en vue de la fondation et de l'entretien d'écoles dirigées par des congrégations religieuses. La laïcisation va se heurter fréquemment à ces libéralités : plusieurs milliers de communes sont liées par elles aux congréganistes, et il va leur falloir renoncer au bénéfice de donations ou de legs allégrement ou trop légèrement acceptés, ou s'exposer à des revendications pour cause d'inexécution de conditions essentielles. Le législateur prévoit le cas et il fixe, pour ces revendications, un délai de deux ans à partir du jour où l'arrêté de laïcisation ou de suppression de l'école aura été inséré au *Journal officiel*.

Ce délai écoulé, toute action à raison des donations et legs faits aux communes antérieurement à la présente loi, à charge d'établir des écoles ou salles d'asile dirigées par des congréganistes ou ayant un caractère confessionnel, sera déclarée non recevable.

L'article 20 prouve une fois de plus à combien de redites on s'est exposé en ne présentant pas tout de suite une loi d'ensemble. Il faut revenir sur l'article 1er de la loi du 16 juin 1881 (titres de capacité) pour y faire comprendre les professeurs de dessin, de gymnastique, de chant, en disant :

Nul ne peut être nommé dans une école publique, à une fonction quelconque d'enseignement s'il n'est muni du titre de capacité correspondant à cette fonction, et tel qu'il est prévu soit par la loi, soit par les règlements universitaires.

La future loi sur les traitements aura à réparer d'autres oublis ou lacunes de ce genre.

Quant aux titres de capacité à obtenir conformément à des décrets et arrêtés rendus en Conseil supérieur, en voici l'énumération :

Le brevet élémentaire ;
Le brevet supérieur ;
Le certificat d'aptitude pédagogique ;

Le certificat d'aptitude au professorat des écoles normales et
des écoles primaires supérieures ;

Les diplômes spéciaux pour les enseignements accessoires :
dessin, chant, gymnastique, travaux manuels, langues vivantes, etc.

Le mode de nomination et le fonctionnement des commissions chargées de juger les candidats à ces divers brevets, sont laissés également aux soins du Ministre et du
Conseil supérieur (Art. 21).

Les instituteurs et institutrices sont divisés en stagiaires et
titulaires (Art. 22).

Pour être nommé instituteur titulaire, il faudra avoir
fait un stage de deux ans, être pourvu du certificat d'aptitude pédagogique, et être porté sur une liste d'admissibilité dressée par le Conseil départemental. Les titulaires
chargés de la direction d'une école de plus de deux classes
prennent le nom de directeur ou de directrice d'école primaire élémentaire (Art. 23).

Depuis longtemps, le brevet de capacité, nous pouvons
bien dire les brevets de capacité, sont devenus des certificats d'études d'un ordre plus ou moins élevé ; ils attestent
une certaine instruction, mais nullement une préparation
spéciale aux fonctions d'instituteur ou d'institutrice. A partir de 1850, ils ont absolument cessé d'avoir un caractère
professionnel. Vainement, sous M. Rouland et M. Duruy,
on avait essayé de leur rendre ce caractère en introduisant
dans l'examen au moins quelques questions de méthodes
et d'éducation : les mœurs avaient été plus fortes que les
règlements. Pour réparer cette regrettable lacune, J. Simon avait songé à un stage, et à un certificat d'aptitude
pédagogique. C'est cette pensée que cherche à réaliser l'article 23 de la loi dont nous nous occupons. Quant au titre
nouveau de *directeur* et de *directrice d'école primaire élémentaire* conféré aux maîtres et maîtresses placés à la tête d'une
école de plus de deux classes, il est d'invention moins

heureuse. En quoi la direction d'une école à une seule ou à deux classes diffère-t-elle de celle d'une école qui en compte trois ou plus? Elle est quelquefois plus lourde et plus difficile. Dès lors, pourquoi une distinction dans les titres? Peut-être aurait-on pu réserver au moins cette nouvelle appellation de *directeur* et de *directrice* aux maîtres et maîtresses déchargés de classe à raison de l'importance de l'école, du grand nombre d'élèves qu'elle réunit et d'adjoints ou d'adjointes qu'elle nécessite. L'innovation eût moins surpris. Quoi qu'il en soit, ces adjoints ou adjointes, dont le nombre est désormais déterminé par le Conseil départemental, sont stagiaires ou titulaires. Dans les écoles primaires supérieures, ils doivent être âgés de vingt et un ans et être pourvus du brevet supérieur. Ils prennent le titre de *professeurs* s'ils sont pourvus du certificat d'aptitude au professorat des écoles normales (Art. 24).

L'article 25 interdit aux instituteurs certaines professions et fonctions, notamment « les emplois rémunérés ou gratuits dans les services des cultes ». Nous trouvons cette dernière prohibition bien sévère : quel mal peut-il y avoir, pour un instituteur qui a de la voix ou du talent, à chanter au lutrin ou à toucher l'orgue si ses fonctions propres ou sa liberté de conscience n'ont point à en souffrir[1]? En quoi cela le met-il sous le joug du ministre du culte, joug dont on veut évidemment le garantir? Le greffe de la mairie, que le Conseil départemental l'autorisera presque toujours à accepter, le placera bien autrement sous le joug du maire : tout esprit sectaire devrait être banni de nos lois.

Le chapitre III du titre II (de l'enseignement public) traite de la nomination du personnel enseignant, des peines disciplinaires et des récompenses.

Les instituteurs et institutrices stagiaires enseignent en vertu d'une délégation de l'inspecteur d'Académie, sur l'avis de l'inspecteur primaire (Art. 26).

—————

1. Voir la note J à la fin du volume.

La nomination des instituteurs titulaires est faite par le préfet, sous l'autorité du ministre de l'Instruction publique et sur la proposition de l'inspecteur d'Académie (Art. 27).

Les directeurs, directrices et professeurs d'écoles primaires supérieures sont nommés par le ministre... Les instituteurs adjoints (non pourvus du professorat) demeurent à la nomination des préfets sur la proposition de l'inspecteur d'Académie. Les directeurs et directrices d'écoles manuelles d'apprentissage sont nommés par le ministre de l'Instruction publique dans les conditions prévues par la loi du 11 décembre 1880 (Art. 28).

Art. 29. — Le changement de résidence d'une commune à une autre pour nécessités de service est prononcé par le préfet, sur la proposition de l'inspecteur d'Académie.

Ainsi la question de la nomination des instituteurs, si souvent et si ardemment agitée, se trouve encore une fois tranchée en faveur des préfets.

Après les abus criants qui s'étaient produits en 1850 (loi du 11 janvier) et plus tard sous le gouvernement du 16 mai, il fallait qu'il y eût des raisons bien puissantes au maintien d'un état de choses qui semblait condamné, pour que des hommes tels que Paul Bert et Jules Ferry y revinssent après en avoir été les zélés adversaires. C'est qu'on ne croit pas aux chefs universitaires une autorité assez présente et assez forte pour résister aux influences et aux coteries locales toujours prêtes à agiter le sort des écoles et à en troubler le personnel. Les craintes que l'on peut concevoir à cet égard sont loin d'être chimériques après l'expérience faite des recteurs départementaux.

A tout le moins, sous la législation nouvelle, tout le jeune personnel demeure aux mains du chef hiérarchique et, pour le surplus des maîtres et maîtresses, il ne peut y être touché sans sa proposition. Il n'en était pas de même sous l'empire de la loi de 1854, alors que M. Fortoul disait à peu près en propres termes aux préfets du temps qu'ils pouvaient, sinon ne pas prendre l'avis de l'inspecteur d'Académie, du moins passer outre.

Du reste, le rôle de l'inspecteur d'Académie est encore agrandi par l'art. 30 qui énumère les peines disciplinaires applicables au personnel de l'enseignement primaire public. Ces peines sont :

1° La réprimande;

2° La censure ;

3° La révocation ;

4° L'interdiction pour un temps dont la durée ne pourra excéder cinq années;

5° L'interdiction absolue.

La révocation est prononcée par le préfet, *sur la proposition de l'inspecteur d'Académie* après avis motivé du Conseil départemental, avec faculté pour l'instituteur de se défendre devant cette assemblée et même d'interjeter appel devant le Ministre.

La réprimande est prononcée par *l'inspecteur d'Académie.* Il en est de même de la censure, mais après avis motivé du Conseil départemental, avec ou sans insertion au *Bulletin des actes administratifs.*

Les maîtres des écoles supérieures nommés par le Ministre sont naturellement révoqués par lui.

Le fonctionnaire interdit à temps ou d'une manière absolue par le Conseil départemental, peut aussi se défendre et interjeter appel suivant certaines règles de procédure à fixer par règlement d'administration publique (Art. 32).

Dans les cas graves et urgents, *l'inspecteur d'Académie* a le droit de prononcer la suspension provisoire (Art. 43).

Bref, ces articles 30, 31, 32 et 43 du chapitre III, d'une part arment suffisamment le chef du service, d'autre part, donnent aux inculpés les garanties désirables contre l'arbitraire et le bon plaisir.

Après les peines disciplinaires dont sont passibles les instituteurs, viennent les récompenses qui peuvent leur être accordées. Ces récompenses continuent à être des mentions honorables, des médailles de bronze et des médailles d'argent, qui seront distribuées suivant des règles à intervenir. Les anciens instituteurs pourront être nommés *instituteurs honoraires* (Art. 34).

Nous renvoyons à la loi elle-même (titre III, Art. 35 à 43) pour tout ce qui concerne l'*enseignement privé*. Nous notons seulement la défense faite aux écoles privées de prendre le titre d'*écoles supérieures* dans d'autres conditions que les écoles publiques ; de recevoir, sans autorisation du Conseil départemental, des enfants des deux sexes, s'il existe une école publique ou privée spéciale aux filles ; de recevoir des enfants au-dessous de six ans (à moins de posséder elles-mêmes une classe enfantine) s'il existe dans la commune une école maternelle ou une école enfantine publique (Art. 36).

Les conditions d'ouverture des écoles privées, l'opposition qui peut y être faite, le jugement dont cette opposition peut être la suite, les pénalités à intervenir dans certaines éventualités, rappellent les dispositions de la loi de 1850 (Art. 36, 37, 39 et 40). De même les pénalités que peuvent encourir les instituteurs privés contrevenant à la loi (Art. 41 et 42).

L'article 43 assujettit au régime des écoles publiques les écoles ouvertes dans les hôpitaux, hospices, colonies agricoles, ouvroirs, maisons de pénitence, de refuge ou autres établissements analogues administrés par les particuliers. Il y avait longtemps que l'honorable M. Pillet avait — sans succès — prétendu que ces établissements avaient un caractère public qui les faisait rentrer dans la catégorie des écoles « entretenues en tout ou en partie par les communes, les départements ou l'État ». L'article 43 tranchait définitivement la question.

Le titre IV traite des *Conseils de l'enseignement primaire*. Le premier de ces Conseils, celui que l'on a vu et que l'on verra encore intervenir continuellement dans les affaires de l'instruction primaire, est le *Conseil départemental*.

Les anciens Conseils académiques créés par la loi de 1850, avaient été dédoublés par la loi du 14 juin 1854 en Conseils académiques et en Conseils départementaux. Ces derniers étaient composés :

1° Du préfet, président ;

2° De l'inspecteur d'Académie ;

3° D'un inspecteur de l'instruction primaire désigné par le Ministre ;

4° Des membres que les §§ 5, 6, 7, 8, 9, 10 et 11 de l'article 10 de la loi du 15 mars 1850 appelaient à siéger dans les anciens conseils, et dont le mode de désignation demeurait réglé conformément à ladite loi et à l'article 3 du décret du 9 mars 1852 (nomination par le Ministre). Ces membres étaient : l'évêque ou son délégué, un ecclésiastique désigné par l'évêque, un ministre des deux Églises protestantes, un délégué du Consistoire israélite s'il y avait lieu, le procureur général près la Cour d'appel ou le procureur de la République, un membre de la Cour d'appel ou un membre du tribunal de première instance, quatre membres du Conseil général. La composition du Conseil variait quelque peu pour le département de la Seine.

Des assemblées ainsi composées, on le voit, étaient peu primaires ; en outre, l'élément clérical y dominait, sinon numériquement, du moins moralement. Elles ne cadraient plus avec nos lois de laïcisation. La nouvelle loi organique les modifie profondément :

Art. 44. — Il est institué dans chaque département un Conseil de l'enseignement primaire composé ainsi qu'il suit :

1° Le préfet, président ;

2° L'inspecteur d'Académie, vice-président ;

3° Quatre conseillers généraux élus par leurs collègues ;

4° Le directeur de l'École normale d'instituteurs et la directrice de l'École normale d'institutrices ;

5° Deux instituteurs et deux institutrices élus respectivement par les instituteurs et institutrices publics titulaires du département et éligibles, soit parmi les directeurs et directrices d'écoles à plusieurs classes ou d'écoles annexes à l'École normale, soit parmi les instituteurs et institutrices en retraite ;

6° Deux inspecteurs de l'enseignement primaire désignés par le Ministre...

ART. 46. — Dans le département de la Seine, le nombre des conseillers généraux sera de huit, celui des inspecteurs primaires sera de quatre, et celui des membres élus, moitié par les instituteurs, moitié par les institutrices, sera de quatorze, à raison de deux pour quatre arrondissements municipaux et de deux pour chacun des arrondissements de Sceaux et de Saint-Denis.

Nous renvoyons à la loi même pour les attributions multiples des Conseils ainsi composés. Constatons que ces Conseils ont, pour ainsi dire, sous leur garde et tutelle tous les grands intérêts, particulièrement les intérêts moraux, de l'instruction primaire :

L'enseignement dans les écoles primaires publiques est donné conformément aux prescriptions de la loi du 28 mars 1882, et d'après un plan d'études délibéré en Conseil supérieur. — Pour chaque département, le Conseil départemental arrêtera l'organisation pédagogique des diverses catégories d'établissements par des règlements spéciaux conformes au plan d'études ci-dessus (Art. 46). — Le Conseil départemental veille à l'application des programmes, des méthodes et des règlements édictés par le Conseil supérieur... Il arrête les règlements relatifs au régime intérieur des établissements d'instruction primaire... (Art. 48).

Puissent ces assemblées avoir assez de force par elles-mêmes ou être soutenues suffisamment par l'administration de l'Instruction publique pour garder intactes les attributions qui leur sont ainsi conférées, et résister aux ingérences, aux empiétements de certains Conseils municipaux trop enclins à méconnaître le grand principe de la séparation des pouvoirs !

Le chapitre II du titre IV est consacré aux commissions scolaires. Nous n'avons point à revenir sur ce chapitre ; nous l'avons reproduit plus haut comme appartenant en réalité à la loi sur l'obligation. Nous passons aussi sous silence le titre V, attendu qu'il ne contient que des dispositions *transitoires* qui devaient bientôt être remplacées par des lois ultérieures, ou des sursis aujourd'hui périmés.

V

Loi du 19 juillet 1889 et du 25 juillet 1893 sur les dépenses ordinaires de l'instruction primaire publique et les traitements du personnel de ce service.

Nous avons hâte d'arriver au dernier fragment important de notre législation scolaire.

L'instruction primaire est gratuite (loi du 16 juin 1884) ;

L'instruction primaire est laïque (loi du 30 octobre 1886) ;

Des écoles normales sont fondées pour assurer la préparation et le recrutement du personnel laïque (loi du 9 août 1898).

Il s'agit maintenant de pourvoir aux dépenses du service ainsi compris, et notamment au traitement du personnel ainsi créé. C'est ce qui va faire l'objet principal de la loi du 19 juillet 1889 « sur les dépenses ordinaires de l'instruction primaire publique et les traitements du personnel de ce service [1] ».

La gratuité, quoi qu'on en ait dit et quoi qu'on ait fait, s'est étendue et s'est définitivement établie aux dépens des instituteurs. Les expédients imaginés par les auteurs des

1. Il n'est pas sans intérêt de jeter un coup d'œil sur le passé et de voir quels avaient été, à quelques époques marquantes, les dépenses auxquelles la loi du 19 juillet 1889 va pourvoir jusqu'à nouvel ordre. Voici, aux quatre dates suivantes, le chiffre de ces dépenses :

ANNÉE.	DÉPENSE. (chiffres ronds).	PERSONNEL.		MOYENNE		
		MAITRES.	ÉLÈVES.	PAR habitant.	PAR élève.	PAR maître.
1837.	9 000 000	33 400	2 000 000	0,27	4,13	236
1863.	32 400 000	70 400	3 400 000	0,87	9,50	460
1877.	71 700 000	80 000	3 800 000	1,91	18,76	896
1886.	140 000 000	102 000	4 000 000	3,82	20,41	1 420

lois nouvelles, expédients compliqués, dispendieux pour l'État, parfois follement généreux (par exemple, la consolidation des allocations faites bénévolement par les communes riches ou aisées), assurèrent sans doute les traitements acquis. Mais l'on vit des maîtres, plutôt indolents que fatigués, rechercher, pour jouir de leurs gros traitements une fois acquis, des postes de repos ou réservés ordinairement à des débutants, et, d'un autre côté, les instituteurs n'eurent plus en perspective les postes d'avancement qui devenaient l'apanage des maîtres les plus dévoués ou les plus méritants, où les traitements dépassaient de beaucoup les *maxima* présents ou les *maxima* que font prévoir les projets de loi qui sont à l'étude, notamment celui qui, élaboré antérieurement par M. Goblet, va devenir en grande partie la loi des *traitements* à laquelle nous sommes arrivés.

Cette loi, publiée le 19 juillet 1889, est à son tour tellement incomplète ou insuffisante, qu'il faudra la reprendre quatre années plus tard pour la modifier, y ajouter, comme toujours, des dispositions oubliées dans les lois précédentes et dont la place était plus naturellement marquée ailleurs, par exemple, dans la loi organique de 1886. Aussi portera-t-elle deux dates, celles « du 19 juillet 1889 et du 25 juillet 1893 ». Nous en citons les dispositions les plus saillantes.

« Les dépenses ordinaires de l'enseignement primaire public » sont déclarées à la charge de l'État, des départements et des communes. (Art. 1er.)

Quatre articles (2, 3, 4 et 5) établissent le départ de ces dépenses entre les trois grands débiteurs créés. Quant aux moyens d'y faire face, les voici :

Il est pourvu aux dépenses incombant à l'État en vertu de l'article 2, au moyen des crédits annuels inscrits au budget du Ministère de l'Instruction publique.

Il est pourvu aux dépenses incombant aux départements et aux communes au moyen de crédits ouverts annuellement à leurs budgets, à titre de dépenses obligatoires, dans les conditions prévues par les §§ 1 et 3 de l'article 61 de la loi du 10 août 1871 et par l'art. 149 de la loi du 5 avril 1884. (Art. 26.)

À partir du 1er janvier 1890, il sera perçu 8 centimes additionnels généraux portant sur les quatre contributions directes et dont le produit sera inscrit au budget de l'État.

À partir de la même date, il sera perçu, en addition au principal des quatre contributions directes, 12 centièmes de centime, représentant les frais de perception des 4 centimes antérieurement perçus au profit des communes.

Le produit des 8 centimes 12 centièmes, prévu aux paragraphes précédents, supportera les centimes spéciaux, pour fonds de dégrèvement et de non-valeurs, suivant les taux afférents à chaque contribution. (Art. 27.)

Les 4 centimes communaux et les 4 centimes départementaux affectés aux dépenses obligatoires de l'enseignement primaire par les lois des 10 avril 1867, 19 juillet 1875 et 16 juin 1881, sont supprimés.

Est également supprimé le prélèvement du cinquième institué par la loi du 16 juin 1881. (Art. 28.)

Dans les villes de plus de 150 000 âmes, le montant des dépenses mises à la charge de l'État par l'article 2 n'excédera pas le produit de 8 centimes additionnels généraux qui y seront perçus, et à Paris le produit de 4 centimes. (Art. 29.)

Il sera prélevé au profit du budget de l'État, à partir du 1er janvier 1890, un sixième du produit de l'octroi de mer de l'Algérie. (Art. 30.)

Avec ces ressources, l'État, les départements et les communes pourvoient, chacun en ce qui les concerne, à tous les besoins du service scolaire. L'État est chargé des traitements. Désormais, pour les instituteurs, plus de traitement communal, de rétribution scolaire, de complément à telle ou telle somme par la commune, le département ou l'État, mais un traitement unique acquitté par l'État, dans la même forme que pour les autres salariés de l'État : l'instruction primaire devient un service d'État et l'instituteur un fonctionnaire public. Il y a là toute une révolution. Quelques esprits aventureux l'avaient rêvée dans d'autres temps, mais les plus osés avaient hésité à l'entreprendre. Le gouvernement républicain l'a conçue, y a gagné peu à peu l'opinion et l'a fait triompher enfin.

Ce grand changement ne s'est point opéré sans peine, sans qu'il y eût des intérêts momentanément menacés ; cela se voit assez par les dispositions prises pour garantir « aux instituteurs et aux institutrices actuellement en fonctions le montant du traitement et des allocations soumises à retenue dont ces maîtres jouissaient au 31 décembre 1889 (Art.32) » ; pour porter au moins à 1 200 francs les traitements des instituteurs pour lesquels l'avancement se ferait trop attendre (Art. 33). Mais le principe était posé et triomphait : instruction primaire service d'État ; instituteurs fonctionnaires de l'État et payés par lui seul.

Une exception était faite pour une indemnité nouvelle et depuis longtemps réclamée : l'*indemnité de résidence.*

Il est bien certain que la vie a des exigences particulières dans les villes et dans les grandes agglomérations. Le besoin d'un supplément de traitement, pour parer à ces exigences, croît avec le chiffre de la population et avec l'importance de la fonction. L'article 12, qui établit l'indemnité de résidence, est basé sur cette double circonstance : entière pour les titulaires d'écoles réputées nombreuses, comprenant plus de deux classes ou un cours complémentaire (Art. 8 et 9), pour les directeurs et directrices d'écoles primaires supérieures (Art. 14), et pour les adjoints et adjointes de ces écoles (Art. 15), elle n'est que de la moitié des chiffres fixés pour les autres instituteurs et institutrices titulaires, et du quart pour les stagiaires. Les communes du département de la Seine autres que Paris, sont rangées en trois séries, conformément aux dispositions qui seront prises par un règlement d'administration publique. (D. du 19 juillet 1894.)

La loi des 29 juillet 1889 et 25 juillet 1893 apporte une autre amélioration dans les traitements scolaires par les articles suivants :

Les titulaires chargés de la direction d'une école comprenant plus de deux classes reçoivent à ce titre un supplément de trai-

tement de 200 francs. Ce supplément est porté à 400 francs si
l'école comprend quatre classes (Art. 8).

Dans les écoles qui comprennent une classe d'enseignement
primaire supérieur, dite cours complémentaire, le maître chargé
de ce cours reçoit un supplément de traitement de 200 francs
(Art. 9).

Ainsi le traitement s'accroît avec les responsabilités et
avec les aptitudes. On rend d'ailleurs ainsi désirables les
grandes écoles qui, avec des traitements attachés à la personne, susceptibles d'être obtenus sur place et dans les
écoles les plus modestes, courraient grand risque d'être
peu recherchées.

Toutefois, même avec ces suppléments, les anciens
postes avantageux dont nous signalions plus haut la disparition, ne seront plus là pour tenter la légitime ambition
des instituteurs et récompenser les mérites exceptionnels,
les traitements les plus élevés étant rigoureusement fixés
à 2 000 francs pour les instituteurs et à 1 600 francs pour
les institutrices (art. 7), sauf ce qui y sera ajouté par les
articles que nous venons de citer, par l'indemnité de résidence (non soumise à retenue), et par les municipalités
riches ou généreuses.

Quoi qu'il en soit, voici comment la loi nouvelle institue
et règle les traitements :

Les instituteurs et les institutrices des écoles primaires élémentaires et maternelles sont répartis en stagiaires et titulaires.

Les stagiaires forment un effectif de 15 pour 100.

Les titulaires se divisent en cinq classes, dont les effectifs
numériques sont, par rapport à l'effectif total, dans les portions
suivantes :

5ᵉ classe.	25 pour 100
4ᵉ classe.	25 —
3ᵉ classe.	20 —
2ᵉ classe.	10 —
1ʳᵉ classe.	5 —

La classe est attachée à la personne; elle peut être attribuée
sans déplacement et reste acquise au fonctionnaire, en cas de
passage d'un département dans un autre (Art. 6).

Le traitement des instituteurs et institutrices de chaque classe est fixé ainsi qu'il suit :

Instituteurs.			Institutrices.		
5ᵉ classe.	1 000 francs.		5ᵉ classe. . . .	1 000 francs.	
4ᵉ classe.	1 200	—	4ᵉ classe. . . .	1 200	—
3ᵉ classe.	1 500	—	3ᵉ classe. . . .	1 400	—
2ᵉ classe.	1 800	—	2ᵉ classe. . . .	1 500	—
1ʳᵉ classe.	2 000	—	1ʳᵉ classe. . . .	1 600	—(Art. 7)

Comme nous l'avons dit, à ces traitements s'ajoutent les indemnités de 200 et de 400 francs, basées sur le nombre des classes, de 200 pour les cours complémentaires, l'indemnité de résidence, variant suivant le chiffre de population agglomérée, et le logement, cela va sans dire (Art. 8, 9, 10 et 12).

Les instituteurs et institutrices stagiaires reçoivent un traitement de 900 francs et l'indemnité de résidence quand il y a lieu. Ils ont droit au logement. Ils forment une classe unique (Art. 11).

En somme, ce sont des jeunes gens qui remplissent généralement la fonction des anciens adjoints dont le traitement était ou aléatoire ou d'une insuffisance notoire.

Le traitement des directeurs et directrices d'écoles primaires supérieures est ainsi fixé :

5ᵉ classe.	1 800 francs.
4ᵉ classe.	2 000 —
3ᵉ classe.	2 200 —
2ᵉ classe.	2 500 —
1ʳᵉ classe.	2 800 —

Ils ont droit au logement ou à l'indemnité représentative et à l'indemnité de résidence (Art. 14).

Il en est de même pour les instituteurs adjoints et les institutrices adjointes de ces écoles, dont les traitements sont :

5ᵉ classe.	1 200 francs.
4ᵉ classe.	1 400 —
3ᵉ classe.	1 600 —
2ᵉ classe.	1 900 —
1ʳᵉ classe.	2 200 — (Art. 15)

Dans les écoles nationales d'enseignement primaire supérieur et professionnel, les traitements sont supérieurs de 500 francs à ceux des fonctionnaires des écoles normales (Art. 16).

Les articles 17 et 18 fixent les traitements de ces derniers (de 3 000 à 5 500 pour les directeurs, de 3 000 à 5 000 pour les directrices; de 2 500 à 3 400 pour les professeurs hommes; de 2 200 à 3 000 pour les professeurs femmes; de 2 000 et 1 800 pour les adjoints et les adjointes (Art. 17 et 18).

Tous ces traitements, ainsi établis, sont-ils suffisants? Pour le haut personnel (directeurs, professeurs et adjoints d'écoles supérieures, directeurs d'écoles normales, inspecteurs primaires), on peut, ce semble, répondre affirmativement, et l'administration peut d'ailleurs, sans trop craindre d'échouer, proposer pour lui des augmentations successives.

Mais pour le personnel scolaire à proprement parler, pour les simples instituteurs et institutrices, la question est plus difficile à résoudre.

Il est bien certain que les traitements de début sont des plus modestes; que si un jeune homme ou une jeune fille peuvent à la rigueur suffire à leurs besoins avec des émoluments qui ne dépassent guère quand même 900 francs et 1 000 francs, ils se trouvent dans une grande gêne s'il leur survient une charge de famille. Il est bien certain aussi que les lenteurs de l'avancement se font particulièrement sentir pour eux. L'avancement est ainsi réglé :

Pour le personnel mentionné aux articles 7, 8 et 9 (c'est-à-dire pour les instituteurs et les institutrices ordinaires), l'avancement, dit l'article 24 de la loi, a lieu par classe et par département, au fur et à mesure des vacances dans chacune des classes, et dans les conditions déterminées par les articles 6 et 50.

Les promotions aux 4° et 3° classes se font, pour les trois quarts, à l'ancienneté et, pour un quart, au choix; les promotions à la 2° classe, moitié à l'ancienneté, moitié au choix; à la 1re classe, exclusivement au choix.

Peuvent seuls être admis dans les deux premières classes, les maîtres pourvus du brevet supérieur et ayant passé trois ans au moins dans la classe précédente. (Une exception est faite toutefois à cette dernière disposition pour les maîtres et maîtresses en fonctions au 19 juillet 1889.)

Or, l'article 6, nous l'avons vu charger particulièrement l'effectif des stagiaires (15 pour 100) et celui de la 5ᵉ et de la 4ᵉ classe (chacune 25 pour 100); il réduit d'autant les trois premières classes (20, 10 et 5 pour 100). On voit par ces chiffres que bien des stagiaires et des jeunes maîtres et maîtresses peuvent attendre longtemps une amélioration sensible à leurs traitements de début, mais ces proportions peuvent être facilement modifiées ; nul doute qu'elles ne le soient dans un avenir peu éloigné. D'un autre côté, les traitements fixés en 1893 ne sont pas immuables et pourront être augmentés sans troubler l'économie de nos lois nouvelles.

Dans tous les cas, même dès maintenant, nos instituteurs ne sont pas, comme on l'a prétendu, des *prolétaires*, au sens que l'on donne ordinairement à ce mot. Dans des conditions supérieures à celles où la plupart d'entre eux eussent vécu aux champs ou à l'atelier, ils ont le nécessaire assuré et peuvent vivre sans trop craindre pour leur lendemain. Telle n'est point la situation des prolétaires auxquels on s'est plu à les comparer. Il appartiendra, d'ailleurs, à la société d'améliorer leur situation et de la mettre en rapport avec les services qu'elle attend d'eux. A cette heure, la somme de ces services s'est accrue dans de notables proportions par ce qu'on appelle les œuvres *postscolaires*. On réclame partout l'extension de l'école et la prolongation de son influence reconnue trop passagère sur les enfants qui lui sont confiés. On demande aux instituteurs de faire des cours d'adultes qui soient de véritables cours de perfectionnement, des conférences qui achèvent d'éclairer le peuple sur son passé, sur son présent et sur son avenir, sur ses droits et surtout sur ses devoirs. La tâche des maîtres et maîtresses se complique et leurs labeurs s'accroissent d'autant. Il y aura donc lieu d'ajouter à leur salaire, de tenir compte du temps

qu'ils devront dérober à leur repos et à leur vie de famille,
et aussi de l'usure de leurs forces déjà épuisées par une
présence plus assidue dans leurs classes, par la substitution de l'enseignement oral à l'ancien enseignement livres-
que. Espérons qu'il leur sera accordé une juste compensation pour ces nouvelles preuves de zèle et de dévouement
à l'intérêt public.

Encore quelques réflexions sur cette loi dite des traitements :

Dans la plupart de nos lois d'enseignement, on trouve
de fréquents appels aux « règlements d'administratio·
publique, rendus après avis du Conseil supérieur de l'Instruction publique ». Mais ils ne sont nulle part aussi mul-
tipliés que dans celle-ci. L'article 48 n'en mentionne pas
moins de 24 à lui seul.

En somme, ce sont autant d'annexes à la loi elle-même.
Nous ne les reproduisons pas parce que les errements
suivis jusqu'ici par notre administration ne permettent
guère de les considérer comme définitifs : notre administration ne se fait pas faute de modifier ses décrets et arrêtés,
témoin les décrets et arrêtés dits *organiques* du 18 janvier
1887 qui, à cette heure, sont si loin de leur première rédaction. Ç'a été là l'un des caractères, sinon de notre législation
scolaire nouvelle, du moins de ses modes et moyens d'application. On les croirait l'œuvre d'un esprit changeant,
versatile, peu sûr de lui-même, manquant de prévoyance
ou trop pressé de sortir des embarras du moment. On se
demande quand on pourra s'arrêter, jeter l'ancre sur cet
océan mobile de réglementation sans lendemain, notamment quand le régime intérieur et pédagogique de nos
écoles sera enfin fixé, et quand nos maîtres n'auront plus
qu'à marcher d'un pas ferme dans une voie nettement et
solidement tracée : les changements sont fatals au progrès,
sont plutôt une cause de décadence qu'un élément de perfectionnement pour les études, pour cette instruction et
cette éducation populaires qui sont en fin de compte, le seul

but à chercher età atteindre. Cette instruction et cette éducation ne sauraient vivre d'essais et de tâtonnements qui ne produisent que le vide et le découragement.

On dit : « La législation scolaire de la troisième République est faite, mais non parfaite. Les retouches, les additions, les remaniements, les agencements intérieurs qui peuvent être nécessaires n'ébranleront ni même ne modifieront en rien le gros œuvre de l'édifice. Ayons toujours soin de traiter les détails comme des détails, mais, à cette condition, travaillons *hardiment* à les améliorer, sans craindre de toucher aux principes qui sont hors de conteste. » A cela on peut répondre : « Des détails sont des détails sans doute ; mais des décrets et arrêtés que le législateur a prévus et, en quelque sorte, commandés, qui, une fois pris ou rendus, se trouvent faire partie intégrante de la loi, ne sont pas des détails à soumettre à des refontes et à des changements perpétuels colorés du nom de perfectionnements. »

Constatons qu'en dépit de ces fluctations, les grands projets de la Constituante et de la Convention, ajournés pour ainsi dire pendant près d'un siècle, ont passé du rêve à la réalité, de l'idée au fait :

Que l'école a été mise, partout où il se pouvait, à la portée de tous et à tous ses degrés : école maternelle ou classe enfantine, école primaire élémentaire, école primaire supérieure ou cours complémentaire, école professionnelle on d'apprentissage ;

Que tous les départements sont amplement pourvus de moyens de recrutement pour leur personnel scolaire ;

Que l'inspection a été multipliée et rapprochée des établissements soumis à sa surveillance ;

Qu'enfin le personnel scolaire est classé, rétribué ; qu'il est représenté dans les hautes assemblées et remis aux mains de ses chefs naturels.

Aux yeux de plusieurs, toute satisfaction ne lui est point encore donnée sur ce dernier point ; la nomination des instituteurs devrait passer des Préfets aux chefs universitaires. Comme nous le rappelions plus haut, des hommes de haute valeur, et qui étaient les meilleurs amis des instituteurs, ont pensé que, au moins pour un temps, cette mesure serait inopportune et prématurée. Il appartiendra à l'avenir de résoudre ce problème tant de fois posé, cette question si souvent agitée. Pour le moment, les chefs naturels des instituteurs, les Inspecteurs d'Académie, outre qu'ils disposent déjà souverainement des stagiaires, exercent, en ce qui concerne la nomination des instituteurs titulaires, une action sinon décisive, du moins prépondérante; l'arbitraire du pouvoir politique est plus qu'amoindri par leur intervention. Dans ces conditions, on peut accepter le présent et espérer dans l'avenir.

VI

Nous avons englobé sous cette rubrique : *Lois scolaires* toutes les lois relatives à l'enseignement primaire datant de cette période vraiment créatrice qui s'écoule entre 1879 et 1889. Mais, en général, on réserve cette qualification aux grandes lois de principe et de doctrine qui sont l'accomplissement même du programme républicain : *gratuité* (16 juin 1881), *obligation* (28 mars 1882), *laïcité* (30 octobre 1886). Ce sont elles qui ont soulevé le plus de colères; le parti adverse les appelle les *lois scélérates*, et les accuse d'avoir fait l'*école sans Dieu*. L'historien se doit de rechercher les causes de cette accusation, et d'examiner si elle est méritée. Sans rentrer dans des discussions épuisées, mais qui se rallument en toute occasion comme le feu après un incendie mal éteint, tâchons d'établir en quelques mots quels sont, en réalité, le caractère et l'esprit de ces lois, faisant pour elles ce que nous avons fait pour les lois de 1833 et de 1850.

L'école, telle qu'elles la font, n'est pas l'école sans Dieu, à moins que ce ne soit pour les sectaires qui, dans certaines assemblées, au sein du Conseil municipal de Paris par

exemple, ont été jusqu'à vouloir retrancher le nom de Dieu
de nos livres classiques. Elle est simplement l'école sans
l'immixtion du ministre du culte dans son régime et dans
sa vie intime, sans les enseignements spéciaux dont, au
fond, il est le seul dépositaire autorisé, et qui sont, par
conséquent, de son domaine propre et exclusif.

Nous avons vu plus haut combien cette immixtion du ministre du culte était devenue tracassière et pesante pour les
maîtres et maîtresses. Les lois scolaires remettent l'école
en possession d'elle-même, c'est tout ce que, de ce chef,
on peut lui reprocher.

Quant aux enseignements confessionnels sur Dieu, sur
la morale, sur les dogmes communs ou particuliers à chaque
culte, voici la doctrine hautement professée par les nouveaux législateurs et leurs interprètes autorisés.

Devoirs envers Dieu. — L'instituteur n'est pas chargé de faire
un cours *ex professo* sur la nature et les attributs de Dieu ; l'enseignement qu'il doit donner à tous indistinctement se borne à
deux points : d'abord, il leur apprend à ne pas prononcer légèrement le nom de Dieu ; il associe étroitement, dans leur esprit,
à l'idée de la cause première et de l'être parfait, un sentiment de
respect et de vénération ; et il habitue chacun d'eux à environner
du même respect cette notion de Dieu, alors même qu'elle se
présenterait à lui sous des formes différentes de celles de sa
propre religion.
Ensuite, et sans s'occuper des prescriptions spéciales aux
diverses communions, l'instituteur s'attache à faire comprendre
à l'enfant que le premier hommage qu'il doit à la divinité, c'est
l'obéissance aux lois de Dieu, telles que les lui révèlent sa conscience et sa raison [1].

L'école où l'on parle ainsi des devoirs envers Dieu n'est
pas une école *sans Dieu*.

Elle n'est pas davantage une école sans morale et hostile

---

1. Arrêté du 27 juillet 1882, 2ᵉ partie, sous le titre de *Programmes
annexés au règlement d'organisation pédagogique des écoles primaires
publiques.* Voir l'*Inspection des écoles primaires*, par MM. Brouard et
Defodon, 5ᵉ édition, p. 139 ; ou *Les nouveaux programmes des écoles
primaires*, par les mêmes (Hachette).

aux cultes professés par les familles. Ce passage des programmes annexés à l'arrêté du 27 juillet 1882, et, plus tard, à l'arrêté organique du 18 janvier 1887, le prouve surabondamment.

III. — ÉDUCATION MORALE. — OBJET. — MÉTHODE. — PROGRAMME

1° OBJET DE L'ENSEIGNEMENT MORAL

L'éducation morale se distingue profondément, par son but et par ses caractères essentiels, des deux autres parties du programme.

But et caractères essentiels de cet enseignement. — L'enseignement moral est destiné à compléter et à relier, à relever et à ennoblir tous les enseignements de l'école. Tandis que les autres études développent chacune un ordre spécial d'aptitudes et de connaissances utiles, celle-ci tend à développer dans l'homme l'homme lui-même, c'est-à-dire un cœur, une intelligence, une conscience.

Par là même, l'enseignement moral se meut dans une tout autre sphère que le reste de l'enseignement. La force de l'éducation morale dépend bien moins de la précision et de la liaison logique des vérités enseignées que de l'intensité du sentiment, de la vivacité des impressions et de la chaleur communicative de la conviction. Cette éducation n'a pas pour but de faire *savoir*, mais de faire *vouloir*; elle émeut plus qu'elle ne démontre; devant agir sur l'être sensible, elle procède plus du cœur que du raisonnement; elle n'entreprend pas d'analyser toutes les raisons de l'acte moral, elle cherche avant tout à le produire, à le répéter, à en faire une habitude qui gouverne la vie. A l'école primaire surtout, ce n'est pas une science, c'est un art, l'art d'incliner la volonté libre vers le bien.

Rôle de l'instituteur dans cet enseignement. — L'instituteur est chargé de cette partie de l'éducation, en même temps que des autres, comme représentant de la société; la société laïque et démocratique a, en effet, l'intérêt le plus direct à ce que tous ses membres soient initiés de bonne heure, et par des leçons ineffaçables, au sentiment de leur dignité, et à un sentiment non moins profond de leur responsabilité personnelle.

Pour atteindre ce but, l'instituteur n'a pas à enseigner de toutes pièces une morale théorique, suivie d'une morale pratique, comme s'il s'adressait à des enfants dépourvus de toute notion préalable du bien et du mal : l'immense majorité lui arrive au contraire ayant déjà reçu ou recevant un enseignement religieux qui les familiarise avec l'idée d'un Dieu auteur de l'univers et père des hommes, avec les traditions, les croyances, les pratiques d'un culte chrétien ou israélite; au moyen de ce culte, et sous les formes qui lui sont particulières, ils ont déjà reçu les notions fondamentales de la morale éternelle et universelle; mais ces notions sont encore chez eux à l'état de germe naissant et fragile; elles n'ont pas pénétré profondément en eux-mêmes; elles sont fugitives et confuses, plutôt entrevues que possédées, confiées à la mémoire bien plus qu'à la conscience à peine exercée encore. Elles attendent d'être mûries et développées par une culture convenable. C'est cette culture que l'instituteur public va leur donner.

Sa mission est donc bien délimitée; elle consiste à fortifier, à enraciner dans l'âme de ses élèves, pour toute leur vie, en les faisant passer dans la pratique quotidienne, les notions essentielles de moralité humaine, communes à toutes les doctrines, et nécessaires à tous les hommes civilisés. Il peut remplir cette mission sans avoir à faire personnellement ni adhésion, ni opposition à aucune des diverses croyances confessionnelles auxquelles ses élèves associent et mêlent les principes généraux de la morale.

Il prend ces enfants tels qu'ils lui viennent, avec leurs idées et leur langage, avec les croyances qu'ils tiennent de la famille, et il n'a d'autre souci que de leur apprendre à en tirer ce qu'elles contiennent de plus précieux au point de vue social, c'est-à-dire les préceptes d'une haute moralité.

Objet propre et limites de cet enseignement. — L'enseignement moral laïque se distingue donc de l'enseignement religieux, sans le contredire. L'instituteur ne se substitue ni au prêtre, ni au père de famille; il joint ses efforts aux leurs pour faire de chaque enfant un honnête homme. Il doit insister sur les devoirs qui rapprochent les hommes, et non sur les dogmes qui les divisent. Toute discussion théologique et philosophique lui est manifestement interdite par le caractère même de ses fonctions, par l'âge de ses élèves, par la confiance des familles et de l'État; il concentre tous ses efforts sur un problème d'une autre nature, mais non moins ardu, par cela même qu'il est exclusivement pratique : c'est de faire faire à tous ces enfants l'apprentissage effectif de la vie morale.

Plus tard, devenus citoyens, ils seront peut-être séparés par des opinions dogmatiques, mais, du moins, ils seront d'accord dans la vie pratique pour placer le but de la vie aussi haut que possible, pour avoir la même horreur de tout ce qui est bas et vil, la même admiration de ce qui est noble et généreux, la même délicatesse dans l'appréciation du devoir; pour aspirer au perfectionnement moral, quelques efforts qu'il coûte; pour se sentir unis dans ce culte général du bien, du beau et du vrai, qui est aussi une forme, et non la moins pure, du sentiment religieux.

2° MÉTHODE

Caractère de la méthode en ce qui concerne l'élève. — Pour que la culture morale, entendue comme il est dit plus haut, soit possible et soit efficace dans l'enseignement primaire, une condition est indispensable : c'est que cet enseignement atteigne au vif de l'âme; qu'il ne se confonde ni par le ton, ni par le caractère, ni par la forme, avec une leçon proprement dite. Il ne suffit pas de donner à l'élève des notions correctes, et de le munir de sages maximes; il faut arriver à faire éclore en lui des sentiments assez vrais et assez forts pour l'aider un jour, dans la lutte de la vie, à triompher des passions et des vices. On demande à l'instituteur, non pas d'orner la mémoire de l'enfant, mais de toucher son cœur, de lui faire ressentir par une expérience directe la majesté de la loi morale; c'est assez dire que les moyens à employer ne peuvent être semblables à ceux des cours de science et de grammaire. Ils doivent être non seulement plus simples et plus variés, mais plus intimes, plus émouvants, plus pratiques, d'un caractère tout ensemble moins didactique et plus grave.

L'instituteur ne saurait trop se représenter qu'il s'agit pour lui de former chez l'enfant le sens moral, de l'aiguiser, de le redresser parfois, de l'affermir toujours; et, pour y parvenir, le plus sûr moyen dont dispose un maître qui n'a que si peu de temps pour une œuvre si longue, c'est d'exercer beaucoup, et avec un soin extrême, ce délicat instrument de la conscience. Qu'il se borne aux points essentiels; qu'il reste élémentaire, mais clair, mais simple, mais impératif et persuasif tout ensemble. Il doit laisser de côté les développements qui trouveraient leur place dans un enseignement plus élevé; pour lui, la tâche se borne à accumuler dans l'esprit et dans le cœur de l'enfant qu'il entreprend de former à la vie morale, assez de beaux exemples, assez de bonnes impressions, assez de saines idées, d'habitudes salutaires et de nobles aspirations pour que cet enfant emporte de l'école, avec son petit patrimoine de connaissances élémentaires, un trésor plus précieux encore : une conscience droite.

Caractère de la méthode en ce qui concerne le maître. — Deux choses sont expressément recommandées au maître. D'une part, pour que l'élève se pénètre de ce respect de la loi morale qui est à lui seul toute une éducation, il faut premièrement que, par son caractère, par sa conduite, par son langage, il soit lui-même le plus persuasif des exemples. Dans cet ordre d'enseignement, ce qui ne vient pas du cœur ne va pas au cœur. Un maître qui récite des préceptes, qui parle du devoir sans conviction, sans chaleur, fait bien pis que perdre sa peine, il est en faute : un cours de morale régulier, mais froid, banal et sec, n'enseigne pas la morale, parce qu'il ne la fait pas aimer. Le plus simple récit où l'enfant pourra surprendre un accent de gravité, un seul mot sincère, vaut mieux qu'une longue suite de leçons machinales.

D'autre part, — il est à peine besoin de formuler cette prescription, — le maître devra éviter comme une mauvaise action tout ce qui, dans son langage ou dans son attitude, blesserait les croyances religieuses des enfants confiés à ses soins, tout ce qui trahirait de sa part envers une opinion quelconque un manque de respect ou de réserve.

La seule obligation à laquelle il soit tenu, — et elle est compatible avec toutes les croyances, — c'est de surveiller d'une façon pratique et paternelle le développement moral de ses élèves avec la même sollicitude qu'il met à suivre leurs progrès scolaires, il ne doit pas se croire quitte envers aucun d'eux s'il n'a pas fait autant pour l'éducation du caractère que pour celle de l'intelligence. A ce prix seulement, l'instituteur aura mérité le titre d'éducateur, et l'instruction primaire le nom d'*éducation libérale.*

Et après ces prolégomènes, cet exposé de principes sur l'enseignement de la morale, sur la mesure qui doit y être gardée, sur la marche qui doit y être suivie, vient le programme même de cet enseignement, programme gradué suivant les quatre catégories d'enfants que réunit ordinairement toute école :

Classe enfantine (enfants de 5 à 7 ans);

Cours élémentaire (enfants de 7 à 9 ans);

Cours moyen (enfants de 9 à 11 ans);

Cours supérieur (enfants de 11 à 13 ans)[1].

En se reportant à ce quadruple programme, on peut voir que

1. Voir l'*Inspection des Écoles primaires*, par MM. Brouard et Defodon, 15ᵉ édition, p. 36 et suivantes (Hachette), ou *Les Nouveaux programmes des Écoles primaires*, par les mêmes.

les directions s'y précisent sur chacun des grands devoirs de la vie de famille et de la vie sociale, que l'enfant qui a appris tous ces devoirs et qui s'y est exercé, doit être, ou jamais, né à la vie morale, et que si ses croyances positives viennent à faiblir ou à s'effondrer — le cas n'est pas rare dans notre siècle de scepticisme et de libre examen — il lui restera au moins comme guides et comme soutiens les données de la religion et de la morale naturelle, c'est-à-dire de la conscience. Celle-ci une fois éveillée et dûment formée, accompagne l'homme jusqu'au tombeau, difficilement oblitérée par les passions au point de ne plus élever la voix et de s'effacer sans retour[1].

Dans tous les cas, un tel langage sur la Divinité et sur les devoirs envers elle, une morale ainsi comprise et ainsi enseignée, bien loin de contredire les enseignements dogmatiques, leur sont un puissant adjuvant, comme une base, un soutien et un heureux point de départ. Les accusations portées contre l'école laïque à cet égard ne sont donc que l'expression du dépit des vaincus ou des évincés; il importait de le faire ressortir et de bien marquer, sur des points si importants, l'esprit et la doctrine de la nouvelle école primaire. Du reste, la doctrine que nous venons d'établir, pour ainsi dire sur des faits, a été, dès l'origine, exposée par Jules Ferry et par beaucoup d'autres. Nous la trouvons rappelée officiellement à toutes les fois que les attaques se renouvellent. C'est ainsi que le Ministre Poincaré l'affirmait

---

1. Qu'un enseignement froidement dogmatique puisse suffire lorsque la majorité des esprits garde l'empreinte de convictions fortes, nous l'admettons sans difficulté. Mais si le sentiment religieux vient à perdre de sa vitalité dans les âmes, si les convictions fléchissent, il faut de toute nécessité recourir à un stimulant nouveau ; il faut trouver un principe d'action qui, naturel auxiliaire de la loi du devoir, se fasse autonome sans exclure aucune croyance, en dehors même de toute croyance, et ce principe ne peut-être que l'amour du bien, cher à tant de hautes philosophies, cher à l'éducation antique et d'où jaillira naturellement, nécessairement, la vie morale. (M. Evellin, inspecteur de l'Académie de Paris, dans un rapport au Recteur sur l'enseignement de la morale dans les écoles primaires, 1898.)

encore devant la Chambre, le 11 février 1895, lorsque, répondant au socialiste Jaurès, il disait :

> Nous n'avons pas créé l'enseignement populaire pour donner satisfaction à des passions antireligieuses, pour l'excellente raison que nous n'avons pas de passions antireligieuses; que nous sommes respectueux de toutes les croyances, de la liberté de conscience, et que tout ce que nous avons voulu faire, c'est affranchir l'enseignement libre, laïque, l'enseignement d'État, de tout ce qui, au contraire, avait opprimé sa liberté et détruit son indépendance. Nous avons voulu le rendre neutre...
>
> Nous voulons une neutralité entière, sincère, faite non pas de négation, mais d'impartialité; nous voulons que l'école soit libre et neutre, et nous n'entendons pas que l'instituteur professe sur la vie humaine, sur le monde ou sur la société, des doctrines philosophiques ou religieuses qui puissent être la contradiction des doctrines religieuses ou philosophiques de son voisin. C'est là la vraie liberté; c'est là la vraie neutralité; c'est celle que le parti républicain s'honore d'avoir installée dans toutes les écoles démocratiques et qu'il saura y maintenir.
>
> ... Vous nous demandiez tout à l'heure quel était le point d'appui de la morale enseignée dans nos écoles. Le voilà : c'est la conscience intime, c'est la conscience humaine, avec les notions naturelles du bien et du mal. C'est dans le développement intégral, dans la culture méthodique de la conscience, que nous faisons consister l'enseignement de la morale laïque et civique ; c'est dans l'épreuve de la volonté, dans le dégagement de la personnalité humaine, dans l'affirmation du devoir et de la responsabilité, c'est aussi dans les leçons salutaires du travail, dans tout ce qui est la suite et la consécration du travail, c'est-à-dire le respect de la propriété, de cette propriété dont vous médisiez tout à l'heure, dont vous disiez qu'elle était étrangement transformée dans la société actuelle, et qui disparaîtrait sous je ne sais quels décombres dans la société que vous rêvez.

Telles sont la foi et la morale de la nouvelle école. On reproche à cette foi d'être vague comme celle des penseurs allemands[1] ; à cette morale de n'avoir pour base que le fameux impératif catégorique de Kant, de refléter l'une et l'autre tout ce qui reste, en fait de symbole, à l'Église libre

____

1. Voir la note K à la fin du volume.

Évangélique, à laquelle appartenaient du reste les principaux auteurs, inspirateurs et interprètes de nos lois scolaires[1].

Il est vrai, mais ces doctrines sont, il nous semble, irréprochables parce qu'elles ne précisent pas et qu'en l'espèce on ne doit pas préciser. Reposant sur ce qui fait le fond même de la raison et de la conscience humaine, elles ont le précieux avantage de préparer le terrain aux diverses croyances religieuses. Aucune de celles-ci n'y peut contredire et toutes sont obligées de s'y appuyer, de s'y greffer en quelque sorte, de les prendre pour premières assises de l'édifice qu'elles entendent construire, et, comme nous le faisions remarquer plus haut, elles demeurent seules debout si cet édifice vient à s'écrouler.

La seule crainte à concevoir, c'est que cette saine morale ne soit mal enseignée ou qu'elle ne le soit pas suffisamment : *Caveant consules !*

A ces données sur la foi et sur la morale de la nouvelle école, il convient d'ajouter quelques mots sur sa pédagogie générale. Quels sont ses principes, sa méthode, ses procédés en matière d'éducation et d'enseignement ?

En même temps que s'élaboraient les lois scolaires, un vent de pédagogie souffla sur le monde des écoles : « la France pédagogise », disait alors M. Félix Pécaut, l'un des promoteurs de ce grand mouvement.

On exhuma les anciens pédagogues indigènes et exotiques. On en fit des éditions *ad usum Delphini;* on les donna à étudier pour les examens primaires de tous les degrés. Alors, à côté de Frœbel devenu cher à nos directrices d'asile, du P. Girard popularisé par MM. Michel et Rapet, de Pestalozzi dont les derniers élèves venaient de s'éteindre, reparurent Rabelais, Montaigne, le bon Rollin, les austères solitaires de Port-Royal, le paradoxal Rousseau, le vieux Coménius, l'Anglais Herbert Spencer, le Germain Kant, Mme de Maintenon et la pléiade de femmes pédagogues des

_____

. V. la note L à la fin du volume.

deux derniers siècles, tirées brillamment de leur poussière par MM. Gréard et Cadet. Tous les pays, même les deux Amériques, furent interrogés. On fouilla les bibliothèques, les archives et les souvenirs de la Révolution, etc., etc., on remit en lumière tous les systèmes, voire toutes les utopies.

Cette poussée et ces recherches eurent du bon : elles tournèrent les esprits vers les choses de l'éducation et ravivèrent d'utiles théories.

Mais peut-être allait-on chercher bien loin ce que nos instituteurs avaient dans la main : la pédagogie pratique, la seule dont puissent vivre les écoles, les grandes agglomérations d'enfants dont il faut faire l'éducation et l'instruction en commun, était née chez nous depuis des années. Sans parler du statut du 25 avril 1834 (V. chap. II), de la célèbre circulaire du 20 août 1857 (V. chap. VIII), Mme Pape-Carpantier, M. Gréard, pendant son trop court passage à la direction de l'Instruction primaire de la Seine, l'avaient incarnée dans leurs ouvrages et mise en son lieu, l'une dans les salles d'asile, l'autre dans les écoles proprement dites. Ils avaient trouvé, soit dans leurs lectures, soit dans le sens pédagogique dont ils étaient particulièrement doués, dans une sorte de divination de l'enfance et de ses besoins, les principes semés çà et là dans les pédagogues que nous nommions tout à l'heure, notamment ceux qui émergent des paradoxes et des exagérations de Rousseau, par exemple ceux-ci :

Une certaine confiance dans le développement naturel des facultés de l'enfant, un appel direct à ses curiosités instinctives et à sa dignité naissante, la diminution de la concurrence dans les classes, la substitution des interrogations multipliées, des développements motivés et spontanés et des leçons de lecture en prenant le mot dans son sens le plus large, aux leçons *ex cathedrâ*; et, pour préciser, l'enseignement du dessin par la copie directe des objets présentés dans la réalité de leurs trois dimensions; enfin, le respect des droits de l'écolier à la vérité démontrée et non imposée, aux libres exercices du corps et de l'esprit, à la

santé et au grand air, sont autant de conquêtes de Rousseau sur
le pédantisme et sur cette défiance séculaire dont l'enfant était
l'objet[1].

Et ceux-ci encore, de Michelet :

L'idée que l'éducation doit être, en tout et toujours, provoca-
trice de l'activité de l'enfant ;
La nécessité de ne point surcharger l'esprit des enfants, de ne
pas les accabler de trop d'heures de travail ;
Enfin, la conviction que l'âme de notre enseignement doit être
le culte de notre patrie.

M. Gréard avait pris dans ces doctrines ce qu'elles ont de
pratique et d'applicable à nos écoles. En outre, sachant bien
que, particulièrement à l'école primaire, « la répétition est
l'âme de l'enseignement » ; que, d'ailleurs, là surtout, par
suite de mille circonstances dont ne sauraient triompher
les lois, même une loi sur l'obligation, il se produit, si l'on
n'y prend garde, de regrettables lacunes dans les études,
tantôt au commencement, tantôt au milieu, tantôt à la fin, il
avait transporté à l'école primaire élémentaire une organisation que M. Pompée[2] avait donnée jadis à l'école primaire
supérieure. Il avait disposé les programmes de telle sorte
que l'enseignement offrît, chaque année, un ensemble de connaissances appropriées à l'âge et au développement intellectuel de l'écolier. Dans ce système, chaque année représente
un enseignement complet très sommaire d'abord, s'élargis-
sant ensuite, des matières qui constituent essentiellement
l'instruction primaire. C'était l'enseignement *concentrique*
substitué à l'enseignement *successif* que comporte seul un
cycle d'études non interrompu et suffisamment prolongé.
Et cette organisation se trouvait soutenue et fécondée
par des principes reconnus et appliqués depuis longtemps,

1. Lentilhac, *Revue Pédagogique*, n° 2, février 1891, p. 1102.
2. V. à la fin du volume la note L'.

que l'on nous donne pourtant aujourd'hui comme nouveaux :

Développer le corps en même temps que l'esprit;
Faire l'éducation des sens de l'enfant;
S'adresser à son intelligence plutôt qu'à sa mémoire;
Intéresser l'enfant à ce qu'il fait, n'appeler son attention que sur les choses qu'il peut comprendre;
Éveiller en lui l'esprit d'observation, de comparaison, de généralisation, de jugement;
Respecter sa nature et le laisser agir et se développer en liberté; se contenter de le diriger;
Varier ses occupations et ses travaux;
Montrer l'objet avant le livre, la chose avant le mot, l'objet signifié avant le signe[1].

Les lois nouvelles et les pédagogues de fraîche date qui se présentaient en foule pour les interpréter, trouvaient donc la saine pédagogie connue et en pleine activité. Ils n'avaient point à la créer; ils avaient seulement à la bien comprendre et à la faire appliquer. Malheureusement, ils conçurent autrement la mission qu'ils se donnaient.

Quand on entreprend de se distinguer dans un service, il n'y a que deux voies à suivre : y faire mieux ou autrement. Nos prétendus réformateurs, s'ils se sont crus inspirés par le désir du mieux et du perfectionnement, se trouvent, en définitive, n'avoir abouti qu'à de désastreux changements. Qu'il y eût des améliorations à apporter dans les méthodes, dans les procédés employés, dans la marche générale des petites études de l'école primaire, cela était possible. Mais ils ont poussé plus loin leurs critiques et leurs vues particulières.

A leurs yeux, l'école primaire, telle qu'ils la trouvaient constituée, ne répondait ni à sa destination ni aux besoins : elle se renfermait dans un cercle d'enseignements trop restreint et qui restait trop loin de l'enseignement *intégral;* elle n'était pas assez préparatoire à la vie, à la carrière probable; il fallait, notamment, y développer davantage les sen-

---

1. L'*École Nouvelle*, par Paul Beurdeley (V. *Revue Pédagogique*, n° 11, novembre 1899).

timents esthétiques, le bon goût, les talents naissants, y faire par avance un emploi utile des forces physiques, etc. Dès lors, ils firent entrer dans des programmes que, d'autre part, on accusait de pléthore, le dessin, le chant, la diction, à un plus haut degré le travail manuel et, en plus de la gymnastique, les exercices militaires, bien entendu l'agriculture et l'horticulture là où il y avait lieu ; pour les jeunes filles, de savants cours de coupe et de couture, la comptabilité commerciale, l'économie domestique, l'art culinaire.. Bref, la pauvre école primaire fut submergée ; il ne lui resta plus de temps pour ce qui fait son essence, ce qui est sa raison d'être, « pour les connaissances nécessaires à tous les hommes », pour « ce qu'il n'est pas permis d'ignorer », et aussi pour cette première éducation de l'esprit et du cœur qui commence l'homme, l'homme intelligent, l'homme moral, l'homme civilisé, non peut-être l'État-Unisien, mais le Français. Les maîtres et maîtresses naturels, c'est-à-dire l'instituteur et l'institutrice, remplacés, supplantés à chaque instant par des professeurs spéciaux embrigadés sous des inspecteurs spéciaux aussi et envahissants par nature (le chant, monsieur ! la musique, monsieur ! la diction, monsieur ! le travail manuel, monsieur !) virent leur mission, qui est simplement d'instruire et d'élever, à peu près annihilée, les petites études primaires dont ils sont chargés, s'affaisser sensiblement : le certificat d'études qui en est la sanction et la constatation, dut être donné plutôt que conquis et justifié[1].

La raison outragée ouvrit enfin les yeux. Le bon sens aidé par l'expérience fit justice de cette prétention de faire de l'école primaire un succédané aux divers apprentissages, à exiger d'elle ce qui n'est ni de sa nature, ni de sa modeste compétence. Peu à peu, excepté peut-être dans quelques grandes villes et à Paris où les utopies prennent et se soutiennent mieux, les petites études primaires ont été rame-

1. Voir la note M à la fin du volume.

nées à leur marche et à leurs programmes traditionnels. Puissent le Conseil supérieur et les Conseils départementaux les sauvegarder contre de nouveaux essais qui ne pourraient que retarder ou faire rétrograder l'instruction primaire, bien loin d'en hâter l'extension et le progrès!

Abordons maintenant un reproche plus mérité que tous ceux que la passion a accumulés contre nos lois scolaires (nous rendons en ce moment à cette expression toute la compréhension que nous lui avons donnée d'abord) : leur multiplicité et, comme nous l'avons déjà fait remarquer plus d'une fois, . leur manque de cohésion, d'enchaînement et d'unité.

De 1879 à 1889, à 1893 si l'on veut, elles sont au nombre de douze au moins, se succédant ainsi par ordre de date :

9 août 1879. — Loi pour l'établissement des écoles normales primaires.

27 février 1880. — Loi relative au Conseil supérieur de l'Instruction publique.

11 décembre 1880. — Loi sur les écoles d'enseignement primaire complémentaire et manuelles d'apprentissage.

16 juin 1881. — Loi établissant la gratuité absolue de l'enseignement primaire dans les écoles publiques.

16 juin 1881. — Loi relative aux titres de capacité de l'enseignement primaire.

28 mars 1882. — Loi relative à l'obligation de l'enseignement primaire.

20 mars 1883. — Loi relative à l'obligation de construire des maisons d'école dans les chefs-lieux de commune et dans les hameaux.

20 juin 1885. — Loi relative aux subventions de l'État pour constructions et appropriations d'établissements et de maisons destinées au service de l'enseignement supérieur, de l'enseignement secondaire et de l'enseignement primaire.

30 octobre 1886. — Loi sur l'organisation de l'enseignement primaire.

26 février 1887. — Loi relative aux droits d'examen.

15 juillet 1889. — Loi sur le recrutement de l'armée (Art. 23, 24, 25 et 26).

19 juillet 1889 et 25 juillet 1893. — Lois sur les dépenses ordinaires de l'instruction primaire publique et les traitements du personnel de ce service.

Pleines de failles et de lacunes, ces douze lois ressemblent assez à des édifices inachevés où des pierres d'attente, semées çà et là, annoncent des constructions remises à d'autres temps, que l'on élèvera comme on pourra et quand on pourra. La pensée générale s'y devine plutôt qu'elle ne se livre tout d'abord, nette et complète; les oublis y fourmillent et l'on sent, à chaque instant, qu'il faudra ajouter une seconde loi à la première, une troisième à la seconde, et ainsi de suite jusqu'à douze enchevêtrées les unes dans les autres, en fin de compte formant un dédale dans lequel il est facile de s'égarer. Les hommes spéciaux s'y retrouvent à force de les feuilleter pour les besoins journaliers de leurs fonctions. Mais, pour les étrangers, elles forment un vrai jeu de patience où l'on a de la peine à mettre le doigt sur le carton cherché et à le rapporter ensuite à la case à laquelle il s'adapte.

Nous essayons de réparer ce désordre au moins apparent, de rassembler par voie d'analogie les dispositions éparses (*disjecta membra*) de cette législation tant de fois reprise au cour des quatorze ou quinze années de combat qu'elle a coûté. Nous en composons, autant qu'il est possible, la loi unique et fondue d'un seul jet qu'aurait faite nos législateurs si les circonstances le leur eussent permis, s'ils n'avaient été obligés d'ajourner au lendemain la victoire qu'ils ne pouvaient remporter la veille. Nous espérons ainsi donner plus facilement à tous une idée juste de la situation que les *lois scolaires* paraissent avoir faite définitivement à notre instruction primaire si durement ballottée pendant tout un siècle (1789-1889).

On pourra remarquer que, dans ces dernières pages, dans cette sorte de couronnement de notre *Essai d'histoire*, nous aimons à nous rapprocher, pour l'ordre des matières, de la loi de 1850. Si cette loi fut une machine de guerre montée contre l'Université, au fond contre la Société laïque née de la Révolution, elle n'en demeure pas moins une œuvre d'unité et de conformité au but que l'on peut prendre, pour modèle dans une loi d'enseignement.

CHAPITRE XII

SYNTHÈSE ET UNIFICATION DES LOIS RELATIVES A L'INSTRUCTION PRIMAIRE

1. *Des autorités préposées à l'enseignement primaire.* — Du Conseil supérieur de l'Instruction publique. — Des Conseils départementaux. — De l'inspection. — II. *De l'enseignement primaire.* — Gratuité de l'enseignement primaire. — Obligation de l'enseignement primaire. — III. *Des instituteurs.* — Conditions générales de capacité, d'âge, de moralité, etc. — Des instituteurs publics. — Nomination, peines disciplinaires, récompenses. — Traitements, avancement, retraite. — Instituteurs privés. — IV. *Obligations et charges des communes, des départements et de l'État.* — Obligations et charges des communes. — Les écoles normales : obligations et charges des départements; charges de l'État. — Les inspecteurs primaires. — V. *Des voies et moyens.*

I

DES AUTORITÉS PRÉPOSÉES A L'ENSEIGNEMENT PRIMAIRE

Du Conseil supérieur de l'Instruction publique.

Loi du 27 février 1880.

Le Conseil supérieur de l'Instruction publique est composé comme suit : . . . .

. . . .

Six membres de l'enseignement primaire, élus au scrutin de liste, par les inspecteurs généraux de l'enseignement primaire, par le directeur de l'enseignement primaire de la Seine, les inspecteurs d'Académie des départements, les inspecteurs primaires, les directeurs et les directrices des écoles normales primaires, les inspectrices générales et les déléguées spéciales chargées de l'inspection des écoles maternelles (Art. 1ᵉʳ).

Loi du 30 octobre 1886.

Les directeurs et directrices d'écoles primaires supérieures publiques et les instituteurs et institutrices nommés membres du Conseil départemental (Art. 51).

Loi du 27 février 1880.

Tous les membres du Conseil sont nommés pour quatre ans. Leurs pouvoirs peuvent être indéfiniment renouvelés (Art. 2).

Les neuf membres nommés par décret du Président de la République, et six conseillers que le Ministre désigne parmi ceux qui procèdent de l'élection, constituent une section permanente (Art. 3).

La section permanente a pour fonctions :

D'étudier les programmes et règlements avant qu'ils ne soient soumis à l'avis du Conseil supérieur.

Elle donne son avis :

Sur les livres de lecture, de bibliothèque et de prix qui doivent être interdits dans les écoles publiques...

Et enfin sur toutes les questions d'études, d'administration et de discipline ou de scolarité qui lui sont soumises par le Ministre (Art. 4).

Le Conseil supérieur donne son avis :

Sur les programmes, méthodes d'enseignement, modes d'examens, règlements administratifs et disciplinaires relatifs aux écoles publiques, déjà étudiés par la section permanente;

Sur les règlements relatifs aux examens et à la collation des grades;

Sur les règlements relatifs à la surveillance des écoles libres;

Sur les livres d'enseignement, de lecture et de prix qui doivent être interdits dans les écoles libres comme contraires à la morale, à la Constitution et aux lois;

Sur les règlements relatifs aux demandes fournies par des étrangers pour être autorisés à enseigner, à ouvrir ou à diriger une école (Art. 5).

Le Conseil supérieur statue en appel et en dernier ressort... sur les jugements rendus par les Conseils départementaux, lorsque ces jugements prononcent l'interdiction absolue d'enseigner contre un instituteur public ou libre.

Lorsqu'il s'agit:...2° de l'interdition du droit d'enseigner ou de diriger un établissement d'enseignement prononcée contre un membre de l'enseignement public ou libre... la décision du Conseil supérieur de l'Instruction publique doit être prise aux deux tiers des suffrages (Art. 7).

Le Conseil supérieur se réunit en assemblée générale deux fois par an. Le Ministre peut le convoquer en session extraordinaire (Art. 8).

Des Conseils départementaux.

Art. 44 et suivant de la loi organique du 30 octobre 1886, titre IV, chap. Ier : Des conseils de l'enseignement primaire.

Il est institué dans chaque département un Conseil de l'enseignement primaire composé ainsi qu'il suit :

1° Le préfet, président;

2° L'inspecteur d'Académie, vice-président;

3° Quatre conseillers généraux élus par leurs collègues;

4° Le directeur de l'école normale d'instituteurs et la directrice de l'école normale d'institutrices;

5° Deux instituteurs et deux institutrices élus respectivement par les instituteurs et institutrices publics titulaires du département et éligibles, soit parmi les directeurs et directrices d'écoles à plusieurs classes ou d'écoles annexes à l'école normale, soit parmi les instituteurs et institutrices en retraite.

6° Deux inspecteurs de l'enseignement primaire désignés par le Ministre.

Aucun membre du Conseil ne pourra se faire remplacer.

Pour les affaires contentieuses et disciplinaires intéressant les membres de l'enseignement privé, l'un laïque, l'autre congréganiste, élus par leurs collègues respectifs, seront adjoints au Conseil départemental (Art. 44).

Les membres élus du Conseil départemental le sont pour trois ans. Ils sont rééligibles (Art. 44).

Dans le département de la Seine, le nombre des conseillers généraux sera de huit, celui des inspecteurs primaires sera de quatre, et celui des membres élus, moitié par les instituteurs, moitié par les institutrices, sera de quatorze, à raison de deux pour quatre arrondissements municipaux et de deux pour chacun des arrondissements de Saint-Denis et de Sceaux (art. 40).

Les fonctions des membres du Conseil départemental sont gratuites. Cependant une indemnité de déplacement est accordée aux inspecteurs primaires et aux délégués des instituteurs et institutrices qui résident en dehors du chef-lieu du département.

Un règlement d'administration publique déterminera les formes de l'élection et la base de l'indemnité (Art. 47).

Le Conseil départemental se réunit de droit au moins une fois par trimestre, le préfet pouvant toujours le convoquer selon les besoins du service.

En outre des attributions qui lui sont conférées par les dispositions de la présente loi, le Conseil départemental :

Veille à l'application des programmes, des méthodes et des règlements édictés par le Conseil supérieur, ainsi qu'à l'organisation de l'inspection musicale prévue par l'art. 9 ;

Arrête les règlements relatifs au régime intérieur des établissements d'instruction primaire ;

Détermine les écoles publiques auxquelles, d'après le nombre des élèves, il doit être attaché un instituteur adjoint ;

Délibère sur les rapports et propositions de l'inspecteur d'Académie, des délégués cantonaux et des commissions municipales scolaires ;

Donne son avis sur les réformes qu'il juge utile d'introduire dans l'enseignement, sur les secours et encouragements à accorder aux écoles primaires et sur les récompenses ;

Entend et discute tous les ans un rapport général de l'inspecteur d'Académie sur l'état et les besoins des écoles publiques et sur l'état des écoles privées; ce rapport et le procès-verbal de cette discussion sont adressés au Ministre de l'Instruction publique (Art. 48).

La présence de la moitié plus un des membres du Conseil est nécessaire pour la validité de ses délibérations.

En cas de partage des voix, celle du président est prépondérante.

Les Conseils départementaux peuvent appeler dans leur sein les membres de l'enseignement et toutes les autres personnes dont l'expérience leur paraîtrait devoir être utilement consultée.

Les personnes ainsi appelées n'ont pas voix délibérative (Art. 49).

Le Conseil départemental peut déléguer au tiers de ses membres le droit d'entrer dans tous les établissements d'instruction primaire, publics ou privés, du département.

Ces délégués se conformeront aux règles tracées pour l'inspection par l'art. 9 (Art. 50).

Les directeurs et directrices d'écoles primaires supérieures publiques et les instituteurs et institutrices nommés membres du

Conseil départemental seront adjoints au corps électoral chargé, aux termes de l'art. 1er de la loi du 27 février 1880, d'élire les membres de l'enseignement primaire qui font partie du Conseil supérieur de l'Instruction publique (Art. 51).

Le Conseil départemental désigne un ou plusieurs délégués résidant dans chaque canton pour surveiller les écoles publiques ou privées du canton, et il détermine les écoles particulièrement soumises à la surveillance de chacun d'eux (Art. 52).

Les séances des conseils départementaux ne sont pas publiques

De l'Inspection.

Loi sur l'organisation de l'enseignement primaire du 30 octobre 1886, art. 2.

Les établissements d'enseignement primaire de tout ordre peuvent être *publics*, c'est-à-dire fondés et entretenus par l'État, les départements ou les communes, ou *privés*, c'est-à-dire fondés et entretenus par des particuliers ou des associations.

L'inspection des établissements d'instruction primaire publics ou privés est exercée :

1° Par les inspecteurs généraux de l'instruction publique ;

2° Par les recteurs et les inspecteurs d'Académie ;

3° Par les inspecteurs et *inspectrices* (loi du 19 juillet 1889 et 25 juillet 1893 art. 22 p. 250) de l'enseignement primaire ;

4° Par les membres du Conseil départemental désignés à cet effet, conformément à l'art. 50.

Toutefois les écoles privées ne pourront être inspectées par les instituteurs et institutrices qui font partie du Conseil départemental.

5° Par le maire et les délégués cantonaux ;

6° Dans les écoles maternelles, concurremment avec les autorités précitées, par les inspectrices générales et les inspectrices départementales des écoles maternelles ;

7° Au point de vue médical, par les médecins inspecteurs communaux ou départementaux.

L'inspection des écoles publiques s'exerce conformément aux règlements délibérés par le Conseil supérieur.

Celle des écoles privées porte sur la moralité, l'hygiène, la salubrité et sur l'exécution des obligations imposées à ces écoles par la loi du 28 mars 1882 (p. 205). Elle ne peut porter sur l'enseignement que pour vérifier s'il n'est pas contraire à la morale, à la Constitution et aux lois.

Toutes les classes de jeunes filles dans les internats comme dans les externats primaires publics et privés, tenues soit par des institutrices laïques, soit par des associations religieuses cloîtrées ou non cloîtrées, sont soumises, quant à l'inspection et à la surveillance de l'enseignement, aux autorités instituées par la loi.

Dans tous les internats de jeunes filles tenus par des institutrices laïques ou par des associations religieuses cloîtrées ou non cloîtrées, l'inspection des locaux affectés aux pensionnaires et du régime intérieur du pensionnat est confiée à des dames déléguées par le Ministre de l'Instruction publique.

Loi du 28 mars 1882 sur l'obligation, art. 3.

Sont abrogées les dispositions des articles 18 et 44 de la loi du 15 mars 1850, en ce qu'elles donnent aux ministres des cultes un droit d'inspection, de surveillance et de direction dans les écoles primaires publiques et privées et dans les salles d'asile (écoles maternelles), ainsi que le paragraphe 2 de l'art. 31 de la même loi qui donne aux consistoires le droit de présentation pour les instituteurs appartenant aux cultes non catholiques.

Loi du 30 octobre 1886, art. 10.

Nul ne peut être nommé inspecteur primaire s'il n'est pourvu du certificat d'aptitude à l'inspection, obtenu dans les conditions déterminées par les règlements délibérés en Conseil supérieur.

Loi des 19 juillet 1889 et 25 juillet 1893, art. 22.

Des inspectrices primaires pourront être nommées aux mêmes conditions et dans les mêmes formes que les inspecteurs.

Loi du 30 octobre 1886, art. 10.

Des arrêtés ministériels détermineront le nombre et l'étendue des circonscriptions d'inspection primaire dans chaque département, ainsi que les attributions, le classement, les frais de tournées et l'avancement des inspecteurs primaires.

Le Conseil départemental désigne un ou plusieurs délégués résidant dans chaque canton pour surveiller les écoles publiques et privées du canton, et il détermine les écoles particulièrement soumises à la surveillance de chacun d'eux.

Les délégués sont nommés pour trois ans. Ils sont rééligibles et toujours révocables. Chaque délégué correspond tant avec le Conseil départemental, auquel il doit adresser ses rapports, qu'avec les autorités locales pour tout ce qui regarde l'état et les besoins de l'enseignement primaire dans sa circonscription.

Il peut, lorsqu'il n'est pas membre du Conseil départemental, assister à ses séances avec voix consultative pour les affaires intéressant les écoles de sa circonscription.

Les délégués se réunissent au moins une fois tous les trois mois au chef-lieu du canton, sous la présidence de celui d'entre eux qu'ils désignent, pour convenir des avis à transmettre au Conseil départemental (Art. 53).

À Paris, les délégués nommés pour chaque arrondissement par le Conseil départemental se réunissent une fois au moins tous les mois, sous la présidence du maire ou d'un de ses adjoints par lui désigné (Art. 53).

Loi des 19 juillet 1889 et 25 juillet 1893.

Sont à la charge de l'État :
Les imprimés à l'usage des délégations cantonales (Art. 3).

Loi du 30 octobre 1886, art. 42.

Tout directeur d'école privée qui refusera de se soumettre à la surveillance et à l'inspection des autorités scolaires, dans les conditions établies par la présente loi, sera traduit devant le tribunal correctionnel et condamné à une amende de 50 à 500 francs.

En cas de récidive, l'amende sera de 100 à 1 000 francs.

L'art. 463 du Code pénal pourra être appliqué.

Si le refus a donné lieu à deux condamnations dans l'année, la fermeture de l'établissement sera ordonnée par le jugement qui prononcera la seconde condamnation.

It. art. 43.

Sont assujetties aux mêmes conditions, relativement au programme, au personnel et aux inspections, les écoles ouvertes dans les hôpitaux, hospices, colonies agricoles, ouvroirs, orphelinats, maisons de pénitence, de refuge ou autres établissements analogues administrés par des particuliers.

Les administrateurs ou directeurs pourront être passibles des peines édictées par les art. 40 et 42 de la présente loi.

II

DE L'ENSEIGNEMENT PRIMAIRE

Loi du 30 octobre 1886.
L'enseignement dans les écoles publiques est donné conformément aux prescriptions de la loi du 28 mars 1882, et d'après un plan d'études délibéré en Conseil supérieur.

Pour chaque département, le Conseil départemental arrêtera l'organisation pédagogique des diverses catégories d'établissements par des règlements spéciaux conformes au plan d'études ci-dessus. (Art. 16).
Dans les écoles publiques de tout ordre, l'enseignement est exclusivement confié à un personnel laïque (Art. 17).
Aucune nomination nouvelle, soit d'instituteurs, soit d'institutrices congréganistes, ne sera faite dans les départements où fonctionnera depuis quatre ans une école normale, soit d'instituteurs, soit d'institutrices, en conformité avec l'article 1er de la loi du 9 août 1879.
Pour les écoles de garçons, la substitution du personnel laïque au personnel congréganiste devra être complète dans le laps de cinq années après la promulgation de la présente loi (Art. 18).
Toute action à raison des donations et legs faits aux communes antérieurement à la présente loi à la charge d'établir des écoles ou salles d'asile dirigées par les congréganistes ou ayant un caractère confessionnel, sera déclarée non recevable, si elle n'est pas intentée dans les deux ans qui suivront le jour où l'arrêté de laïcisation ou de suppression de l'école aura été inséré au *Journal officiel* (Art. 19).

Loi du 28 mars 1882 relative à l'obligation de l'enseignement primaire (Art. 1 et 2).

L'enseignement primaire comprend :
L'instruction morale et civique ;
La lecture et l'écriture ;
La langue et les éléments de la littérature française ;
La géographie, particulièrement celle de la France ;

L'histoire, particulièrement celle de la France jusqu'à nos jours;

Quelques notions usuelles de droit et d'économie politique;

Les éléments des sciences naturelles, physiques et mathématiques; leurs applications à l'agriculture, à l'hygiène, aux arts industriels, travaux manuels et usage des outils des principaux métiers;

Les éléments du dessin, du modelage et de la musique;

La gymnastique;

Pour les garçons les exercices militaires;

Pour les filles les travaux à l'aiguille.

Les écoles primaires vaqueront un jour par semaine, en outre du dimanche, afin de permettre aux parents de faire donner, s'ils le désirent, à leurs enfants, l'instruction religieuse en dehors des édifices scolaires. L'enseignement religieux est facultatif dans les écoles privées.

Loi sur l'organisation de l'enseignement primaire du 30 octobre 1886 (Art. 1er).

L'enseignement primaire est donné :

1° Dans les écoles maternelles et les classes enfantines;

2° Dans les écoles primaires élémentaires;

3° Dans les écoles primaires supérieures et dans les classes d'enseignement primaire supérieur annexées aux écoles élémentaires et dites cours complémentaires;

4° Dans les écoles manuelles d'apprentissage, telles que les définit la loi du 11 décembre 1880.

It., art. 3.

Des règlements spéciaux, délibérés en Conseil supérieur de l'Instruction publique, détermineront les règles d'après lesquelles seront réparties, entre ces diverses sortes d'écoles, les matières de l'enseignement primaire telles que les a fixées la loi du 28 mars 1882 (V. ci-dessus), ainsi que les conditions d'admission et de sortie des élèves dans chacune de ces écoles.

Ce départ des matières d'enseignement et les conditions d'admission sont déterminés par le décret organique du

18 janvier 1887 qui fait dès lors corps avec la loi elle-même :

Écoles maternelles et classes enfantines. — Les écoles maternelles sont des établissements de première éducation où les enfants des deux sexes reçoivent en commun les soins que réclame leur développement physique, moral et intellectuel.

Les enfants peuvent y être admis dès l'âge de deux ans révolus et y rester jusqu'à l'âge de six ans (Art. 1er).

Les classes enfantines forment le degré intermédiaire entre l'école maternelle et l'école primaire. Elles ne peuvent exister que comme annexe d'une école primaire élémentaire ou d'une école maternelle.

Les enfants des deux sexes y sont admis depuis l'âge de quatre ans au moins à sept ans au plus. Ils y reçoivent, avec l'éducation de l'école maternelle, un commencement d'instruction élémentaire.

Aucun enfant n'est reçu dans une école maternelle s'il n'est muni d'un billet d'admission signé par le maire et s'il ne produit un certificat du médecin, dûment légalisé, constatant qu'il n'est atteint d'aucune maladie contagieuse et qu'il a été vacciné (Art. 3).

L'enseignement dans les écoles maternelles et les classes enfantines comprend :

1° Des jeux, des mouvements gradués et accompagnés de chants;

2° Des exercices manuels;

3° Les premiers principes d'éducation morale;

4° Les connaissances les plus usuelles;

5° Des exercices de langage, des récits ou contes;

6° Les premiers éléments du dessin, de la lecture, de l'écriture et du calcul (Art. 4).

Écoles primaires élémentaires. — L'instruction primaire élémentaire comprend :

L'enseignement moral et civique;

La lecture et l'écriture;

La langue française;

Le calcul et le système métrique;

L'histoire et la géographie, spécialement de la France;

Les leçons de choses et les premières notions scientifiques;

Les éléments du dessin, du chant et du travail manuel, principalement dans leurs applications à l'agriculture (travaux d'aiguille dans les écoles de filles);

Et les exercices gymnastiques et militaires (Art. 27).

L'école primaire élémentaire est ouverte aux enfants de six ans révolus à treize ans révolus;

Nul élève ne pourra être admis dans une école primaire élémentaire avant l'âge de six ans, s'il existe dans la commune et à proximité une école maternelle publique; avant l'âge de sept ans, s'il existe une classe enfantine publique (Art. 27).

Écoles primaires supérieures. — L'enseignement primaire supérieur comprend :

L'éducation morale ;

L'instruction civique ;

La langue française et des notions de littérature française ;

L'histoire nationale et des notions d'histoire générale, spécialement des temps modernes ;

La géographie de la France et des colonies, et des notions de géographie générales, spécialement de géographie commerciale et industrielle ;

Les langues vivantes ;

Des notions de droit usuel et d'économie politique ;

Les éléments du calcul algébrique et de la géométrie ;

Les règles de la comptabilité usuelle et de la tenue des livres ;

Les notions des sciences physiques et naturelles, spécialement dans leurs applications à l'agriculture, au commerce et à l'industrie ;

Le dessin géométrique ;

Le dessin d'ornement et le modelage ;

La gymnastique ;

Le travail du bois et du fer pour les garçons ;

Les travaux à l'aiguille, la coupe et l'assemblage pour les filles (Art. 35).

Écoles manuelles d'apprentissage, telles que les définit la loi du 31 décembre 1880 :

Toutes les écoles sus-désignées assurent aux élèves :

1° Une complément d'instruction primaire;

2° Un instruction professionnelle préparant soit à l'industrie, soit au commerce (D. du 28 juillet 1888, déterminant les programmes généraux des écoles manuelles d'apprentissage et des écoles primaires supérieures préparatoires au commerce et à l'industrie) (Art. 5).

La loi de 11 décembre 1880 « sur les écoles d'enseigne-gnement primaire complémentaire et manuelles d'apprentissage » est ainsi conçue :

Les écoles d'apprentissage fondées par les communes ou les départements pour développer chez les jeunes gens qui se destinent aux professions manuelles la dextérité nécessaire et les connaissances techniques, sont mises au nombre des établissements d'enseignement primaire publics.

Les écoles publiques d'enseignement primaire complémentaire, dont le programme comprend des cours ou des classes d'enseignement professionnel, sont assimilées aux écoles manuelles d'apprentissage (Art. 1er).

Les écoles manuelles d'apprentissage et autres écoles à la fois primaires et professionnelles fondées et entretenues par les établissements libres, sont mises au nombre des établissements désignés par l'article 56 de la loi du 15 mars 1850, comme pouvant participer aux subventions inscrites au budget de l'Instruction publique (Art. 2).

Les établissements désignés dans les articles 4 et 5 de la présente loi pourront également participer aux subventions inscrites au budget du ministère de l'Agriculture et du Commerce, sous le titre de subventions à des établissements techniques (Art. 3).

Le programme d'enseignement de chacun de ces établissements est arrêté d'après un plan élaboré par les fondateurs, et approuvé par les ministres de l'Instruction publique et de l'Agriculture et du Commerce (Art. 4).

Dans les écoles fondées par les départements ou les communes, le directeur est nommé en la même forme que tous les instituteurs publics, sur la présentation du Conseil municipal, si l'école est fondée par une commune, ou du Conseil général, si l'école est fondée par le département.

Le personnel chargé de l'enseignement professionnel est nommé par le maire, si c'est une école communale, ou par le préfet, si c'est une école départementale, sur la désignation de la commission de surveillance et de perfectionnement instituée auprès de l'établissement par le Conseil municipal ou par le Conseil général.

Dans les écoles libres, tout le personnel est choisi par les fondateurs (Art. 5).

Un règlement d'administration publique déterminera les conditions d'applications de la présente loi (Art. 6).

Loi du 30 octobre 1886.

Il peut être créé des classes primaires pour adultes ou pour apprentis ayant satisfait aux obligations des lois des 19 mai 1874 et 28 mars 1882.

Il ne peut être reçu dans ces classes d'élèves des deux sexes.

Un règlement ministériel déterminera les conditions d'établissement de ces classes et les conditions auxquelles ces cours publics et gratuits d'adultes pourront recevoir une subvention de l'État.

L'ouverture d'un cours privé pour les adultes et pour les apprentis ci-dessus désignés est soumise aux conditions exigées pour l'ouverture d'une école privée, sauf dispense de tout ou partie de ces conditions par le Conseil départemental (Art. 8).

Gratuité de l'Enseignement primaire.

Loi du 16 juin 1881 établissant la gratuité absolue de l'enseignement primaire dans les écoles publiques.

Il ne sera plus perçu de rétribution scolaire dans les écoles primaires publiques ni dans les écoles maternelles publiques.

Le prix de la pension dans les écoles normales est supprimé (Art. 15).

Sont mises au nombre des écoles primaires publiques, donnant lieu à une dépense obligatoire pour les communes, à la condition qu'elles soient créées conformément aux prescriptions de l'article 13 de la présente loi :

1° Les écoles publiques de filles déjà établies dans les communes de plus de 400 âmes;

2° Les écoles maternelles publiques qui sont ou seront établies dans les communes de plus de 2 000 âmes et ayant ʃau moins 1 200 âmes de population agglomérée;

3° Les classes enfantines publiques, comprenant des enfants des deux sexes et confiées à des institutrices (Art. 15 de la loi du 30 octobre 1886, modifiant l'art. 7 de la loi du 16 juin 1881, snr la gratuité).

Obligation de l'Enseignement primaire.

Loi du 28 mars 1882 relative à l'obligation de l'enseignement primaire.

L'instruction primaire est obligatoire pour les enfants des deux sexes âgés de six ans révolus à treize ans révolus; elle peut être donnée soit dans les établissements d'instruction primaire ou secondaire, soit dans les écoles publiques ou libres, soit dans les familles, par le père de famille lui-même ou par toute personne qu'il aura choisie.

Un règlement déterminera les moyens d'assurer l'instruction primaire aux sourds-muets et aux aveugles (Art. 3).

Une commission municipale scolaire est instituée dans chaque commune pour surveiller et encourager la fréquentation des écoles (Art. 5).

. . . . , ...

Loi du 30 octobre 1886 sur l'organisation de l'enseignement primaire.

La commission municipale scolaire, instituée par l'art. 5 de la loi du 28 mars 1882, est composée : du maire ou d'un adjoint délégué par lui, président; d'un des délégués du canton, et, dans les communes comprenant plusieurs cantons, d'autant de délégués qu'il y a de cantons, désignés par l'Inspecteur d'Académie; des membres désignés par le conseil municipal en nombre égal, au plus, au tiers des membres de ce conseil.

Dans le cas où le conseil municipal refuserait de procéder à la nomination de ces membres, le Préfet les désignerait à ses lieu et place (Art. 54).

À Paris et à Lyon, il y a une commission scolaire pour chaque arrondissement municipal; elle est présidée par le maire ou par un adjoint désigné par lui.

Elle est composée d'un des délégués cantonaux désignés par l'Inspecteur d'Académie, et des membres désignés par le conseil municipal, au membre de trois à sept par arrondissement (Art. 55).

Le mandat des membres de la commission scolaire désignés par le conseil municipal durera jusqu'à l'élection du nouveau conseil municipal.

Il sera toujours renouvelable.

L'inspecteur primaire fait partie de droit de toutes les commissions scolaires instituées dans son ressort (Art. 6).

Les inéligibilités et les incompatibilités établies par les articles 32, 33 et 34 de la loi du 5 avril 1884, sur l'organisation municipale, sont applicables aux membres des commissions scolaires et des délégations cantonales (Art. 57).

La commission scolaire se réunit au moins une fois tous les trois mois, sur la convocation de son président ou, à son défaut, de l'inspecteur primaire. Ses délibérations ne sont valables que si la majorité des membres est représentée.

Tout membre qui, sans motif reconnu légitime par la commission scolaire, aura manqué à trois séances consécutives, pourra, après avoir été admis à fournir des explications devant le Conseil départemental, être déclaré démissionnaire par ce Conseil.

Il ne pourra être réélu pendant la durée des pouvoirs de la commission.

Dans le cas où, après deux convocations, la commission scolaire ne se trouverait pas en majorité, elle pourrait néanmoins délibérer valablement sur les affaires pour lesquelles elle a été spécialement convoquée, si le maire (ou l'adjoint qui le remplace) l'Inspecteur primaire et le délégué cantonal sont présents.

Une expédition des délibérations de la commission scolaire devra être adressée dans le délai de trois jours, par son président, à l'inspecteur primaire.

La commission scolaire ne peut, dans aucun cas, s'immiscer dans l'appréciation des matières et des méthodes d'enseignement (Art. 58).

L'inspecteur primaire, les parents ou les personnes responsables pourront faire appel des décisions des commissions scolaires.

Cet appel devra être formé dans le délai de dix jours, par simple lettre adressée au Préfet et aux personnes intéressées.

Il sera porté devant le Conseil départemental statuant en dernier ressort.

Cet appel est suspensif.

Les pères, mères, tuteurs ou tutrices peuvent se faire assister ou représenter par des mandataires devant le Conseil départemental (Art. 59).

Les séances des commissions scolaires ne sont pas publiques (Art. 60).

Loi du 28 mars 1882 sur l'obligation.

Il est institué un certificat d'études primaires ; il est décerné après un examen public auquel pourront se présenter les enfants dès l'âge de onze ans.

Ceux qui, à partir de cet âge, auront obtenu le certificat d'études primaires, seront dispensés du temps de scolarité obligatoire qui leur restait à passer (Art. 6).

Le père, le tuteur, la personne qui a la garde de l'enfant, le patron chez qui l'enfant est placé, devra, quinze jours au moins avant l'époque de la rentrée des classes, faire savoir au maire de la commune s'il entend faire donner à l'enfant l'instruction dans la famille ou dans une école publique ou privée; dans ces deux dernier cas, il indiquera l'école choisie.

Les familles domiciliées à proximité de deux ou plusieurs écoles publiques ont la faculté de faire inscrire leurs enfants à l'une ou à l'autre de ces écoles, à moins qu'elle ne compte déjà le nombre maximum d'élèves autorisé par les règlements.

En cas de contestation et sur la demande soit du maire, soit des parents, le Conseil départemental statue en dernier ressort (Art. 7).

Chaque année, le maire dresse, d'accord avec la commission scolaire, une liste de tous les enfants âgés de six à treize ans, et avise les personnes qui sont chargées de ces enfants de l'époque de la rentrée des classes.

En cas de non-déclaration, quinze jours avant l'époque de la rentrée, de la part des parents et autres personnes responsables, il inscrit d'office l'enfant à l'une des écoles publiques et en avertit la personne responsable.

Huit jours avant la rentrée des classes, il remet aux directeurs d'écoles publiques et privées la liste des enfants qui doivent suivre leurs écoles. Un double de ces listes est adressé par lui à l'inspecteur primaire (Art. 8).

Lorsqu'un enfant quitte l'école, les parents ou les personnes responsables doivent donner immédiatement avis au maire et indiquer de quelle façon l'enfant recevra l'instruction à l'avenir (Art. 9).

Lorsqu'un enfant manque momentanément l'école, les parents ou les personnes responsables doivent faire connaître au directeur ou à la directrice les motifs de son absence.

Les directeurs et les directrices doivent tenir un registre d'appel qui constate, pour chaque classe, l'absence des élèves inscrits. A la fin de chaque mois, ils adresseront au maire et à l'inspecteur primaire un extrait de ce registre, avec l'indication du nombre des absences et des motifs marqués.

Les motifs d'absence seront soumis à la commission scolaire. Les seuls motifs réputés légitimes sont les suivants : maladie de l'enfant, décès d'un membre de la famille, empêchement résultant de la difficulté accidentelle des communications. Les autres circonstances exceptionnellement invoquées seront également appréciées par la commission (Art. 10).

Tout directeur d'école privée qui ne se sera pas conformé aux prescriptions de l'article précédent sera, sur le rapport de la commission scolaire et de l'inspecteur primaire, déféré au Conseil départemental.

Le Conseil départemental pourra prononcer les peines suivantes : 1° l'avertissement; 2° la censure; 3° la suspension pour un mois au plus, et, en cas de récidive, dans l'année scolaire, pour trois mois au plus (Art. 11).

Lorsqu'un enfant se sera absenté de l'école quatre fois dans le mois, pendant au moins une demi-journée, sans justification admise par la commission municipale scolaire, le père, le tuteur ou la personne responsable sera invité, trois jours au moins à l'avance, à comparaître dans la salle des actes de la mairie, devant ladite commission, qui lui rappellera le texte de la loi et lui expliquera son devoir.

En cas de non-comparution, sans justification admise, la commission appliquera la peine énoncée par l'art. suivant (Art. 12).

En cas de récidive dans les douze mois qui suivront la première infraction, la commission municipale scolaire ordonnera l'inscription pendant quinze jours ou un mois, à la porte de la mairie, des noms, prénoms et qualités de la personne responsable avec l'indication du fait relevé contre elle.

La même peine sera appliquée aux personnes qui n'auront pas obtempéré aux prescriptions de l'art. 9 (Art. 13).

En cas d'une nouvelle récidive, la commission scolaire, ou, à son défaut l'inspecteur primaire, devra adresser une plainte au juge de paix. L'infraction sera considérée comme une contravention et pourra entraîner condamnation aux peines de police, conformément aux articles 479, 480 et suivants au Code pénal.

L'article 46 du même Code est applicable (Art. 14).

La commission scolaire pourra accorder aux enfants demeurant chez leurs parents ou leur tuteur, lorsque ceux-ci en feront la demande motivée, les dispenses de fréquentation scolaire ne pouvant pas dépasser trois mois par année en dehors des vacances. Ces dispenses devront, si elles excèdent quinze jours, être soumises à l'approbation de l'inspecteur primaire.

Ces dispositions ne sont pas applicables aux enfants qui suivront leurs parents ou tuteurs, lorsque ces derniers s'absenteront temporairement de la commune. Dans ces cas, un avis donné verbalement ou par écrit au maire ou à l'instituteur suffira.

La commission peut aussi, avec l'approbation du Conseil départemental, dispenser les enfants employés dans l'industrie, et arrivés à l'âge de l'apprentissage d'une des deux classes de la journée; la même faculté sera accordée à tous les enfants employés hors de leur famille, dans l'agriculture (Art. 15).

Les enfants qui reçoivent l'instruction dans la famille, doivent chaque année, à partir de la fin de la deuxième année d'instruction obligatoire, subir un examen qui portera sur les matières de l'enseignement correspondant à leur âge dans les écoles publiques, dans des formes et suivant des programmes qui seront déterminés par arrêtés ministériels rendus en Conseil supérieur.

Le jury d'examen sera composé : de l'inspecteur primaire ou son délégué, président ; un délégué cantonal ; une personne munie d'un diplôme universitaire ou d'un brevet de capacité. Pour l'examen des filles, la personne brevetée devra être une femme.

Si l'examen de l'enfant est jugé insuffisant et qu'aucune excuse ne soit admise par le jury, les parents sont mis en demeure d'envoyer leur enfant dans une école publique ou privée, dans la huitaine de la notification, et de faire savoir au maire quelle école ils ont choisie.

En cas de non-déclaration, l'inscription aura lieu d'office, comme il est dit à l'art. 8 (Art. 16).

La caisse des écoles instituée par l'art. 15 de la loi du 10 avril 1867, sera établie dans toutes les communes.

La répartition des secours se fera par les soins de la commission scolaire (Art. 17).

Des arrêtés ministériels, rendus sur la demande des inspecteurs d'Académie et les Conseils départementaux, détermineront chaque année les communes où, par suite d'insuffisance des locaux scolaires, les prescriptions des articles 4 et suivants sur l'obligation ne pourraient être appliquées.

Un rapport annuel, adressé aux Chambres par le Ministre de l'Instruction publique, donnera la liste des communes auxquelles le présent article aura été appliqué.

III

DES INSTITUTEURS

Conditions générales de capacité, d'âge, de moralité, etc.

Loi du 16 juin 1881 relative aux titres de capacité.

Nul ne peut exercer les fonctions d'instituteur ou d'institutrice titulaire, d'instituteur adjoint chargé d'une classe ou d'institutrice adjointe chargée d'une classe, dans une école publique ou libre, sans être pourvu du brevet de capacité pour l'enseignement primaire.

Toutes les équivalences admises par le paragraphe 2 de l'article 25 de la loi du 15 mars 1850 sont abolies (Art. 1er).

Les prescriptions de la présente loi ne s'appliqueront pas :

1º Aux directeurs d'écoles publiques ou libres qui, au 1er janvier 1881, exerçaient les fonctions de directeurs en vertu des équivalences établies par la loi du 15 mars 1850;

2º Aux directrices d'écoles et de salles d'asile publiques ou libres qui, au 1er janvier 1881, comptaient trente-cinq ans d'âge, et cinq ans au moins de services en qualité de directrices;

3º Aux adjoints ou adjointes d'écoles publiques ou libres, ainsi qu'aux sous-directrices de salles d'asile publiques ou libres qui, au 1er janvier 1881, comptaient trente-cinq ans d'âge et cinq ans au moins de services comme adjoints ou adjointes chargés d'une classe ou comme sous-directrices d'une salle d'asile, sans toutefois que cette exemption leur permette d'obtenir ultérieurement la direction d'une école ou d'une salle d'asile en dehors des conditions prescrites par les articles 1 et 2 de la présente loi (Art. 4).

Loi du 30 octobre 1886.

Nul ne peut être nommé dans une école publique à une fonction quelconque d'enseignement s'il n'est muni du titre de capacité correspondant à cette fonction et tel qu'il est prévu soit par la loi, soit par les règlements universitaires (Art. 20).

Des décrets et arrêtés rendus en Conseil supérieur détermineront les conditions d'obtention du brevet élémentaire et des divers titres de capacité exigibles dans les écoles publiques des différents degrés, savoir :

Le brevet supérieur;

Le certificat d'aptitude pédagogique ;

Le certificat d'aptitude au professorat des écoles normales et des écoles primaires supérieures;

Les diplômes spéciaux pour les enseignements accessoires: dessin, chant, gymnastique, travaux manuels, langues vivantes, etc.;

Ainsi que le mode de nomination et le fonctionnement des commissions chargées d'examiner les candidats à ces divers brevets (Art. 21).

Les directrices d'écoles maternelles publiques seront assimilées aux institutrices publiques.

Il ne sera plus délivré de titre de capacité distinct pour les écoles maternelles. A partir du 1er janvier 1888, le titre requis

pour enseigner dans toutes les écoles énumérées aux paragraphes
1 et 2 de l'article 1er de la présente loi, sera le brevet élémentaire. Toutefois, les personnes munies du certificat d'aptitude à
la direction des salles d'asile, lors de la promulgation de la présente loi, continueront à jouir des droits que leur confère la loi
du 16 juin 1881 (Art. 62).

Loi relative aux droits d'examen du 26 janvier 1887.

A partir du 1er avril 1887, les aspirants au brevet de capacité
pour l'enseignement primaire seront soumis à un droit d'examen. Ce droit est fixé à 10 francs pour les candidats au brevet
élémentaire ou de second ordre, et à 20 francs pour les candidats au brevet supérieur ou de 1er ordre.

Les élèves des écoles normales primaires d'instituteurs et d'institutrices sont exemptés de ce droit (Art. 3).

Loi du 30 octobre 1886.

Nul ne peut être directeur ou adjoint chargé de classe dans
une école primaire publique ou privée, s'il n'est Français et s'il
ne remplit, en outre, des conditions de capacité fixées par la loi
du 16 juin 1881, les conditions d'âge établies par la présente
loi... (Art. 4).

Nul ne peut enseigner dans une école primaire de quelque
degré que ce soit avant l'âge de dix-huit ans pour les instituteurs
et dix-sept ans pour les institutrices.

Nul ne peut diriger une école avant l'âge de vingt et un ans.

Nul ne peut diriger une école primaire supérieure ou une
école recevant des internes, avant l'âge de vingt-cinq ans révolus (Art. 7).

Les étrangers réunissant les deux ordres de conditions précitées
et admis à jouir des droits civils en France peuvent enseigner
dans les écoles privées, moyennant une autorisation donnée par
le Ministre, après avis du Conseil départemental.

Les étrangers munis seulement de titres de capacité étrangers,
devront obtenir, au préalable, la déclaration d'équivalence de
ces titres avec les brevets français.

Un règlement, délibéré en Conseil supérieur de l'Instruction
publique, déterminera les conditions dans lesquelles cette équivalence pourra être prononcée.

Dans le cas particulier d'écoles exclusivement destinées à des
enfants étrangers résidant en France, des dispenses de brevets
de capacité pourront être accordées par le Ministre de l'In-

struction publique, après avis du Conseil supérieur, aux étrangers admis à jouir des droits civils de France, qui demanderaient à y enseigner. (Art. 4.)

Sont incapables de tenir une école publique ou privée ou d'y être employés, ceux qui ont subi une condamnation judiciaire pour crime ou pour délit contraire à la probité ou aux mœurs, ceux qui ont été privés par jugement de tout ou partie des droits mentionnés en l'article 42 du code pénal, et ceux qui ont été frappés d'interdiction absolue en vertu des articles 32 et 41 de la présente loi. (Art. 5.)

L'enseignement est donné par des instituteurs dans les écoles de garçons, par des institutrices dans les écoles de filles, dans les écoles maternelles, dans les écoles ou classes enfantines et dans les écoles mixtes.

Dans les écoles de garçons, des femmes peuvent être admises à enseigner à titre d'adjointes, sous la condition d'être épouse, sœur ou parente en ligne directe du directeur de l'école.

Toutefois, le Conseil départemental peut, à titre provisoire et par une décision toujours révocable : 1° Permettre à un instituteur de diriger une école mixte, à la condition qu'il lui soit adjoint une maîtresse de couture ; 2° Autoriser des dérogations aux restrictions (condition de parenté) du second paragraphe du présent article. (Art. 6.)

Le Conseil départemental pourra autoriser un instituteur ou une institutrice à recevoir des élèves internes en nombre déterminé et dans des conditions déterminées. (Art. 13.)

Des Instituteurs et Institutrices publics.

Les instituteurs et institutrices sont divisés en stagiaires et en titulaires. (Art 22.)

Nul ne peut être nommé instituteur titulaire s'il n'a fait un stage de deux ans au moins dans une école publique ou privée, s'il n'est pourvu du certificat d'aptitude pédagogique, et s'il n'est porté sur la liste d'admissibilité aux fonctions d'instituteur dressée par le conseil départemental, conformément à l'article 27.

Le temps passé à l'école normale compte, pour l'accomplissement du stage, aux élèves-maîtres à partir de dix-huit ans, aux élèves-maîtresses à partir de dix-sept.

Des dispenses de stage peuvent être accordées par le Ministre, sur l'avis du Conseil départemental.

Les titulaires chargés de la direction d'une école contenant plus de deux classes prennent le nom de directeur ou directrice d'école primaire élémentaire. (Art. 23.)

Les instituteurs et institutrices sont secondés, dans les écoles à plusieurs classes, par des adjoints en nombre déterminé par le Conseil départemental.

Ces adjoints sont ou des stagiaires ou des titulaires.

Les instituteurs adjoints dans les écoles primaires supérieures devront avoir vingt et un ans et être munis du brevet supérieur.

Ils prennent le titre de professeur s'ils sont pourvus du certificat d'aptitude au professorat des écoles normales. (Art. 24.)

Sont interdites aux instituteurs et institutrices publics de tout ordre les professions commerciales et industrielles et les fonctions administratives.

Sont également interdits les emplois rémunérés ou gratuits dans les services des cultes.

Les instituteurs communaux pourront exercer les fonctions de secrétaire de mairie, avec l'autorisation du Conseil départemental. (Art. 5.)

Loi sur le recrutement de l'armée (15 juillet 1889).

En temps de paix, après un an de présence sous les drapeaux, sont envoyés en congé, sur leur demande, jusqu'à la date de leur passage dans la réserve :

1° Les jeunes gens qui contractent l'engagement de servir pendant dix ans dans les fonctions de l'Instruction publique... et y rempliront effectivement un emploi de professeur, de maître répétiteur ou d'instituteur...

Tous les jeunes gens énumérés ci-dessus seront appelés pendant quatre semaines dans le cours de l'année qui précédera leur passage dans la réserve de l'armée active. Ils suivront ensuite le sort de la classe à laquelle ils appartiennent.

Des règlements d'administration publique détermineront les conditions dans lesquelles sera contracté l'engagement décennal visé au paragraphe 1er. (Art. 23.)

Les jeunes gens visés au paragraphe 1er de l'article précédent qui, dans l'année qui suivra leur année de service, n'auraient point obtenu ou qui n'obtiendraient pas un emploi de professeur, de maître répétiteur ou d'instituteur, ou qui cesseraient de le remplir avant l'expiration du délai fixé...

Les jeunes gens fixés par les articles... et 23 qui n'auraient pas satisfait, dans le cours de leur année de service, aux conditions de conduite et d'instruction militaire déterminées par le Ministre de la Guerre ;

Seront tenus d'accomplir les deux années de service dont ils avaient été dispensés. (Art. 24.)

Quand les causes de dispenses prévues aux articles... et 23 viennent à cesser, les jeunes gens qui avaient obtenu ces dispenses sont soumis à toutes les obligations de la classe à laquelle ils appartiennent.

Ils peuvent se marier sans autorisation. (Art. 25.)

La liste des jeunes gens de chaque département, dispensés en vertu des articles... et 23 sera publiée au *Bulletin* administratif, et les nom des dispensés de chaque commune seront affichés dans leur con une à la porte de la mairie.

En cas de guerre, ils sont appelés et marchent avec les hommes de leur classe. (Art. 26.)

Nomination. — Peines disciplinaires. — Récompenses.

Loi du 30 octobre 1886 sur l'organisation de l'Instruction primaire.

Les instituteurs et institutrices stagiaires enseignent en vertu d'une délégation de l'inspecteur d'Académie.

Cette délégation peut être retirée par l'inspecteur d'Académie sur l'avis motivé de l'inspecteur primaire. (Art. 26.)

Le Conseil départemental, après avoir pris connaissance des demandes de tous les candidats qui se sont inscrits à l'Inspection académique dresse, chaque année, et complète, s'il y a lieu, au cours de l'année, une liste des instituteurs admissibles aux fonctions de titulaires, soit pour être chargés d'une école, soit pour être chargés d'une classe en qualité d'adjoint.

La nomination des instituteurs titulaires est faite par le préfet sous l'autorité du Ministre de l'Instruction publique et sur la proposition de l'inspecteur d'Académie. (Art. 27.)

Les directeurs, directrices et professeurs d'écoles primaires supérieures sont nommés par le Ministre de l'Instruction publique; ils doivent être munis du certificat d'aptitude au professorat des écoles normales.

Les instituteurs adjoints munis du brevet supérieur et les maîtres auxiliaires pour les enseignements accessoires sont nommés ou délégués dans ces établissements par le préfet, sur la proposition de l'inspecteur d'Académie.

Les directeurs et directrices d'écoles manuelles d'apprentissage sont nommés par le Ministre de l'Instruction publique dans les conditions prévues par la loi du 11 décembre 1880. Le mode de nomination, l'organisation de la surveillance, les garanties de capacité requises du personnel, ainsi que toutes les questions d'exécution intéressant concurremment le Ministère de l'Instruction publique et le Ministère du Commerce et de l'Industrie, seront déterminés par un règlement d'administration publique. (Art. 28.)

Le changement de résidence d'une commune à une autre pour nécessité de service est prononcé par le préfet, sur la proposition de l'inspecteur d'Académie. (Art. 29.)

Les peines disciplinaires applicables au personnel de l'enseignement primaire public sont :

1° La réprimande ;

2° La censure ;

3° La révocation ;

4° L'interdiction pour un temps dont la durée ne pourra excéder cinq années ;

5° L'interdiction absolue. (Art. 30.)

La réprimande est prononcée par l'inspecteur d'Académie ;

La censure est prononcée par l'inspecteur d'Académie, après avis motivé du conseil départemental. Elle peut être prononcée avec insertion au *Bulletin des actes administratifs*.

La révocation est prononcée par le préfet, sur la proposition de l'inspecteur d'Académie, après avis motivé du Conseil départemental. Dans le cas de révocation, le fonctionnaire inculpé a le droit de comparaître devant le Conseil et d'obtenir préalablement communication des pièces du dossier.

Le fonctionnaire révoqué peut, dans le délai de vingt jours à partir de la signification de l'arrêté préfectoral, interjeter appel devant le Ministre.

Le pourvoi n'est pas suspensif.

Les directeurs et directrices d'écoles primaires supérieures et d'écoles manuelles d'apprentissage, ainsi que les professeurs mentionnés dans l'article 24, sont déplacés ou révoqués par le ministre de l'Instruction publique dans les formes déterminées par le troisième paragraphe du précédent article. (Art. 31.)

L'interdiction à temps et l'interdiction absolue sont prononcées par jugement du Conseil départemental.

Le fonctionnaire inculpé sera cité à comparaître en personne. Il pourra se faire assister par un défenseur et prendre communication du dossier.

La décision du Conseil départemental sera motivée.

Le fonctionnaire interdit a droit, dans le délai de vingt jours à partir de la signification du jugement, d'interjeter appel devant le Conseil supérieur de l'Instruction publique.

Cet appel ne sera pas suspensif.

Un décret rendu en la forme des règlements d'administration publique déterminera les règles de la procédure pour l'instruction, le jugement et l'appel. (Art. 32.)

Dans les cas graves et urgents, l'inspecteur d'Académie, s'il juge que l'intérêt d'une école exige cette mesure, a le droit de prononcer la suspension provisoire d'un instituteur, pendant la durée de l'enquête disciplinaire, à la condition de saisir de l'affaire le Conseil départemental dès sa prochaine session.

Cette suspension n'entraîne pas de privation de traitement. (Art. 32.)

Les stagiaires sont passibles des mêmes peines disciplinaires que les titulaires, sauf la révocation.

Ces peines leur sont applicables sous les conditions et garanties prévues par la présente loi. (Art. 26, §§ 2 et 3.)

Les fonctionnaires de l'enseignement primaire public pourront recevoir des récompenses consistant en mentions honorables, médailles de bronze et médailles d'argent.

Un arrêté ministériel déterminera les conditions dans lesquelles ces récompenses pourront être accordées.

Les instituteurs mis à la retraite peuvent être nommés instituteurs honoraires, d'après un règlement qui sera délibéré par le Conseil supérieur de l'Instruction publique. (Art. 34.)

Traitements. — Avancement. — Retraite.

Loi des 19 juillet 1889 et 25 juillet 1893 sur les dépenses ordinaires de l'Instruction primaire et les traitements du personnel de ce service.

Les dépenses ordinaires de l'enseignement primaire public sont à la charge de l'État, des départements et des communes, selon les règles édictées par la présente loi. (Art. 1er.)

Sont à la charge de l'État :

1° Les traitements du personnel des écoles élémentaires et des écoles maternelles créées conformément aux articles 13 et 15 de la loi organique du 30 octobre 1886 ;

2° Les traitements du personnel des écoles primaires supérieures et des écoles manuelles d'apprentissage créées conformément aux articles 13 et 28 de la loi organique ;

3° Les suppléments de traitement prévus aux articles 8 et 9.

. . . .

8° L'allocation afférente à la médaille d'argent prévue à l'article 45 de la présente loi. (Art. 2.)

. . . .

Les instituteurs et les institutrices des écoles primaires élémentaires et maternelles sont répartis en stagiaires et en titulaires.

Les stagiaires forment un effectif de 15 p. 100.

Les titulaires se divisent en cinq classes, dont les effectifs numériques sont, par rapport à l'effectif total, dans les proportions suivantes :

```
5ᵉ  classe . . . . . . . . . . . . . .  25 pour 100
4ᵉ  classe . . . . . . . . . . . . . .  25   —
3ᵉ  classe . . . . . . . . . . . . . .  20   —
2ᵉ  classe . . . . . . . . . . . . . .  10   —
1ʳᵉ classe . . . . . . . . . . . . . .   5   —
```

La classe est attachée à la personne; elle peut être attribuée sans déplacement et reste acquise au fonctionnaire, en cas de passage d'un département dans un autre. (Art. 6.)

Le traitement des instituteurs et institutrices de chaque classe est fixé ainsi qu'il suit :

Instituteurs.			Institutrices.		
5ᵉ classe . . .	1 000 francs.		5ᵉ classe . . .	1 000	francs.
4ᵉ classe . . .	1 200	—	4ᵉ classe . . .	1 200	—
3ᵉ classe . . .	1 500	—	3ᵉ classe . . .	1 400	—
2ᵉ classe . . .	1 800	—	2ᵉ classe . . .	1 500	—
1ʳᵉ classe . . .	2 000	—	1ʳᵉ classe . . .	1 600	—(art. 7)

Les titulaires chargés de la direction d'une école comprenant plus de deux classes reçoivent à ce titre un supplément de traitement de 200 francs. Ce supplément est porté à 400 francs si l'école comprend plus de quatre classes. (Art. 8.)

Dans les écoles qui comprennent une classe d'enseignement primaire supérieur, dite cours complémentaire, le maître chargé de ce cours reçoit un supplément de traitement de 200 francs. (Art. 9.)

Par dérogation au paragraphe 1ᵉʳ de l'article 2, les dispositions de la présente loi sont applicables au personnel :

1° Des écoles publiques de filles établies dans des communes de moins de 401 habitants, dont les locaux ont été construits ou aménagés avec autorisation et subvention de l'État ;

2° Des écoles publiques de filles établies dans des communes qui, comptant actuellement moins de 401 habitants, atteignaient ce chiffre de population dans l'un des recensements de 1881 ou de 1889. (Art. 36.)

Indépendamment du traitement fixé aux articles précédents, les instituteurs et les institutrices titulaires ont droit :

1° Au logement ou à l'indemnité représentative fixée par arrêtés préfectoraux ;

2° A une indemnité de résidence dans les cas prévus à l'article 12.

L'indemnité de résidence n'est pas soumise à retenue, sauf l'exception prévue aux dispositions de l'article 32 § 2. (Art. 10.)

Les instituteurs et institutrices stagiaires reçoivent un traitement de 900 francs et l'indemnité de résidence dans les conditions déterminées à l'article 12.

Ils ont droit au logement ou à l'indemnité représentative. Ils forment une classe unique. (Art. 11.)

L'indemnité de résidence[1] est fixée, pour les maîtres désignés aux articles 8, 9, 14 et 15, à :

Dans les localités dont la population agglomérée est de :

1 000 à 3 000 habitants	. . . .	100	francs.
3 001 à 9 000 —	. . . .	200	—
9 001 à 12 000 —	. . . .	300	—
12 001 à 18 000 —	. . . .	400	—
18 001 à 35 000 —	. . . .	500	—
35 001 à 60 000 —	. . . .	600	—
60 001 à 100 000 —	. . . .	700	—
100 000 et au-dessus	. . . .	800	—
Dans la ville de Paris.	. . . .	2 000	—

Elle est de moitié des chiffres ci-dessus pour tous les autres instituteurs et institutrices, et du quart pour les stagiaires établis dans les localités ci-dessus énumérées.

Les communes chefs-lieux de canton ayant moins de 1 000 habitants de population agglomérée sont assimilées, quant à l'indemnité de résidence, aux localités de 1 000 à 3 000 habitants.

Les communes du département de la Seine autres que Paris sont groupées en trois séries conformément aux dispositions qui seront prises par un règlement d'administration publique. (D. du 19 juillet 1894 : 1ʳᵉ série, communes au-dessous de 3 001 habitants, directeurs 400 francs, titulaires 300, stagiaires 200 ; — 2ᵉ série, communes de 3 001 à 12 000 habitants, directeurs 600 francs, titulaires 500, stagiaires 400 ; — 3ᵉ série, au-dessus de 12 000 habitants, directeurs 1 100 francs, titulaires 1 000, stagiaires 900.)

1. Cette indemnité de résidence est à la charge des communes. (Art. 4.(

Les maîtres titulaires ou stagiaires des écoles de section établies hors du chef-lieu de la commune profiteront de l'indemnité de résidence si la section rentre, par sa population agglomérée, dans une des catégories établies par le premier paragraphe de l'article.

Un règlement d'administration publique dressera, d'après les bases ci-dessus indiquées pour chacune de ces communes, et pour les diverses catégories du personnel, le tableau des indemnités de résidence. (Art. 12.)

Les directeurs, directrices, instituteurs adjoints, institutrices adjointes des écoles primaires supérieures... sont répartis en cinq classes.

Les classes sont attachées à la personne et peuvent être attribuées sans déplacement.

Tout fonctionnaire débute dans la dernière classe.

Toutefois, s'il remplissait au moment de sa nomination une des fonctions prévues dans la présente loi, il sera, dans son nouvel emploi, rattaché à la classe dont le traitement égale au moins les émoluments soumis à retenue dont il jouissait précédemment. (Art. 13.)

Le traitement des directeurs et des directrices d'écoles primaires supérieures est fixé ainsi qu'il suit :

5° classe.	1 800 francs.
4° classe.	2 000 —
3° classe.	2 200 —
2° classe.	2 500 —
1™ classe.	2 800 —

Ils reçoivent, en outre, l'indemnité de résidence prévue à l'article 12.

Ils ont droit au logement ou à l'indemnité représentative. (Art. 14.)

Le traitement des instituteurs adjoints et des institutrices adjointes des écoles primaires supérieures est fixé ainsi qu'il suit :

5° classe.	1 200 francs.
4° classe.	1 400 —
3° classe.	1 600 —
2° classe.	1 900 —
1™ classe.	2 200 —

Ils ont droit au logement ou à l'indemnité représentative. Les maîtres auxiliaires chargés d'enseignements accessoires dans les écoles primaires supérieures, dans les conditions prévues par les articles 20 et 28 de la loi du 30 octobre 1886, reçoivent une allocation calculée sur le pied de 50 à 100 francs par an pour chaque heure d'enseignement par semaine. Cette allocation n'est pas soumise à retenue. (Art. 15.)

Les directeurs et directrices, instituteurs adjoints et institutrices adjointes des écoles primaires supérieures, pourvus du certificat d'aptitude au professorat dans les écoles normales, recevront une indemnité personnelle de 500 francs soumise à retenue. (Art. 20.)

Dans les écoles primaires supérieures et professionnelles de Paris et des départements, l'enseignement des langues vivantes, du dessin, de la comptabilité et de l'agriculture sera donné soit par des titulaires munis à la fois du certificat d'aptitude au professorat et du diplôme spécial de leur enseignement, nommés par le Ministre, rétribués dans les conditions légales et bénéficiant, pour la retraite, des dispositions de la loi de 1876 ; soit, à défaut de professeurs, par des auxiliaires exerçant conformément à l'article 15, paragraphe 4, de la loi du 19 juillet 1889.

Les maîtres chargés des enseignements ci-dessus désignés qui exerçaient à la date du 19 juillet 1889 conserveront, soit pour le chiffre du traitement, soit pour les droits à la pension de retraite, le bénéfice de la situation acquise sans nouvelles conditions de diplômes. (Art. 39.)

Les instituteurs et institutrices exerçant dans les écoles primaires annexées aux établissements de bienfaisance et d'assistance publique fondés et entretenus par l'État, les départements ou les communes, pourvu qu'ils remplissent les conditions de capacité déterminées par les lois scolaires, sont mis au nombre des instituteurs et institutrices publics ; un règlement d'administration publique déterminera les conditions dans lesquelles ces écoles seront créées, ainsi que les droits et avantages dont jouiront les maîtres et maîtresses susvisés. (Art. 37.)

Dans les écoles nationales d'enseignement primaire supérieur et professionnel, les traitements de chaque classe de fonctionnaires seront de 500 francs supérieurs à ceux des écoles normales d'instituteur. (Art. 16.)

Pour le personnel mentionné aux articles 7, 8 et 9, l'avancement a lieu par classe et par département, au fur et à mesure des vacances dans chacune des classes et dans les conditions déterminées par les articles 6 (le tant pour 100) et 50.

Les promotions aux 4e et 3e classes, ont lieu, pour les trois quarts, à l'ancienneté et, pour un quart, au choix. Les promotions à la 2e classe ont lieu, moitié à l'ancienneté, moitié au choix.

Peuvent seuls être admis dans les deux premières classes les maîtres pourvus du brevet supérieur et ayant passé trois années au moins dans la classe précédente. (Art. 24.)

En vue des promotions annuelles des instituteurs et institutrices, l'inspecteur d'Académie préparera chaque année, sur le rapport des inspecteurs primaires, des listes de présentation qui seront arrêtées par le Conseil départemental.

Sur le vu de ces listes, le Ministre fixera le nombre des promotions à accorder à chaque département dans la mesure des crédits disponibles.

Ces listes de présentation seront dressées à l'époque de la rentrée des classes, et toutes les promotions partiront du 1er janvier suivant.

Aucune promotion ne pourra avoir lieu à une autre date. (Art. 50.)

Il sera formé, dans chaque département, pour chaque classe d'instituteurs et d'institutrices titulaires et stagiaires, un tableau d'avancement où ils prendront rang entre eux par ordre d'ancienneté. (Art. 40.)

Le classement et la formation du tableau seront effectués par une Commission spéciale composée: de l'Inspecteur d'Académie, président; des inspecteurs primaires, du directeur et de la directrice d'école normale, et de deux délégués du Conseil départemental élus par ce Conseil.

La même Commission établira le classement et le tableau des instituteurs adjoints et des institutrices adjointes des écoles primaires supérieures.

Elle leur appliquera les dispositions des paragraphes 1 et 2 des art. 32 et 34. (Art. 41.)

L'État garantit, aux instituteurs et aux institutrices actuellement en fonctions, un traitement qui devra, sans le concours des suppléments prévus aux art. 8, 9, 20 et 31, égaler au moins le montant du traitement et des allocations soumises à retenue dont jouissaient ces maîtres au 31 décembre 1889 (en dehors des suppléments accordés par les communes, à titre facultatif, depuis la loi du 16 juin 1881). (Art. 32.)

Les instituteurs et institutrices titulaires dont les traitements seraient inférieurs à 1 200 francs, au cas où, pendant cinq années, ils n'auraient pas reçu ou ne recevraient pas d'avancement, bénéficieront, à l'expiration de la cinquième année, d'une augmentation de 100 francs jusqu'à ce qu'ils aient atteint le traitement de 1 200 francs. (Art. 33.)

La répartition, dans les classes créées par la présente loi, des maîtres et maîtresses actuellement en fonctions, sera effectuée en quatre annuités au plus à partir du 1er janvier 1894.

Par dérogation au dernier paragraphe de l'art. 24, les maîtres et maîtresses en fonctions au 19 juillet 1889 pourront être promus à la deuxième et à la première classe sans être pourvus du brevet supérieur.

Dispense du certificat d'aptitude pédagogique est accordée aux adjoints et aux adjointes actuellement en exercice et pourvus d'une nomination préfectorale antérieurement à l'effet de la promulgation de la loi du 30 octobre 1886. (Art. 34.)

L'application des dispositions contenues dans la loi au personnel désigné à l'art. 13 (écoles primaires supérieures) aura lieu à partir du 1er janvier 1894, conformément aux règles fixées par l'art. 25. (Art. 35.)

Pour le personnel prévu aux art. 13 (écoles primaires supérieures), 16 (écoles nationales d'enseignement primaire supérieur et professionnel), 20 (écoles primaires supérieures, maîtres pourvus du professorat), l'avancement se fait exclusivement au choix, sur l'ensemble des fonctionnaires et par classe, après trois années au moins et six au plus passées dans la classe immédiatement inférieure. (Art. 25.)

Les instituteurs et institutrices congréganistes actuellement en exercice dans les écoles publiques continueront à recevoir les traitements dont ils seront en possession à la date de la promulgation de la présente loi. (Art. 51.)

Quand l'administration jugera nécessaire de faire remplacer temporairement un instituteur ou une institutrice pour cause de maladie dûment constatée, les frais de suppléance serout à la charge de l'État. (Art. 42.)

Les instituteurs et institutrices des écoles primaires élémentaires et maternelles, qui auront obtenu la médaille d'argent, recevront une allocation annuelle et viagère, non soumise à retenue, de 100 francs.

Cette allocation sera caduque en cas de révocation ou de démission, à moins que la démission ne soit fondée sur des raisons de santé reconnues valables par le Conseil départemental.

Les médailles d'argent ne pourront être accordées que sur la proposition de la Commission instituée à l'art. 41 et dans la limite du crédit spécial qui sera ouvert à cet effet au budget du Ministère de l'Instruction publique.

Les autres conditions auxquelles sera subordonnée la concession desdites médailles seront déterminées par des arrêtés ministériels rendus après avis du Conseil supérieur de l'Instruction publique. (Art. 45.)

Dans les écoles mixtes dirigées provisoirement par des instituteurs, conformément à l'art. 6, paragraphe 3 de la loi du

30 octobre 1886, il sera alloué aux maîtresses chargées de l'enseignement de la couture une indemnité payée sur les fonds de la commune. Cette indemnité n'est pas soumise à la retenue.

Loi du 17 août 1876 sur la retraite de divers fonctionnaires de l'enseignement primaire.

Les inspecteurs de l'enseignement primaire, les directeurs et les directrices, les maîtres adjoints et les maîtresses adjointes des écoles normales primaires; les instituteurs communaux et institutrices communales, titulaires ou adjoints; les directrices de salles d'asile communales, seront compris parmi les fonctionnaires du service actif et ajoutés au tableau n° 2, annexé à la loi du 9 juin 1853. Leur pension de retraite sera, à partir de la promulgation de la présente loi, réglée conformément aux dispositions relatives aux employés de la partie active. (Art. 1er.)

La pension de retraite sera basée sur la moyenne des traitements et émoluments de toute nature soumis à la retenue, dont l'ayant droit aura joui pendant les six années qui auront produit le chiffre le plus élevé.

Les années passées, à partir de l'âge de vingt ans, en qualité d'élève-maître dans les écoles normales, seront comprises dans le compte des années de service, lors de la liquidation de la pension de retraite. (Art. 2.)

Le chiffre de la pension de retraite ne pourra être inférieur à six cents francs (600 francs) pour un instituteur, et à cinq cents francs pour une institutrice et une directrice de salle d'asile communale.

Ce minimum ne s'appliquera pas aux pensions exceptionnelles pour infirmités. (Art. 3.)

Loi des 19 juillet 1889 et 25 juillet 1893.

Sont admis au bénéfice de la loi du 17 août 1876, à condition qu'ils occupent des emplois régulièrement créés :

1° Les suppléants départementaux;

2° Les directeurs, les professeurs de sciences et de lettres, les instituteurs adjoints des écoles primaires supérieures des départements, pourvus d'une nomination régulière;

3° Les directeurs des écoles primaires supérieures et des écoles professionnelles de la ville de Paris, et les maîtres de ces écoles qui exercent, soit comme instituteurs adjoints en vertu d'une nomination préfectorale, soit comme professeurs de sciences et de lettres en vertu d'une nomination ministérielle, à moins qu'ils ne soient en même temps attachés à un établissement d'enseignement secondaire, auquel cas ils ne peuvent recevoir que des indemnités non soumises à retenue;

4° Les directeurs, professeurs et instituteurs des écoles nationales professionnelles;

5° Les instituteurs français détachés en service spécial et autorisés à verser les retenues par décision ministérielle;

6° Les instituteurs français régulièrement nommés dans les écoles indigènes de l'Algérie;

7° Les professeurs des écoles normales primaires et les instituteurs des écoles annexes.

La retenue pour pensions de retraite portera, pour le personnel des écoles primaires et maternelles de Paris, sur le traitement qui leur est assigné par le règlement d'administration publique pris en exécution de l'art. 48 et qui se compose de divers éléments : traitement légal et indemnité de résidence.

Le présent article s'applique au personnel enseignant des deux sexes. (Art. 38.)

Instituteurs privés.

Loi du 30 octobre 1886 sur l'organisation de l'enseignement primaire.

Les directeurs et directrices d'écoles primaires privées sont entièrement libres dans le choix des méthodes, des programmes et des livres, réserve faite pour les livres qui auront été interdits par le Conseil supérieur de l'Instruction publique, en exécution de l'art. 5 de la loi du 27 février 1880. (Art. 35, p. 325.)

Aucune école privée ne peut prendre le titre d'école primaire supérieure, si le directeur ou la directrice n'est muni des brevets exigés pour les directeurs ou directrices des écoles primaires supérieures publiques.

Aucune école privée ne peut, sans l'autorisation du Conseil départemental, recevoir d'enfants des deux sexes, s'il existe au même lieu une école publique ou privée spéciale aux filles.

Aucune école privée ne peut recevoir des enfants au-dessous de six ans, s'il existe dans la commune une école maternelle publique ou une classe enfantine publique, à moins qu'elle-même ne possède une classe enfantine. (Art. 36.)

Tout instituteur qui veut ouvrir une école privée doit préalablement déclarer son intention au maire de la commune où il veut s'établir, et lui désigner le local.

Si le maire juge que le local n'est pas convenable, pour raisons tirées de l'intérêt des bonnes mœurs ou de l'hygiène, il forme, dans les huit jours, opposition à l'ouverture de l'école et en informe le postulant.

Les mêmes déclarations doivent être faites en cas de changement du local de l'école, ou en cas d'admission d'élèves internes. (Art. 37.)

Le postulant adresse les mêmes déclarations au préfet, à l'inspecteur d'Académie et au procureur de la République. Il y joint, en outre, pour l'inspecteur d'Académie, son acte de naissance, ses diplômes, l'extrait de son casier judiciaire, l'indication des lieux où il a résidé et des professions qu'il y a exercées pendant les dix années précédentes, le plan des locaux affectés à l'établissement et, s'il appartient à une association religieuse, une copie des statuts de cette association.

L'inspecteur d'Académie, soit d'office, soit sur la plainte du procureur de la République, peut former opposition à l'ouverture d'une école privée, dans l'intérêt des bonnes mœurs ou de l'hygiène.

Lorsqu'il s'agit d'un instituteur public révoqué et voulant s'établir comme instituteur privé dans la commune où il exerçait, l'opposition peut être faite dans l'intérêt de l'ordre public.

A défaut d'opposition, l'école est ouverte à l'expiration du mois, sans autre formalité. (Art. 38.)

Les oppositions à l'ouverture d'une école privée sont jugées contradictoirement par le Conseil départemental, dans le délai d'un mois.

Appel peut être interjeté de la décision du Conseil départemental, dans les dix jours à partir de la notification de cette décision. L'appel est reçu par l'inspecteur d'Académie; il est soumis au Conseil supérieur de l'Instruction publique dans sa plus prochaine session, et jugé contradictoirement dans le plus bref délai possible.

L'instituteur appelant peut se faire assister ou représenter par un conseil devant le Conseil départemental ou devant le Conseil supérieur.

En aucun cas, l'ouverture ne pourra avoir lieu avant la décision d'appel. (Art. 39.)

Quiconque aura ouvert ou dirigé une école, sans remplir les conditions prescrites par les art. 4, 7 et 8, ou sans avoir fait les déclarations exigées par les art. 37 et 38, ou avant l'expiration du délai spécifié à l'art. 38, dernier paragraphe, ou enfin en contravention avec les prescriptions de l'art. 36, sera poursuivi devant le tribunal correctionnel du lieu du délit et condamné à une amende de 100 à 1 000 francs. L'école sera fermée

En cas de récidive, le délinquant sera condamné à un emprisonnement de six jours à un mois et à une amende de 500 à 2 000 francs.

Les mêmes peines seront prononcées contre celui qui, dans le cas d'opposition formée à l'ouverture de son école, l'aura ouverte avant qu'il ait été statué sur cette opposition, ou malgré la décision du Conseil départemental qui aura accueilli l'opposition, ou avant la décision d'appel. L'art. 463 du Code pénal pourra être appliqué. (Art. 40.)

Tout instituteur privé pourra, sur la plainte de l'inspecteur d'Académie, être traduit, pour cause de faute grave dans l'exercice de ses fonctions, d'inconduite ou d'immoralité, devant le Conseil départemental, et être censuré ou être interdit de l'exercice de sa profession, soit dans la commune où il exerce, soit dans le département, selon la gravité de la faute commise. Il peut même être frappé d'interdiction à temps ou d'interdiction absolue par le Conseil départemental, dans la même forme et suivant la même procédure que l'instituteur public.

Cet appel ne sera pas suspensif. (Art. 41.) (D. du 4 décembre 1886, p. 153.)

Tout directeur d'école privée qui refusera de se soumettre à la surveillance et à l'inspection des autorités scolaires, dans les conditions établies par la présente loi, sera traduit devant le tribunal correctionnel et condamné à une amende de 50 à 500 francs.

En cas de récidive, l'amende sera de 100 à 1 000 francs.

L'article 463 du Code pénal pourra être appliqué. Si le refus a donné lieu à deux condamnations dans l'année, la fermeture de l'établissement sera ordonnée par le jugement qui prononcera la seconde condamnation. (Art. 42.)

Sont assujetties aux mêmes conditions, relativement au programme, au personnel et aux inspections, les écoles ouvertes dans les hôpitaux, hospices, colonies agricoles, ouvroirs, orphelinats, maisons de pénitence, de refuge ou autres établissements analogues administrés par des particuliers.

Les administrateurs ou directeurs pourront être passibles des peines édictées par les art. 40 et 42 de la présente loi. (Art. 43.)

IV

OBLIGATIONS ET CHARGES DES COMMUNES, DES DÉPARTEMENTS ET DE L'ÉTAT

Loi du 30 octobre 1886.

Obligations et charges des communes — Toute commune doit être pourvue au moins d'une école publique. Toutefois, le Conseil départemental peut, sous réserve de l'approbation du Ministre, autoriser une commune à se réunir à une ou plusieurs communes voisines pour l'établissement et l'entretien d'une école.

Un ou plusieurs hameaux dépendant d'une commune peuvent être rattachés à l'école d'une commune voisine.

Cette mesure est prise par délibération des Conseils municipaux des communes intéressées. En cas de divergence, elle peut être prescrite par décision du Conseil départemental.

Lorsque la commune ou la réunion de communes compte 500 habitants et au-dessus, elle doit avoir au moins une école spéciale pour les filles, à moins d'être autorisée par le Conseil départemental à remplacer cette école par une école mixte. (Art. 11.)

Le Conseil départemental de l'Instruction publique, après avoir pris l'avis des conseils municipaux, détermine, sous réserve de l'approbation du Ministre, le nombre, la nature et le siège des écoles primaires publiques de tout degré qu'il y a lieu d'établir ou de maintenir dans chaque commune, ainsi que le nombre des maîtres qui y sont attachés. (Art. 13.)

La circonscription des écoles de hameau créée par application de l'art. 8 de la loi du 20 mars 1883 pourra s'étendre sur plusieurs communes.

Dans le cas du présent article, comme dans le cas de l'article précédent, les communes intéressées contribuent aux frais de construction et d'entretien de ces écoles dans les proportions déterminées par les conseils municipaux et, en cas de désaccord, par le préfet, après avis du Conseil départemental. (Art. 12.)

L'établissement des écoles primaires élémentaires publiques créées par application des articles 11, 12 et 13 de la présente loi est une dépense obligatoire pour les communes.

Sont également des dépenses obligatoires, dans toute école régulièrement créée :

Le logement de chacun des membres du personnel enseignant attaché à cette école;

L'entretien ou la location des bâtiments et de leurs dépendances;

L'acquisition et l'entretien du mobilier scolaire;

Le chauffage et l'éclairage des classes, et la rémunération des gens de service, s'il y a lieu. (Art. 14.)

L'article 7 de la loi du 16 juin 1881 (sur la *gratuité*) est modifié comme il suit :

Sont mises au nombre des écoles primaires publiques donnant lieu à une dépense obligatoire pour la commune, à la condition qu'elles soient créées conformément aux prescriptions de l'art. 13 de la présente loi :

1° Les écoles publiques de filles déjà établies dans les communes de plus de 400 âmes ;

2° Les écoles maternelles publiques qui sont ou seront établies dans les communes de plus de 2000 âmes, et ayant au moins 1200 âmes de population agglomérée ;

3° Les classes enfantines publiques, comprenant les enfants des deux sexes et confiées à des institutrices. (Art. 15.)

Toute commune est tenue de pourvoir à l'établissement de maisons d'école au chef-lieu et dans les hameaux ou centres de population éloignés dudit chef-lieu, ou distants les uns des autres de 3 kilomètres, et réunissant un effectif d'au moins 20 enfants d'âge scolaire. (Art. 8.)

Lorsque la création d'une école aura été décidée, conformément aux lois et règlements, les frais d'acquisition, de construction et d'appropriation des locaux scolaires, ou les frais de la location de l'immeuble, ainsi que les frais d'acquisition du mobilier scolaire, constituent pour la commune une dépense obligatoire.

Il est pourvu à la dépense, soit par un prélèvement sur les ressources disponibles de la commune, soit par un emprunt contracté à la caisse spéciale, soit enfin par des subventions du département ou de l'État. (Art. 9.)

A défaut d'un vote du conseil municipal ou sur son refus, le préfet, après avis du Conseil général et, si cet avis n'est pas favorable, en vertu d'un décret du Président de la République rendu en Conseil d'État, pourvoit d'office, par un arrêté, au payement des frais de construction et d'appropriation de maisons d'école louées ou acquises, et d'acquisition de mobiliers scolaires, soit par un prélèvement sur les ressources disponibles de la commune, soit par des subventions du département ou de l'État, soit enfin par un emprunt contracté à la caisse des lycées, collèges et écoles.

Lorsque, dans les conditions énoncées au paragraphe précédent, un emprunt à la caisse des lycées, collèges et écoles aura été jugé nécessaire, le maire ou, sur son refus, un délégué spécial nommé en exécution de l'article 15 de la loi du 18 juillet 1837, empruntera à cette caisse, après y avoir été autorisé, la somme nécessaire,

Il sera pourvu au service de l'emprunt au moyen d'une imposition spéciale établie conformément au paragraphe 4 de l'article 39 de la loi du 18 juillet 1837.

L'emplacement de l'école à construire est désigné par le Conseil municipal et, à défaut, par le préfet, deux mois après que le Conseil municipal aura été régulièrement mis en demeure.

Lorsque le Conseil général aura refusé de classer une demande de subvention ou ne se sera pas prononcé dans la session qui suivra celle dans laquelle il aura été dûment saisi, la subvention de l'État pourra être accordée par décret rendu après avis du Conseil d'État.

L'article 15 de la loi du 1er juin 1878 est abrogé. (Art. 10.)

Sont à la charge des communes :

1° L'indemnité de résidence prévue à l'art. 12 (v. traitements);

2° L'entretien et, s'il y a lieu, la location des bâtiments des écoles primaires, le logement des maîtres, ou les indemnités représentatives;

3° Les frais de chauffage et d'éclairage des classes dans les écoles primaires;

4° La rémunération des gens de service dans les écoles maternelles publiques et, si le Conseil municipal décide qu'il y a lieu, dans les autres écoles primaires publiques;

5° L'acquisition, l'entretien et le renouvellement du mobilier scolaire et du matériel d'enseignement;

6° Les registres et imprimés à l'usage des écoles (v. le D. du 29 janvier 1890);

7° Les allocations aux chefs d'ateliers, contremaîtres et ouvriers chargés par les communes de l'enseignement agricole, commercial ou industriel, dans les écoles primaires de tout ordre, et dans les écoles régies par la loi du 11 décembre 1880[1]. (Art. 4.)

Il ne pourra être créé aucun établissement d'enseignement primaire supérieur, école ou cours complémentaire, ni aucun poste dans les écoles primaires élémentaires ou maternelles, si

---

1. Par dérogation au paragraphe 2 de l'art. 4 de la présente loi, des subventions pourront être accordées par l'État, pour loyer de maisons d'école, aux communes dont le centime n'excède pas 30 francs, dans les limites du crédit ouvert à cet effet chaque année au budget, pendant une période de cinq années. (Art. 11.)

un crédit spécial n'a pas été préalablement inscrit à cet effet dans la loi de finances.

Les écoles primaires supérieures et les cours complémentaires cesseront d'être entretenus par l'État si l'effectif de l'école primaire supérieure, pendant trois années consécutives, s'est abaissé au-dessous de quinze élèves par année d'études, et celui des cours complémentaires au-dessous de douze élèves par année d'études.

L'approbation ministérielle requise par l'article 13 de la loi organique ne sera donnée pour les écoles primaires supérieures et pour les cours complémentaires que si la commune s'est engagée à inscrire pour cinq ans au moins les dépenses qui lui incombent, pour les deux établissements, au nombre des dépenses obligatoires. (Art. 5.)

Les Écoles normales.

Obligations et charges du département. — Tout département devra être pourvu d'une école normale d'instituteurs et d'une école normale d'institutrices suffisante pour assurer le recrutement de ses instituteurs communaux et de ses institutrices communales.

Ces établissements devront être installés dans le laps de quatre ans à partir de la promulgation de la présente loi.

Un décret du Président de la République pourra, sur l'avis conforme du Conseil supérieur de l'Instruction publique, autoriser deux départements à s'unir pour fonder et entretenir en commun, soit l'une ou l'autre de leurs écoles normales, soit toutes les deux. Les départements procéderont, dans ce cas, conformément aux dispositions des articles 89 et 90 de la loi du 10 août 1871 sur les Conseils généraux. (Loi du 9 août 1879, art. 1er.)

Les écoles normales primaires constitueront des établissements publics.

Toutefois, les Conseils généraux donneront leur avis sur les budgets et les comptes de ces établissements.

Il est institué auprès de chaque école normale un conseil d'administration nommé pour trois ans. Ce conseil est composé : de l'Inspecteur d'Académie, président ; de quatre membres désignés par le recteur, et de deux conseillers généraux élus par leurs collègues. (Loi du 19 juillet 1889, art. 47.)

L'installation première et l'entretien annuel des écoles normales primaires sont des dépenses obligatoires pour le département. (Loi du 9 août 1879, art. 2.)

En outre des subventions qui pourront leur être accordées pour la construction et l'installation de leurs écoles normales, en considération de leur situation pécuniaire et de leurs sacrifices, les départements pourront être admis à participer à l'avance de 60 millions indiquée au deuxième paragraphe de l'article premier de la loi instituant la caisse pour la construction des écoles.

Les plans et devis des constructions ou des aménagements projetés devront être soumis à l'approbation du Ministre de l'Instruction publique.

Lorsque les demandes d'emprunt auront été reconnues admissibles, les emprunts ne pourront avoir lieu que s'ils sont autorisés conformément aux lois en vigueur. (*It. art. 5.*)

Les avances aux départements seront faites pour trente (*trente et un ans*) au plus (loi du 3 juillet 1880). Elles seront remboursées à la caisse pour la construction des écoles au moyen d'un versement semestriel d'une somme de deux francs (*deux francs cinquante centimes*) pour chaque 100 francs empruntés.

Ce versement, continué pendant soixante (*soixante-deux*) semestres libérera le département en intérêt et amortissement. Des termes de remboursement plus courts pourront être stipulés. Dans ce cas, les versements semestriels devront être calculés de manière à tenir compte à la caisse, en outre de l'amortissement, d'un intérêt fixé à un et un quart (*trois*) pour cent. (*It. art. 6.*)

Il sera passé, entre la caisse pour la construction des écoles et les départements dûment autorisés à contracter des emprunts, des traités particuliers relatant la quotité et les termes d'exigibilité des avances consenties par la caisse, ainsi que les conditions de remboursement de ces avances. (*It. art. 7.*)

Loi des 19 juillet 1889 et 25 juillet 1893 sur les dépenses ordinaires de l'instruction primaire publique et les traitements du personnel de ce service.

Sont à la charge des départements :

. . . .

2° L'entretien et, s'il y a lieu, la location des bâtiments des écoles normales ;

3° L'entretien et le renouvellement du mobilier de ces écoles et du matériel d'enseignement. (Art. 3.)

3° Les allocations aux chefs d'atelier, contremaîtres et ouvriers chargés par les départements de l'enseignement agricole, commercial et industriel, dans les écoles primaires de tout ordre et dans les écoles régies par la loi du 11 décembre 1880. (Art. 3.)

Charges de l'État. — Sont à la charge de l'État :

. . . .

4° Les traitements du personnel des écoles normales...

7° Les frais d'entretien des élèves dans les écoles normales, et, en général, les dépenses de ces écoles non prévues à l'art. suivant. (Art. 2.)

TRAITEMENT ET CLASSEMENT DU PERSONNEL

Les directeurs, directrices et professeurs d'écoles normales, les économes de ces dernières écoles... sont répartis en cinq classes.

Ces classes sont attachées à la personne et peuvent être attribuées sans déplacement.

Tout fonctionnaire débute dans la dernière classe.

Toutefois, s'il remplissait au moment de sa nomination une des fonctions prévues dans la présente loi, il sera, dans son nouvel emploi, rattaché à la classe dont le traitement égale au moins les émoluments soumis à retenue dont il jouissait précédemment. (Art. 13.)

Le traitement des directeurs et directrices d'écoles normales est fixé ainsi qu'il suit :

Directeurs.		Directrices.	
5ᵉ classe.	3 500 fr.	5ᵉ classe	3 000 fr.
4ᵉ classe.	4 000 »	4ᵉ classe	3 500 »
3ᵉ classe.	4 500 »	3ᵉ classe	4 000 »
2ᵉ classe.	5 000 »	2ᵉ classe	4 500 »
1ʳᵉ classe.	5 500 »	1ʳᵉ classe	5 000 »

A Paris, ce traitement sera, pour le directeur, de 7 000 à 10 000 francs ; pour la directrice, de 6000 à 9000 francs (Art. 17).

Le traitement des professeurs d'écoles normales est fixé ainsi qu'il suit :

Hommes.		Femmes.	
5ᵉ classe.	2 500 fr.	5ᵉ classe.	2 200 fr.
4ᵉ classe.	2 700 »	4ᵉ classe.	2 400 »
3ᵉ classe.	2 900 »	3ᵉ classe.	2 600 »
2ᵉ classe.	3 100 »	2ᵉ classe.	2 800 »
1ʳᵉ classe.	3 400 »	1ʳᵉ classe.	3 000 »

Les maîtres et maîtresses non pourvus du certificat d'aptitude au professorat et délégués à titre provisoire recevront un traite-

ment unique de 2 000 francs dans les écoles normale d'instituteurs et de 1 800 francs dans les écoles normales d'institutrices.

Tous les traitements ci-dessus sont diminués de 400 francs pour
les maîtres et maîtresses logés et nourris dans l'établissement.
(Art. 18.)

Le mode et le taux de rémunération des professeurs, maîtres
de conférences, économes, répétiteurs et répétitrices dans les
écoles normales supérieures d'enseignement primaire seront fixés
par un règlement d'administration publique, qui déterminera
les cas où cette rémunération donnera lieu à une retenue pour la
retraite. (Art. 19.)

Dans les écoles normales dont l'effectif ne dépasse pas 60 élèves
et dans celles qui n'ont que des élèves externes, les fonctions
d'économe sont confiées à un des maîtres de l'école, qui conserve
son traitement avec une allocation supplémentaire de 500 francs.

Dans les écoles normales comptant plus de 60 élèves, les économes ne seront chargés d'aucun enseignement, sauf l'écriture
et la tenue des livres. Leur traitement est fixé ainsi qu'il suit :

5° classe.	1 800 fr.
4° classe.	2 000 »
3° classe.	2 200 »
2° classe.	2 500 »
1re classe.	2 800 »

Ils ont droit en outre au logement. (Art. 21.)

Pour le personnel prévu aux articles 13, etc. (directeurs, directrices et professeurs d'écoles normales, les économes de ces dernières écoles), l'avancement se fait exclusivement au choix, sur
l'ensemble des fonctionnaires, et par classe, après trois années
au moins et six au plus passées dans la classe immédiatement
inférieure. (Art. 25.)

Les Inspecteurs primaires.

Lois des 19 juillet 1889 et 25 juillet 1893.
Sont à la charge de l'État :

. . . .

5° Les traitements du personnel de l'administration et de
l'inspection ;

6° Les frais de tournées et de déplacement des fonctionnaires
de l'inspection. (Art. 2.)

Sont à la charge des départements :

1° L'indemnité prévue à l'article 23. (Art. 3.)

...Les inspecteurs primaires sont répartis en cinq classes. Ces classes sont attachées à la personne et peuvent être attribuées sans déplacement.

Tout fonctionnaire débute dans la dernière classe.

Toutefois, s'il remplissait au moment de sa nomination une des fonctions prévues dans la présente loi, il sera, dans son nouvel emploi, rattaché à la classe dont le traitement égale au moins les émoluments soumis à retenue dont il jouissait précédemment. (Art. 13.)

Le traitement des inspecteurs primaires est fixé ainsi qu'il suit :

5ᵉ classe.	3 000 fr.
4ᵉ classe.	3 500 »
3ᵉ classe.	4 000 »
4ᵉ classe.	4 500 »
1ʳᵉ classe.	5 000 »

Dans le département de la Seine, les traitements seront de 6 000, 6 500, 7 000, 7 500 francs. (Art. 22).

Indépendamment du traitement qui leur est attribué par l'article précédent, les inspecteurs primaires ont droit à une indemnité dite départementale qui ne pourra être inférieure à 300 francs. (Art. 23.)

Pour le personnel prévu à l'article 13 (les inspecteurs primaires), l'avancement se fait exclusivement au choix, sur l'ensemble des fonctionnaires, et par classe, après trois années au moins et six au plus passées dans la classe immédiatement inférieure. (Art. 25.)

Les dispositions des articles 32 et 34, paragraphes 1 et 2, sont applicables au personnel de l'instruction primaire mentionné aux articles 14 (directeurs et directrices d'écoles primaires supérieures), 17 (directeurs et directrices d'écoles normales), 18 (professeurs d'écoles normales), 21 (économes) et 22 (inspecteurs et inspectrices primaires) de la présente loi.

Le classement et la formation du tableau seront effectués par une commission composée : du Directeur de l'Enseignement primaire, président; des Inspecteurs généraux de l'Enseignement primaire et de deux délégués du Conseil supérieur de l'Instruction publique élus par ce Conseil. (Art. 43.)

V

DES VOIES ET MOYENS

Il est pourvu aux dépenses incombant à l'État, en vertu de l'article 2, au moyen des crédits annuels inscrits au budget du Ministère de l'Instruction publique.

Il est pourvu aux dépenses incombant aux départements et aux communes au moyen de crédits ouverts annuellement à leurs budgets, à titre de dépenses obligatoires dans les conditions prévues par les §§ 1 et 2 de l'article 61 de la loi du 10 août 1871 et par l'article 149 de la loi du 5 avril 1884. (Art. 26.)

A partir du 1er janvier 1890, il sera perçu 8 centimes additionnels généraux portant sur les quatre contributions directes et dont le produit sera inscrit au budget de l'État.

A partir de la même date, il sera perçu, en addition au principal des quatre contributions directes, 12 centièmes de centime, représentant les frais de perception des 4 centimes antérieurement perçus au profit des communes.

Le produit des 8 centimes 12 centièmes, prévu aux paragraphes précédents, supportera les centimes spéciaux, pour fonds de dégrèvement et de non-valeurs, suivant les taux afférents à chaque contribution. (Art. 27.)

Les 4 centimes communaux et les 4 centimes départementaux affectés aux dépenses obligatoires de l'enseignement primaire par les lois des 10 avril 1867, 19 juillet 1875 et 16 juin 1881 sont supprimés.

Est également supprimé le prélèvement du cinquième institué par la loi du 16 juin 1881. (Art. 28.)

Dans les villes de plus de 150 000 âmes, le montant des dépenses mises à la charge de l'État par l'article 2 n'excédera pas le produit des 8 centimes additionnels généraux qui y seront perçus, et à Paris le produit de 4 centimes. (Art. 29.)

ALGÉRIE

Il sera prélevé au profit du budget de l'État, à partir du 1er janvier 1890, un sixième du produit de l'octroi de mer de l'Algérie. (Art. 30.)

Les traitements des instituteurs et institutrices de l'Algérie
sont fixés comme suit :

	Instituteurs.	Institutrices.
Stagiaires	1 100 fr.	1 100 fr.
5ᵉ classe	1 400 »	1 400 »
4ᵉ classe	1 600 »	1 500 »
3ᵉ classe	1 800 »	1 600 »
2ᵉ classe	2 100 »	1 800 »
1ʳᵉ classe	2 400 »	2 000 »

Ils peuvent recevoir, en outre, une prime à la charge de l'État
pour connaissance des langues arabe et kabyle.

Tous les autres articles de la présente loi sont applicables à
l'Algérie. (Art. 31.)

ÉPILOGUE

En relisant cette synthèse de nos lois d'instruction primaire, cette essai de fusion de douze lois au moins en une seule, on est étonné, scandalisé presque, du nombre des dispositions qui y sont contenues. Toutes ces dispositions étaient-elles nécessaires pour la réorganisation et la sauvegarde de notre instruction primaire, de notre instruction primaire laïque s'entend, telle que la voulaient les hommes qui en ont pris la cause en main? On est malheureusement obligé de répondre affirmativement à cette question.

Par leur incurie, par leurs faiblesses, plus d'une fois par des trahisons ou d'imprudents compromis, les régimes précédents avaient asservi notre instruction primaire, cette portion si importante de notre enseignement national, à un parti qui la voulait sans concurrence et qui menaçait de l'absorber tout entière, qui faisait d'ailleurs partout de l'école un instrument de troubles et de divisions au lieu de la laisser à sa mission d'apaisement et d'union. Il s'agissait de réagir, pendant qu'il en était temps encore, contre un état de choses qui partageait de plus en plus la France en deux camps, comme en deux nations qui allaient bientôt ne plus se connaître; de rendre à la société civile, essentiellement laïque depuis 1789, la direction, toujours réclamée par elle, de l'éducation populaire. De là tant de dispositions pour ramener à l'État ce qui avait été peu à peu soustrait à sa surveillance, tant de précautions pour prévenir de nouveaux empiétements sur des droits toujours considérés comme imprescriptibles, mais sans cesse violés depuis cinquante ans.

Par leur caractère laïque, ou plutôt neutre, les lois rendues à cet effet ont-elles réellement froissé l'opinion publique comme le prétendent ceux qui les ont qualifiées lois *scélérates?* Nous ne le pensons pas. En réalité, elles s'attaquent au parti clérical, non à la religion elle-même.

Un jour, l'impératrice Eugénie, sur un ton découragé, disait à Mgr Darboy : « Ah! Monseigneur, la France est antireligieuse! » — « Non, Madame, lui répondit la future victime de la Commune, la France n'est pas antireligieuse, elle n'est qu'anticléricale. »

Cette parole était vraie alors. Peut-être l'est-elle encore aujourd'hui; peut-être est-ce seulement au parti clérical que sont odieuses les lois dont nous nous occupons. Cependant, on ne peut nier qu'elles n'aient affligé les hommes sincèrement religieux : le ministre du culte, perdant toute action sur l'école, ne pouvant plus compter sur sa collaboration à l'enseignement religieux, se trouve réduit à ses seules ressources pour inculquer aux jeunes générations la foi et les espérances positives qui sont l'une des forces de l'humanité pour le bien et contre le mal. Dans les campagnes surtout, il se heurte à l'incurie ou à l'indifférence des parents; peu à peu les croyances religieuses s'oblitèrent et s'effacent, et le temps n'est peut-être pas bien loin où l'on ne dira plus l'*école*, mais la *famille sans Dieu*.

Que ceux qui ont ces tristes appréhensions se retournent vers le passé que nous venons de parcourir. Ils y verront peut-être avec nous que les véritables auteurs des lois qui les inquiètent sont les ardents et les intransigeants qui ont brutalement rejeté la loi conciliante de 1833, pour y substituer les intolérances et les violences qui se coloraient du nom de liberté dans la fatale loi de 1850. Ainsi les imprévoyants qui, presque dans le même temps, bannissaient de nos lycées et collèges la philosophie, si spiritualiste que l'eussent faite les Royer-Collard, les Maine de Biran, les Cousin, etc., ont préparé et avivé les tendances matérialistes de notre siècle. Dans les doctrines d'enseignement comme ailleurs, *qui nescit conciliare nescit regnare*.

NOTES

A. — On avait dans l'esprit cette idée de Leibnitz : « J'ai toujours pensé que l'on réformerait le genre humain, si l'on réformait l'éducation de la jeunesse. » On avait lu et on lisait encore le *roman d'éducation* de Rousseau, et cette lecture contribuait, non seulement en Suisse et en Allemagne, mais encore en France, à entretenir les rêves enthousiastes de la Constituante et de la Convention. Les penseurs songeaien t à réformer l'éducation du peuple, à le tirer de sa misère physique et morale en lui donnant des enseignements simples et naturels. Comme on ne pouvait trouver un nombre de précepteurs sinon égal, du moins quelque peu proportionné au nombre des élèves, on cherchait le moyen de suppléer à cette insuffisance. Pestalozzi s'était évertué à fonder en Suisse des écoles populaires qui, plus tard, servirent de modèle aux maîtres. Bel et Lancastre avaient conçu et fondé l'enseignement mutuel. Les deux systèmes furent étudiés par des commissions composées d'hommes tels que MM. de Clermont-Tonnerre, de Dreux-Brézé, de Bourbon-Busset, Biot et Geoffroy-Saint-Hilaire, Ordinaire, Matter, Artaud, Dubois (de la Loire-Inférieure), de Gérando, de Lasteyrie, Delessert, Maine de Biran, de Broglie, Froussard et Rey de Grenoble, Casimir Perier et ses deux frères, Sébastiani. Alors intervint l'ordonnance impériale du 27 avril 1815 [1], qui peut être considérée comme le départ de tout ce qu'on allait faire en France pour l'instruction primaire.

La *Société pour l'instruction élémentaire*, qui comptait pour membres ou pour amis la plupart des hommes marquants que nous venons d'énumérer, tout en faisant des emprunts à la méthode de Pestalozzi (diverses collections de tableaux), adopta l'enseignement mutuel, que se prêtait à la pénurie des maîtres et des ressources. Toutefois, le 1ᵉʳ mai 1822, M. Boniface, qui avait été l'un des professeurs les plus distingués de Pestalozzi, fonda, à Paris, un établissement d'après les principes de Pestalozzi et plus tard se créait, à Paris également, la

---

1. A la suite de cette ordonnance, MM. de Gérando, de Laborde, Gaultier, de Lasteyrie, Jomard, Cuvier et Charon furent chargés par le ministre Carnot d'organiser l'instruction populaire en France.

pension Morin où vinrent professer plusieurs maitres du célèbre pédagogue. (Pompée, *Études sur la vie et les travaux de Pestalozzi.*)

A'. — Cette confiance de M. Guizot fut-elle justifiée? — Tant s'en faut.
La bourgeoisie aristocratique, qui boudait d'ailleurs le gouvernement,
continua à partager les répugnances du clergé à l'endroit de l'instruction du peuple ou à ne l'accepter qu'autant qu'elle serait donnée par
des congrégations religieuses.

La bourgeoisie moyenne et la petite bourgeoisie accusèrent bientôt
l'école de dépeupler les campagnes et de faire des déclassés. Il y eut
du vrai d'abord dans cette accusation : l'enfant qui sortait de l'école
quelque peu instruit, regardait son village et sa famille du haut de sa
nouvelle grandeur; il trouvait à se placer quelque part comme petit clerc
ou comme petit commis; à tout le moins préférait-il le métier à la vulgaire culture : l'envolée vers les villes commença. Le propriétaire
rural, le fermier, le notable virent avec inquiétude disparaître des
manouvriers sur lesquels ils s'étaient accoutumés à compter, la main-
d'œuvre devenue plus rare et plus chère. D'ailleurs l'école imposait
des charges : un local à louer, à acquérir ou à construire, à pourvoir
d'un mobilier qu'on trouvait coûteux, si rudimentaire qu'il fût, un
traitement à faire dans certaines limites... autant de griefs contre
l'école, griefs qu'on n'avouait pas toujours, mais qui étaient dans les
esprits, et qui rendirent si lente l'exécution de la loi de 1833, voire,
plus tard, de celle de 1850.

Quelles ont été les causes de l'émigration vers les villes, attribuée
ainsi dès l'origine à l'instruction primaire, et dont on se plaint encore
si vivement de nos jours? L'instruction primaire a pu en être une à
son début, alors qu'elle était le partage du petit nombre. Mais depuis
qu'elle s'est généralisée, il faut chercher ces causes ailleurs. Nous
laissons ce soin aux penseurs et aux économistes. Constatons seulement que des mécontents d'alors ont accusé les écoles congréganistes
d'avoir contribué pour leur part au déplacement de la population
féminine dans nos campagnes. On entendit plus d'une fois des partisans de ces écoles avouer des déceptions et des mécomptes !

Depuis que j'ai des religieuses dans ma commune, nous disait l'un d'eux, les
jeunes filles ne veulent plus entendre parler des champs. D'ailleurs, leur instruction est des plus faibles : nos religieuses n'ayant pour objectif que de former
des jeunes filles pieuses et, comme elles disent, de sauver des âmes, ne s'occupent
que fort peu de l'instruction à proprement parler; pour elles, celle-ci est un
moyen, et non un but; nos écolières interrompent leur travail pour saluer la
Vierge toutes les fois que l'horloge sonne, pour réciter une dizaine de chapelet
ou entendre quelque mystique homélie... elles passent de longues heures aux
catéchismes de l'école ou de l'église... elles vont à la messe chaque jour de la
semaine et chôment toutes les fêtes. En outre, les sœurs ont à cœur de les avoir
toujours sous la main afin de les maintenir dans la voie du salut. A leur yeux,
la perfection n'est pas dans l'accomplissement pur et simple des devoirs de la
profession où Dieu et les circonstances nous ont placés; on ne peut se sauver
qu'au couvent, dans les châteaux ou dans les maisons réputées saintes. Les
champs, la ferme, la famille même sont des lieux de perdition; à tout le moins
doit-on se faire couturière, lingère, ouvrière assise, afin d'être toujours prête

pour la prière et les dévotes pratiques des diverses confréries fondées au presbytère ou à l'école même. Bref, le râteau, la faucille, la laiterie, la basse-cour, en un mot les travaux de la petite ou de la grande exploitation rurale tombent en discrédit; nos jeunes filles les prennent presque en horreur. La famille, dont les liens se desserrent à vue d'œil, va en s'appauvrissant, privée qu'elle est de ses collaboratrices naturelles... Tenez, Monsieur, j'ai été un des premiers à accueillir nos religieuses comme une bénédiction; mais, à cette heure, je crains qu'elles ne deviennent un fléau pour nos campagnes qu'elles font délaisser par celles qui devraient en faire la force et la prospérité... Si j'avais su...

Inutiles regrets : au train dont vont aller les choses, sinon sous la loi de 1833, du moins sous celle de 1850, la plupart de nos communes rurales verront leurs jeunes filles formées par les pieuses maîtresses ainsi dénoncées.

> B. — Il est, dans le village, une autre autorité,
> C'est des fils du hameau le *pédant redouté*.
> Muse, baisse le ton, et, *sans être grotesque*,
> Peins des fils du hameau le *mentor pédantesque!*
> Bientôt j'enseignerai comment un soin prudent
> Peut de ce *grave emploi* seconder l'ascendant.
> Mais le voici : son port, *son air de suffisance*,
> Marquent *dans son savoir sa noble confiance.*
> Il sait, le fait est sûr, lire, écrire, compter;
> Fait instruire à l'école, au lutrin sait chanter;
> Connaît les lunaisons, prophétise l'orage
> Et même du latin eut jadis quelque usage.
> Dans les doctes débats ferme et rempli de cœur,
> Même après sa défaite, il tient tête au vainqueur.
> Voyez, pour gagner temps, *quelles lenteurs savantes
> Prolongent de ses mots les syllabes traînantes !*
> Tout le monde l'admire et ne peut concevoir
> Que dans un cerveau seul loge tant de savoir.
> Du reste, inexorable aux moindres négligences,
> Tant il a pris à cœur le progrès des sciences!
> Il caresse, il menace, il punit, il absout.
> Même absent, on le craint; il voit, il entend tout;
> Un invisible oiseau lui dit tout à l'oreille :
> Il sait celui qui rit, qui cause, qui sommeille,
> Qui néglige sa tâche, et quel doigt polisson
> D'une adroite boulette a visé son menton.
> Non loin, croît le bouleau dont la tige pliante
> Est sourde aux cris plaintifs de leur voix suppliante;
> Qui, dès qu'un vent léger agite ses rameaux,
> Fait frissonner d'horreur cet essaim de marmots,
> Le bouleau, leur effroi — leur bienfaiteur peut-être!
> Des enfants du hameau tel est le grave maître.
> En secondant ses soins, rendez-le plus soigneux.
> Rien n'est vil pour le sage ; un sot est dédaigneux.
> Il faut dans les emplois, quoi que l'orgueil en pense,
> Aux grands la modestie, aux petits l'importance.
> Encouragez-le donc; songez que dans ses mains
> Du peuple des hameaux reposent les destins;
> Et rendant à ses yeux son office *honorable*,
> Laissez-le s'estimer *pour qu'il soit estimable!*

(L'abbé Jacques Delille : l'Homme des Champs.)

On voudrait ne voir dans ces vers qu'une boutade de poète. Malheureusement, une masse de renseignements confirment la vérité de ce portrait et des quelques mots que nous venons de dire sur notre ancien personnel d'instituteurs. A ceux qu'a rassemblés M. Lorain, s'ajoutent notamment ceux qu'a retrouvés M. L. Robinot, secrétaire d'inspection académique à la Rochelle, en dépouillant les archives scolaires du département de la Charente-Inférieure et dont nous ne pouvons nous empêcher de reproduire les plus topiques. Ici, on peut généraliser; nous nous faisons fort d'affirmer qu'on ferait partout d'aussi tristes constatations.

Il serait bien à désirer que le Gouvernement s'occupât de l'organisation des écoles primaires et que ces fonctions ne fussent pas abandonnées à la lie de la société. Quand un misérable n'a au monde aucun talent et aucune ressource, il croit en avoir encore assez pour instruire la jeunesse. (Sous-Préfet de Rochefort à Préfet. — 20 novembre 1812.)

C'est presque toujours le sujet le plus ignorant, le plus paresseux et, quelquefois, le plus immoral, qui se croit le plus propre à l'emploi d'instruire la jeunesse (Conseil d'arrondissement de Rochefort. — 10 novembre 1814.)

Si les honorables fonctions d'instituteur sont restées trop longtemps sans considération et sans encouragement de la part de l'autorité; si, au lieu d'être constamment confiées à des mains pures et habiles, elles ont été trop souvent le partage de l'ignorance et la dernière ressource de l'inconduite... (Lettre du maire de St-Angély aux instituteurs de l'arrondissement. — Mars 1833.)

Beaucoup de mauvais instituteurs, peu de passables. (Conseil d'arrondissement de Rochefort. — 3 germinal an XII.)

L'instruction publique ne s'améliore point. Cette calamité provient du peu d'instruction de ceux qui se livrent à l'enseignement. (Conseil d'arrondissement de Rochefort. — 10 mai 1806.)

Mondor Maurice, propriétaire et ancien perruquier de Jonzac :

Monsieur le Sous-Préfet,

J'ai l'honneur de vous exposer que j'orai désiré, sur la fin de mes vieux jours tenir une petite école. (Breveté le 28 décembre 1832.)

Sujet de composition de calcul d'un examen du deuxième degré, 1832 : une addition, une soustraction; multiplier 816 par 407. On veut partager 890 487 entre 17 personnes.

La plupart des instituteurs communaux sont d'une faiblesse désespérante : les trois quarts ne savent pas parler le français; les fautes de langage les plus grossières leur sont d'une familiarité risible, si on peut employer ce mot en pareil cas. Il faut être en correspondance avec eux pour voir que l'orthographe pratique la plus ordinaire leur est inconnue. (Rapport de M. Viala, inspecteur des écoles, 1836.)

Le besoin immédiat d'un aussi grand nombre d'instituteurs a mis dans l'obligation d'en admettre beaucoup d'une instruction bornée. (Rapport du Préfet au Conseil général, 1815.)

L'inspection faite en août 1818 dans les communes des cantons de Pons et Archiac a fait constater que, sur 33 maisons d'école, 8 seulement contenaient quelques élèves; les 25 autres étaient fermées depuis le 1er ou le 24 juin, quelques-unes même depuis le mois d'avril. Les écoles fermées sont toutes dirigées par des instituteurs propriétaires qui se livrent à la culture de leurs champs. (Rapport du Préfet au Conseil général, 1840.)

Ceux qui savent quelque chose n'ont aucune méthode dans leur enseignement; il ne faut donc pas parler, sous ce rapport, de ceux qui ignorent. (Rapport de M. Viala, inspecteur des écoles, 1836.)

Je voux des instituteurs sachant bien ce qu'on leur aura enseigné, et surtout ayant bien appris l'art d'enseigner aux autres, ce qui manque surtout à la plupart de nos instituteurs actuels, qui n'ont pas de méthode et essaient au hasard de communiquer le peu qu'ils savent. (Rapport du Préfet au Conseil général, 1817.)

Ce qui manque à beaucoup d'instituteurs, c'est... de bons procédés d'enseignement (presque tous enseignent comme il y a cinquante ans); les procédés rationnels leur sont à peu près inconnus. (Rapport de M. Payen, inspecteur des écoles, 15 novembre 1817.)

Le zèle de M. l'Inspecteur l'a porté à établir un cours de pédagogie qui aurai lieu chez lui et serait dirigé par lui-même; les conférences seraient au nombre de douze dans l'année. (Rapport du Préfet au Conseil général, 1840.)

B'. — L'état de choses auquel essayait de remédier ce statut du 25 avril 1834, était sensiblement le même que celui que constataient, un demi-siècle auparavant, le grand réformateur Pestalozzi et ses premiers disciples..

S'il recherchait quels étaient les instituteurs des classes populaires, et quel pouvait être le degré de moralité et de capacité qu'on exigeait d'eux, il était effrayé de voir à quels hommes ignorants et souvent dépravés, on se trouvait obligé de confier l'avenir des générations nouvelles; s'il entrait dans les écoles, il voyait des maîtres hors d'état de maintenir parmi leurs nombreux écoliers une sage discipline, et de les occuper d'une manière fructueuse : il ne trouvait partout d'autre manière d'enseigner que celle de faire lire chaque enfant individuellement, de faire copier des modèles d'écriture, de faire résoudre sans les comprendre quelques calculs indispensables, et, lorsqu'il arrivait que quelqu'un d'entre eux n'eût pas appris ses leçons, ou fait ses devoirs, le maître recourait à la férule pour le châtier.

S'il cherchait à constater l'instruction que les enfants avaient reçue, il remarquait avec peine qu'on chargeait leur mémoire de mots dont ils ne pouvaient pas comprendre le sens, ou qui n'avaient pour eux aucune valeur déterminée, parce qu'on avait négligé de les instruire des choses et de leur donner la connaissance des objets ou des faits que ces mots exprimaient; et cela le frappait surtout, lorsqu'il entendait sortir de la bouche de ces jeunes enfants des expressions destinées à rendre des idées abstraites et métaphysiques, ou à rappeler des objets qui ne pouvaient pas tomber sous les sens.

Presque partout, l'éducation était entièrement sacrifiée à l'instruction, et la discipline avait dégénéré en un despotisme dégradant; l'enseignement religieux lui-même ne consistait qu'en arides exercices de mémoire; en vain Franke avait posé en principe que le but de toute éducation est de produire une foi entière en Dieu, et de donner la connaissance du christianisme; en vain il avait proclamé que l'instruction produit p'us de mal que de bien, si elle ne s'appuie pas sur la piété; ses disciples avaient tellement outré ce précepte, ils avaient imposé à leurs élèves une telle multiplicité d'exercices de piété, de prières, de chants religieux, qu'ils les dégoûtaient de la religion et qu'ils en faisaient des hypocrites ou des incrédules.

Il n'était pas plus favorablement impressionné lorsqu'il considérait que, pour recevoir l'enseignement, la majorité des enfants restait assise sans rien faire pendant la plus grande partie du temps que durait l'école : il songeait avec frayeur à toutes les fautes, à toutes les sottises que devaient commettre ces enfants accoudés sur les bancs, accablés par l'ennui et livrés à une pareille oisiveté : et il se demandait avec terreur, en voyant combien on perdait inutilement de temps pour l'éducation de ces pauvres enfants, si les avantages qu'ils pouvaient retirer de la faible instruction qui leur était donnée, pouvaient contre-

balancer un seul instant les suites funestes qu'un pareil mode d'enseignement devait nécessairement exercer sur leur intelligence et sur leurs habitudes.
(Pompéo, Études sur la vie et sur les travaux de Pestalozzi, p. 20.)

C. — L'inspecteur donnera une attention particulière aux conférences d'instituteurs qui auront été dûment autorisées; il assistera quelquefois à ces réunions, et, dans le rapport général dont il sera parlé ci-après, il rendra compte de leurs travaux. (Règlement du 27 février 1835 relatif aux inspections des écoles primaires.)

Les conférences d'instituteurs paraissent avoir pris naissance sous la Restauration et chez les protestants. Comme on le voit, dès 1835, elles s'étaient assez généralisées pour que les inspecteurs primaires pussent s'y intéresser et qu'en 1837, le Conseil royal crût devoir les réglementer en motivant ainsi son arrêté :

Considérant que les conférences entre les instituteurs ont été reconnues favorables au progrès et à l'amélioration de l'instruction primaire, que leurs utiles résultats ont été constatés par les rapports des inspecteurs spéciaux et que plusieurs conseils généraux de département ont voté des fonds pour indemniser les instituteurs qui se rendent à ces conférences; qu'il convient d'encourager de pareilles réunions et aussi d'établir quelques règles qui en préviennent les abus arrête :

ART. Ier — Les instituteurs primaires d'un ou plusieurs cantons sont autorisés à se réunir, avec l'approbation de l'autorité locale et sous la surveillance du comité de l'arrondissement, pour conférer entre eux sur les diverses matières de leur enseignement, sur les procédés et méthodes qu'ils emploient, sur les principes qui doivent diriger l'éducation des enfants et la conduite des maîtres. Tout autre objet de discussion sera sévèrement banni de ces conférences.

Pendant les jours troublés de 1848, les instituteurs s'écartèrent-ils de ce premier article de leur règlement? Nous ne savons, mais toujours est-il que, en 1849, les conférences, vues d'un mauvais œil par l'administration d'alors, tombèrent peu à peu ou furent interdites. Elles reparaîtront timidement quelques années plus tard, présidées ou plutôt faites par les chefs de service eux-mêmes. Elles seront alors des *réunions* cantonales bien plus que des *conférences* à proprement parler.

D. — Mais le décret du 31 décembre contient une autre disposition qui n'est pas non plus sans m'émouvoir. Il dit en son article 9 : « Des institutrices peuvent être chargées des écoles publiques communes aux deux sexes, qui, d'après la moyenne des trois dernières années, ne reçoivent pas annuellement plus de quarante élèves. Ces institutrices partagent les avantages faits aux instituteurs suppléants. »
Cette disposition ne fait guère que sanctionner un état de choses existant depuis plusieurs années dans mon département; c'est chez nous que l'essai des institutrices-instituteurs a été fait. Les personnes influentes qui ont pris l'initiative de la mesure, en auront sans doute vanté les excellents résultats en haut lieu et notre ministre (M. Fortoul) se sera hâté de profiter de l'occasion pour ajouter aux économies qu'il se propose de faire avec ses suppléants. Cette substitution d'in-

stitutrices aux instituteurs ne me dit rien qui vaille; elle me semble
être une machine de guerre dressée contre les instituteurs d'abord,
ensuite contre l'enseignement laïque. Ce qui me le donne à penser,
c'est qu'ici, sous prétexte qu'on manque d'institutrices laïques et que
les religieuses rendent des services particuliers (soin des malades), on
confie à ces dernières non seulement des petites écoles mixtes, suivant
l'esprit et la lettre du décret, mais des écoles à plusieurs classes et ne
comptant pas moins de quatre-vingts à cent élèves. Il y a donc abus à
l'origine et je prévois que, sous l'empire du vent qui souffle et des
influences qui s'agitent en haut, en bas, partout, on ne saura pas s'arrêter. J'entre donc dans ces écoles avec des préventions. Eh bien, sous
la réserve des abus que je viens de signaler, ces préventions, si elles
ne tombent, du moins vont peu à peu en s'affaiblissant.

Des ignorances étranges, un manque absolu de préparation, une
routine invincible, oui, je me heurte à tout cela dans ces écoles d'un
nouveau genre. Mais que ne peut le dévouement de la femme? quelle
autorité morale n'a-t-elle pas sur les enfants, même sur le petit garçon, au moins jusqu'au moment où il échapperait à la famille si le
père n'était point là, c'est-à-dire jusqu'à douze ou treize ans! Vraiment
j'admire ces bonnes jeunes filles que le malheur a pourtant seul pous-
sées vers une vocation à laquelle elles n'avaient pu songer d'abord.
Bien mieux que le jeune instituteur, elles se résignent à l'isolement,
à l'oubli, à l'ingratitude, à un traitement de 1 fr. 10 par jour. Mal
reçues quelquefois, parce qu'elles sont imposées par une influence
locale, parce que la commune est accoutumée aux services variés d'un
instituteur, parce que les traditions sont contre elles, elles finissent
par se faire accepter, par devenir chères aux enfants et aux familles,
aux mères de famille surtout.

J'en ai qui ont consenti à se charger du greffe de la mairie et qui,
ma foi, s'acquittent de la fonction à la satisfaction de la petite municipalité. En tous cas, soutenues par une piété sincère et par les difficultés de leur situation, elles s'observent, elles se respectent et se font
respecter. Elles exercent même une influence sérieuse sur la tenue et
sur le moral des enfants, filles ou garçons, qui leur sont confiés. J'en
ai surpris plus d'une preuve.

Je n'écoute point aux portes, mais j'aime à me renseigner, surtout
à fonder mes opinions sur des faits. En voici qui viennent à l'appui
de ce que je viens de dire.

Je suis sur le grand chemin, voyageur inconnu, observateur non
soupçonné de l'écolier qui se rend à la classe ou qui regagne son foyer
en vagabondant, en se livrant à ses instincts et à ses libres épanouis-
sements. Je côtoie un groupe. Un grand fait une sottise : « Nous le
dirons à notre maître », s'écrient en chœur les camarades. Soit; mais
cela indique seulement que le maître est considéré comme le grand
redresseur des torts, comme le vengeur né de la morale ou de l'équité
offensée.

Plus loin, je suis sur le territoire d'une commune où l'école est dirigée par une institutrice. Un gamin jette des pierres dans un noyer
pour un autre motif que d'exercer son adresse. — « C'est mal, ce que

tu fais là, Pierre », dit gravement un copain qui refoulait probablement la pensée d'en faire autant : « Tu sais ce que nous a dit l'autre jour notre maîtresse ; si elle te voyait, elle en aurait de la peine. D'ailleurs, si l'on s'attaquait ainsi aux noyers de ton père, serais-tu content? » C'est mieux : un sentiment, la crainte de déplaire à sa maîtresse, si voisine du « désir de plaire à sa mère » dont Mme de Sévigné attend les meilleurs résultats pour l'éducation de sa petite Pauline; une application bien placée de ce principe : « Ne fais pas à autrui ce que tu ne voudrais pas qu'on te fît à toi-même. » Un peu de morale naturelle, cela me fait plaisir : j'en rencontre si rarement; dans tous les cas, une influence à distance comme peu de maîtres en exercent. Par-dessus le marché, on me salue: les petits garçons m'ôtent leur bonnet et les fillettes me font une révérence. Ces enfants ne sont peut-être pas très instruits, mais ils sont élevés : ceux de là-bas étaient sans doute plus savants, mais je n'ai remarqué chez eux aucun commencement d'éducation. Voilà qui me réconcilie presque avec les écoles mixtes confiées à des femmes. Qu'on envoie dans ces écoles des maîtresses suffisamment éprouvées, et l'avenir est à elles.

(Mémoires inédits d'un ancien inspecteur primaire. (*Man. général* du 30 novembre 1891, n° 41, p. 350.)

E. — Combien ces manières d'agir, si on ne les a pas exagérées, s'éloigneraient de l'esprit du christianisme et de l'idée que nous nous faisons aujourd'hui de l'école, idée si bien exprimée dans ce passage de Michelet:

Des premières amitiés, il resterait pourtant quelque chose, si l'éducation travaillait à réunir les hommes autant qu'elle s'attache à les diviser. Si seulement les deux enfants, le pauvre et le riche, avaient été assis aux bancs d'une même école ; si, liés d'amitié, divisés de carrières, ils se voyaient souvent, ils feraient plus entre eux que toutes les politiques, toutes les morales du monde; ils conserveraient dans leur amitié désintéressée, innocente, le nœud sacré de la Cité... Le riche saurait la vie, l'inégalité; et il en gémirait; tout son effort serait de partager. Le pauvre prendrait un grand cœur et le consolerait d'être riche. » Et cette heureuse fusion commencerait dans « une école *vraiment commune*, où les enfants de toute classe, de toute condition, viendraient s'asseoir, un an, deux ans, s'asseoir ensemble avant l'éducation spéciale. Nous nous hâtons de *parquer* nos enfants parmi des enfants de notre classe, bourgeoise ou populaire, à l'école, aux collèges; nous évitons tous les mélanges; nous séparons bien vite les pauvres et les riches à cette heureuse époque où l'enfant lui-même n'eût pas senti ces vilaines distinctions. Nous semblons avoir peur qu'ils ne connaissent rien au vrai monde où ils doivent vivre. Nous préparons, par cet isolement précoce, les haines d'ignorance et d'envie, cette guerre intérieure dont nous souffrons plus tard. Que je voudrais, s'il faut que l'inégalité subsiste, qu'au moins l'enfant pût suivre un moment son instinct et vivre dans l'égalité! Que ces petits hommes de Dieu, innocents sans envie, nous conservassent, dans l'école, le touchant idéal de la Société! » Dans cette école vraiment commune, le riche apprendra tout jeune ce que c'est qu'être pauvre... Le pauvre apprendra d'autre part et retiendra peut-être que si ce riche est riche, ce n'est pas sa faute... Ce serait une grande chose que tous les fils du même peuple, réunis ainsi, au moins pour quelque temps, se vissent et se connussent avant les vices de la pauvreté et de la richesse, avant l'égoïsme et l'envie. Cité meilleure avant la cité, cité d'égalité où tous seraient assis au même banquet spirituel! (Michelet, *le Peuple*, pp. 272 et 274.)

F. — En 1870-1871, l'instruction primaire, dans le groupe parisien, eut à subir une crise que nous trouvons ainsi esquissée dans les mémoires du temps :

« A Paris même, bien qu'on pût se demander alors où était l'autorité, le service des écoles se fit comme en pleine paix. Les maîtres et maîtresses, obéissant en apparence aux personnalités ambitieuses, le plus souvent nulles et incompétentes, que les maires installaient près d'eux, au fond et en réalité à leur chef légal. M. Gréard, qui, dans ces circonstances difficiles, soutint noblement et fermement tous les chocs, demeurèrent fidèles à la forte organisation que celui-ci leur avait donnée. Ils continuèrent leurs leçons au bruit du canon, et, en dernier lieu, au grondement de l'émeute et aux crépitements de la fusillade des rues. On les vit, la classe réglementaire terminée, descendre dans les préaux transformés en cantines et en réfectoires, revêtir sans vergogne le tablier de servants et distribuer à leurs écoliers, plus nombreux que jamais, le pain, la viande de cheval que les municipalités répartissaient entre les écoles de chaque quartier. Et cela dura tout le siège et jusque sous le règne éphémère de la Commune. Il n'y eut, dans ce corps d'élite, que peu ou point d'usurpations ni de défaillances, tant étaient vivaces chez lui le respect de la hiérarchie, le sentiment du devoir et le dévouement professionnel.

« La banlieue fut moins heureuse. Aux approches de l'armée d'invasion, les municipalités émigrèrent avec leur population dans l'enceinte de Paris (la ville de Saint-Denis fit à peu près seule exception, se croyant suffisamment protégée par ses forts). Les écoles furent installées dans des locaux prêtés ou abandonnés; les maîtres et maîtresses se logèrent comme ils le purent à proximité de leurs élèves, les rassemblant quelques heures par jour pour que les petites études ne fussent point interrompues. La population scolaire de Paris se trouva ainsi subitement augmentée de cinquante mille enfants. Comment et de quoi ces enfants vécurent-ils? on ne saurait trop le dire. Mais le jour vint où les écuelles de riz, le morceau de pain noir, la tranche de viande de cheval manquèrent absolument, où il fit faim, où il fit froid, où, faute de combustible, il fallut envoyer les écoliers se réchauffer sur le ruisseau glacé de la rue... Ce fut navrant. Heureusement vint l'armistice. Les exilés retournèrent dans leurs bourgs devenus, depuis des mois, assez semblables à des nécropoles. Hélas! Ils retrouvèrent pour la plupart leurs écoles dévastées, leurs mobiliers scolaires en cendre. Il faudra des années pour réparer ces ruines, pour faire oublier ces jours de deuil et pour rétablir dans toute sa plénitude un service si profondément troublé. »

G. — Parmi ces derniers, il faut citer surtout *le projet de loi sur l'instruction primaire présenté à l'Assemblée nationale dans la séance du 3 juillet 1872 par la commission d'instruction primaire.* (La commission était composée de MM. de Gaslonde, Picard, Ernoul, de Corcelle, Delpit, l'abbé Jaffré, Dupanloup, des Bassayns de Richemond, de Tailhand, de Lacombe, Keller, de Cumont, Carnot, de Meaux, de Rességuier.)

Ce projet n'était en effet rien moins qu'une réédition revue et augmenté de la loi de 1850. Il suffit, pour s'en convaincre, de se reporter aux dispositions suivantes :

Le brevet de capacité peut être suppléé par le diplôme de bachelier ;

Par un certificat constatant qu'on a été admis dans une des écoles spéciales de l'État ;

Par le titre de ministre, non interdit ni révoqué, de l'un des cultes reconnus par l'État ;

Par le certificat de stage ;

Par des *lettres d'obédience* visées par l'évêque diocésain pour les institutrices appartenant à des congrégations religieuses vouées à l'enseignement, dûment autorisées ou reconnues comme établissements d'utilité publique (art. 48).

Les écoles communales peuvent être dirigées soit par des instituteurs laïques, soit par des instituteurs appartenant à l'une des associations religieuses vouées à l'enseignement dûment autorisées ou reconnues par l'État.

L'option appartient aux pères de famille de chaque commune, formant une circonscription scolaire (art. 54).

Toutes les fois que l'école devient vacante par suite de décès, mise à la retraite ou révocation du titulaire, ou lorsqu'il s'est écoulé dix ans depuis le dernier vote des pères de famille, la commission scolaire peut provoquer une nouvelle décision (art. 58).

Tout département est tenu de pourvoir au recrutement des instituteurs communaux en entretenant des élèves-maîtres, soit dans les établissements d'instruction primaire désignés par le Conseil départemental, soit dans l'école normale fondée et entretenue à cet effet par le département, soit dans l'école normale d'un autre département, soit dans *une école normale libre* (art. 0).

Les communes, les départements, les établissements publics religieux tels que les évêchés, fabriques, cures, succursales et consistoires, les communautés religieuses enseignantes, dûment autorisées ou reconnues comme établissements d'utilité publique, peuvent recevoir des dons et legs à la charge de fonder et entretenir des écoles, soit communales, soit libres. Les biens qui en proviennent sont administrés, et les écoles sont tenues conformément aux intentions des donateurs ou testateurs et aux dispositions de la loi (art. 13).

Il peut être formé des associations dans le but de fonder, d'entretenir des écoles et de propager l'instruction primaire (art. 14).

Les associations formées dans le but déterminé par l'article 14 peuvent acquérir et contracter à titre onéreux ; elles peuvent recevoir des dons et legs (art. 19).

Toute personne qui affecte, par donation ou par testament, des biens meubles ou immeubles à la fondation et à l'entretien d'une école libre, peut assurer la perpétuité de son œuvre, en chargeant un conseil, dont elle règle la composition, d'administrer ladite école. L'école peut contracter et acquérir. Elle demeure soumise aux lois et règlements qui régissent les écoles libres (art. 21).

Les auteurs d'un *Examen critique de ce projet de loi* (Hachette 1873), ajoutent à son texte les considérations suivantes sur les personnes civiles :

La multiplication des personnes civiles, c'est-à-dire d'établissements, d'associations aptes à posséder à perpétuité des biens reçus ou acquis, constitue un véritable danger pour une société : elle accumule les biens de mainmorte; elle immobilise une portion toujours croissante de la propriété générale; elle prépare l'absorption de cette propriété par des associations, qui, ne mourant pas, conservent leurs biens indivis et les augmentent sans cesse par l'épargne et par l'addition de libéralités nouvelles; elle pousse fatalement à la captation des héritages et à la spoliation des familles.

C'est pour cela que l'ancienne monarchie elle-même, qui, contrairement aux termes du rapport de la commission, voyait dans l'accumulation des biens de mainmorte autre chose qu'un *fantôme*, a cherché si souvent à enrayer le développement des personnes civiles d'alors, et que la Révolution, prenant une mesure plus radicale, les a supprimées. Les gouvernements qui se sont succédé depuis en ont rétabli un grand nombre. Mais on peut voir, par la législation en vigueur, qu'ils ont subordonné cette restauration à de graves motifs d'intérêt public. Ils s'étaient montrés d'ailleurs, jusque dans ces derniers temps, très avares de la reconnaissance légale; ils s'étaient en outre réservé le droit d'autoriser les personnes civiles à accepter des dons et legs de quelque importance, ainsi que celui de surveiller et de contrôler tous leurs actes.

Malgré ces sages précautions, les personnes civiles se multiplient aujourd'hui sur notre sol; le nombre s'en est accru bien au delà de ce qu'il était en 1780 et les biens, meubles ou immeubles, qu'elles détiennent, peuvent, sans exagération, s'évaluer par milliards. Ainsi, il y a dix ans (1862), on comptait rien qu'en associations religieuses jouissant du bénéfice de la reconnaissance légale, 4100 congrégations ou établissements particuliers, dont plusieurs avaient des revenus de 800 à 900000 francs;

La commission, sans souci des intérêts sociaux engagés, ajoute libéralement à ce nombre déjà formidable. Elle met les personnes civiles existantes en mesure de se développer sans obstacles, et en crée de nouvelles.

Ces considérations sont judicieuses. Il faut savoir gré aux rédacteurs du *Manuel général* d'avoir eu le courage de les présenter dans des jours où la réaction était sur point de triompher et où l'instruction primaire laïque était plus en péril qu'elle ne l'avait été en 1850 et dans la première période du second Empire.

G'. — Rappelons qu'à cet heureux mouvement vers l'instruction primaire et son personnel, succéda momentanément une réaction en sens contraire à la suite des événements du 16 mai 1877. Le zèle des nouveaux préfets s'exerça particulièrement contre les instituteurs. Ceux-ci purent se croire revenus sous la fameuse loi du 11 janvier 1850. Ils furent déplacés par centaines. Heureux ceux qui échappèrent à la révocation ou à la suspension. Du reste, les recteurs, les inspecteurs d'Académie et surtout les inspecteurs primaires ne furent pas eux-mêmes épargnés. Mais ces mauvais jours furent courts et le ministre Brunet, qui avait dû se prêter à ces mesures plus ou moins politiques, fut remplacé le 20 novembre 1877, et toutes choses furent remises en état.

II. — Un homme qui fut à son heure en vue dans l'Université et qui n'était point étranger à l'instruction primaire, nous écrivait à l'occasion du nouveau régime inauguré dans nos écoles normales :

... Vous parlez beaucoup de la pédagogie; vous en avez fait l'histoire; vous en avez établi çà et là des chaires spéciales. Vos professeurs discutent sans doute savamment sur l'âme de l'enfant. Mais leurs investigations se portent-elles sur l'adolescent? Dans l'affirmative, s'ils ont l'expérience de l'homme et de la vie, ils doivent vous dire ceci : la conscience que vous prenez pour l'unique base et pour l'unique sanction de la morale, n'a pas, chez l'adolescent, la voix assez forte pour dominer le tumulte des passions en ébullition. L'austère satisfaction du devoir accompli dont M. Duruy parlait volontiers aux instituteurs réunis dans ses salons en 1867, que M. Jules Simon, alors qu'il inaugurait l'école

normale de la Seine en 1871, déclarait être la seule récompense qu'il eût à offrir,
sonne creux à des cœurs de seize à vingt ans... et bien au delà, car Horace,
qui avait probablement étudié dans les écoles d'Athènes et de Rome la philosophie que vous nous rapportez d'Allemagne ou de Genève, a poussé (après
Eschyle) ce cri de découragement auquel toute l'humanité a fait écho jusqu'ici

> Video meliora proboquo,
> Deteriora sequor.

L'avenir décidera. Mais vous avez endossé là une bien grande responsabilité
Vos pensées sont élevées; noble et beau est le langage dont vous savez les
revêtir. Mais tout cela ne vous sauvera pas des déceptions et des mécomptes : vous
avez eu tort d'écarter de l'éducation normalienne et les croyances positives
et l'homme qui les inculque et les représente, tort aussi de dédaigner la forte
discipline qui n'est pas la vertu, mais qui en donne l'heureuse accoutumance.
Puisse un jour la Société n'avoir pas à regretter votre *libérale*, trop libérale
éducation!... Le dirai-je? en vous suivant dans vos évolutions, je suis pris d'une
attristante pensée, c'est que vous faites plutôt de l'agitation que vous ne donnez
à notre instruction primaire des directions sûres et éprouvées... »

1. — Ce premier paragraphe de l'article 10 ne fait que sanctionner
une disposition déjà insérée dans le décret du 5 juin 1880 qui avait
écarté ainsi de regrettables équivalences. L'inspection des écoles primaires implique des aptitudes et des connaissances professionnelles
tellement spéciales qu'elles ne peuvent être suppléées par d'autres
diplômes, si élevés qu'ils soient.

Le décret du 5 juin 1880, en rendant un examen préalable obligatoire,
en avait à la fois réglé le programme et les conditions. Nous ne disons
rien du programme : une commission éclairée et compétente sait toujours le mettre au niveau des circonstances et des besoins. Quant aux
conditions, elles étaient les suivantes :

1° Vingt-cinq ans d'âge;

2° Un stage soit de deux ans comme maître-adjoint dans une école
normale ou comme professeur dans un établissement d'enseignement
secondaire public, soit de cinq ans comme instituteur public titulair
ou adjoint (ce dernier délai de cinq ans est réduit à trois ans pour les
commis d'inspecteurs en exercice depuis deux ans au moins);

3° De l'un des titres suivants : diplôme de bachelier ès lettres ou
ès sciences, brevet de capacité pour l'enseignement secondaire spécial,
brevet supérieur de l'instruction primaire. Le décret organique du
18 janvier 1887 a modifié ainsi ces conditions :

Les aspirants au certificat d'aptitude à l'inspection des écoles primaires et à la
direction des écoles normales doivent être âgés de 25 ans révolus au moment de
leur inscription, justifier de cinq ans de service au moins dans des établissements publics d'enseignement supérieur, secondaire ou primaire, et être pourvus de l'un des titres suivants : certificat d'aptitude au professorat, licence ès
lettres ou ès sciences, certificat d'aptitude à l'enseignement secondaire spécial,
baccalauréat ès lettres et baccalauréat ès sciences, ou, à défaut de ce dernier,
baccalauréat de l'enseignement secondaire spécial.

Les aspirantes à la direction des écoles normales doivent remplir les mêmes
conditions que les aspirants (art. 110).

Théoriquement, cette aggravation des conditions de l'examen est justifiée par l'élévation et par l'extension de la fonction : dans les écoles
normales, dans les écoles primaires supérieures de diverses nuances
et divers degrés, l'inspecteur primaire, sous peine de manquer d'autorité
ou de prestige, doit être et se sentir au moins à la hauteur du personnel qu'il contrôle et auquel il doit des directions. Cependant, pour
un temps du moins, elle fermait la carrière aux meilleurs et aux
plus sûrs éléments de recrutement, aux instituteurs auxquels, en l'état,
on ne pouvait demander que de bons services, de l'expérience et l'instruction, déjà assez étendue, que constate le brevet supérieur. Des
tempéraments furent demandés et accordés pour un délai plusieurs
fois renouvelé. (V. décret du 18 janvier, *dispositions transitoires*.) Il
semble qu'il y aurait lieu de faire entrer les tempéraments dans
la règle en se basant sur cette considération que l'inspection est
bien plutôt une fonction administrative qu'une fonction d'enseignement.

J. — Un des meilleurs instituteurs de la Lorraine, auquel son inspecteur primaire avait signifié d'avoir à se soumettre à cet article 25 de la
loi, et à cesser de paraître au lutrin de sa paroisse, lui adressa plaisamment ces quelques vers de Casimir Delavigne, signés *Marco*, bien entendu

> Que chacun suive en paix le culte qu'il préfère,
> . . . .
> . . . . Je fais ce que faisait mon père
> Et, chrétien comme lui, je crois, j'aime et j'espère.
> . . . .
> . . . . sans crier anathème,
> J'entends le son joyeux qui sonna mon baptême.
> *Un bel alleluia m'épanouit le cœur,*
> *Et je me fais plaisir quand je me mêle au chœur.*
> *Ma voix chevrote un peu, mais mon timbre résonne.*
> *Et je ne vois pas, moi, sinon que je détonne,*
> *Quel grand mal je commets lorsque dans le saint lieu*
> *Je chante à plein gosier les louanges de Dieu.*

K. — Diesterweg, ancien directeur de l'Ecole normale de Berlin, et
depuis publiciste, disciple de Feuerbach et de Strauss, disait à M. Eu-
gène Rendu, au cours d'une mission dont celui-ci fut chargé en Allemagne vers 1853 ou 1854 : « Nous tenons les dogmes de l'Église pour
décrépits, l'enseignement de l'Église pour pétrifié; ils ne répondent
plus en rien à la vie du siècle... La vraie religion consiste en ceci :
reconnaître l'existence d'une force spirituelle, d'une intelligence, d'une
raison dans l'univers, comme le fondement de toutes les existences et
de tous les phénomènes; croire que cet esprit est l'élément durable de
tout ce qui périt, l'élément immuable de tout ce qui change... Et
quant au nom que l'on donne à un tel esprit, peu importe... Quand
bien même on ne pourrait se persuader l'existence de Dieu, si l'on se
représente l'univers comme enchaîné dans les liens d'un immense organisme, cela devrait encore être admis... »

Un instituteur lui disait à son tour : « Je respecte le Christ, mais je le laisse à sa place. Quant à Dieu, je dis à mes élèves ce que nous en dit Gœthe : « qui peut le nommer et confesser : je crois en lui? Mais qui est assez audacieux pour dire: je ne crois pas en lui?... — Votre orthodoxie n'est pas farouche, poursuivait M. Rendu. — Non et c'est l'orthodoxie de nos écoles. »

A cette heure, plusieurs craignent que ce ne soit là aujourd'hui l'orthodoxie de beaucoup de nos maîtres.

L. — MM. Jules Ferry, Ferdinand Buisson, Felix Pécaut, Jules Steeg. ces deux derniers anciens pasteurs de l'Église libre évangélique. On sait que MM. Pécaut et Steeg se sont faits les apôtres d'une religion « *dégagée du christianisme traditionnel et ecclésiastique, qu'on pourrait appeler le christianisme éternel, une sorte d'évangile fait de la moelle du vieil évangile, une religion laïque de l'idéal moral, sans dogmes, sans miracles, sans prêtres.* » (Buisson, Discours prononcé aux funérailles de M. Steeg, v. *Manuel général de l'instruction primaire* du 14 mai 1898, n° 20, p. 231.) Voici, d'après M. Pécaut, quels seraient l'essence et comme le symbole de cette religion nouvelle :

« On a de la peine à se représenter que la religion soit autre chose que les institutions religieuses, les dogmes, les églises, lesquelles n'en sont pourtant que les manifestations, de fort inégale valeur entre elles, mais toutes nécessairement imparfaites, variables, perfectibles. On ne comprend guère mieux que l'esprit religieux soit au fond ce qu'il y a de moins clérical, je veux dire de moins sacerdotal, de plus laïque, étant ce qu'il y a de plus naturel et de plus humain. Il sera pourtant permis de dire, sans s'exposer à trop de malentendus, que l'éducation est religieuse lorsqu'elle persuade à l'homme qu'il n'est pas isolé dans l'immense univers, qu'il tient, par une étroite chaîne de rapports, avec l'ensemble des choses et avec leur principe suprême; que sa chétive et précaire existence repose sur l'être éternel et parfait, et que les lois invariables du monde sont des lois divines; toute étude loyale de ces lois, tout effort pour concevoir et réaliser le bien, tout amour pur et désintéressé du prochain, tout labeur en vue de diminuer la part du mal et de la misère, qu'enfin toute application à remplir consciencieusement sa destinée — celle de créature raisonnable, libre, morale — le font coopérer à un dessein éternel, bien supérieur à lui et à sa brève existence, l'introduisant dans la cité divine, le rapprochent véritablement de Dieu. » (Même journal du 20 août 1898, n° 34, sous la signature Victor Charbonnel.)

Nous admettons sans peine cette doctrine : en philosophie, elle n'eût point, tant s'en faut, déparé nos rédactions d'écoliers sur la morale et la religion naturelle, Mais nous répugnons à y trouver autre chose qu'un chapitre de philosophie, à y voir une *religion* à proprement parler. Comme religion, c'est trop fin, trop subtil, trop alambiqué, trop peu de nature à engendrer des convictions fermes et à faire produire des actes en conséquence; cela ressemble trop au « *Nouveau Christianisme* » de Saint-Simon, une doctrine qui, dans son temps, fit quelques adeptes, demeura stérile en résultats pratiques, et dont on ne

parle même plus. Nos directeurs et directrices d'écoles normales, nos
maîtres et maîtresses d'écoles primaires manqueraient gravement à la
sage neutralité qui fait le grand mérite de nos lois scolaires, s'ils s'im-
provisaient les apôtres, les *prédicants* de ce prétendu *Christianisme
éternel, fait de la moelle du vieil Évangile*, de cette *religion laïque de
l'idéal moral*, etc. Que les uns et les autres fassent de la morale *laïque*,
c'est-à-dire s'appuyant sur la conscience, qu'ils parlent même de ce
que les philosophes appellent la *religion naturelle*, rien de mieux.
Mais, pour Dieu, qu'ils n'aillent pas poser leurs enseignements comme
une *religion* destinée à submerger les croyances positives particulières de leurs jeunes auditeurs et de leurs familles !

*A côté de l'éducation confessionnelle donnée au gré de chacun par les différentes
Églises*, il y a une place nécessaire pour une éducation générale, commune à
tous les enfants du peuple, appuyée sur la raison et sur la conscience morale
des nations civilisées, telle que l'ont faite des siècles de christianisme et de
philosophie. (M. Couat, recteur de l'Académie de Bordeaux.) Voilà la vraie doctrine, celle qui découle de nos lois scolaires et de nos programmes, contre laquelle ou au delà de laquelle nous ne saurions aller, dans nos écoles normales ou
dans nos écoles primaires, sans violenter ces lois et ces programmes, sans en
fausser la lettre aussi bien que l'esprit.

L'i. — Dès que Pestalozzi a trouvé dans chaque science quelque chose de très
petit et de très simple, un premier élément pour y nouer le fil de son éducation,
il part du point qu'il a choisi et s'avance, à l'aide *de cours successifs*, et *par une
gradation harmonique*, vers le point où il désire conduire ses élèves.

Dans un premier cours, les différentes matières d'enseignement, réduites à leur
point de départ le plus simple, sont exposées dans ce qu'elles ont de plus élémentaire. Dans un second cours, on revient sur les mêmes objets, qu'on étudie
d'une manière plus complète, qu'on présente sous des faces nouvelles; dans les
suivants, on développe davantage, on découvre des résultats, on se livre à des
exercices qui demandent plus d'intelligence, plus d'ardeur, plus de maturité : en
un mot, c'est la boule de neige qui, d'abord imperceptible, grossit sans cesse, et,
à l'aide de *couches concentriques*, finit par acquérir un volume considérable, et
qui peut croître indéfiniment de la même manière[1].

On ne peut se dissimuler, écrivait un peu plus haut M. Pompée,
qu'une semblable marche offre de grandes difficultés, mais on recon-
naîtra qu'elles existent bien plus pour le maître que pour l'enfant dont
l'intelligence ne demande qu'à être développée. En effet, dans la marche
ordinairement suivie, le rôle de l'instituteur se borne le plus souvent
à faire lire un livre quelconque, sans s'arrêter jamais, sans donner aucune explication, à faire réciter quelques définitions abstraites, grammaticales ou mathématiques, contenues dans ce livre et apprises par cœur
par l'élève, à présenter des raisonnements tout faits qui captivent rarement l'attention des enfants, à parler pendant une heure sur un sujet
préparé à l'avance.

Ici, au contraire, l'instituteur doit présenter à l'enfant des matériaux
bien choisis, l'amener par des questions simples, claires et tendant

1. Études sur la vie et les travaux de J. H. Pestalozzi, par M. Pompée
p. 285.

directement à ce but, à trouver lui-même ce qu'il doit apprendre. Il faut que l'instituteur fasse naître dans l'esprit de l'enfant l'idée qu'on veut lui donner, qu'il lui fasse déduire des règles de ses observations, et qu'il le mette à même d'en tirer des analogies. Et, pour remplir convenablement cette tâche, il faut que l'instituteur soit réellement instruit. Il ne lui suffit plus de suivre dans un livre la récitation d'une leçon, ou de raconter ce qu'il y a lu; souvent les questions et les réponses des enfants le jettent bien loin de son point de départ et, pour répondre, il ne suffit plus de consulter un manuel, il faut recourir à son propre fonds : de là pour lui *la nécessité de préparer attentivement sa leçon*, s'il ne veut pas rester honteusement en face d'une question sans pouvoir y répondre.

Nous savons bien que les familles et les besoins de la vie exigent autre chose que le développement élémentaire des facultés de l'enfance. Mais ce développement est à peu près le seul auquel l'école primaire élémentaire peut et doit viser : le surplus est l'affaire des écoles supérieures et techniques, et la petite école doit se contenter de donner aux enfants des dispositions pour les arts, les sciences et toutes les professions utiles, de développer également pour tous cette faculté de raison nécessaire à toutes les conditions, applicable à tous les états, à tous les besoins de la vie humaine.

TABLE DES MATIÈRES

CHAPITRE IV

AUX APPROCHES DE LA LOI DE 1850

CHAPITRE V

LA LOI DU 15 MARS 1850

CHAPITRE VI

APRÈS LA LOI DE 1850

CHAPITRE VII

MINISTÈRE FORTOUL

CHAPITRE VIII
MINISTÈRE ROULAND

CHAPITRE IX
MINISTERE DURUY

CHAPITRE X
1870 ET LES ANNÉES SUIVANTES

TABLE DES MATIÈRES.

CHAPITRE XI

LES LOIS SCOLAIRES

CHAPITRE XII

SYNTHÈSE ET UNIFICATION DES LOIS RELATIVES A L'INSTRUCTION PRIMAIRE

Paris. — Typ. Chamerot et Renouard, 19, rue des Saints-Pères. — 10822

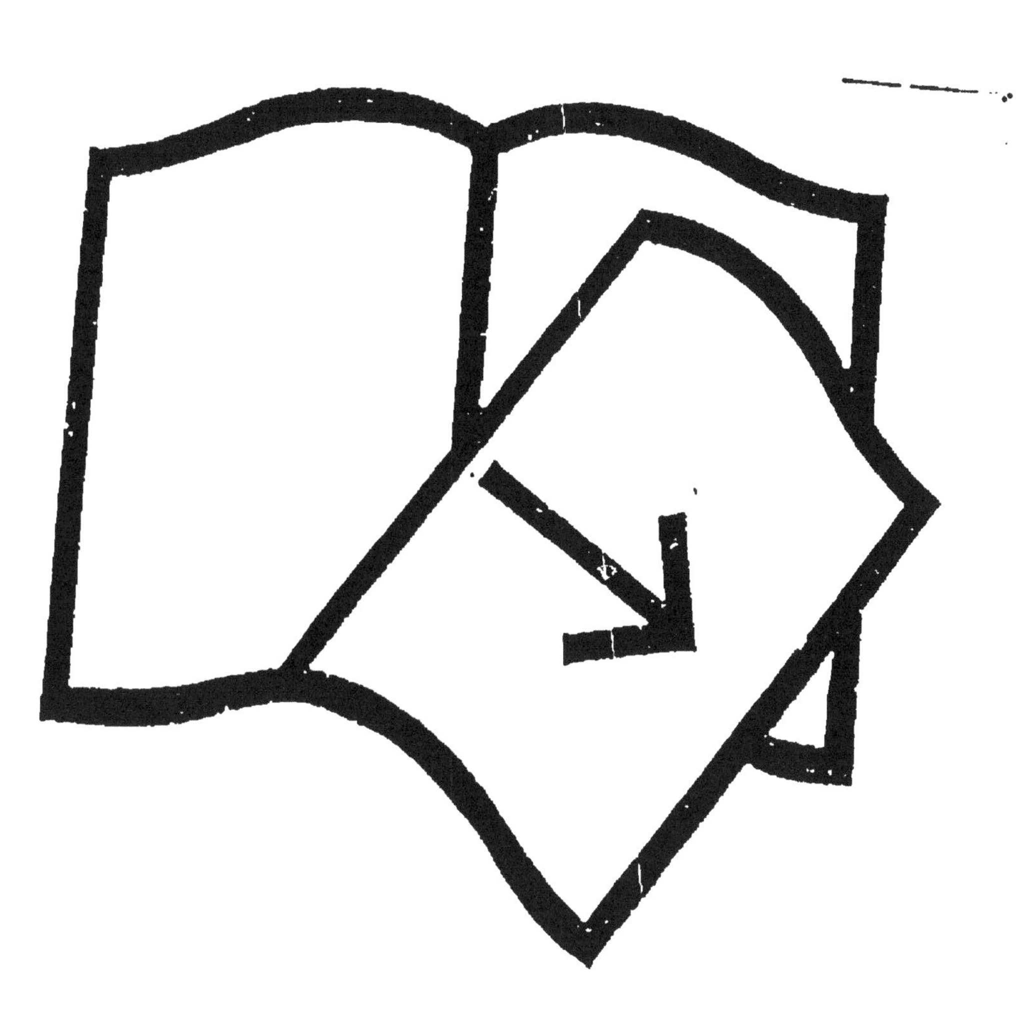

Documents manquants (pages, cahiers...)
NF Z 43-120-13

www.ingramcontent.com/pod-product-compliance
Ingram Content Group UK Ltd.
Pitfield, Milton Keynes, MK11 3LW, UK
UKHW020722120726
13693UKWH00001B/112